演習新経済学ライブラリ＝2

演習
マクロ経済学
第2版

金谷 貞男 著

新世社

演習環境経済学ライブラリー　2

演習
マクロ経済学
第2版

浅子和美　白石小百合　著

新世社

はじめに
──第 2 版刊行にあたって──

　本書は 1996 年に刊行された『演習マクロ経済学』の改訂版です。
　初版では多くの皆様からご高評とご叱正を賜り，大変有り難く思っています。それらも加味し，今回の改訂にあたっては用語や概念等について古くなった部分を更新し，所々にその後の議論の進展を考慮した説明を補足しました。最後に，国際金融（開放マクロ）の章を追加しています。
　さて，本書は大学学部生を対象としたマクロ経済学の演習書ですが，概ね以下のような特長を備えています。マクロ経済学における主要トピックを網羅し，各トピックの解説に続けて関連した例題や練習問題を配置しています。例題については，論点が的確にわかる問題を作成して，できる限り丁寧に説明を加えています。練習問題については，まず「基礎知識」と「正誤問題」を置き，各論点に対する基本的理解を確認したうえで，応用的な問題へ向かうように構成しています。いずれも巻末に解説つきの解答を掲載しました。
　また，各章は標準的なマクロ経済学の講義として考えうる章だてで編成されています。章の始めにある解説部分は，確認用として各トピックの要点をまとめ，自己完結的に簡略に説明したものです。そのため本書のみによるマクロ経済学の学習も一応可能ですが，より完全な習得のためには姉妹書である『マクロ経済学　第 2 版』（「新経済学ライブラリ」第 3 巻）等の教科書との併用をお薦めします。
　さらに，本書の使用に際しては，目的により学習の中心となる章が異なることが予想されますので，ご参考までに利用法を紹介いたします。
　もっとも典型的なケースとしては，大学のマクロ経済学の講義の副読本として使用することが想定されます。この場合には，講義の水準に応じて対応する章を選択することになります。
　たとえば基礎科目としてのレベルのマクロ経済学の講義ならば，まず本書の 1～3 章の習得を中心とした学習が必要となることでしょう。経済学部専門科目としての中級程度の講義ならば，さらに 8 章の学習も強く望まれます。そし

て大学院の受験を目指すならば，4～7章までに加え，9章と12章の問題演習が中心となるでしょう．

一方，公務員試験受験にあたっては，8章と13章を中心とした学習を薦めたく思います．公務員試験においては短時間での問題解答が中心となりますので，これらの章における多くの公式・理論は暗記する程度に到ることが望ましいでしょう．なお，上級公務員試験の経済の専門試験の場合は9章以降の知識も要求されます．

本書は「演習新経済学ライブラリ」の一巻であり，前記のように「新経済学ライブラリ」第3巻『マクロ経済学　第2版』の姉妹書にあたります．その構成に完全に対応しますと，本書が演習書としての限界を超えて大部になりすぎる印象が生じました．ゆえに，より章だてを減らし，『マクロ経済学　第2版』の数章が本書の一章にあたる，ゆるやかな対応の構成としました．

最後に，私事にわたることを書き記すのをお許しください．実は私は数年前に大病を患って，一時は経済学者を引退しようかと思うほどでした．ただ幸いにも健康が回復して，本書の改訂にもこぎ着けられ，感慨なみなみならぬものがあります．この間，私の多数の友人知人に大変な心配をかけ，かつ多大なご助力を頂きました．感謝の念を読者の皆様を始め，私の友人知人一同に捧げたいと思います．

2010年3月

金谷　貞男

目　次

1　GDP の概念
1.1　国民経済計算 …………………………………………………… 1

2　GDP の決定
2.1　財市場の均衡 …………………………………………………… 19
2.2　貯蓄・投資均等式，インフレ・ギャップ，45°線図 ………… 27

3　GDP の安定
3.1　財政政策 ………………………………………………………… 35
3.2　応　用 …………………………………………………………… 43

4　消　費
4.1　消　費 …………………………………………………………… 49

5　投　資
5.1　投資の諸理論 …………………………………………………… 63

6　貨幣供給
6.1　貨　幣 …………………………………………………………… 77
6.2　貨幣乗数 ………………………………………………………… 84

7　貨幣需要
7.1　貨幣の機能 ……………………………………………………… 91
7.2　貨幣需要理論 …………………………………………………… 95

8 マクロ経済の一般均衡

- 8.1 IS-LM 曲線図 ……………………………………………109
- 8.2 労働市場と総需要・総供給曲線 …………………………120
- 8.3 ワルラスの法則・古典派理論・ピグー効果 ……………128

9 インフレーション

- 9.1 デマンドプルとコストプッシュ …………………………135
- 9.2 インフレと雇用 ……………………………………………144
- 9.3 合理的期待形成・その他 …………………………………157

10 景気循環

- 10.1 景気循環理論 ………………………………………………173

11 経済政策

- 11.1 ケインズ経済学対マネタリズム …………………………187
- 11.2 新しい古典派 ………………………………………………195

12 経済成長

- 12.1 経済成長理論 ………………………………………………205

13 開放マクロ

- 13.1 国際収支と外国為替制度 …………………………………227
- 13.2 マンデル=フレミング・モデル …………………………235

練習問題解答 ……………………………………………………243
索　引 ……………………………………………………………335

1 GDPの概念

1.1 国民経済計算

◆フローとストック

フローとは一定期間で計測される量をいい，**ストック**とはある一時点で計測される量をいう。たとえば，1年間に所得が1000万円あり，そのうち700万円を消費したとしよう。この所得や消費はフローである。他方で，その結果，ある年の1月1日時点での資産5000万円が，翌年の1月1日時点には5300万円に増加したとしよう。これらの資産はストックである。

◆国民経済計算のフロー面

国民経済計算（System of National Accounts）とは，一国の経済について，フロー面とストック面を記録したものをいう。フロー面で中心的な概念は**GDP**（Gross Domestic Product；**国内総生産**）である。GDPはある国である一定の期間に生み出された経済的価値を測ろうという試みである。一国の経済的パフォーマンスはこれの多寡で判断される。ある経済で産出されたモノ（生産面という）は，市場で購入されて引き取られねばならない（支出面）。そして，この際に，モノと反対方向にカネが流れる（分配面）。この関係を利用すると，GDPは，**生産側**・**支出側**・**分配側**の三面から推計することが可能である。概念上は，どの面から推計しても金額は同じくなる。これを**三面等価の原則**という。

付加価値は産出額と中間消費（原材料費）との差額をいうが，GDPの生産側は，付加価値の総計として定義される。支出側は，家計の消費・民間の投資・政府の支出・純輸出として定義される。分配側は，雇用者報酬・「営業余剰・混合所得」・固定資本減耗・「生産・輸入品に課される税－補助金」を合計したものをいう。

GDPはある国の「国内領土」での生産額の推計である。これに対し，ある国の「国民」を基準に所得を推計したものを，**GNI**（Gross National Income；

国民総所得）という。ただし，国民とは国籍の有無を問わず6カ月以上居住しているすべての個人をさす。他方で，国外に2年以上居住する個人は非居住者とされる。

GDPは資本ストック・労働・土地という3つの生産要素から生産される。このうち，資本ストックは使用すると減耗する。これを固定資本減耗という。固定資本減耗分をGDPから差し引いたものをNDP（Net Domestic Product；国内純生産）という。「総」はgrossを，「純」はnetをさす。

GDP推計上の注意点は，市場を通した取引のみを対象とする点である。したがって，市場を通さない主婦の無償家事労働などはGDPに含まれない。しかし，農家の自己消費や自己所有住宅への帰属家賃などは例外的に評価する。また，政府が購入した道路・国防・司法などは無料で国民に提供され，市場がない。これをどう評価するかであるが，政府をサービス生産者と解釈して，政府が生産したサービスを政府が消費すると擬制的に解釈し，そのための原材料購入と位置づける。GDPは今期新しく生産されたものだけを対象とするので，土地・中古品等の取引は含まれない。なお，暦年（1〜12月）と年度（4〜3月）とでは，数値が異なるので注意しよう。

◆国民経済計算のストック面

ストック面の中心的概念としては，国民貸借対照表がある。これはある時点での国民の総資産と負債をすべて書き出したものをいう。その総資産から負債を差し引いた正味資産を国富という。ある時点での国富は，その一期前の国富にその期間中の投資を加え，資産価格の変動を調整したものになる。

◆名目と実質

上記の3種のうちのいずれの定義を用いるにしろ，GDPは価格×数量を合計した金額としてあらわされる。これを名目GDPという。この名目GDPは時が経つにつれ，価格の変化によっても数量の変化によっても変動する。ところが，我々は数量変化の影響によるGDPの変動のみを知りたい。そこである年（基準年と呼ぶ）を指定して，その年の価格が永続したとしよう。そして，このように価格は固定されたまま数量のみが変化したとして，別の年（比較年）のGDPを次々に再計算すれば，数量の変化のみによるGDPの変化をあらわすことができる（これを固定基準年式の実質GDPという）。しかし，このように定義すると，ある財価格のみが実際には急速に低下した場合に，その財の数量のGDPに与える影響が大きく評価されすぎる（これを代替バイアス

という)。そこで最近，前年を基準年として実質 GDP を計算し，その翌年の実質 GDP はその直前の年の実質 GDP を基準として計算するという，連鎖的に実質 GDP を計算する方式が日本を含めて世界的に採用されてきた (これを**連鎖方式の実質 GDP** という)。連鎖方式では，GDP の各項目の実質値の集計が実質 GDP に一致しなくなるので，注意が必要である。

逆に，我々が価格変化を知りたいとする。これは諸財の価格の平均を物価というので，物価指数を知りたいという方がよいだろう。対象とする物価の範囲に対応して，**消費者物価指数・企業物価指数・GDP デフレーター**等の物価指数がある。その計算方式はおおむね 2 種類に分かれる。一つは，数量を基準年の量に固定したまま，物価がどれだけ変化したかを調べるもので，その数値が基準年で 100 になるように，調整したものである。これを**ラスパイレス型物価指数**と呼ぶ。消費者物価指数・企業物価指数はラスパイレス型物価指数である。これに対して，比較年の数量を固定して，物価の変化を調べるやり方もある。これは**パーシェ型物価指数**といわれる。GDP デフレーターはパーシェ型物価指数である。GDP デフレーターについても，固定基準年式と連鎖方式の両方の算式がある。

◆経済成長率

実質経済成長率とは，前期と今期の間の実質 GDP の増分を前期の実質 GDP で除したものである。前期の実質 GDP に対し，今期の実質 GDP は何%の増加にあたるかを示す。これに対し，**名目経済成長率**とは，名目 GDP について同様の計算をしたものである。同様に**物価上昇率**とは，前年の物価に比し今年の物価の割合が何%であるかをあらわす。実質成長率と名目成長率との間には，

> 実質成長率＝名目成長率－物価上昇率

という関係が近似的に成立する。

ある国民の富裕度は，その国の実質 GDP を人口で除した額，すなわち**一人あたり実質 GDP** であらわされる。上と同様の算式により，これの時間的変化を叙述したものが，**一人あたり実質成長率**である。一人あたり実質成長率には，近似的に，

> 一人あたり実質成長率＝実質成長率－人口成長率

の式が成立する。

例題 1.1 ── 二重計算と中間生産物，最終生産物

次のような簡単な経済を考えよう。以下の生産が 1 年の間に起きたとして，次の質問に答えよ。

ある農民が過去に生産した種籾 30 万円分と土地とを用いて小麦を 450 万円分を作った。この小麦のうち，50 万円分は来期の種籾として保蔵し，残りの 400 万円分をパン屋に売った。パン屋はその原材料である小麦を自分の土地にあるオーブンで焼いてパンを作り，1000 万円で最終需要者である消費者に売った。オーブンは価格 200 万円で 10 年間の耐久期間を持つ。

(1) 〔パン屋〕パン屋の売上はいくらか。
(2) 〔中間消費〕パン屋が原材料の小麦を購入するために支払った金額はいくらか（なお，原材料は正式には中間消費という）。
(3) 〔中間消費の特徴〕パン屋の生産では，中間消費（小麦）とその他の投入（労働・土地・資本（オーブン））とが使われている。中間消費と他の投入とを区別する点は何か。
(4) 〔付加価値〕(1) と (2) の差額（これをパン屋の生んだ付加価値という）はいくらか。
(5) 〔利潤・地代・賃金〕付加価値と利潤とは同一の概念か。付加価値と地代とはどうか。賃金とはどうか。
(6) 〔農民〕農民の生んだ付加価値はいくらか。
(7) 〔在庫品増加〕期初の農民の種籾 30 万円分は，期末には 50 万円に増えた。これらは付加価値といえるか。
(8) 〔国内総生産〕この経済の GDP（国内総生産）はいくらか。
(9) 〔固定資本減耗〕この経済の固定資本減耗はいくらか。
(10) 〔国内純生産〕この経済の NDP（国内純生産）はいくらか。
(11) 〔産出額〕この経済での，すべての産出額の合計はいくらか（これと GDP との差額が中間消費である）。
(12) 〔垂直的統合と産出額〕この経済で，パン屋と農民が合併して，農民はパン屋の専属供給者となった。それ以外は何も生産には変更はない。このとき，この経済の産出額はいくらか。また，GDP はいくらか。
(13) 〔二重計算〕なぜ，産出額をもってこの経済の産む経済的価値を測る

と，それは価値を二重計算しているといわれるのか．

⑭ 〔国富〕この1年間によって，この経済の国富は増したか．

【解答】

(1) 国民経済計算は百近い統計・資料を加工して得られる極めて複雑膨大な加工統計であって，その全貌を理解するのは容易ではない．ここに掲げた非常に単純化された例を通じてその主な考え方を把握しよう．GDPの求め方には，**付加価値法**と**コモディティ・フロー法**とがある．付加価値法をもちいて生産側と分配側とを推計し，コモディティ・フロー法を用いて支出側を推計する．このため，本来同一たるべきGDPの推計値が異なってしまう．その差を，統計上の不突合という項目で表現し，三者が一致するようにしている．本例は，付加価値法の概念を例示した．さて，この経済では，パン屋の売上は1000万円である．

(2) このパン屋は400万円を農民に小麦の代金として支払った．

(3) このパン屋の生産は労働・土地・資本を使う．これらの生産要素の特徴は来期まで保存される点である．それに対して，中間消費される財・サービス（ここでは小麦）は最終需要者に至るまでの中間の生産段階で消滅してしまうのである．ましてや，来期までは残らない．したがって，「中間」の消費財と呼ばれる．

(4) パン屋の生産過程の結果として，パン1000万円の価値が発生したのに対して，小麦400万円の価値が消滅している．その一方で，労働・土地・資本の生産要素の量は変動していない．ゆえに，1000万円と400万円との差600万円が，パン屋がこれらの生産要素を用いて純粋に生産した価値と解釈される．付加価値と呼ばれる所以である．つまり，産出額から中間消費額を差し引いたものが付加価値額である．

(5) 分配面のGDPの議論になる．この付加価値600万円のうちから，労働への報酬（雇用者報酬，すなわち賃金）・土地への報酬（「営業余剰・混合所得」の一部，すなわち地代）・資本への報酬（「営業余剰・混合所得」の一部，すなわち利潤）等が支払われる．したがって，付加価値とこれらは別個の概念である．なお，混合所得とは，個人企業の自らの労働と資本とに対する報酬をいう．

(6) 農民は種籾30万円から小麦450万円を作った。すなわち，420万円の付加価値を作り出したことがわかる。

(7) 支出面のGDPの議論になる。前期から今期に移るにともなって，ある量の在庫・仕掛品は必ず存在する。これは前期に生産されたものであるから，今期の付加価値ではない。つまり，今期の期初の種籾30万円は今期の付加価値ではない。しかし，今期の期末の種籾50万円は今期に生産されたのであるから，今期の付加価値になる。この50万円と30万円の差の20万円を在庫品増加という。

(8) 生産面のGDP（国内総生産）は付加価値の総計として定義されるから，農民420万円とパン屋600万円の和の1020万円となる。これがこの経済が1年間に生み出した経済的価値である。

(9) (4)において，生産要素の量は変化しないとした。しかし，このうちの資本については，耐久財であろうといつか寿命が来る。そこで今期のうちにいくらか減損したと解釈する方が適当であろう。これを固定資本減耗と呼ぶ。たとえば，本例ではオーブンが1年間に20万円分減ったと解釈すべきであろう。

(10) NDP（国内純生産）とはGDPから固定資本減耗を減じた額をいう。つまり，1020万円から20万円を減じた1000万円である。概念としては，GDPよりNDPの方が，当該期間中に生じた経済的価値をより正しく測っている。しかし，NDPの推計にあたり，固定資本減耗を推計し，それをGDPから差し引いて得るという手法をとるので，GDPより正確さが劣る。

(11) パン屋の産出額は1000万円で，農民の産出額は420万円である。したがって，総計は産出額1420万円になる。GDPは1020万円であるから，400万円が中間消費である。

(12) この場合，産出額とGDPは一致し，中間消費は0になる。すなわち，産出額およびGDPは1020万円である。(11)と(12)が示すように，産出額の総計は経済がどの程度垂直的に統合されているかによって異なってしまう。それに対して，GDPは(11)でも(12)でも同じ1020万円である。つまり，GDPは経済の垂直的統合の程度によらないのである。

(13) 産出額は中間消費として消滅した分を差し引かずに生産過程の結果をはかる。最終消費者に至るまでに，2段階以上の生産過程があると，その分生み出された価値を二重計算をしていることになる。

(14) 国富は一時点で定義されるストック概念であり，GDPは一定期間で定義

されるフロー概念である。期初の国富がある。これに，支出面の GDP の中で，総資本形成（投資）から固定資本減耗分を差し引き，各生産要素の価格変化等を足しあわせる。すると，期末の国富になるのである。この経済では，(4) より生産要素の価格の変動はない。一方，(7) より 20 万円分の種籾のストックが増えたが，(9) より 20 万円の固定資本減耗があった。つまり，国富は変わっていない。

■例題 1.2 ─────────────────────── 総生産と純生産

なぜ，国内総生産より国内純生産が経済における真の産出をあらわすと考えられるのか，説明せよ。

【解答】

国内総生産とは，一定期間内に資本・労働・土地などの生産要素から作り出された最終財の総額である。この際，生産要素として費消されるのは，資本・労働・土地そのものではなく，それらの生み出すサービスであることに注意されたい（たとえば，自動車を 1 年間生産要素として投入するとは，自動車を 1 年間利用することにすぎず，自動車自体を使いつぶしてしまうわけではない）。したがって，期末には資本・労働・土地などの生産要素は依然として残存している。ところが資本財の場合に限っては，その生み出すサービスが費消されるにともなって，資本財自体が一定範囲で磨耗する（たとえば，自動車の耐久年限は通常 10 年である。つまり，毎年 $\frac{1}{10}$ 程度磨耗している）。生産された最終財からこの減耗分を減じなくては，本当の意味で新たに生じた最終財にならない。

国内総生産はこの資本減耗分を控除する以前の最終財産出額であるのに対し，国内純生産は控除後の最終財産出額であるから，新しく作り出された最終財産出額をはかるには，国内純生産の方が正しい概念である。しかしながら，この資本減耗分を正しく推定するには，実に多大な困難をともなう。こうして多くの場合，国内総生産をある経済の産出を測る代表的数値として援用している。

なお，資本概念には（以上の説明の対象となる）住宅・工場・機械・車両などの耐久的な**固定資本**のほかに，単に前期より持ち越されたにすぎない原材料

や仕掛品などのいわゆる**在庫**も含まれる。在庫品の場合，ほとんどは今期中に費消されてしまう（そして，来期への分が今期中に再び蓄積される）ので，資本財の減耗ということは起きない。減耗が生じるのは固定資本部分のみであるので，資本減耗分は正式には**固定資本減耗**と呼ばれる。

■例題 1.3 ─────────────────────── 国内総生産の範囲

以下の経済活動のうちから，日本の国内総生産の計測に影響を与える例を選べ。

(1) 〔純生産・総生産〕固定資本減耗の推計額が増加した。
(2) 〔国内・国民〕アメリカに2年以上居住中の日本人が，アメリカで労働所得を得た。
(3) 〔耐久消費財〕個人が冷蔵庫を買った。
(4) 〔物々交換〕自分で編んだセーターを農家の人の作った食料と物々交換した。
(5) 〔自家生産・自家消費〕家を自分の労力によって建てた。
(6) 〔主婦の家事労働〕主婦が隣の主婦と相談して，互いの家の家事を担当し合って，互いに給料を払い合うことにした。
(7) 〔公害〕工場が有害ガスを排出するようになった。
(8) 〔帰属家賃〕2人の自宅居住者が自宅を貸して互いの家へ賃貸者として転居した。
(9) 〔現物給与〕不況なので企業が現物で従業員に給与を支払った。
(10) 〔農家の自家消費〕農家が自分で作った作物を自分で食べた。
(11) 〔営業余剰よりの財産所得受取〕個人が社債を購入して，利子を受け取った。
(12) 〔キャピタル・ゲイン〕書画を転売してもうけた。
(13) 〔消費貸借〕麻雀に負けた友人に金を貸し，後日金利を付けて返してもらった。
(14) 〔移転所得〕政府が高齢世帯へ支払う年金額を増やした。
(15) 〔政府サービス生産者〕政府が警官を増員した。

【解答】

(1) GDP（国内総生産）は企業の付加価値を合計して求められる。これから，固定資本減耗分の推計値を控除してNDP（国内純生産）を得る。したがって，固定資本減耗分の推計額が変われば，NDPの推計値が変化するが，GDPの推計値は変化しない。(2) 日本の国民総所得に含まれるのは，日本の長期（＝6カ月以上）居住者の所得であって，国籍上の日本人の所得ではない。この日本人はアメリカの長期居住者であるから，その所得はアメリカの国民総所得に含まれる。いずれにしろ，日本の国内総生産には影響しない。(3) 冷蔵庫は**耐久消費財**であるから，冷蔵庫サービスの消費のほとんどは購入後の期間に行われる。したがって，理論的にはこれは家計による資本形成に分類されるのが適当であるが，GDP統計は便宜上（住宅以外の）資本形成はすべて生産者によると想定している。耐久消費財は購入時にすべて消費されたと見なされて，他の**最終消費支出**と区別されない。

　GDPに算入する生産物の範囲は，市場における販売を目的として生産されたものとされている。このように生産物の範囲が定義された場合，開発途上国のように**物々交換**が大きな割合を占めたり，**自家生産・自家消費**が多い経済では，GDP統計は実際の生産額を低めに評価しがちであるので注意が必要といわれる。この問題では，(4) と (5) がこれにあたり，生産活動にもかかわらずGDPには算入されない。また，(6) や (7) のように，先進国でもその財・サービスの市場自体がそもそも存在しないため，生産されたにもかかわらずGDP統計に算入されないものもある。(6) では，**主婦の家事労働**は市場で評価されないので，そのままではGDP統計に算入されないが，主婦が仕事を交換し合い，お互いの被使用者として給料を支払い合えば，GDP統計の増加要因となる。どちらの場合も主婦たちの労働サービスの提供量はほとんど変わらないのに，GDP統計は変化してしまう。(7) の公害は，その財・サービスの市場がないために，ある主体の経済活動が他の主体の経済活動に過剰に影響を与え，全体としての損益は負となる事例である。空気の市場がないので，大気汚染が起きてもGDP統計が減少することはない。

　上記のように限定されたGDP推計の対象の範囲にも例外が設けられていて，(8) のような**帰属家賃**，(9) のような**現物給与**，(10) のような**農家による自家消費**の場合は，市場において販売された財・サービスではないのにもかかわらず，帰属計算を行ってGDP統計に含めることになっている。帰属計算とは，市場

においてそのような取引がなかったにもかかわらず，あたかもあったかのように擬制して，その価額を推計することをいう．(8) の場合，帰属家賃とは，実際には家賃の受払いを行わない自己所有住宅についても，通常の借家のように，住宅サービスが生産され消費されると見なして，市場家賃で評価して帰属計算した家賃をいう．このような操作が行われているので，持ち家に引っ越しても引っ越さなくても，GDP 推計には原則的に影響は与えない．(9) のような現物給与や，(10) のような農家の自家消費は GDP を増加させる．

　GDP 概念は「生産活動にともなって」生じた付加価値である．(11) は家計が企業に対して資金を融通し，その結果企業の付加価値の一部の**営業余剰・混合所得**から財産所得として利子の支払を受けた．これは要素所得の一部を構成するので，GDP 統計に含まれる．しかし，(12) のようないわゆる**キャピタル・ゲイン**は，生産活動をともなわない単なる評価益にすぎないので，GDP 統計には含まれない．また (13) は個人の消費活動への資金提供への報酬にすぎず，背後に生産活動をともなっていない．(14) は生産活動とは無関係な，反対給付を要求しない移転所得にすぎず，GDP を増やすことはない．(15) の場合，政府は中間財として財・サービスを購入して，労働や資本と組み合わせて，**政府サービスを生産**する一方で，最終消費者の一人として自らこの政府サービスを**政府最終消費**として消費してしまう，と GDP 統計は擬制的に取り扱っている．したがって，警官の増員は生産者としての政府の**労働サービス雇用量**を増やす一方で，消費者としての政府の最終消費支出も同額だけ増やすことになる．つまり，生産面でも支出面でも政府の産出額は増加する．

■例題 1.4 ─────────────── 名目 GDP，実質 GDP，成長率

最終財が米とパソコン（PC）のみである仮設的な経済を考えよう。次の表のように 3 年に渡って最終財が生産された。

	第 1 年	第 2 年	第 3 年
米数量	100 トン	100 トン	100 トン
米価格	100 万円/トン	100 万円/トン	100 万円/トン
PC 数量	45 台	50 台	200 台
PC 価格	50 万円/台	45 万円/台	20 万円/台
人口	100 人	102 人	104 人

(1) 〔**名目 GDP**〕第 1 年の名目 GDP はいくらか。
(2) 〔**一人あたり名目 GDP**〕第 1 年の一人あたりの名目 GDP はいくらか。
(3) 〔**名目 GDP**〕第 2 年の名目 GDP はいくらか。
(4) 〔**名目成長率**〕第 2 年の名目経済成長率はいくらか。
(5) 〔**実質 GDP**〕第 1 年を基準年として，第 2 年の実質 GDP はいくらか。
(6) 〔**一人あたり実質 GDP**〕第 2 年の一人あたり実質 GDP はいくらか。
(7) 〔**実質成長率**〕第 2 年の実質経済成長率はいくらか。
(8) 〔**GDP デフレーター**〕第 2 年の GDP デフレーターはいくらか。
(9) 〔**物価上昇率**〕第 2 年の物価上昇率はいくらか。
(10) 〔**実質成長率・名目成長率・物価上昇率**〕第 2 年について，「実質成長率＝名目成長率－物価上昇率」が近似的に成立する事を確認せよ。
(11) 〔**人口成長率**〕第 2 年の人口成長率を計算せよ。
(12) 〔**一人あたり実質成長率**〕第 2 年について，一人あたりの実質成長率を求めよ。
(13) 〔**一人あたり実質成長率・実質成長率・人口成長率**〕「一人あたりの実質成長率＝実質成長率－人口成長率」が近似的に成立する事を確認せよ。
(14) 〔**固定基準年式**〕第 1 年を基準年としたまま，第 3 年の実質 GDP を計算せよ。
(15) 〔**固定基準年式での実質成長率**〕第 3 年の実質経済成長率はいくらになるか。

(16) 〔固定基準年式での一人あたり実質成長率〕第 3 年の一人あたり実質成長率はいくらになるか。

(17) 〔固定基準年式での第 3 年の GDP デフレーター〕第 3 年の GDP デフレーターはいくらになるか。

(18) 〔連鎖方式〕(5) で第 1 年を基準年として第 2 年の実質 GDP を計算した。次に，この第 2 年を基準年として第 3 年の実質 GDP を計算せよ。

(19) 〔連鎖方式での実質成長率〕第 3 年の実質成長率はいくらになるか。

(20) 〔連鎖方式での一人あたり実質成長率〕第 3 年の一人あたり実質成長率はいくらになるか。

(21) 〔連鎖方式での第 3 年の GDP デフレーター〕第 3 年の GDP デフレーターはいくらになるか。

【解答】

(1) P_1^i を 1 年目の i 財の価格とし，Q_1^i をその数量としよう。$P_1^1 Q_1^1 + P_1^2 Q_1^2$ を $\sum P_1 Q_1$ であらわそう。名目 GDP $= \sum P_1 Q_1$ であるから，100 万円×100 トン＋50 万円×45 台＝12250 万円。

(2) POP_1 で 1 年目の人口を表そう。第 1 年の一人あたりの名目 GDP $= \dfrac{\sum P_1 Q_1}{POP_1}$ であるから，$\dfrac{12250 \text{ 万円}}{100 \text{ 人}} = 122.5$ 万円。第 1 年を基準年とすれば，第 1 年の実質 GDP は名目 GDP と同じになることに注意しよう。

(3) 第 2 年の名目 GDP $= \sum P_2 Q_2$ であるから，100 万円×100 トン＋45 万円×50 台＝12250 万円。

(4) 第 2 年の名目経済成長率 $= \dfrac{\sum P_2 Q_2 - \sum P_1 Q_1}{\sum P_1 Q_1}$ であるから，$\dfrac{12250 \text{ 万円} - 12250 \text{ 万円}}{12250 \text{ 万円}} = 0$，つまり，0%。

(5) 第 2 年の実質 GDP $= \sum P_1 Q_2$ であるから，100 万円×100 トン＋50 万円×50 台＝12500 万円。

(6) 第 2 年の一人あたり実質 GDP $= \dfrac{\text{第 2 年の実質 GDP}}{POP_2} = \dfrac{12500 \text{ 万円}}{102} = 122.6$ 万円。

(7) 第 2 年の実質経済成長率 $= \dfrac{\text{第 2 年の実質 GDP} - \text{第 1 年の実質 GDP}}{\text{第 1 年の実質 GDP}}$ である

1.1 国民経済計算

から，$\dfrac{12500\,\text{万円}-12250\,\text{万円}}{12250\,\text{万円}}=0.0205$，つまり，約 2.05%。

(8) 第2年の GDP デフレーターはパーシェ型の物価指数であり，$100\times\dfrac{\sum P_2 Q_2}{\sum P_1 Q_2}$ と定義される。ところが，この分母は第2年の実質 GDP である。分子は第2年の名目 GDP である。ゆえに，(3) と (5) から，GDP デフレーターは，$100\times\dfrac{12250\,\text{万円}}{12500\,\text{万円}}=98$。

(9) 第2年の物価上昇率 $=\dfrac{\text{GDP デフレーター}_2-\text{GDP デフレーター}_1}{\text{GDP デフレーター}_1}$ であるから，$\dfrac{98-100}{100}=-0.02$。

(10) (6) から実質成長率は 2.05% がわかる。(4) から名目成長率は 0% がわかる。(8) から物価上昇率は -2% がわかる。ゆえに，実質成長率は，名目成長率－物価上昇率に近似的に等しいことがわかる。誤差は 0.05% に過ぎない。

(11) 2 年目の人口成長率は，$\dfrac{POP_2-POP_1}{POP_1}$ であるから，$\dfrac{102\,\text{人}-100\,\text{人}}{100\,\text{人}}=0.02$，すなわち 2%。

(12) 第2年の一人あたりの実質成長率

$=\dfrac{\text{第2年の一人あたりの実質 GDP}-\text{第1年の一人あたりの実質 GDP}}{\text{第1年の一人あたりの実質 GDP}}$

$=\dfrac{122.6\,\text{万円}-122.5\,\text{万円}}{122.5\,\text{万円}}=0.08\%$。

(13) (12) から第2年の一人あたり実質成長率は 0.08% がわかる。(7) から第2年の実質成長率は 2.05% であることがわかる。(11) から第2年の人口成長率は 2% であることがわかる。ゆえに，一人あたり実質成長率は，実質成長率から人口成長率を引いたものに近似的に等しいことがわかる。誤差は 0.03% に過ぎない。

(14) 固定基準年式の第3年目の実質 GDP $=\sum P_1 Q_3$ であるから，$100\,\text{万円}\times100\,\text{トン}+50\,\text{万円}\times200\,\text{台}=20000\,\text{万円}$ である。

(15) 固定基準年式の第3年の実質経済成長率

$=\dfrac{\text{第3年の実質 GDP}-\text{第2年の実質 GDP}}{\text{第2年の実質 GDP}}$ である。(14) から第3年の実質 GDP $=20000\,\text{万円}$ であり，(5) から第2年の実質 GDP $=12500\,\text{万円}$ であるから，第3年の実質経済成長率 $=60\%$ となる。

(16) 固定基準年式の第3年目の一人あたり実質 GDP は，$\dfrac{20000\,\text{万円}}{104\,\text{人}}=192.3$

万円である。ゆえに，その成長率は，$\dfrac{192.3\,\text{万円}-122.6\,\text{万円}}{122.6\,\text{万円}}=56.9\%$ になる。

(17) 固定基準年式の第3年のGDPデフレーターは，$100\times\dfrac{\sum P_3Q_3}{\sum P_1Q_3}$ である。分子は第3年の名目GDP，分母は第1年を基準年とする第3年の実質GDPである。(15) より，第1年を基準年とする第3年の実質GDPは20000万円である。名目GDPは14000万円である。ゆえに，第3年の固定基準年式のGDPデフレーターは70である。

(18) 固定基準年式の第3年の実質GDPは，$\sum P_1Q_3$ と定義されるが，これは $\sum P_1Q_1 \dfrac{\sum P_1Q_3}{\sum P_1Q_1}$ と等しい。つまり，第1年の実質GDP（＝名目GDP）に第1年の価格で評価した第3年の数量の変化率を乗じたものと解釈できる。連鎖方式では，第1年の実質GDP，第2年の実質GDPは固定基準年式と等しいものの，第3年の実質GDPは，$\sum P_1Q_1 \dfrac{\sum P_1Q_2}{\sum P_1Q_1}\cdot\dfrac{\sum P_2Q_3}{\sum P_2Q_2}$ で定義される。すなわち，第1年の実質GDPに，第1年の価格で評価した第2年の数量の変化率を乗じ，それに第2年の価格で評価した第3年の数量の変化率を乗じたものを，第3年の実質GDPと定義するのである。この定義を用いると，第4年の実質GDPは第3年のGDPに $\dfrac{\sum P_3Q_4}{\sum P_3Q_3}$ を乗じたものになり，以下同様に連鎖的に実質GDPを定義できる。第3年の実質GDPをこの定義に基づいて計算すると，19387万円となり，固定基準年式より小さくなる。

(19) 連鎖方式によると，第3年の実質成長率
$=\dfrac{\text{第3年の実質GDP}-\text{第2年の実質GDP}}{\text{第2年の実質GDP}}=\dfrac{19387\,\text{万円}-12500\,\text{万円}}{12500\,\text{万円}}=0.55$，
すなわち55%である。

(20) 連鎖方式での第3年の一人あたり実質GDPは，$\dfrac{19387\,\text{万円}}{104\,\text{人}}=186.4\,\text{万円}$ であるから，$\dfrac{186.4\,\text{万円}-122.6\,\text{万円}}{122.6\,\text{万円}}=52\%$ である。

(21) 連鎖方式での第3年のGDPデフレーターは，$\dfrac{\sum P_2Q_1}{\sum P_1Q_1}\cdot\dfrac{\sum P_3Q_2}{\sum P_2Q_2}$ で定義される。第2年のGDPデフレーターと第2年を基準とした第3年のGDPデフレーターとを乗じたものである。第4年のGDPデフレーターは，これに第3年を基準とした物価の変化率 $\dfrac{\sum P_4Q_3}{\sum P_3Q_3}$ を乗じたものと連鎖的に定義される。これによると，連鎖方式での第3年のGDPデフレーターは，88となる。

1.1 国民経済計算

練 習 問 題

1.1 （基礎知識）

以下の各文の空欄には適当な言葉・数式を入れ，（／）の欄からはもっとも適当な言葉を選べ．

⑴　三面等価の法則とは，「経済価値の産出額は，_____・分配・支出の3側面から捉えても互いに相等しい」という命題をいう．

⑵　在庫・住宅・企業設備などの，再生産可能な有形資産を，_____という．

⑶　生産要素を投入して生産された財・サービスは販売されて，その一部は同期間内に他の企業によって再び生産要素の投入として用いられる．このような財・サービスを，（最終財／中間財／投入財）という．

⑷　最終財は，_____か，_____か，海外との輸出入かのどちらかの用途に使用される．

⑸　生産物販売収入は，一部が中間財購入費用支払にあてられるが，残りはすべて投入生産要素へ報酬として支払われる．労働への報酬は_____と呼び，それ以外の生産要素への報酬は一括して，_____と呼ぶ．

⑹　資本形成は別名，_____と呼ばれる．

⑺　GDP 会計では，経済主体は，非金融法人企業・金融機関・一般政府・対家計民間非営利団体・_____の5つに分類されている．

⑻　GDP 統計における「国内」とは，一国の（居住者／居住者たる生産者）による経済活動を示す．

⑼　一国の「居住者たる生産者」概念には（企業／政府／家計）は含まれない．

⑽　GDP から海外への要素所得支払を控除し，海外からの要素所得受取を加えると，_____になる．

⑾　GDP から，_____を控除すると，NDP になる．

⑿　_____は，民間最終消費支出・民間資本形成・_____・公的資本形成・海外経常余剰の5つの合計からなる．

⒀　民間資本形成と政府資本形成を合計したものを，_____という．

⒁　粗投資すなわち総資本形成は，総固定資本形成と_____との和である．

⒂　景気安定政策の目標とする GDP は，名目 GDP ではなく，_____GDP である．

⒃　ラスパイレス物価指数は（基準年／比較年）の産出量を価格の加重として使用する。
⒄　消費者物価指数は（ラスパイレス／パーシェ）物価指数である。
⒅　GDPデフレーターは（ラスパイレス／パーシェ）物価指数である。

1.2　（正誤問題）

以下の各文の正誤を述べよ。
⑴　三面等価の法則によれば，国民総生産と国民総所得とは互いに相等しい。
⑵　生産要素としての「土地」とは，土地・森林・地下資源などの再生産不可能な有形資産をさす。
⑶　ある生産の段階で，中間財の投入により生み出された価値の部分を付加価値という。
⑷　最終財産出額と付加価値とは等しい。
⑸　粗投資から資本減耗を差し引いたものを純投資という。
⑹　生産要素としての「土地」の量は時間とともに変化しない。
⑺　期首資本に粗投資を加え，資本減耗を差し引いたものが，期末資本となる。
⑻　一国の「居住者」によって生み出された付加価値の総額を，国民総生産という。
⑼　海外からの要素所得受取より海外への要素所得支払が大きければ，GNI（国民総所得）はGDPより大きくなる。
⑽　NDPは，GDPから固定資本減耗分を控除したものである。
⑾　海外経常余剰とは，海外からの要素所得受取から海外への要素所得支払を差し引いたものをいう。
⑿　国富とは，実物資産に対外純資産を加えたものをいう。
⒀　総資本形成から固定資本減耗を控除したものは国富の増加分に等しい。
⒁　実質表示された経済変数値は物価変動が起きると，貨幣価値変化の影響を受けない。
⒂　消費者物価指数は，経済中のすべての財・サービス価格の平均である。

1.3　（三面等価）

以下の文のア，イ，ウに適当な語句を入れよ。
　GDPの三面等価の法則とは，［ア］・［イ］・［ウ］の3つの側面から捉えた

GDPが互いに相等しいことをいう。たとえば，雇用者所得は［ア］の面から捉えたGDP概念の一つであり，付加価値は［イ］の面からの概念であり，資本形成は［ウ］の面からのそれである。

1.4 （GDP）

以下のような分配面と支出面のGDPの表が与えられている。ただし，△は控除（引き算）をあらわす。また，海外からの要素所得の受取も支払も0とする。

（単位：兆円）

雇用者所得	X	民間最終消費支出	350
営業余剰・混合所得	100	公的最終消費支出	70
固定資本減耗	10	国内総固定資本形成	60
間接税	40	在庫品増加	20
△補助金	30	財貨・サービスの輸出	50
統計上の不突合	5	△財貨・サービスの輸入	80

(1) この経済の総資本形成はいくらか。
(2) この経済の経常収支はいくらか。
(3) この経済のGDPはいくらか。
(4) この経済のGNI（国民総所得）はいくらか。
(5) この経済のNDP（国内純生産）はいくらか。
(6) この経済の雇用者所得はいくらか。

1.5 （GDP統計）

ある国において，以下のような統計が知られている。（単位：兆円）
GDP（国内総生産）＝500，固定資本減耗＝40，総資本形成＝60，
在庫品増加＝5，海外からの要素所得の受取＝10，
海外への要素所得の支払＝20，間接税＝90，補助金＝70，
雇用者所得＝300，経常収支＝30，公的最終消費支出＝80，
民間総資本形成＝50。

(1) この国のNDP（国内純生産）はいくらか。
(2) この国のGNI（国民総所得）はいくらか。
(3) この国の純投資はいくらか。
(4) この国の総固定資本形成はいくらか。

(5) この国の営業余剰・混合所得はいくらか。
(6) この国の民間最終消費支出はいくらか。
(7) この国の公的総資本形成はいくらか。

1.6 （GDPの範囲）

以下の事例の経済行為が新たに生じたとしよう。これはGDPの値を変化させるか。

(1) 〔**移転所得**〕友人との賭博行為でもうけを得た。
(2) 〔**政府サービス生産者**〕国の無料高速道路を使い運送会社が貨物を運んだ。
(3) 〔**サービス**〕按摩（マッサージ）にかかった。
(4) 〔**自家消費**〕農家でない消費者が自宅の庭の柿の木に成った実を食べた。
(5) 〔**社宅**〕民間賃貸住宅より，会社が提供する無料の社宅に転居した。
(6) 〔**国内・国民**〕6カ月以上日本に居住する外国人労働者が日本で働き，賃金を受け取った。
(7) 〔**統計上の不突合**〕GDP（支出面）の推計値がGDP（生産面）のそれを上回った。

1.7 （物価指数）

表1.1は，ある仮想的な経済の2年間の表である。この経済は米と麦の2種類しか産出しないものとする。

表1.1

	第1年度		第2年度	
	産出量	価格	産出量	価格
米	2000トン	800円/トン	2500トン	1000円/トン
麦	3000トン	500円/トン	3000トン	800円/トン

(1) 各年度の名目GDPを計算せよ。
(2) 第1年度から第2年度への名目経済成長率を計算せよ。
(3) 第1年度を基準年，第2年度を比較年として，この経済のパーシェ物価指数を求めよ。
(4) この物価指数を用いて，各年の実質GDPを計算せよ。
(5) 実質経済成長率を計算せよ。

2 GDPの決定

2.1 財市場の均衡

◆GDPの安定

　1929年にアメリカで自由主義経済市場最大の不況が発生した。これを大恐慌という。1933年まで続いたこの恐慌では，アメリカの失業率はなんと25%に達した。以後，安定した労働雇用すなわち失業率の変動防止が経済政策上の重要な目標の一つとなった。ケインズ（Keynes, J. M.）は『雇用・利子および貨幣の一般理論』を1936年に発表して，有効需要の原理を提唱し，GDP安定のための経済政策を主張して，今日のマクロ経済学を創始した。

　生産物（すなわち実質GDP）は，いわゆる資本・労働・土地の生産の3要素を用いて生産される。これらの生産要素がすべて利用されて生産された生産物産出水準を，完全雇用GDPと呼ぶ。労働力が完全に雇用された場合の生産物の産出水準だからである。生産要素がすべて利用されない場合，資本ならば遊休資本，労働ならば失業が生じる。失業が増えれば生産要素投入の一部が減り，実質GDPは減る。実質GDPが増えれば失業は減る。ゆえに失業を減らすにはGDP水準をコントロールする必要がある。では，GDPはどのように決定されるのだろうか。

　ミクロ経済学では財価格が変動して，市場は均衡に達する。ケインズ理論は個々の財価格の変動の前に生産物の総量（すなわちGDP）が動いて経済全体が均衡するという発想に従う。したがって，しばらく諸財の価格の平均である物価は一定で動かないものと仮定する。こう仮定すると，実質変数と名目変数を区別する必要がなくなる。マクロ経済学では，名目変数を大文字，実質変数を小文字であらわすが，このゆえに以後の小文字表記は大文字表記に直してもまったく同等である。

◆有効需要の原理

　さしあたり，政府部門と外国部門は存在しないと仮定する。経済には，資

本・労働・土地などの生産要素の市場，債券などの金融資産の市場，原材料などの中間財の市場等々実に多くの市場があるが，ある期における最終生産物すべての市場（以下，**財市場**と呼ぶ）を考えよう。財市場での需要側を**総需要**，供給側は**総供給**と呼ぶ。生産物への経済全体からの需要であり，供給であるからである。総需要は**消費** c と**投資** i からなる。生産物の総供給 y は GDP に一致する。供給された生産物の売上は生産要素へ報酬として分配され，最終的にいずれかの主体に帰属して，その主体の所得となる。この所得の合計が GDP だからである。

　総供給が総需要より大きい場合（つまり $y > c+i$ であり，**財市場が超過供給**である場合）を考えよう。財市場では生産物の売れ残りが発生するので，供給側である企業は産出量を減らす。すなわち労働雇用を減らして，生産を縮小する。この結果，総供給 y は縮小して，総需要と等しくなる。逆に，総供給が総需要より小さい場合（つまり $y < c+i$ であり，**財市場が超過需要**である場合）を考えよう。財市場では品不足が発生するので，企業は産出量を増やす。すなわち，雇用を増やして生産を拡大する。その結果，総供給 y が増加して，総需要と等しくなる。以上のどちらの場合でも，総供給側が変化して総需要と等しくなる。つまり，総需要が総供給を決めるので，これを**有効需要の原理**という。

◆財市場の均衡

　以上のようにして財市場の均衡が達成されると，経済の産出水準は総需要の水準によって決定される。では，総需要はどのように定まるだろうか。消費は以下のように決まる。**家計**は与えられた所得 y から，その期の最適な**消費量** c を決定する。通常は，所得が増えるほど消費を増やすであろう。この関係を，簡単化して

$$c = \alpha y + c_0$$

とあらわす。この式を**消費関数**と呼ぶ。α は**限界消費性向**と呼ばれる。これは家計が所得 y からどの割合だけ消費に向けるかを示す。定義上，$0 < \alpha < 1$ である。c_0 は**独立消費**と呼ばれる。これは所得とは独立に家計がどれほど消費を行うかを示す。投資 i については，当面は簡単化のために，一定と仮定し，これを $i = \bar{i}$ であらわそう。以上より，総需要の水準は $(\alpha y + c_0) + \bar{i}$ であらわされる。

　有効需要の原理によって，総供給 y は総需要の水準に等しくなるから，**財市**

場の均衡では
$$y = (\alpha y + c_0) + \bar{i}$$
と両者の間に等号が成立する。両辺に GDP が含まれているので整理して，**財市場が均衡する GDP 水準 y は**，

$$y = \frac{1}{1-\alpha} c_0 + \frac{1}{1-\alpha} \bar{i} \qquad \text{（均衡 GDP 決定の公式）}$$

でなければならないことがわかる。こうして，（**実質）GDP 水準**が決定される。この y の水準を**均衡（実質）GDP** と呼ぶ。右辺の投資 $\bar{i}$ の**係数 $\frac{1}{1-\alpha}$ を投資乗数**と呼ぶ。GDP 水準の決定にあたって，投資水準に乗じる数だからである。$0<\alpha<1$ であると，投資乗数は必ず 1 より大である。これはつまり，**投資の変動はその数倍の大きさの GDP の変動をもたらす**ことを意味する。これを**投資の乗数効果**という。

■ **例題 2.1** ──────────────── 均衡 GDP

ある経済において，限界消費性向が 0.75 とする。
(1) 投資の 5 兆円の増加はいかほどの GDP の増加をもたらすか。
(2) 独立消費が 50 兆円，投資が 75 兆円であると，均衡 GDP はいかほどか。
(3) (2) の場合，完全雇用 GDP が 400 兆円であるとすると，いかほどの**インフレ**（あるいは**デフレ**）**・ギャップ**が生じるか。

【解答】
GDP 決定についてのもっとも基本的なタイプの問題である。問題を見た瞬間に暗算で答えが出ることを期待したい。

(1) **均衡 GDP 決定の公式** $y = \frac{1}{1-\alpha} c_0 + \frac{1}{1-\alpha} \bar{i}$ から，投資は，それの投資乗数倍の GDP をもたらす点に注目する。この経済においては限界消費性向が 0.75 なので，**投資乗数**は，$\frac{1}{1-0.75} = 4$ である。つまり，投資はその 4 倍の GDP を生み出す。したがって，投資が新たに 5 兆円増えると，GDP はその 4 倍の 20 兆円増える。このように限界消費性向の値のみの知識でも，投資と GDP の

増加額の関係については議論できる。

(2) 独立消費が50兆円，投資が75兆円の場合は，それらを公式に代入すればよい。$y = \dfrac{1}{1-0.75} \times 50 + \dfrac{1}{1-0.75} \times 75 = 500$ より，均衡GDPは500兆円であることがわかる。あるいは，投資乗数が4であることから，独立消費50兆円の4倍と投資75兆円の4倍のGDPがもたらされることを理解すれば，500兆円は暗算で求められる。

(3) **完全雇用GDP**が400兆円である場合，均衡GDPが500兆円であると，それを達成することは不可能であり，実際のGDPは400兆円にとどまる。このGDPのときの総需要は，消費が$c = 0.75 \times 400 + 50 = 350$兆円であり，投資が75兆円であるから，425兆円である。総供給は400兆円であるから差額の25兆円だけのインフレ・ギャップが生じていることがわかる。ちなみに，以上の議論は独立消費と投資の和さえわかれば，すべて成り立つ。この両者の和を**独立支出**と呼ぶことがある。

練習問題

2.1 （基礎知識）

以下の各文の空欄には適当な言葉・数式を入れ，（／）の欄からはもっとも適当な言葉を選べ．

(1) 1929年にアメリカで発生した自由主義経済史上最大の不況は，＿＿＿＿＿と呼ばれる．

(2) 経済学者＿＿＿＿＿はいわゆる『一般理論』を1936年に発表して，マクロ経済学を創始した．

(3) 経済に存在する生産要素を完全に利用した場合に生じるGDPの水準を，＿＿＿＿＿GDPと呼ぶ．

(4) 財市場での総需要は別名，＿＿＿＿＿とも呼ばれる．

(5) 財市場で超過供給が起きると，企業は生産量を（増加／減少）する．

(6) 総需要が総供給を決めるという考え方を「＿＿＿＿＿の原理」と呼ぶ．

(7) GDPとは無関係に支出される消費の部分を，＿＿＿＿＿と呼ぶ．

(8) 1単位のGDPの増加がもたらす消費の増分を，＿＿＿＿＿と呼ぶ．

(9) 一定額の投資が最終的にその何倍のGDPをもたらすか示す数値を，＿＿＿＿＿という．

(10) 投資量の変動が最終的にその数倍のGDPの変動をもたらすことを，投資の＿＿＿＿＿という．

2.2 （正誤問題）

以下の各文の正誤を述べよ．

(1) GDP決定の理論の主目的は，失業の解消である．

(2) 失業が増加すると，GDPは減少する．

(3) マクロ経済学では，財市場に不均衡が生じると，物価が変動して均衡をもたらすと考える．

(4) 財市場の総供給とGDPとは一致する．

(5) 限界消費性向は負の値をとりうる．

(6) 投資乗数は通常1より大きい．

2.3 （有効需要の原理）

以下の命題は，いずれも有効需要の原理に関連してケインズが唱えた命題である。誤っているものはどれか。
(1) 消費と投資の和が有効需要である。
(2) 有効需要と等しくなるように，総供給が変化する。
(3) 財市場の均衡において，有効需要と総供給は等しくなる。
(4) 投資の変化は最終的にその乗数倍の GDP の変化をもたらす。
(5) 有効需要が総供給と一致する所得水準が，最適水準である。
(6) 雇用は最終的には消費への態度と投資とによって決定される。

2.4 （均衡 GDP）

限界消費性向が 0.9 とする。
(1) 投資乗数はいくらか。
(2) 独立消費と投資の和が 50 兆円とする。均衡 GDP はいかほどか。

2.5 （限界貯蓄性向と投資乗数）

(1) 限界貯蓄性向が 0.1 のとき，投資の 5 兆円の増加はいくらの GDP の増加をもたらすか。
(2) そのとき，消費はどれだけ増加するか。

2.6 （完全雇用 GDP）

限界消費性向が 0.8，独立消費が 60 兆円のとき，完全雇用 GDP500 兆円が達成されるには，いかほどの投資が必要か。

2.7 （投資）

投資の短期的な経済効果について次の記述のうち正しいものを選べ。
(1) 投資は物的資本の蓄積を妨げる。
(2) 限界貯蓄性向の値が小さいほど，投資の乗数効果は大きい。
(3) 投資は GDP を高める有効需要創出効果を持つが，生産能力を高める供給能力増大効果は持たない。
(4) 投資は，国内で行われた場合でも国外で行われた場合でも，経済への効果は同一である。

2.8 （在庫投資）

以下の（　）内より適当な答えを選べ。

　財市場において総需要が総供給より（多い／少ない）場合，市場では品不足が生じる。企業は製品の在庫を取り崩してこれに対応するので，企業の製品在庫は（増加／減少）する。逆に，総需要が総供給より（多い／少ない）ときには，市場では生産物が余り，企業の製品在庫は（増加／減少）する。このように，経済全体の在庫増減は財市場の需給と強い相関関係を持つ。このゆえに，（好況／不況）期には国民経済計算の在庫投資項目は増加すると考えられる。この在庫投資の変動は（意図された／意図せざる）在庫の増加と呼ばれる。

2.9 （経済白書）

　『経済白書』のある年度版は日本経済の諸動向を指摘している。以下の（A）〜（D）はこれらの諸動向のうちのいくつかである。これらの動向の景気に与える影響について，『経済白書』は高度に精緻な議論に基づいて検討しているが，とにかくも現在までのもっとも簡単なGDPの決定理論の範囲では，これらの諸動向は景気への拡張要因か，縮小要因かのいずれと解釈するのが適当か。
(A)「低迷した個人消費」　　　(B)「減少した設備投資」
(C)「高水準だった住宅投資」　(D)「積極的に展開された財政政策」

2.10 （古典派の論争）

　以下の文はケインズの『雇用・利子および貨幣の一般理論』からの引用である。（　）内のケインズ以前の経済学者名の中からもっとも適当なものを選べ。
　「実際，（マルサス／ジェイムズ・ミル）は，有効需要が不足するということはありえないという（ケネー／リカード）の説に激しく反対した。が，無駄であった。というのは，（マルサス／ミル）は（よく見られることという事実への訴え以外には），どのようにそしてなぜ有効需要が不足したり過剰となり得るのか，明瞭に説明することができなかったので，別の解説を示せなかったのである。」

2.11 （乗数過程）

　一定額の投資の変動はその乗数倍のGDPの変動を引き起こす。最初の投資額の変動が消費支出の変動を呼び起こし，これがGDPの変動をもたらし，さ

らにこれが再び消費支出の変動をもたらす．この過程が逐次的に累積して，最終的に生じる所得の変化分の合計を計算せよ．

2.2 貯蓄・投資均等式, インフレ・ギャップ, 45°線図

◆貯蓄・投資の均等式

貯蓄 s とは, 所得 y のうち将来の消費のために, 現在支出されずに保存された部分をいう. つまり,

$$s = y - c$$

と定義される. 所得 y が与えられたとしよう. 消費 c の水準を選ぶとは, 同時に貯蓄 s の水準を選ぶことを意味する. つまり, 消費行動と貯蓄行動は同じものの両面にすぎない. 貯蓄の定義に消費関数を代入すると,

$$s = y - c = y - (ay + c_0)$$
$$= (1 - a)y - c_0$$

を得る. これを**貯蓄関数**といい, $1 - a$ を**限界貯蓄性向**という. 限界貯蓄性向は 1 から限界消費性向を差し引いたものにほかならない. 均衡 GDP の公式から, 投資乗数は限界貯蓄性向の逆数に等しいことがわかる. 財市場の均衡においては, $y = c + i$ が成立した. 貯蓄を用いてこれを書き直すと,

$$s = y - c = i$$

となる. すなわち財市場の均衡では, 貯蓄と投資の間に

$$s = i$$

が成立しなければならない. これを**貯蓄・投資の均等式**というが, 総需要・総供給均等式の代わりに, この貯蓄・投資の均等式を用いて均衡 GDP を求めることも可能である (例題 2.2 を参照).

貯蓄の主体は主として家計であり, 投資の主体は主として企業である. 両者は相異なるので, それぞれによって計画された貯蓄と投資があらかじめ互いに一致することはない. このために, GDP の調整が起き, 貯蓄と投資が均等する所得水準に定まるというのが, 貯蓄・投資の均等式から解釈した **GDP 決定論**ともいえる.

公債・株式・社債・預金・手形・小切手等々の他の主体への請求権を総称して**金融資産**という. 投資が機械・建物などの物的資本の増加分を意味するのに対し, 貯蓄は物的資本の増加以外にも, 金融資産の増加・**金融負債**の減少などの形を取り得る.

◆インフレ・ギャップとデフレ・ギャップ

前節のように，財市場が均衡するように GDP の水準が定まる。しかし，均衡 GDP が完全雇用 GDP 水準以上である場合は，財市場の均衡は達成不可能である。このことは経済全体のすべての生産要素を利用したときの産出量が完全雇用 GDP であるから，完全雇用所得以上を生産することはできないということより明らかである。この場合，財市場においては総供給より総需要が上回り，**超過需要の状態**が生じたまま解消されない。このときに初めて生産物の価格の上昇が生じると考えられる。つまり**インフレーション**が起きる。このために完全雇用 GDP における総供給と需要との差額を**インフレ・ギャップ**と呼ぶ。

逆に，均衡 GDP が完全雇用 GDP に達しない場合では，完全雇用 GDP 水準においては総需要が総供給を下回る。このときの総需要と総供給の差額を**デフレ・ギャップ**と呼ぶ（図2.1参照）。ただし，デフレ・ギャップといっても（後述する**貨幣賃金率の下方硬直性**のため），**デフレーション**が起きるわけではない。

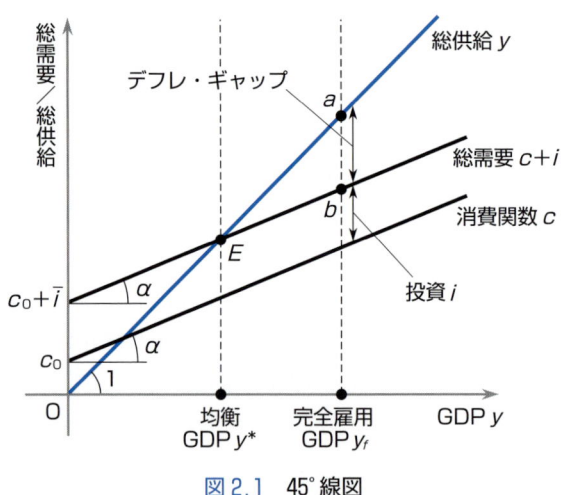

図2.1　45°線図

◆45°線図

総需要と総供給を縦軸にとり，GDP を横軸にとると，前節の議論を図に表現できる。総需要と総供給とも GDP y の関数であるからである。総需要は，

$$c+i=(ay+c_0)+\bar{i}$$
$$=ay+(c_0+\bar{i})$$

であるから，図 2.1 のように傾き a，切片 $(c_0+\bar{i})$ の直線となる．総供給は GDP y 自身であるから，傾き 1，切片 O の直線（つまり 45°線）となる．総需要と総供給が一致するのは，縦軸で両者が相等しくなる点 E に対応する横軸の GDP y^* においてである．これが均衡 GDP にほかならない．

■例題 2.2 ─────────────────────────── 投資・貯蓄均等図

図 2.2 について，以下の諸命題を証明せよ．

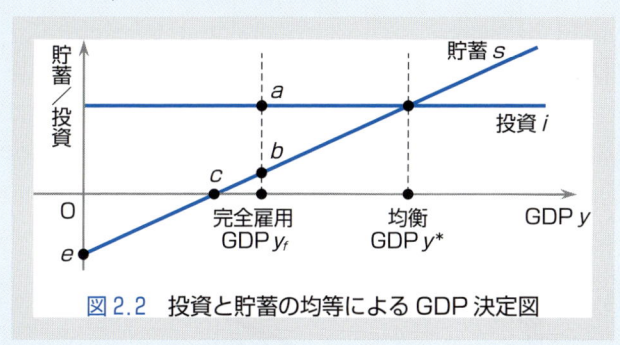

図 2.2 投資と貯蓄の均等による GDP 決定図

(1) c 点では，財市場で超過需要が生じている．
(2) 貯蓄曲線の傾きは限界貯蓄性向に等しい．
(3) ab はインフレ・ギャップに等しい．
(4) Oe は独立消費の水準に等しい．
(5) 投資 i が増えると，均衡 GDP は増える．

【解答】

貯蓄関数 $s=(1-a)y-c_0$ を所得 y の関数として，グラフに描いたものが貯蓄曲線である（a は限界消費性向）．式から直ちに貯蓄曲線の傾きは限界貯蓄性向に等しいことがわかる．つまり (2) の命題は正しい．投資は所得と独立と仮定されるので，投資曲線は水平である．財市場の均衡では貯蓄と投資は均等し，$s=i$ でなければならないことから，図の貯蓄曲線と投資曲線の交点に対応して均衡 GDP が決定される．これより小さな GDP では，$s<i$ となるが，

これは財市場で超過需要が生じていることを意味する。つまり c 点の GDP 水準では超過需要が生じている。つまり (1) の命題が成立する。(3) の ab は投資 i と貯蓄 s の差である。$i-s=i-\{(1-\alpha)y_f-c_0\}=i+(\alpha y_f+c_0)-y_f=(i+c)-y_f$ であるから，完全雇用 GDP 水準における総需要と総供給との差に等しい。これはインフレ・ギャップにほかならない。ゆえにこの命題は正しい。(4) では，$y=0$ である e 点で $s=(1-\alpha)y-c_0=-c_0$ となる。すなわち Oe は独立消費に等しい。(5) は，投資が増えると投資曲線が水平に上方にシフトする。その結果，均衡 GDP は上昇する。

■例題 2.3 ─────────────────────────── 45°線図

図 2.3 は GDP が消費および投資からなる経済において，均衡 GDP がどのような水準に決まるかを示したものである。ただし，消費は GDP の関数であるが，投資は独立投資のみとする。次のうち正しいものはどれか。

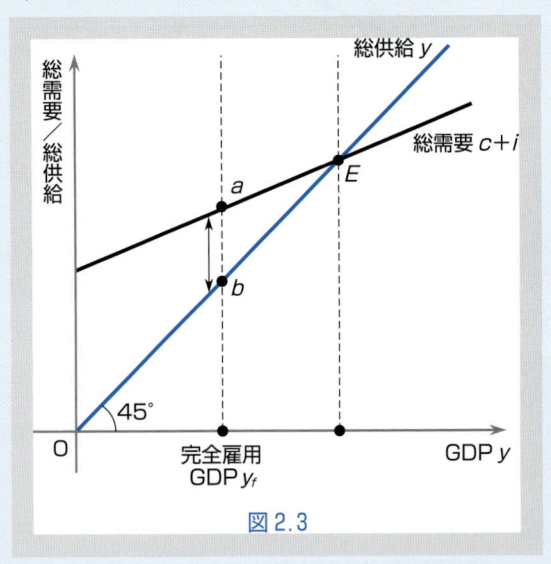

図 2.3

(1) この経済ではデフレ・ギャップが起きているが，ab だけの投資の減少が起きるとこれは解消される。
(2) この経済ではデフレ・ギャップが起きているが，この状態では失業が存在する一方で物価は下落する。

(3) この経済ではインフレ・ギャップが起きているが，この状態では投資が貯蓄を下回っている．
(4) この経済ではインフレ・ギャップが起きているが，この状態では物価は上昇して，生産と雇用水準を不変としたまま，名目 GDP は増加する．
(5) 何らかの理由で限界消費性向が上昇した場合，$c+i$ 線の傾きは緩やかになる．

【解答】
(4) が正解である．

図 2.3 の完全雇用 GDP において，総需要は総供給を上回っている．すなわち，インフレ・ギャップが生じている．したがって，(1) と (2) は誤りである．貯蓄 s とは，所得から消費を差し引いたもの，すなわち $y-c$ と定義される．総需要が総供給を上回るときには，$c+i>y$ であるが，これを書き直して，$i>y-c(=s)$ を得る．つまり，財市場が超過需要のときには，投資 i は貯蓄 s を上回る．逆に，超過供給のときには，投資 i は貯蓄 s を下回る．したがって，(3) は誤りである．実際の GDP は完全雇用 GDP を上回ることはできないから，図においては GDP の水準は完全雇用 GDP となる．この場合は総需要が総供給を上回る状態が持続し，投資が貯蓄を上回る．このインフレ・ギャップの状態で，物価上昇が生じる．名目 GDP は，物価×実質 GDP と定義される．ここで実質 GDP は完全雇用 GDP にはりついているが，物価は上昇するので名目 GDP の増加が生じる．すなわち，(4) が正しい．なお，(1) の場合 ab だけの投資の減少があると，たしかにインフレ・ギャップはなくなる．(2) の場合のインフレ・ギャップが起きるとき，GDP は完全雇用 GDP となるから，失業は存在しなくなる．(5) の限界消費性向が上昇した場合，投資乗数が大きくなるので，$c+i$ 曲線の傾きは大きくなる．

練習問題

2.12 （基礎知識）
以下の各文の空欄には適当な言葉・数式を入れ，（／）の欄からはもっとも適当な言葉を選べ。

(1) 所得のうち，将来の消費のために，支出されずに保存された部分を＿＿＿＿という。
(2) ＿＿＿＿は，1から限界消費性向を差し引いたものに等しい。
(3) 投資の主体は主として（家計／企業）である。
(4) 他の主体への請求権を＿＿＿＿という。
(5) 完全雇用GDPにおいて，総需要が総供給を上回っている場合，その経済で＿＿＿＿が生じているという。
(6) 完全雇用GDPにおいて，総需要が総供給を上回っている場合，物価は（上昇する／下落する／不変である）。
(7) 45°線図において，45°の線は財市場における（総需要／総供給）をあらわす。

2.13 （正誤問題）
以下の各文の正誤を述べよ。

(1) 貯蓄と消費を加えると必ず所得に等しい。
(2) 投資乗数は限界貯蓄性向に等しい。
(3) 財市場の均衡においては，貯蓄と投資は等しい。
(4) 貯蓄は主として企業によって決定される。
(5) 投資は金融資産の増加の形をとりうる。
(6) GDPは完全雇用GDP水準以上の値は取り得ない。
(7) デフレ・ギャップが生じると，物価は下落する。
(8) 45°線図において，総需要を示す曲線の傾きは限界消費性向に等しい。
(9) 45°線図において，総需要を示す曲線の切片は，投資に等しい。

2.14 （投資の概念）

以下のうちから，経済学上の「投資」を選べ。
(1) Aさんがある会社の株を買った。
(2) Bさんが多額の借金をして学費を調達し，子供を医科大学に入れた。
(3) Cさんが自分の所有する会社のために土地を買った。
(4) Dさんが公債を証券会社より購入した。
(5) Eさんがサラ金会社からの借金を返した。
(6) Fさんが外国へ果物を輸出して，外国通貨を受け取った。
(7) Gさんが勤務する会社では，新たに生産設備を購入した。
(8) Hさんが中古の自動車を買った。
(9) Iさんが家を新築した。

2.15 （インフレ・ギャップ）

限界消費性向が0.8，独立消費と投資の和が200兆円，完全雇用GDPが500兆円のときに，どれほどのインフレ・ギャップが生じるか。

2.16 （GDPの決定）

以下の文のうち正しいものを選べ。
(1) 不況は有効需要の不足によって起きる。
(2) インフレは有効需要の過剰によって起きる。
(3) 均衡GDPにおいては，労働市場の需給は均衡している。
(4) デフレ・ギャップが存在すると，物価が下がりデフレが生じる。
(5) インフレ・ギャップが生じると，失業が生まれる。
(6) 完全雇用GDP水準以下のGDP水準では，投資が増えると均衡GDPは投資額以上に増える。
(7) 均衡GDPが完全雇用GDPより小さいとき，完全雇用GDPと均衡GDPとの差をデフレ・ギャップという。
(8) 貯蓄が投資より大きいとき，財市場においては超過需要が生じている。
(9) 一定の投資額に対し，限界貯蓄性向が増加するほど，均衡GDPは減少する。

2.17 （投資・貯蓄均等図）

図 2.4 について，以下の文から正しいものを選べ。

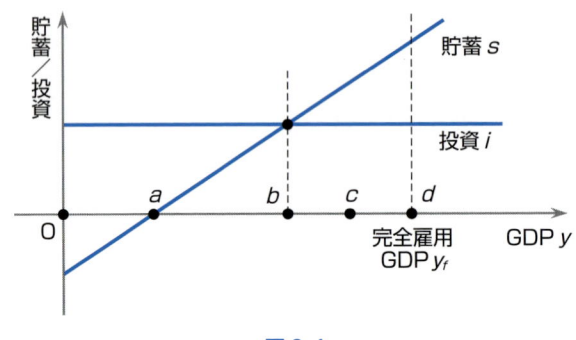

図 2.4

(1) 図はインフレ・ギャップの存在を示す。
(2) bd はデフレ・ギャップの大きさに等しい。
(3) c 点では財市場は超過供給状態となっている。
(4) a 点の GDP は独立消費に投資乗数を乗じたものに等しい。
(5) 限界貯蓄性向の増加は，均衡 GDP を増加させる。

2.18 （セイ (Say, J. B.) の法則）

以下の文のうち，いわゆる「セイの法則」を正しく述べたものはどれか。
(1) 均衡 GDP が完全雇用水準を越えると物価上昇が起きる。
(2) 供給はそれ自身の需要を作り出す。
(3) 有効需要が GDP 水準を決定する。
(4) 賃金の効用は，その雇用量の限界不効用に等しい。
(5) 貨幣賃金率は下方には硬直的である。

3 GDP の安定

3.1 財政政策

　前章までの GDP 決定の理論模型に政府部門を導入し，政府活動がどのように経済活動水準に影響を与えるか，を考えよう。政府のマクロ経済政策は財政政策と金融政策に大別されるが，本章は前者を考察する。前記のように雇用と物価の安定がマクロ経済政策の主目的である。これらを達成するためには，政府は GDP をコントロールして，インフレ・ギャップが生じない範囲での最大の GDP 水準，すなわち完全雇用 GDP 水準に定めればよい。

◆政府の財政活動

　政府の財政活動は，マクロ経済学的観点から以下のように概観される。各財政年度において政府は一方で民間部門に対して課税して収入を調達し，他方で支出を行う。同年度中の収入額が支出額に不足するときには，公債発行によって不足額を調達する。公債とは政府の債務証書であり，その保有者に対して，政府が一定期間の元利払いを約束する有価証券である。公債の「発行」とは新たな公債の民間への売却をいう。公債発行は当期に財政収入をもたらすが，他方で将来の元利払いの義務をもたらす。また，政府の財政収入が財政支出を上回るときは，その差額をもって過去に発行した累積公債を償却する。この財政支出は，政府支出（あるいは政府の財・サービス購入とも呼ばれる）と移転支出と過去に発行した公債の利払・償還のための支出に大別される。政府支出においては，政府は支出の対価として財・サービスを獲得するのに対して，移転支出においては，政府は支出対象者から支出の反対給付を要求しない。たとえば，人件費・事務費などのいわゆる政府最終消費支出や公共事業関係費などの政府資本支出は，前者の政府による財・サービスの購入の例にほかならない。これに対して，「各種社会保険給付・生活保護費」等の個人への支出や企業・農業者等への「経常補助金」は，相手から対価を要求しないので，移転支出である。租税が民間部門から政府部門への購買力の移転にほかならないのに対し

て，移転支出は政府から民間への購買力の移転にほかならない。この意味で，移転支出は**負の租税**である。租税と移転支出の差を**純租税**といい，これが純粋な民間部門の負担を意味する。以下では便宜的に移転支出が存在しないものとして分析を進める。

さて以上から，政府は毎年以下のような予算制約式に直面することが了解される。

$$g_t + rb_t = \tau_t + (b_{t+1} - b_t)$$

ただし，g, τ, r, b はそれぞれ政府支出，租税，利子率，公債残高をあらわし，下付文字 t は第 t 年度をあらわす。b_t は第 t 年度期初の公債残高をあらわす。左辺は財政支出であり，政府支出と既存の公債への利払である。右辺は財政収入であり，租税と当期中の新規公債発行額である。

政府支出 g_t が租税 τ_t を上回れば，**赤字予算**といわれる。このとき，$b_{t+1} > b_t$ であり，公債残高は t 年度から $t+1$ 年度にかけて増加する。政府支出 g_t が租税 τ_t を下回れば，**黒字予算**と呼ばれる。政府支出と租税がちょうど等しい場合を**均衡予算**という。

◆財政政策

租税と政府支出の組合せである政府予算は**公債残高の変化**をもたらす。この公債残高変化が個人の保有財産の変化として，個人の行動に影響を与える可能性は否定できないが，当面は影響を与えないと近似的に仮定して分析を進める。こうして政府の財政活動を GDP 決定理論の模型に導入すると，2 カ所で修正が要求される。まず，政府支出 g は政府による財・サービスの購入であり，財市場において，個人による消費 c，企業による投資 i とならぶ総需要の一因となる。また，租税 τ の存在は，個人が消費に支出できる金額を減らすことになる。つまり，家計が自由に処分できる所得は，GDP y から租税 τ を差し引いたものとなる。この $y-\tau$ を**可処分所得**という。こうして個人の消費支出は単なる所得ではなく，可処分所得に基づいて行われることになる。

以上をまとめると，前章の模型は第 t 年度では，

$$y = c + i + g \quad \begin{pmatrix} \text{財市場の需給均衡，} \\ \text{総需要要因として政府支出の追加} \end{pmatrix}$$

$$c = \alpha(y - \tau) + c_0 \quad \begin{pmatrix} \text{消費関数，} \\ \text{所得ではなく可処分所得に基づく} \end{pmatrix}$$

$$i = \bar{i} \quad \text{(投資額所与)}$$

と書き直されることになる。これから第 t 年度の均衡 GDP は，

$$y = \frac{1}{1-\alpha}c_0 + \frac{1}{1-\alpha}\bar{i} + \frac{1}{1-\alpha}g - \frac{\alpha}{1-\alpha}\tau \quad \begin{pmatrix}政府部門が存在する\\場合の均衡 GDP\end{pmatrix}$$

と求められる。この式で，政府支出 g にかかる $\frac{1}{1-\alpha}$ は**政府支出乗数**と呼ばれ，政府支出額が最終的にその何倍の GDP を生み出すかを示す。同様に，租税 τ の前の $-\frac{\alpha}{1-\alpha}$ は**租税乗数**と呼ばれる。租税乗数は負であるので，租税の存在は租税乗数倍だけ GDP を減少させる方向にはたらくことが理解される。この政府の GDP 水準操作の道具としての政府支出と租税とをあわせて**財政政策**（**フィスカル・ポリシー**）と呼ぶ。

租税と政府支出があると，**貯蓄・投資均等式**は修正を要する。貯蓄 s は可処分所得中の消費 c に向けられない部分と定義されるので，$s = (y-\tau) - c$ であるから，これを財市場の均衡式 $y = c + i + g$ に代入して，

$$s + \tau = i + g \quad (政府部門が存在する場合の貯蓄・投資均等式)$$

を得る。これが政府部門が存在する場合の貯蓄・投資均等式である。

■例題 3.1 ──────────────── 政府支出，租税，政府予算

ある経済において，独立消費は 40 兆円，投資は 50 兆円，限界貯蓄性向が 0.2 であるとする。

(1) 投資が 10 兆円減少したときに均衡 GDP の減少はいかほどか。
(2) 租税が 70 兆円であり，政府支出が 60 兆円であるときに，均衡 GDP はいかほどか。ただし投資は 50 兆円のままとする。
(3) 完全雇用 GDP が 500 兆円であるときには，完全雇用を達成するためには，さらにいかほどの追加的な政府支出が必要か。
(4) このとき，政府予算は赤字か黒字か。
(5) 追加的な政府支出ではなく，減税によって完全雇用を達成するにはいかほどの減税が必要か。
(6) このとき，政府予算は赤字か，黒字か。

【解答】

マクロ経済学の初級の問題としてはもっとも典型的なものである。

(1) 投資乗数は限界貯蓄性向の逆数であるから，$\frac{1}{0.2}=5$ である。投資が 10 兆円減少すると，GDP はその 5 倍の 50 兆円減少する。

(2) 政府部門を含んだ均衡 GDP の公式に代入して，次式を得る。
$$\frac{1}{0.2}40+\frac{1}{0.2}50+\frac{1}{0.2}60-\frac{0.8}{0.2}70=470 \text{（兆円）}$$

(3) GDP が 500 兆円となるためには，次式を解いて $g=66$ 兆円を得る。
$$\frac{1}{0.2}40+\frac{1}{0.2}50+\frac{1}{0.2}g-\frac{0.8}{0.2}70=500$$

現在の政府支出 60 兆円から，さらに 6 兆円の追加的な支出を必要とする。

(4) このとき，$g-\tau=66-70=-4$ であるから，4 兆円の黒字予算である。

(5) 完全雇用 GDP を 500 兆円，政府支出を 60 兆円とすると，次式より，$\tau=62.5$ 兆円を得る。
$$\frac{1}{0.2}40+\frac{1}{0.2}50+\frac{1}{0.2}60-\frac{0.8}{0.2}\tau=500$$

現在の租税額 70 兆円から，7.5 兆円の減税を行わなければならない。

(6) このとき，$g-\tau=60-62.5=-2.5$（兆円）より，2.5 兆円の黒字予算である。

■例題 3.2 ─────────── 均衡予算の定理

> 不完全雇用が存在する状態で，予算を均衡させたまま，政府支出と租税の双方を同額増加させると，GDP はどれだけ増加するか。

【解答】

　前述のように政府支出の増加は GDP を増加させる。その一方で租税の増加は GDP を減少させる。では，この両者を同額だけ増加させると，たがいにその効果を打ち消しあうはずであるが，どちらの効果が勝るであろうか。これは政府部門を含んだ均衡 GDP の公式において，政府支出の乗数と租税の乗数の絶対値を比較すればわかる。$0 < \alpha < 1$ である限り，必ず $\frac{1}{1-\alpha} > \frac{\alpha}{1-\alpha}$ が成立するので，政府支出の増加による GDP の増加の方が，租税の増加による GDP の減少より大である。つまり，GDP は全体として増加する。では，この GDP の増加額の大きさはどれほどであろうか。政府支出が 1 単位増加すると，GDP はその $\frac{1}{1-\alpha}$ 倍，増加する。租税が 1 単位増加すると，GDP は $\frac{\alpha}{1-\alpha}$ 倍だけ減少する。この両者を足し合わせると，$\frac{1}{1-\alpha} - \frac{\alpha}{1-\alpha} = \frac{1-\alpha}{1-\alpha} = 1$ より，GDP は全体として 1 単位だけ増加する。つまり，政府支出の増加額（＝租税の増加額）だけ GDP は増加することがわかる。これを均衡予算の定理という。

　これは以下のようにして，公式からも確認される。均衡予算においては，政府支出と租税が等しい。つまり，$g = \tau$ が成立する。これを，政府部門を含んだ均衡 GDP の公式に代入すると，公式は，

$$y = \frac{1}{1-\alpha}c_0 + \frac{1}{1-\alpha}\bar{i} + \frac{1}{1-\alpha}g - \frac{\alpha}{1-\alpha}g$$

$$= \frac{1}{1-\alpha}c_0 + \frac{1}{1-\alpha}\bar{i} + \left(\frac{1}{1-\alpha} - \frac{\alpha}{1-\alpha}\right)g$$

$$= \frac{1}{1-\alpha}c_0 + \frac{1}{1-\alpha}\bar{i} + \frac{1-\alpha}{1-\alpha}g = \frac{1}{1-\alpha}c_0 + \frac{1}{1-\alpha}\bar{i} + g$$

と書き換えられる。最後の項においては，政府支出の乗数は 1 となっている。つまり，均衡予算の場合，GDP はちょうど政府支出と租税の増加分だけ増加するのである。

練習問題

3.1 （基礎知識）
以下の各文の空欄には適当な言葉・数式を入れ，（／）の欄からはもっとも適当な言葉を選べ。
(1) _____とは，政府の債務証書をさす。
(2) 政府の財政支出は，政府支出と_____支出と既発公債への元利払いとに大別される。
(3) 政府支出は別名，政府の_____ともいわれる。
(4) 政府支出が租税より大なとき，政府の予算は（赤字／黒字／均衡）であるといわれる。
(5) 赤字予算の場合，公債の純発行額は（正／負／ゼロ）であり，その結果，公債残高は（増加する／減少する／変化しない）。
(6) _____は，消費・投資と並ぶ有効需要の一要素である。
(7) GDPから租税を差し引いたものを，_____所得という。
(8) 限界消費性向を a であらわすとき，租税乗数は，_____の式で示される。
(9) 限界貯蓄性向が0.2のとき，租税乗数は_____になる。
(10) 政府部門が存在するときの貯蓄・投資均等式は，_____の式で示される。

3.2 （正誤問題）
以下の各文の正誤を述べよ。
(1) 農業従事者への経常補助金は移転支出である。
(2) 移転支出は負の租税である。
(3) 公債残高はその年度の公債発行額分だけ変化する。
(4) 均衡予算の場合，公債残高は変化しない。
(5) 個人の消費支出は可処分所得に基づいて行われる。
(6) 政府支出乗数は投資乗数より小である。
(7) 増税はGDPを増加させる。
(8) 租税額を変化させて景気安定をはかることのみを，フィスカル・ポリシーという。

3.3 (均衡 GDP)

以下の経済における均衡 GDP に関して以下の問に答えよ．ただし，均衡 GDP は完全雇用水準より十分低いものとする．

$$y = c + i + g$$
$$c = c_0 + 0.8(y - \tau)$$

(1) この経済において，1兆円の政府支出増はどれほどの GDP 増を生み出すか．
(2) 1兆円の減税はどれほどの GDP 増を生み出すか．
(3) 8兆円の投資の自律的な減少の景気縮小効果を打ち消すには，どれほどの減税が必要か．
(4) 4兆円の財政赤字をともないながらも，10兆円の政府支出増を行った．GDP はどれだけ増加するか．

3.4 (移転支出)

以下は財務省「財政統計」の一般会計歳出予算目的別分類中のいくつかの項目である．このうちから，移転支出を選べ．
(1) 外交費，(2) 徴税費，(3) 国土保全費，(4) 生活保護費，(5) 科学振興費
(6) 恩給費，(7) 防衛関係費，(8) 社会保険費，(9) 学校教育費，(10) 国債費

3.5 (移転支出と純租税)

独立消費と投資水準の和が80兆円であり，限界消費性向が0.8であるような経済を考えよう．財政支出のうち，移転支出が30兆円，財・サービス購入が60兆円であるとし，租税が70兆円であるとする．このとき，以下の問に答えよ．
(1) 政府会計において，財政はいかほどの黒字ないしは赤字か．
(2) この経済の GDP はどの水準に定まるか．
(3) 財政を均衡させるべく移転支出を変化させた場合，GDP はいかほど変化するか．
(4) この経済において，いわゆる「均衡予算の定理」は成立するか．

3.6 (政府支出)

ある閉鎖経済において，90兆円のデフレ・ギャップが生じている．この経

済の限界貯蓄性向は 0.1 とする。
(1) 完全雇用に到達するためには，政府によるどれほどの政府支出増が必要であるか。
(2) 減税による場合には，どれほどの減税額が必要か。

3.7 （予算赤字）

以下のような経済を考えよう。

$y = c + i + g$

$c = 40 + 0.75(y - \tau)$

$i = 60$

(1) 政府の財政赤字を 10 にとどめるためには，政府支出 g と租税 τ の間にどのような制約条件が課せられるか。
(2) その場合，完全雇用 GDP 水準 500 を達成するには，政府は租税をいくらの水準に定めなければならないか。

3.8 （均衡予算の定理）

均衡財政の下で定額税により $\Delta\tau$ だけの増税を行い，同時に同額の政府支出 Δg を行ったとしよう。限界消費性向が α であらわされるとき，この財政活動に対応して起きる変化について正しく述べた文をすべて選べ。ただし，当初の公債残高を 0 とする。

(1) 財政赤字は縮小する。
(2) 公債残高は変化しない。
(3) 消費は最終的に $\dfrac{\Delta\tau}{1-\alpha}$ だけ増加する。
(4) GDP は $\dfrac{\alpha\Delta\tau}{1-\alpha}$ だけ減少する。
(5) GDP は $\dfrac{\Delta g}{1-\alpha}$ だけ増加する。

3.2 応　用

◆所得税

　前節の議論において**一括定額税**（所得水準によって変化することのない一定額の租税）の場合の結論を考察した。現実には，租税額は所得に依存するのが通常である。税率は累進的であるのが普通であるが，ここではもっとも簡単な場合である**比例的所得税**を考察する。比例的所得税の場合，租税額 τ は所得 y に比例するので，$\tau = ty$ という関係が成立する。ただし，t は**所得税率**である。これを消費関数に代入して，

$$c = \alpha(y-\tau) + c_0 = \alpha(y-ty) + c_0 = \alpha(1-t)y + c_0$$

を得る。つまり，限界消費性向が α から，$\alpha(1-t)$ へ減少した場合に等しい。これから容易に類推できるように，**比例的所得税の場合の均衡 GDP** の式が次のように求められる。

$$y = \frac{1}{1-\alpha(1-t)}c_0 + \frac{1}{1-\alpha(1-t)}\bar{i} + \frac{1}{1-\alpha(1-t)}g$$

　定額税のときの投資乗数 $\dfrac{1}{1-\alpha}$ と比べて，比例的所得税の場合の投資乗数は小さくなっている。つまり，投資の変動に対してGDPの変動が小さくなる。これは投資額が増加（減少）して所得が増加（減少）すると，自動的に租税額が増加（減少）して有効需要を減少（増加）させ，所得増（減）を部分的といえども打ち消すように動くからである。このように，所得税は財政制度の一部として投資の変動によるGDP変動を緩和して，その存在自体が自動的に景気安定効果をもたらす。これを**所得税のビルト・イン・スタビライザー**（**自動安定化装置**）**機能**と呼ぶ。

◆誘発投資

　現在までは投資はGDPとは独立に決まると仮定してきた。このような投資を**独立投資**というが，投資の一部がGDPに依存する可能性はある（投資の決定要因については，5章で詳細に検討される）。現在のGDPの増加が，将来の資本の限界生産性の増加を意味すれば，企業は投資意欲を増加させるからである。この場合，投資 i は，

$$i = i_0 + \beta y$$

と表現され得る。ただし，i_0 は所得とは独立に定まっている独立投資であり，$\beta(>0)$ は**限界投資性向**，y は GDP である。この βy の部分は所得に誘発されて生じる投資なので，**誘発投資**と呼ばれる。**誘発投資が存在する場合の均衡 GDP の公式**は，

$$y = \frac{1}{1-\alpha-\beta}c_0 + \frac{1}{1-\alpha-\beta}i_0 + \frac{1}{1-\alpha-\beta}g - \frac{\alpha}{1-\alpha-\beta}\tau$$

となる。誘発投資が存在する場合，投資乗数は限界貯蓄性向から限界投資性向を差し引いたものの逆数になることがわかる。

◆外国部門

外国との貿易取引のある経済を**開放経済**，ない経済を**閉鎖経済**という。ここまで取り扱ってきた閉鎖経済に外国部門を導入しよう。外国部門による（国内）財市場への財の供給を**輸入**，財の需要を**輸出**という。開放経済における財市場においては，輸入 m は総供給の一部をなし，輸出 x は総需要の一部をなす。ゆえに，財市場の均衡条件は，$y+m=c+i+g+x$ を書き換えて，**$y=c+i+g+x-m$** と書かれる。輸出 x と輸入 m との差額 $(x-m)$ は，外国部門に対する国内債権の純増加分であり，**経常収支**と呼ばれる。

輸入 m の水準は国内の総需要に依存すると考えられるので，$m=m_0+\gamma y$ の形に書けるとしよう。γ は $0<\gamma<1$ であり，**限界輸入性向**と呼ばれる。輸出 x は外国部門の総需要に依存するので，さしあたり x_0 で一定と仮定しよう。すると，**貿易のある場合の均衡 GDP の公式**は，

$$y = \frac{1}{1-\alpha+\gamma}c_0 + \frac{1}{1-\alpha+\gamma}i_0 + \frac{1}{1-\alpha+\gamma}g - \frac{\alpha}{1-\alpha+\gamma}\tau + \frac{1}{1-\alpha+\gamma}(x_0-m_0)$$

となる。この公式で，(x_0-m_0) の係数を**外国貿易乗数**という。投資乗数，そして外国貿易乗数は，限界貯蓄性向に限界輸入性向を加えたものの逆数であることがわかる。

例題 3.3 ─────────────────── 節約のパラドックス

「誘発投資が存在する場合には，限界貯蓄性向が上昇すると，貯蓄は低下する」との命題を**節約のパラドックス**という。この命題を図を用いて証明せよ。また，誘発投資が存在しない場合には，この命題はどのように修正されるか。

【解答】

個人の貯蓄への意欲が増加するとかえって貯蓄が減少してしまう，というはなはだ直観と相反する命題なので，**パラドックス**という。貯蓄–投資図から，これを証明しよう。誘発投資がある場合，投資曲線は GDP にともなって右あがりとなる。独立投資部分はこの曲線の切片に等しい。

当初の貯蓄曲線が図 3.1 の s であったとしよう。すると，投資曲線 i との交点 A に対応する GDP a' が当初の均衡 GDP であり，a が貯蓄水準である。次に，限界貯蓄性向が増加すると，傾きが増加するため貯蓄曲線は s から s' へ切片を中心にして回転する。この曲線と投資曲線 i との交点 B から新しい均衡 GDP b' が定まり，b が新しい貯蓄水準となる。図から投資曲線が傾いている限り，a から b へ貯蓄が低下することがわかる。

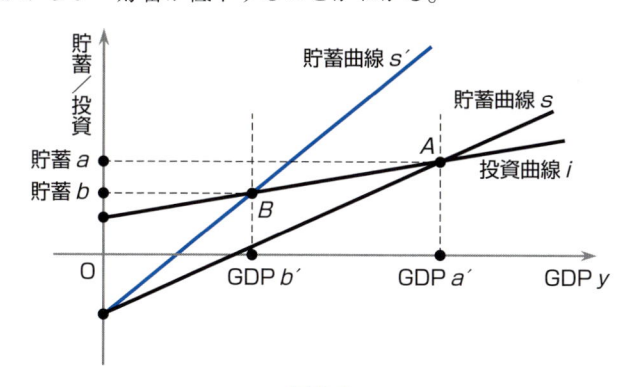

図 3.1

誘発投資が存在しない場合には，投資曲線は水平であるから，貯蓄 a と貯蓄 b は同じ水準であることがわかる。つまり，誘発投資が存在しない時には，「限界貯蓄性向が増加しても，貯蓄量は変わらない」との命題が成立する。

練習問題

3.9 （基礎知識）
以下の各文の空欄には適当な言葉・数式を入れ，（／）の欄からはもっとも適当な言葉を選べ。

(1) 比例的所得税の場合，t を所得税率とすると，政府支出乗数は_____の形に書ける。

(2) 比例的所得税の場合の投資乗数は，定額税の場合の投資乗数と比較すると，（大である／小である／等しい）。

(3) 所得税の存在は，裁量的な租税額の変更を待たずに，自動的に景気安定的に租税額を変化させる。これを所得税の_____機能という。

(4) GDPの増加に誘発されて投資が増加する場合，GDP 1単位の増加に対して生じる投資の増分を，_____という。

(5) 外国との貿易取引のある経済を_____経済という。

(6) 外国との貿易取引がある場合，財市場の需要と供給の均衡は，$y=$_____ の式であらわされる。

(7) 輸入と輸出の差は，_____と呼ばれる。

(8) 租税のGDPに対する比率を，_____という。

(9) GDPに占める政府支出の比率は近年の日本経済では，（上昇している／低下している／変化していない）。

3.10 （正誤問題）
以下の各文の正誤を述べよ。

(1) 一括定額税の場合，租税額はGDPとともに増加する。

(2) 所得税の存在は景気を不安定にする効果を持つ。

(3) 誘発投資のある場合，政府支出乗数は限界貯蓄性向から限界投資性向を差し引いたものに等しい。

(4) 「節約のパラドックス」とは，ある個人の限界貯蓄性向が上昇したときに，彼の貯蓄額が減少することをいう。

(5) 外国貿易乗数は，限界貯蓄性向に限界輸入性向を加えたものの逆数である。

(6) 日本の租税負担率は近年30％を越えている。

(7) 日本の経常収支は近年赤字が続いている。

3.11 （比例的所得税）

限界消費性向が 0.75，独立支出が 70 兆円の経済があるとしよう。この経済において，政府の所得税率が 0.2 で固定されているとする。以下の問に答えよ。

(1) 政府支出乗数はいくらか。
(2) 完全雇用所得水準の 500 兆円を達成するためには，政府支出はいくら必要か。
(3) (2) の場合の政府支出を保ったまま，所得税率が 0.3 へ変更されたとき，GDP はいかほど変動するか。この場合，所得税のビルト・イン・スタビライザー機能は低下するか否か。
(4) (2) の場合の政府支出と租税額を保ったまま，税を所得税から定額税へ変更すると，GDP はいかほど変動するか。また，その理由を説明せよ。

3.12 （誘発投資と比例的所得税）

限界投資性向が 0.1，限界貯蓄性向が 0.2 であるとしよう。

(1) 租税が一括定額税である場合の，政府支出乗数はいくらか。
(2) 租税が比例的所得税であり，所得税率が 0.3 であるときの，政府支出乗数はいくらか。
(3) 政府支出と租税とがともにゼロであり，独立消費が 50 兆円，独立投資が 100 兆円であるとする。この経済の均衡における投資の量はいくらか。

3.13 （開放経済）

次の方程式であらわされる経済があるとする。
$$y = c + i + g + x - m, \quad c = 30 + 0.9(y - \tau),$$
$$i = 15, \ x = 60, \ m = 0.2y$$

(1) 政府支出乗数はいくらか。
(2) 租税乗数はいくらか。
(3) 1 単位の政府支出 g の増加に対して，輸入 m は何単位増加するか。
(4) 政府支出が 45 のときに，経常収支を均衡させるためには，租税 τ をいくらにしたらよいか。

4 消費

4.1 消費

◆消費関数論争

　ある期間の所得からその期間中に費消される部分を消費という。残余が貯蓄である。したがって，一定の所得からどれだけ消費するかの説明は，逆に言えばどれだけ貯蓄するかの説明でもある。ケインズは**消費関数**が「心理法則」によって2章のような単純な形をしていると想定した。このような想定を**絶対所得仮説**という。絶対所得仮説に基づいて行われた第二次世界大戦後のアメリカの消費水準の予測は大きく失敗したことから，消費関数の正しい形をめぐって新しい仮説が種々出現した。これを**消費関数論争**という。これら一連の理論は次のような消費についての「定型化された事実」，つまり経験的に知られている事実を説明するように構成されている。すなわち，長期的には平均消費性向は一定である。短期的には平均消費性向は限界消費性向より大きい。短期的な限界消費性向は長期的なそれより小さい。**時系列データ**（異時点間を比較したデータ）における限界消費性向は，**クロス・セクション・データ**（同時点の異なる所得階層を比較したデータ）におけるそれより大きい，等である。

　消費関数論争中に出現した消費・貯蓄の理論中，もっとも代表的なものが，ミルトン・フリードマンの**恒常所得仮説**とモジリアーニ（Modigliani, F.）の**ライフ・サイクル理論**である。ほかにデューゼンベリー（Duesenberry, J. S.）の**相対所得仮説**やトービン（Tobin, J.）の**流動的資産仮説**なども著名である。これらの理論は，決して互いに相対立するものではない。同時に成立して現実の消費・貯蓄パターンを引き起こしている可能性に注意しよう。

　デューゼンベリーの**相対所得仮説**とトービンの**流動的資産仮説**を簡単に解説しておく。相対所得仮説によれば，家計は自分の交際する他の家計の消費水準との比較において自らの消費水準を定める。他の家計の消費を目のあたりに見て，その有用性を知るからである。これを**デモンストレーション効果**という。

また，家計は自らの過去の最高の消費水準との比較において，現在の消費水準を定める。これを**ラチェット効果**という。流動的資産仮説によれば，消費は所得のみならず現金・預貯金などの流動的な（つまり現金化しやすい）資産によって正の影響を受ける。所得が減少しても，これらの資産を取り崩して消費水準を維持できるからである。

◆ライフ・サイクル理論

ライフ・サイクル理論による家計の消費・貯蓄行動は以下のようなものである。説明を簡単にするために，ある家計の所得は労働のみによって生じるとし，利子率は0と仮定しよう。この家計は働き始めてからT年目で引退し，引退してからL年して死亡するとしよう。すると，人生の長さは$T+L$年となる。稼得期においては，毎年度一定額の所得が生じるとしよう。また通常は，最適な消費パターンとは生涯の各年とも同じになるような消費の配分である。以上から，この家計は稼得期に所得の一部を貯蓄して資産を形成し，引退期にそれを取り崩して消費を行うことがわかる。稼得期はT年しかないのに対して，消費は人生の$T+L$年で行われる。これから，稼得期には毎年，所得のうちの$\frac{T}{T+L}$の割合だけを消費することがわかる。つまり，稼得期にある家計の（長期の）限界消費性向は$\frac{\text{稼得期の長さ}T}{\text{一生涯の長さ}T+L}$なのである（図 4.1）。

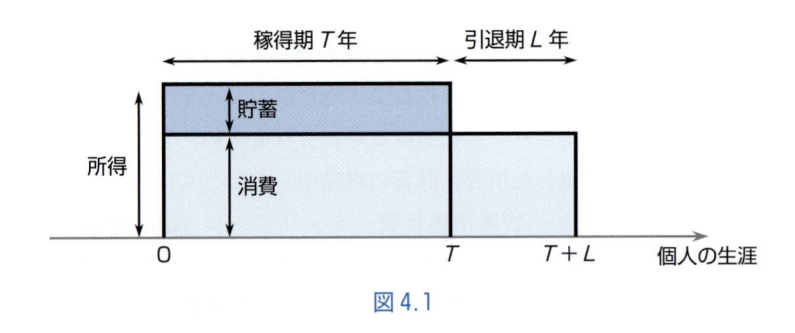

図 4.1

稼得期の途中にいる家計の所得が，突然ある期以降のすべての期で増加することになったとしよう。この家計は以後の生涯の各年の消費が一定になるように，以後の各年の消費量を調整し直す。この結果，消費は増加する。しかしながら，増加しながらもその水準は，稼得期の最初からこの高い所得があった場合より低く留まる。なぜなら所得増が起きたのは稼得期の途中であるから，そ

れ以前の稼得期には，より低い消費水準をまかなうに十分な貯蓄しかしていない。このために蓄積されている資産の量は所得が最初から高かった場合ほどは大きくないのである。以上をまとめると，稼得期の途中にある家計は所得増加に対しては，低い限界消費性向しか示さないことになる。

　稼得期にあるどの家計にもこのような変化が起きたとしよう。稼得期の初期にある家計は比較的高い限界消費性向を示す一方で，後期にある家計は低い限界消費性向しか示さない。しかし，時間がたつと，稼得期後期の家計は徐々に引退し，新しく稼得期に参入した家計の比率が高まる。最終的に，すべての稼得期の家計が新しく参入した人々によって置き換えられると，経済全体の限界消費性向は $\frac{T}{T+L}$ にもどる。

　この結果，短期的な限界消費性向は低いが，長期的な限界消費性向は高いという結論が下される。これはまさに上述の「定型化された事実」の一つにほかならない。同様にして，他の事実も説明し得る。これが消費のライフ・サイクル理論の要旨である。

　この理論によれば，家計は稼得期に貯蓄し，引退期に貯蓄を取り崩す。このため稼得期にある人口が引退期にある人口に比して多いほど，経済全体の純貯蓄は増える。また，所得の成長が高いほど，稼得期世代の貯蓄は，引退期世代の貯蓄の取り崩しを上回り，経済全体の純貯蓄は増える。このように，人口成長率や経済成長率が貯蓄率と密接な関係を持つ。

◆恒常所得仮説

　家計は現在から将来にわたって各期間に所得を受け取る。フリードマンはこの将来各期に受け取る様々な所得水準の「平均」を恒常所得 y_p と呼んだ。そして，各期の所得 y を恒常所得に対応する部分 y_p と残差の一時所得 y_t とに分ける。また，各期の消費を恒常消費 c_p と一時消費 c_t とに分ける。恒常所得仮説とは，恒常消費が恒常所得に対応して決定されるのに対して，一時所得と一時消費とは各期に偶然の事情によって産まれた変数にすぎないとするものである。この場合，安定的な恒常所得－恒常消費関係は，$c_p = k y_p$（k は限界消費性向），と表現され，y_t から c_p と c_t への因果関係は存在しない。

　説明の便宜のために一時消費は常に0であり，現在所得は恒常所得と一致していると仮定しよう。恒常所得－恒常消費関係が図4.2のOJ線のように与えられているとする。すると，家計は現在所得（＝恒常所得 y_p）に対して，F

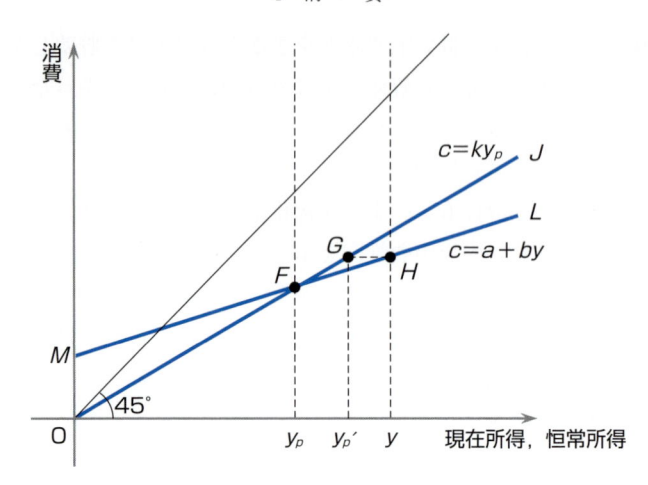

図4.2 恒常所得仮説

点で消費水準を定める。さて，現在所得が y 点まで上昇したとしよう。家計はこの上昇が恒常所得部分の増加によると認識することもあるし，一時所得の増加にすぎないと認識することもある。ここでは，所得増加の一部のみが恒常所得の変化により生じ，残りの所得増は一時所得にすぎない，と認識されたとしよう。つまり，家計は所得増加のうちの y_p' までは恒常所得の増加によってもたらされ，残りの $(y-y_p')$ は一時所得によってもたらされた，と認識したとする。すると，この家計はこの新しい恒常所得 y_p' に対応する G 点で新しい消費水準 Gy_p' を決定する。ところが，この家計の消費行動を単に外部から観察していると，この家計は現在所得 y に対応して消費水準 Gy_p' を選んだ。つまり，H 点で消費を定めたように見える。こうして，消費曲線は MFL であると推定される。そして，限界消費性向は b と推定される。

これに対して，同様の現在所得の増加がすべて恒常所得の増加によって引き起こされたと家計は認識したとしよう。すると，消費は図4.2の OFJ 線に沿って上昇していくことになる。外部の観察者には，この場合の消費曲線は OFJ であり，限界消費性向は k であると認識される。

観察の期間が短期であれば，その間の所得変動は偶然の要因によってもたらされる部分が大きい。したがって，家計は現在所得の変化の多くの部分を一時所得の変化に起因するものと見なす。この結果，MFL 線のような消費曲線が観察者に示される。所得の増加にともない，平均消費性向は減少する。平均消

費性向は限界消費性向より大きい。ところが観察の期間が長期であれば，所得の変化に際しては，偶然の要因は互いに相殺しあう。その結果，所得の変化は恒常所得の変化によると家計は見なす。ゆえに，OFJ 線という消費曲線が示され，限界消費性向は k と推定される。そして，平均消費性向は所得の増加にもかかわらず一定に留まる。こうして，長期消費関数は短期消費関数より高い限界消費性向を持つという，「定型化された事実」が生じる。

■ 例題 4.1 ──────────────────────────── 割引現在価値

　来年度以降無限の将来まで，毎年 y 円の地代をその所有者にもたらす土地を考えよう。ただし，預金利子率と貸付利子率は一致していて，利子率は年利 r% であるとする。
(1) この来年度以降無限の将来に至るまでに産まれる地代の割引現在価値の総計はいかほどか。
(2) この土地の価格はいくらになるか。
(3) この土地保有の収益率はいくらか。この土地と地代の関係はどのように解釈できるか。

【解答】
(1) 割引現在価値は，時間の概念が中心的な役割を果たすマクロ経済学では必須の概念である。まず，割引現在価値の概念について解説する。現在受け取る 100 円と 1 年後に受け取る 100 円とでは，経済主体にとって価値は異なる。なぜなら，これらを同じ時点に換算して評価すると，金額が変化するからである。たとえば，両者を 1 年後の時点で評価してみよう。1 年後に受け取る 100 円はそのままであるが，現在受け取る 100 円は $100(1+r)$ 円になる（r は利子率をあらわす）。1 年間預金することによって利子が付くからである。したがって，主体にとっては 1 年後に受け取る 100 円より現在受け取る 100 円の方が価値が大きい。逆に，両者を現在の時点で評価してみよう。現在受け取る 100 円はそのままだが，将来受け取る 100 円は $\frac{100}{1+r}$ 円になる。現在 $\frac{100}{1+r}$ 円を預金すると，1 年後の時点で 100 円になるからである。この現在の $\frac{100}{1+r}$ 円を 1 年後に

受け取る 100 円の**割引現在価値**という。時点が異なる金額は，このように同じ時点（通常は現在）に換算し直して，はじめて大小を比較し，互いに加減することが可能となる。

なお，2 年後に受け取る 100 円の場合は，現在価値に直すと，$\dfrac{100}{(1+r)^2}$ 円となり，3 年後に受け取る 100 円は $\dfrac{100}{(1+r)^3}$ 円となる。t 年間複利で預金すれば，最初の 100 円は t 年後に $100(1+r)^t$ 円になるからである。

以上から，1 年後の y 円の地代の割引現在価値は，$\dfrac{y}{1+r}$ 円となり，2 年後の y 円の割引現在価値は，$\dfrac{y}{(1+r)^2}$ 円となり，3 年後のそれは，$\dfrac{y}{(1+r)^3}$ 円となる。これらを無限に足し合わせれば，来年度以降無限の将来に至るまでに産まれる地代の割引現在価値の総計を得る。等比級数の公式を用いて，割引現在価値の総計は，次のようになる。

$$\frac{y}{1+r}+\frac{y}{(1+r)^2}+\frac{y}{(1+r)^3}+\cdots = \frac{y}{1+r}\left\{1+\frac{1}{1+r}+\frac{1}{(1+r)^2}+\cdots\right\}$$
$$=\frac{y}{1+r}\cdot\frac{1}{1-1/(1+r)}=\frac{y}{r}$$

(2) 最初に，この土地の価格が x 円だとしよう。いま x 円の資金を持つ，この土地の購入希望者の最適な選択を考えてみよう。もしこの x 円を土地購入に回さず，銀行に預金すればこの主体は以後毎年度 rx 円の利子収入を得る。もしこの資金で土地を購入すれば，以後地代収入 y 円が毎年度入る。ゆえに，もし $rx<y$ なら，この主体は土地購入を選ぶであろう。$rx>y$ ならば，銀行に預金した方が有利である。この事情はこれだけの資金を保有するすべての主体に共通する。ゆえに $rx<y$ ならば，複数の主体が土地購入を希望し競争が生じ，土地価格は上昇する。逆に $rx>y$ ならば，購入希望者は存在しない。つまり $rx=y$ のときにのみ，この土地の取引は達成される。これは $x=\dfrac{y}{r}$ のときであるが，この右辺は(1)の地代の割引現在価値の総計にほかならない。つまり，この土地の価格は地代の割引現在価値の総計に等しくなる。

(3) (2)で論じたように，土地価格は地代の割引現在価値の総計 $\dfrac{y}{r}$ 円に定まる。これの保有に対して，所有者は毎年度 y 円の土地収入を得る。これからこの土地保有の収益率は，

$$\frac{\text{毎年度収益}}{\text{資産額}} = y \Big/ \left(\frac{y}{r}\right) = r$$

となる．つまり，土地資産の収益率は利子率に等しくなる．これから，土地を保有するとは，その割引現在価値だけの銀行預金などの資産を保有することになんら変わらず，土地から生じる毎年度の地代収入 y 円は，いわばこの銀行預金資産への利子支払と見なせることがわかる．

■例題 4.2 ───────────────── 消費のライフ・サイクル理論

人生の始まりに a 円の資産を持っている家計があるとしよう．この家計は，人生の最初の稼得期の T 年間に毎年 y 円ずつの労働所得があるとする．この家計は引退後，L 年してから死亡する．死亡にあたり子孫に b 円の遺産を残すことを予定している．なお，利子率は 0 とする．

(1) この家計の蓄積する資産の量を時間の関数として式で示し，グラフに描け．

(2) この場合の限界消費性向を示せ．

(3) 稼得期の h 時点にこの家計の労働所得が突然 y から y' に増加し，以後そのままに留まるとしよう．この場合，この家計の消費はいくらになるか．式で示せ．

(4) この場合の限界消費性向が(2)の場合のそれより小さいことを証明せよ．

【解答】

(1) 利子率が 0 であるので，割引現在価値は常に 1 に等しい．ゆえに，各期の所得を単にすべて足し合わせた Ty が，この家計の生涯所得になる．普通の家計の効用最大化問題では，生涯所得が毎年均等に消費される場合が，最適となる．すると，この家計の消費可能な資産はこの生涯所得 Ty に初期資産 a を加え，遺産予定額 b を差し引いた，$Ty+a-b$ である．この消費可能額が，$T+L$ 年の間に均等に消費されるので，毎年の消費は $\dfrac{Ty+a-b}{T+L}$ となる．最初の T 年間の所得は，y であるから，貯蓄は $y - \dfrac{Ty+a-b}{T+L} = \dfrac{Ly-a+b}{T+L}$ である．する

と，この T 年間のうちの t 年目には，この家計の資産は $a+\left(\dfrac{Ly-a+b}{T+L}\right)t$ となる。T 年が過ぎるとこの家計は稼得期を過ぎ，労働所得がなくなるので，この家計は毎年消費水準分だけこの資産を取り崩す。つまり t が T より大きくなると，この家計が保有する資産は，

$$a+\left(\dfrac{Ly-a+b}{T+L}\right)T-\left(\dfrac{Ty+a-b}{T+L}\right)(t-T)=a+Ty-\left(\dfrac{Ty+a-b}{T+L}\right)t$$

となる。したがって，答えは，次のようになる。

$$a+\left(\dfrac{Ly-a+b}{T+L}\right)t \qquad 0\leqq t\leqq T \text{ のとき}$$

$$a+Ty-\left(\dfrac{Ty+a-b}{T+L}\right)t \qquad T<t\leqq T+L \text{ のとき}$$

前者は切片 a，傾き $\dfrac{Ly-a+b}{T+L}$ の直線にほかならない。後者は切片 $a+Ty$，傾き $-\dfrac{Ty+a-b}{T+L}$ の直線である。これらをグラフに描くと図 4.3 を得る。

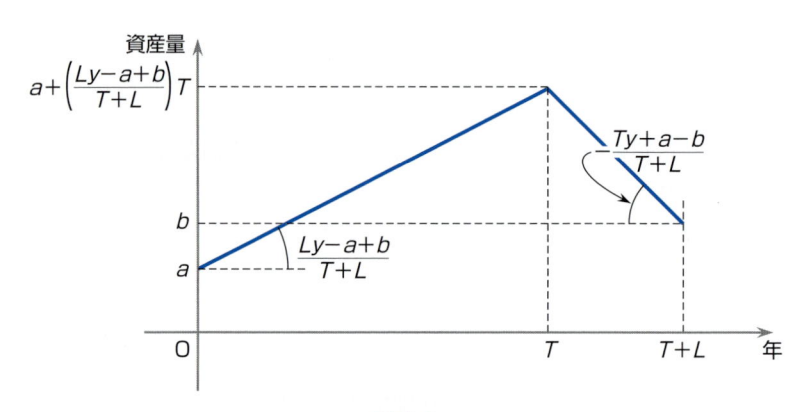

図 4.3

(2) 上記より，毎年の消費は $\dfrac{Ty+a-b}{T+L}$ であるから，所得の乗数 $\dfrac{T}{T+L}$ が限界消費性向になる。

(3) これはちょうど h 時点の資産を初期資産とし，稼得期が $T-h$ 年しかなく，この稼得期の労働所得が y' である場合のライフ・サイクルの消費の決定とまったく同じ問題である。この家計は h 時点までに $a+\left(\dfrac{Ly-a+b}{T+L}\right)h$ だけの資

産を蓄積していた。すると，各年の最適な消費量は，次のとおり。

$$\frac{(T-h)y' + \left\{a + \left(\frac{Ly-a+b}{T+L}\right)h\right\} - b}{T-h+L}$$

(4) (3) の場合の所得 y' の乗数は，$\frac{T-h}{T-h+L}$ である。これは $\frac{T}{T+L}$ の分子・分母の双方から共通の h を差し引いたものである。このとき，$\frac{T-h}{T-h+L} < \frac{T}{T+L}$ であることは，両辺をはらうと，両辺のほとんどの項が相殺するので，簡単に確かめられる。つまり，(3) の限界消費性向は (2) の限界消費性向より必ず小さい。

■例題 4.3 ─────────────────── 恒常所得仮説

　ある農業従事家計は今年度所得が y_0 円あり，また来年度以降，y_1，y_2，y_3，…と続くと期待している。この農業従事家計の恒常所得に対する消費関数は，$c_p = ky_p$ の形で与えられている。また，農業所得以外には所得は存在せず，一時消費は常に 0 とする。

(1) 利子率を r％として，この農業従事者の恒常所得を求めよ。
(2) 消費水準を求めよ。
(3) 天候が改善したため，今期の所得が突然 δ％上昇したとする。しかし，この天候の改善は今期のみに留まるとする。このときの恒常所得を求めよ。
(4) 新しい今年度消費水準はいかほどか。
(5) (2) と (4) から，この場合の限界消費性向を求めよ。
(6) 農業の技術革新のため，今年度所得が突然 δ％上昇したとする。また，この効果は来年度以降も持続し，どの期の所得も δ％だけ増加すると期待されるとしよう。このときの，恒常所得はいくらか。
(7) このときの，限界消費性向を求めよ。この限界消費性向は，(5) の限界消費性向より必ず大きいことを確かめよ。

【解答】

(1) 実は恒常所得仮説の提唱者フリードマン自身は，恒常所得の正式な計算法は示していない。しかし，理論的には以下のような考え方を採用するのが一般的である。不確実性が一切ないものとしよう。ある家計の将来所得の割引現在価値の総計を求める。次に，将来毎期一定額の所得が生じると想定する。この一定額の所得の割引現在価値の合計が，ちょうど前記の実際の将来所得の割引現在価値の総計に等しいとしよう。すると，この一定額の所得が恒常所得である。なぜなら，この所得は毎年一定額生じ，その割引現在価値は将来所得のそれに等しい。つまり，現在から見た価値という意味では，この所得は将来生じる様々な所得水準の「平均」になっているのである。

現在の問題を使って，恒常所得を具体的に見てみよう。この農業従事者の将来所得の割引現在価値の総計 a を求めてみると，次のようになる。

$$a = y_0 + \frac{y_1}{(1+r)} + \frac{y_2}{(1+r)^2} + \frac{y_3}{(1+r)^3} + \cdots$$

さて，この農業従事者が毎年一定の z 円の所得があるとした場合，その所得の割引現在価値の総計 b を求めてみよう。無限等比級数の公式を使って，

$$b = z + \frac{z}{(1+r)} + \frac{z}{(1+r)^2} + \frac{z}{(1+r)^3} + \cdots$$
$$= z \frac{1}{1 - 1/(1+r)} = z \frac{1+r}{r}$$

この b が上の a に等しくなるような z が，この農業従事者の恒常所得を示す。つまり，

$$z = \frac{r}{1+r} a = \frac{r}{1+r} \left\{ y_0 + \frac{y_1}{(1+r)} + \frac{y_2}{(1+r)^2} + \frac{y_3}{(1+r)^3} + \cdots \right\}$$

が恒常所得なのである。

これを直観的に解釈してみよう。｛ ｝内の部分は，今年度から無限の将来にわたってこの家計が受け取る農業所得の割引現在価値の総計である。割引現在価値の例題の説明で示したように，もし（現代では奴隷制度は禁止されているので不可能ではあるが），この「農業従事者」を資産と見なして売買できるとすると，この従事者の「価格」はこの割引現在価値に等しくなる。つまり，この従事者はそれだけの価格のついた一種の資産と見なせる。そのような価値の資産を売却して代金を預金すると，毎期その代金に利子率をかけただけの利払を受け取れる。ra 部分はまさにこの「資産」a への毎期の利払を示したものにほかならない。この利払がなされるのは，1年間預金した後であるから，

その年度の当初から見ると，$(1+r)$ で割り引く必要が生じる。こうして，恒常所得はこの農業従事者の労働能力という「資産」を保有していることへの毎年度の報酬と考えられる。

(2) 一時所得は存在しないので，各期の消費は恒常消費と一致している。恒常所得－恒常消費関係から，恒常消費は恒常所得の k 倍として与えられる。これより，(1)で計算した恒常所得を使って，消費は

$$c = c_p = ky_p = k\left(\frac{r}{1+r}a\right)$$
$$= k\frac{r}{1+r}\left\{y_0 + \frac{y_1}{(1+r)} + \frac{y_2}{(1+r)^2} + \frac{y_3}{(1+r)^3} + \cdots\right\}$$

と求まる。

(3) (1)で求めた恒常所得の式において，y_0 を $(1+\delta)y_0$ で置き換えればよい。

(4) (2)で求めた消費の式で，y_0 を $(1+\delta)y_0$ で置き換えればよい。

(5) 消費水準の増加分を今年度所得の増加分で除してやれば，限界消費性向になる。今年度所得の増加分は，δy_0 であり，消費水準の増加分は，$\frac{kr\delta y_0}{1+r}$ である。これから限界消費性向は，$\frac{kr}{1+r}$ となる。

(6) (1)の恒常所得の式において，各年度の所得 y_t を $(1+\delta)y_t$ で置き換えればよい。その結果，恒常所得は前の $(1+\delta)$ 倍になることがわかる。(2)の消費の式から，消費も前の $(1+\delta)$ 倍になることがわかる。

(7) 消費水準の増加分を今年度所得の増加分で除してやれば，限界消費性向になる。消費水準は以前の消費水準 c の $(1+\delta)$ 倍になっているから，消費の増加分は δc である。今年度所得は以前の今年度所得 y の $(1+\delta)$ 倍になっているから，増加分は δy である。ゆえに，限界消費性向は，$\frac{c}{y}$ であるが，これは平均消費性向にほかならない。本問の場合，これは k に等しい。$\frac{r}{1+r} < 1$ であるので，この場合の限界消費性向 k は (5) のそれである $\frac{kr}{1+r}$ より必ず大であることがわかる。

練習問題

4.1 （基礎知識）

以下の各文の空欄には適当な言葉・数式を入れ，（／）の欄からはもっとも適当な言葉を選べ。

(1) （長期的／短期的）には，所得の増加は平均消費性向の減少をもたらす。

(2) ケインズによって想定された消費関数を，（絶対所得仮説／恒常所得仮説／相対所得仮説）と呼ぶ。

(3) ライフ・サイクル仮説は，（トービン／モジリアーニ／デューゼンベリー）によって唱えられた。

(4) 相対所得仮説によって唱えられた，ある家計の過去の消費水準がその家計の現在の消費水準に与える影響を，＿＿＿＿効果という。

(5) ライフ・サイクル仮説においては，家計は（稼得期／引退期）に資産を蓄積する。

(6) ライフ・サイクル仮説においては，家計の稼得期の途中に突然以後の所得が2倍増加すると，その家計の以後の消費は（半分に減る／変化しない／増加するが2倍にはならない／増加して2倍になる）。

(7) 恒常所得仮説においては，（恒常所得／一時所得）の増加はその期の消費に影響を与えない。

(8) 年利率が10%のときに，2年後に受け取る242円の割引現在価値は，＿＿＿＿円である。

4.2 （正誤問題）

以下の各文の正誤を述べよ。

(1) 消費関数論争における「定型化された事実」によれば，長期には平均消費性向は一定である。

(2) デューゼンベリーの相対所得仮説によれば，ある家計の消費量は他の家計の消費量によって影響を受ける。

(3) トービンの流動的資産仮説によれば，消費は流動的な資産によって負の影響を受ける。

(4) ライフ・サイクル仮説においては，家計の資産がもっとも蓄積されるのは，

稼得期の最後である。

(5) ライフ・サイクル仮説によれば，長期の限界消費性向は，稼得期の長さを一生涯の長さで除したものに等しい。

(6) ライフ・サイクル仮説によれば，人口の成長率が高いほど経済全体の貯蓄率は高まる。

(7) 恒常所得仮説において，各期の消費は一時所得によってのみ影響される。

(8) 今期の所得の増加は，必ずしも恒常所得の増加を意味しない。

4.3 （ライフ・サイクル仮説）

稼得期が40年間，引退期が20年間ある家計を考えよう。利子率が0のときに，稼得期の各年の労働所得が600万円であるとする。この家計は稼得期の最初になんの資産も持たず，遺産も残さないと仮定しよう。

(1) この家計の生涯の各年における消費水準はいくらか。

(2) 稼得期の毎年の貯蓄額はいくらか。

(3) 稼得期の最後において，退職金を受領した時点では，蓄積資産額はいくらか。

(4) すべての家計は同一であるとしよう。引退期にあるこのような家計の数を10とすると，稼得期にある家計の数は75となるとしよう。このとき，経済全体の平均貯蓄率はいかほどか。

(5) ある家計が稼得期が半分ほど過ぎたところで，以後の労働所得が2倍になることがわかったとしよう。新しい消費水準はいくらか。

(6) (5)の事態に対応して，この家計の生涯の各年の資産の量をグラフに描け。

4.4 （恒常所得仮説）

毎期，恒常所得のちょうど9割を消費するような，無限に生きる家計を考えよう。当初，現在所得は恒常所得に等しく，1000万円であったとする。一時消費は常に0であるとする。

(1) 現在所得が増加したが，恒常所得の増加はそのうちの $\frac{2}{3}$ にすぎないものと予想されるものとする。このときの，この家計の限界消費性向はいくらか。

(2) (1)の場合の消費曲線を描け。その切片はいくらになるか。

(3) (2)を使用して，(1)の場合に平均消費性向（限界消費性向ではない）が減

少することを示せ。

(4) 現在所得増のすべてが恒常所得増加によるとしよう。このときの，消費曲線を描け。

(5) (4)の場合，平均消費性向は一定のままであることを示せ。

4.5 （相対所得仮説，経済白書）

『経済白書』のある版は，日本経済における個人消費について，消費者マインドの悪化が平均消費性向を押し下げる一方で，ラチェット効果が平均消費性向を押し上げ，双方が相殺した結果平均消費性向が横ばいであった可能性を指摘している。この『経済白書』の分析を，相対所得仮説にもとづいて解説せよ。

4.6 （流動的資産仮説）

今日あなたは5000円を持って，家を出たとしよう。あなたはアルバイト先で働き，報酬として1万円を受け取る。この後，家に帰る前に友人と酒席を囲む。

(1) この酒席で，あなたはいくら支出するであろうか。自答せよ。

(2) 家を出てからすぐ5000円を貯金したとしよう。酒席の支出はいかほどか。自答せよ。

(3) 以上から，保有している現金（流動的資産）があなたの消費行動に与える影響を述べよ。

5 投　　資

5.1　投資の諸理論

◆投　　資

資本財とは再生産可能な有形資本をいい，**資本サービス**とは資本財が産む無形の便益をいう。このため，資本財価格と資本サービス価格（＝資本の賃貸料）とは異なる。生産要素として財の生産関数に投入されるのは，資本サービスである。

投資（＝**資本形成**）とは資本財を増加させる経済行動をさす。投資は政府による**公共投資**と民間による**私的投資**に分かれる。後者はさらに設備投資・住宅投資・在庫投資に分かれる。資本は時間とともに減耗する。1単位期間に減耗する率を**資本減耗率**と呼び，δ であらわすことにする。粗投資から資本減耗分を差し引いたものを**純投資**という。以下の諸理論に示されるように，現代の投資理論の大多数は，（私的）投資を利子率の（減少）関数と見なす。

投資は生産要素である資本を増加させるので，財の供給増に貢献する。これを**投資の産出能力効果**という。一方で，財市場では需要要因として総需要を増やす。これを**所得創出効果**という。両者を合わせて**投資の二重効果**という。短期的には，産出能力効果は小さいが，所得創出効果は大きい。ゆえに，短期のGDP決定を考察するGDP理論では，投資の所得創出効果のみが取り上げられる。逆に長期のGDP水準決定を対象とする経済成長論では，投資の産出能力効果が取り扱われる。

◆資本の限界効率による投資理論

一定量の資本を有する企業がさらに1単位資本を増加したとする。この追加的な資本の貢献により，企業には以後の N 期間に，ΔQ_1, ΔQ_2, ΔQ_3, …, ΔQ_n だけの追加的な収益がもたらされる。その一方で，この資本獲得のために現在 ΔC だけの費用がかかる。収益の割引現在価値がちょうどこの費用に等しくなるような割引率 ρ を考えよう。すなわち，

$$\frac{\Delta Q_1}{(1+\rho)}+\frac{\Delta Q_2}{(1+\rho)^2}+\cdots+\frac{\Delta Q_N}{(1+\rho)^N}=\Delta C$$

となる割引率 ρ である。ケインズは，この ρ を**資本の限界効率**と呼んだ。

利子率 R を所与とする。資本の限界効率 $\rho>$ 利子率 R であると，

$$\frac{\Delta Q_1}{(1+R)}+\frac{\Delta Q_2}{(1+R)^2}+\cdots+\frac{\Delta Q_n}{(1+R)^n}>\frac{\Delta Q_1}{(1+\rho)}+\frac{\Delta Q_2}{(1+\rho)^2}+\cdots+\frac{\Delta Q_N}{(1+\rho)^N}=\Delta C$$

である。不等号の左辺は追加的な資本のもたらす収益の割引現在価値である。これが費用 ΔC より大きいので，この資本は購入される。すなわち，$\rho>R$ だと追加的な資本が購入される。

企業は収益性の高い資本プロジェクトから優先的に実行している。ゆえに，資本が増加するほど，資本の限界効率は低下する。これを図に示したのが図5.1の資本の限界効率表である。上の事実より，利子率が R_1 のとき，資本は a まで購入される。利子率が R_2 に下がると，資本は b までになる。すなわち，利子率が下がるほど，企業の最適資本が増加する。これは企業による投資増を意味する。

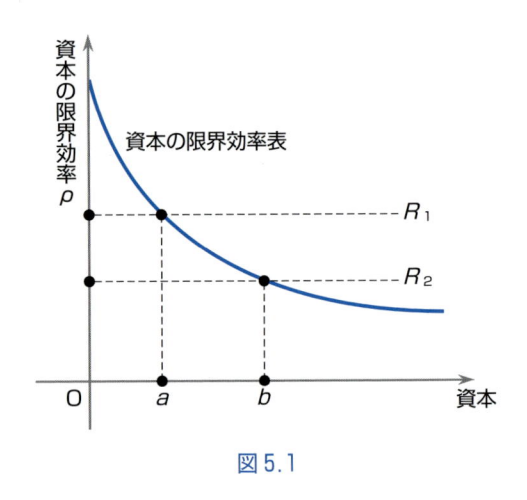

図 5.1

◆**加速度原理の投資理論**

固定的生産関数では，資本と産出の間に $K=vY$ という関係が成立する。すなわち，産出 Y の一定割合 (v) の資本 K が生産に必要とされる。v は**資本係数**と呼ばれる。t 期から $t+1$ 期へかけての投資 I_t を考える。投資財と資本財とが同じ財であれば，投資とは資本増にほかならない。すると，

$$I_t = K_{t+1} - K_t = v(Y_{t+1} - Y_t)$$

であるから，投資 I_t は産出の変化分 ($Y_{t+1}-Y_t$) の一定割合になる。これを**加速度原理の投資関数**という。

◆**新古典派の投資理論**

資本サービス K と労働 L を投入する企業の行動を考える。この企業は毎期，資本サービスも労働も調整費用なしで自由に市場から調達できる。企業は現在から無限の将来までの利潤の割引現在価値を最大化する。産出財の価格を P，資本サービスの価格を C で示し，労働の賃金率を W で示し，生産関数を $Y = F(K,L)$ とする。企業の利潤の割引現在価値は，

$$\sum_{t=1}^{\infty} \frac{1}{(1+R)^t} [P_t F(K_t, L_t) - C_t K_t - W_t L_t]$$

で示される。これを最大化するには，式の [・] 内で示される各期の利潤を各期別に最大化すればよい。これは，産出財・資本財・労働の各市場が競争的だとすると，各期ごとに限界価値生産物と資本サービス価格 C を均等化すればよいことである。すなわち，

$$\frac{\partial}{\partial K} F(K_t, L_t) = \frac{C_t}{P_t}$$

が成立する点まで資本サービス K_t を購入すればよい。こうしてこの企業の t 期の最適資本水準が決まる。新古典派においては投資は資本の増分に等しいから $I_t = K_t - K_{t-1}$ が投資である。ここで K_{t-1} は前期に定まっている。例題5.1で示されるように，利子率 R と資本サービス価格 C_t とは一定の関係がある。利子率が増加するにつれ資本サービス価格は上昇し，今期の最適資本量 K_t は減少する。ゆえに利子率 R の上昇は投資 I_t の低下を引き起こす。

◆**ジョルゲンソンの投資理論**

ラーナー（Lerner, A. P.）およびハーベルモ（Haavelmo, T.）により，ケインズおよび新古典派の投資理論は最適資本量を決定するが，最適投資量を決定しない点が指摘された。ラーナーはこのため，資本の限界効率ではなくて**投資の限界効率**の概念を提唱した。

ジョルゲンソン（Jorgenson, D. W.）はこれらの批判に応えて，新古典派の投資理論を修正した。**ジョルゲンソンの投資理論**では，新古典派と同じく最適資本水準の変化は投資を導く。しかし，投資プロジェクトの完成には時間的なばらつきが存在する。一部は来期完成し，残りは来々期以降に完成する。これ

から，今期完成する投資プロジェクトは，前期開始された投資プロジェクトの一部・前々期開始されたプロジェクトの一部等の和となる。これを式で表現すると，t期の資本の増加は，$\omega_0, \omega_1, \cdots$をパラメータとして，

$$I_t = \sum_{\tau=0}^{\infty} \omega_\tau (K_{t-\tau}^* - K_{t-\tau-1}^*)$$

となることを示せる。

◆宇沢のペンローズ効果

ジョルゲンソンの投資理論には矛盾が存在する。企業利潤最大化から最適資本が導出される。しかし，投資はいわば技術的制約により定まる。この投資の技術的制約まで考慮に入れて企業利潤最大化を行うと，ジョルゲンソンの最適資本量は最適資本量でなくなる。

宇沢弘文は明示的に投資の技術的制約を考慮に入れて，**最適投資水準**を導出した。投資財と企業の資本財を区別しよう。投資財は財市場で調達できる。資本財は企業に固定的であり，外部からは購入できない。企業は投資財を購入して，企業資本を増加する。資本増加を大きくするほど調整費用が逓増するため，投資も逓増しなければならない。この関係が一次同次と想定されると，資本の増加率 $\left(\dfrac{\Delta K}{K}\right)$ と投資率 $\left(\dfrac{I}{K}\right)$ の間に以下のような正の関係が成立することを示せる。

$$\frac{I_t}{K_t} = \varphi\left(\frac{\Delta K_t}{K_t}\right)$$

この φ を**投資効果関数**と呼ぶ。この投資効果関数の制約下に，企業は各期の（利潤ではなく）ネット・キャッシュ・フロー（現金純受取額）の割引現在価値，

$$\sum_{t=1}^{\infty} \frac{1}{(1+R)^t} [P_t F(K_t, L_t) - Q_t I_t - W_t L_t]$$

を最大にする（Q は投資財の価格である）。企業が選択するのは投資 I_t であり，その結果，資本 K_t は投資効果関数から定まる。このとき，最適投資 I_t は利子率 R の減少関数であることを示せる。

◆トービンの q 理論

トービンは投資に直接の影響を与えるのは利子率ではなく，株価である点を指摘した。**企業価値**とは，企業の債務と株価総額の和をいう。**資本の再生産費**

用とは，企業の資本を，新たに資本で調達した場合の購入費用をいう。

$$q = \frac{\text{企業価値}}{\text{資本の再生産費用}}$$

とする。これがいわゆる**トービンの q** である。

　企業の現存資本は将来の企業収益を産み出す。この割引現在価値が株式市場で評価されて，企業の持分権としての株価が形成される。この企業が新たに1単位の株式を追加的に発行し，その資金で資本1単位を購入したとする。資本購入のために資本の再生産費用だけの購入費用がかかる。しかし，株式1単位の発行は株式価格だけの現金収入を既存株主にもたらす。もし $q > 1$ ならば，q の定義から，株式発行の収益の方が資本購入の費用より高い。ゆえに，株式発行・資本購入によって既存株主は利得を得る。つまり，$q > 1$ である限り，企業は資本を購入する。これが**企業の投資行動**である。

　さて，資本増加には購入費用以外に企業内の調整費用が企業にかかるとしよう。すると，企業は株式価格が購入費用と調整費用の和に等しい点までしか，資本を購入しない。このため，企業の均衡においても，$q > 1$ に留まる。調整のための時間が十分存在する長期均衡では，調整費用は小さい。このため，$q = 1$ となる点まで資本は調達される。

　なお林文夫によって，以上の q は「限界的 q」であり直接観察できないこと，しかしかなり一般的な条件のもとでこれは観察可能な「平均的 q」と一致すること，また「トービンの q」理論は事実上宇沢の投資効果関数の理論と同等であることが示された。

68　　　　　　　　　　　5　投　資

■ 例題 5.1 ─────────────────── 新古典派の投資理論

　企業の生産関数が $Y = F(K, L)$ で与えられている。この企業の t 期の産出財の価格を P_t，賃金率を W_t，資本財の価格を Q_t，資本サービスの価格を C_t とする。資本減耗率は δ である。利子率 R は所与である。

(1) 〔**資本財価格と資本サービス価格**〕以下のような関係が近似的に成立することを論証せよ。
$$C_t = (R+\delta)Q_t - (1-\delta)(Q_{t+1} - Q_t)$$

(2) (1)の式を経済学的に解釈せよ。

(3) (1)において，資本サービス価格が毎期一定であるとしよう。このとき，資本財価格はどのようになるか。

(4) この企業の t 期の最適資本量を P_t と C_t の関数として示せ。ただし，最適労働量 L_t は決まっているとする。

(5) 産出財と資本財が同じ財であり，資本減耗率が 0 である場合，(4)の条件はどのようになるか。

【解答】

(1)　連続形の場合のこの式は**資本財価格と資本サービス価格（＝資本財の賃貸料）との関係を示す式**として著名である。資本財は毎期，資本サービスを産み出す。資本サービスはその時々の資本サービス市場で売却できる。具体的には，資本財をその時々に賃貸し，賃貸料を受け取る。これが資本サービスの価格 C_t であり，**資本の賃貸料（レンタル・プライス）**と呼ばれるものである。

　t 期の資本賃貸料は t 期末に入るとしよう。また，資本財は毎期 δ の割合だけ減耗するので，t 期初に 1 単位の資本財は $t+\tau$ 期初には $(1-\delta)^\tau$ 単位だけになる。各期の資本サービスは資本財に比例する。t 期初の資本財の価格 Q_t は，将来の資本サービスの価格 $C_{t+\tau}$ の割引現在価値によって与えられる。そのとき，t 期の資本財価格 Q_t は，

$$Q_t = \sum_{\tau=0}^{\infty} \frac{1}{(1+R)^{\tau+1}} \{(1-\delta)^\tau C_{t+\tau}\} = \frac{1}{1+R} \sum_{\tau=0}^{\infty} \left(\frac{1-\delta}{1+R}\right)^\tau C_{t+\tau}$$

と表現される。Q_t とその資本財の 1 期後の価値の割引現在価値 $\dfrac{(1-\delta)Q_{t+1}}{1+R}$

との差を計算してみると，

$$\frac{1-\delta}{1+R}Q_{t+1} - Q_t = \frac{1}{1+R}\sum_{\tau=0}^{\infty}\left(\frac{1-\delta}{1+R}\right)^{\tau+1} C_{t+1+\tau} - \frac{1}{1+R}\sum_{\tau=0}^{\infty}\left(\frac{1-\delta}{1+R}\right)^{\tau} C_{t+\tau}$$

$$= -\frac{1}{1+R}C_t$$

である．ところが，

$$\frac{1-\delta}{1+R}Q_{t+1} - Q_t = \frac{1-\delta}{1+R}(Q_{t+1} - Q_t) + \left(\frac{1-\delta}{1+R} - 1\right)Q_t$$

$$= \frac{1-\delta}{1+R}(Q_{t+1} - Q_t) - \frac{R+\delta}{1+R}Q_t$$

であるから，問題の式を得る．

(2) C_t は t 期の期末に入手できる資本の賃貸料を示す．つまり，左辺はこの資本財を1期間保有することによる収益を示す．右辺の第1項 $(R+\delta)Q_t$ は RQ_t と δQ_t とに分解される．RQ_t はこの資本財を1期保有したために生じる逸失利益である（Q_t だけの金額を債券で保有すれば，RQ_t だけの利子収入が発生する）．δQ_t はこの資本財の減耗による損失である．つまり，右辺第1項 $(R+\delta)Q_t$ はこの資本財を1期保有するための（機会）費用にほかならない．右辺第2項，$(1-\delta)(Q_{t+1}-Q_t)$ は t 期末に生じるキャピタル・ゲインにほかならない．$Q_{t+1}-Q_t$ だけの資本財の価格上昇があるが，期末には資本財は $1-\delta$ に目減りしているからである．資本財保有の費用はキャピタル・ゲインの分だけ低減するので，右辺第1項から差し引かれる．このように，(1)の式は，資本財1単位保有のための（限界）収益と（限界）費用との均等化条件を示すと解釈できる．

(3) (1)の解説の式において，$C_t = C$ とおけばよい．すると，

$$Q_t = \frac{1}{1+R}\sum_{\tau=0}^{\infty}\left(\frac{1-\delta}{1+R}\right)^{\tau}C_{t+\tau} = \frac{C}{1+R}\sum_{\tau=0}^{\infty}\left(\frac{1-\delta}{1+R}\right)^{\tau}$$

$$= \frac{C}{1+R} \cdot \frac{1}{1-(1-\delta/1+R)} = \frac{C}{R+\delta}$$

(4) 新古典派においては資本に固定性がないとの暗黙の前提がある．このため，企業は自ら資本を保有することもでき，資本を保有せず毎期資本を賃借することもできた．(1)の式の左辺は資本賃借費用であり，右辺は資本保有の機会費用である．両辺の均等より，企業がこのどちらの行動をとっても負担は同一であることがわかる．そこで，企業が資本を毎期賃借する場合のみを考えよう．企業の目的関数は，説明で示されたように，

$$\sum_{t=1}^{\infty} \frac{1}{(1+R)^t} [P_t F(K_t, L_t) - C_t K_t - W_t L_t]$$

となる。この式においては，t 期の変数は t 期以外の利潤に影響しない。ゆえに，この目的関数最大化には，t 期の変数を動かし，t 期利潤である［・］内の最大化をすればよい。これは，静学的な企業利潤最大化にほかならない。資本の限界価値生産物が資本サービスの価格に均等化すればよい。最適労働量 L_t は労働の限界価値生産物から定まるとしよう。すると，

$$\frac{\partial}{\partial K} F(K_t, L_t) = \frac{C_t}{P_t}$$

となる K_t が最適な資本量である。

(5) (4)の最後の式の C_t に (1) の式を代入すると，

$$\frac{\partial}{\partial K} F(K_t, L_t) = \frac{(R+\delta)Q_t - (1-\delta)(Q_{t+1} - Q_t)}{P_t}$$

を得る。産出財と資本財が同じであれば，それらの価格は相等しい。すなわち，$Q_t = P_t$ となる。また $\delta = 0$ である。これから，この式は，

$$\frac{\partial}{\partial K} F(K_t, L_t) = R - \frac{P_{t+1} - P_t}{P_t}$$

となる。インフレーションの章（9章）で説明されるように，右辺は実質利子率にほかならない。つまり，(5) の前提の下では，資本の限界生産性は実質利子率に等しくなる。この事実は経済成長論において資本量から実質利子率を求める際に使用される。

練習問題

5.1 （基礎知識）
以下の各文の空欄には適当な言葉・数式を入れ，（／）の欄からはもっとも適当な言葉を選べ。
(1) 投資は_____の別名である。
(2) GDP 理論では，投資の（需要要因／供給要因）としての側面にのみ着目する。
(3) ケインズは，追加的な資本がもたらす収益の割引現在価値とその追加的な資本の購入費用とを等しくするような割引率を，_____と呼んだ。
(4) 加速度原理による投資理論によれば，投資量は（利子率／産出／消費）の変化量の一定割合となる。
(5) ラーナーは，ケインズの概念に代わって，「_____の限界効率」の概念を提唱した。
(6) 新古典派の投資理論によれば，最適な（資本／投資）水準は限界価値生産物と資本サービスの価格の均等から定まる。
(7) 宇沢の投資理論によれば，企業の資本の成長率は_____に逓増的な影響を与える。
(8) トービンの q が 1 より大きいとき，企業は（正／0／負）の投資を行う。
(9) 資本財は毎期，_____を産み出す。

5.2 （正誤問題）
以下の各文の正誤を述べよ。
(1) 投資は財の需要を増やす一方で，財の供給も増やす。
(2) 投資は通常利子率の減少関数と考えられる。
(3) 利子率が資本の限界効率より大きい場合，追加的な資本が購入される。
(4) 加速原理の投資理論においては，資本係数は一定である。
(5) 新古典派の投資理論は，資本は各時点で必要なだけ市場から調達できると仮定している。
(6) ハーベルモによれば，ケインズおよび新古典派の投資理論は，最適な資本水準を決定できない。

(7) ジョルゲンソンの投資理論は，投資プロジェクトの完成日数が多様であることから，最適資本水準の変化が以後の各期の投資の変化をもたらすとする。
(8) 宇沢の投資理論においては，1単位の投資は1単位の資本増をもたらす。
(9) トービンの q とは，企業価値を資本の再生産費用で除したものをいう。
(10) 産出財と資本財が同じものであり，資本減耗率が0であると，資本の限界生産力と実質利子率は等しくなる。

5.3 （資本の限界効率）

ある企業が1台909万円のトラックを今期 x 台購入するとしよう。このトラックは来期に収益をもたらすが，来期末には完全に摩滅してしまう。トラック台数が x 台の場合，追加的なトラック1台は来期に $\dfrac{1\text{億円}}{x}$ だけの収益を産む。

(1) 〔**資本の限界効率**〕トラックが10台のとき，10台目のトラックの資本の限界効率はいくらか。
(2) 〔**最適資本量**〕利子率が5％のとき，最適なトラックの数は10台以上か以下か。
(3) 〔**資本の限界効率表**〕この企業の資本（トラック）の限界効率表を描け。

5.4 （新古典派投資理論）

毎期 δ の割合で減耗する資本財（たとえば自動車）がある。この資本財は取引費用なしで自由に生産要素として使用できる。この資本財1単位の（所有権の）価格を Q_t とする。この資本財1単位を1期間貸し出すときの賃貸料（＝資本サービスの価格）を C_t とする。利子率 R は毎期一定であり，外生的に決定されている。

(1) 〔**資本財価格と資本サービス価格**〕資本財は自動車であるとしよう。この場合，資本財価格 Q_t と資本サービスの価格 C_t とは具体的には何をさすか。
(2) 〔**資本サービス価格**〕資本減耗率が毎年30％であるとしよう。資本財価格は常に100万円であると予想されるとしよう。また，利子率は5％である。資本サービスの価格はいくらになるか。
(3) 〔**最適資本量**〕資本の限界生産物が $\dfrac{1050}{K}$ で与えられるとしよう。産出財の価格が2万円の場合の最適な資本サービスの量はいくらか。ただし， K は

(4) 〔**最適投資量**〕この企業は必要な資本はすべて自ら保有するとしよう。(3) において，この企業の期初の資本が50であるとき，この企業の最適な投資量はいかほどか。

(5) 〔**土地価格**〕土地を減耗しない資本財と解釈しよう。利子率が5％の場合に，毎期の地代が300万円である土地の価格はいくらになるか。

(6) 〔**土地価格**〕地代は今期300万円であるが，土地価格は2％増加すると予想されているとしよう。今期の土地価格はいくらになるか。

5.5 （投資効果関数）

観光牧場が今期当初に乗用馬（資本）をK頭持っている。各乗用馬は毎期30万円の純収益（資本の限界価値生産性）を牧場にもたらす。簡単化のために，乗用馬は不老不死であるとする（資本減耗率0）。利子率はR％とする。乗用馬はその牧場環境に馴れるので，ほかの牧場と売買することはできない（資本の固定性）。簡単化のために，この牧場は労働などのほかの投入は必要ないとしよう（これは，事実上労働が投入され，かつ資本労働比率が一定であるときと同じであることが示せる）。

子馬（投資）1頭の価格は400万円であり，これを1年間牧場で飼い慣らすと，乗用馬として使用できる。乗用馬数に比しての子馬数（投資率）が少なければ，乗用馬達がていねいに面倒を見るので子馬の死亡率も低い。逆に，子馬数が多いと死亡率が高くなる。子馬数をI頭としたとき，死亡率は，$10 \cdot \dfrac{I}{K}$であらわされるとしよう（**投資効果関数**）。

以下の順序で，この牧場の最適投資率を調べよ。

(1) 〔**技術的制約**〕t期の乗用馬数の増加分をΔK_tとしたとき，ΔK_t，K_t，I_tの3者の関係を死亡率の式より導け。

(2) 〔**投資効果関数**〕(1) の式は，資本増加率$\dfrac{\Delta K_t}{K_t}$と投資率$\dfrac{I_t}{K_t}$との間にどのような関係を示すか。

(3) 〔**ネット・キャッシュ・フロー**〕この観光牧場のネット・キャッシュ・フローの割引現在価値V_0を，R，K_t，I_tを用いて表現せよ。

(4) 〔**ネット・キャッシュ・フロー**〕(3) の式をK_tと$\dfrac{I_t}{K_t}$によって表現せよ。

(5) 〔**最適投資率一定**〕第 t 期と第 $t+1$ 期について (4) の式を比較し，t 期の割引現在価値最大化問題について最適な t 期の投資率 $\left(\dfrac{I_t}{K_t}\right)$ は，$t+1$ 期の同じ問題についても，$t+1$ 期についても最適であることを示せ。言い換えれば，最適な投資率（そして資本成長率）は期間に依存せず一定となることを証明せよ。

(6) 〔**ネット・キャッシュ・フロー**〕(5) の理由により，各期の投資率が一定であるものとして φ であらわし，その結果 (2) より定まる一定の資本成長率を α とする。(4) を φ, α, K_0, 利子率 R で表現せよ。

(7) 〔**最適投資率**〕(2) によって，投資率 φ と資本成長率 α との関係は与えられている。これを図に描け。(6) を用いて，割引現在価値 V_0 を最大にする φ と α をこの図によって求めよ。

(8) 〔**投資関数の利子弾力性**〕(7) によって求まった最適投資率 φ は利子率の減少関数であることを示せ。

(9) 〔**資本の固定性・最適資本水準**〕乗用馬が牧場間で売買できる場合を考えよう。そのときのこの牧場の最適資本水準はどのようなものか。

5.6 （トービンの q）

トービンは 1969 年の『貨幣理論への一般均衡論的接近』において，以下のように q を定義している。

「p を現在生産されている財（消費財であると同時に資本財でもある）の価格としよう。しかし，既存の資本財（あるいは，それへの権利証書）の価格はその再生産費用とは異なり得るとしよう。つまり，qp を既存の資本財の市場価格とする。」

(1) 〔**再生産費用**〕「既存資本財の再生産費用」とは上記の文章中では，別に何と表現されているか。

(2) 〔**既存資本財価格**〕現在生産されている財は資本財でもある。この財の価格と既存資本財の価格はなぜ異なり得る（つまり $q \neq 1$）のか。トービンによる暗黙の仮定を述べよ。

(3) 〔**投資**〕なぜ，$q > 1$ のとき，投資が刺激されると考えられるのか。

(4) 〔**長期均衡**〕長期均衡においては，$q = 1$ になると予想される。なぜか。

(5) 〔**資本の限界効率**〕資本財 1 単位の増加は以後の各期の収益を Π 単位だけ

増加させるとしよう。その一方で，そのためには今期 p だけの再生産費用がかかる。このときの資本の限界効率を ρ とする。このとき，トービンの q は，資本の限界効率 ρ と利子率 R の比 $\left(\dfrac{\rho}{R}\right)$ に等しくなることを証明せよ。

(6) 〔**利子率**〕トービンの q 理論において，利子率が投資に与える影響を論ぜよ。

6 貨幣供給

6.1 貨　　幣

◆貨幣・流動性・$M1$・$M2$・$M3$

　貨幣は一般的支払手段として定義される。これは財・サービスの購入に際して，その対価としての支払として先方が必ず受容すると期待される財を意味する（これを，貨幣は一般的受容性を持つ，ともいう）。「貨幣らしさ」の基準の1つが流動性である。ある資産の流動性とは，いかに小費用・迅速・安全にその資産を貨幣に換えることができるかをさす。たとえば，定期預金は債券より容易に現金化でき，債券は株式より安全確実に現金に換えることができる。つまり，株式より債券の方が，債券より定期預金の方が流動性は高い。現金は定義上流動性 100% である。

　現金とは，中央銀行券および補助貨幣（コイン）をいう。現金は典型的な一般的支払手段である。さらに，当座預金・普通預金などのいわゆる要求払預金も，現代では取引決済手段として機能している。そこで，これら両者を合わせたものがもっとも純粋な貨幣とされ，これら二者の和を $M1$ と呼んでもっとも狭義の貨幣として定義される（なお，$M1$ における現金は，銀行部門以外に流通している部分をさす）。しかし，他の資産でも定期預金などのようにその流動性を考慮するときわめて現金・要求払預金に近いものがある。そこでこれを $M1$ に加えて，その和を $M3$ と呼ぶ。日本銀行はさらに対象預金機関の範囲をやや狭めたものを $M2$ としている。このような様々な貨幣概念を総称して，貨幣供給量あるいはマネーストックと呼ぶ。

◆物品貨幣・兌換紙幣・不換紙幣

　原始社会においては，貝殻・米稲布帛などの物品が貨幣として流通した。これを物品貨幣という。中でも特に流通に適した貴金属が次第に主たる貨幣となった。これを金属貨幣という。古代・中世になると，政府は金銀を鋳造して自ら貨幣をつくった。これをコイン（金銀貨）と呼ぶ。近世に至ると，正貨（金

貨）との交換を銀行によって保証された紙幣が貨幣として流通するようになった。これを**兌換紙幣**といい，この制度を**金本位制**という。

1929年の大恐慌のときには，金本位制は多くの国で停止され，紙幣は正貨との交換を保証されなくなった。この紙幣を**不換紙幣**といい，その制度を**管理通貨制度**という。現代ではこの不換紙幣に当座預金を加えて，**貨幣**と定義している。なお，法律によって流通を保証された貨幣を**法貨**という。

◆銀　行

資金の最終的な供給者から資金の最終的な需要者へ資金が直接に循環することを**直接金融**という。資金の最終的な供給者と最終的な需要者との間に，資金循環を媒介する機関が存在することを**間接金融**という。間接金融において資金循環を媒介する機関を**金融仲介機関**という。銀行・信託会社・証券会社・保険会社などは金融仲介機関である。金融仲介機関の中で，**要求払預金**を取り扱うものを**銀行**という。要求払預金とは期間の定めのない預金である。銀行は要求払預金を預金者より預かり，この資金を企業に貸し付けて**貸付利子**を稼ぎ，預金者の要求に応じて預金利子とともに預金を払い戻す。預金利子と貸付利子の差額が銀行収益となる。

要求払預金の性質上不定期に預金者より払い戻し請求が生じる。銀行はこの払い戻し請求に備えて，預金として預かった預金の一部を貸し付けにまわさず，手元に保有する。これを**支払準備**という。預金量に対して最低どれほどの支払準備を保有しなければならないか，を中央銀行が定める。これを**法定準備**という。法定準備と預金との比率を**法定準備率**という。法定準備は**中央銀行預け金**として市中銀行が中央銀行に預金する。中央銀行預け金は流動性の観点からは現金とほぼかわらない。さらに，市中銀行は法定準備に加えて，現金を支払準備の一部として金庫に保有する。この分を**超過準備**という。

◆中央銀行

中央銀行は，(a) **発券銀行**であり，(b) **銀行の銀行**であり，(c) **政府の銀行**である。「発券銀行」とは銀行券を発行する銀行をいう。「銀行の銀行」とは，中央銀行が**市中銀行**を対象として，預金と貸出業務とを行うことをさす。市中銀行は中央銀行に**中央銀行預け金**と呼ばれる当座預金口座を持つ。法定準備をここに預金し，他の市中銀行との決済をこの口座間の振替で行い，中央銀行からの貸出をここに振り込んでもらう。「政府の銀行」とは，中央銀行が政府から預金を受け入れ，また政府に対して貸出を行う事実をさす。さらに，公債発

行・償還などの事務を中央銀行は行う。

■例題 6.1 ───────────────── 銀行・金融恐慌・預金保険

(1) 金融仲介機関の定義を述べよ。
(2) 銀行の定義を述べよ。
(3) 銀行の本質として，すべての預金者による同時的な預金の払戻請求には応じられないことを示せ。
(4) 取付騒ぎとは何か。
(5) 金融恐慌とは何か。
(6) 預金保険制度について説明せよ。

【解答】
(1) **金融**とは貨幣貸付の取引を意味する。このとき，資金の最終的な貸手が資金の最終的な借手へ直接資金を貸せば，**直接金融**という。最終的貸手からまず媒介者へ資金が貸され，この媒介者があらためて最終的な借手へ資金を貸せば，**間接金融**という。たとえば，家計が企業から株式・社債を購入するのは直接金融の例である。家計が銀行に資金を預金し，銀行が企業に資金を貸し付けるのは，間接金融の例である。間接金融において，資金の最終的貸手と借手の間の媒介者として，資金融通を仲介して円滑ならしめる機関を，**金融仲介機関**という。銀行・信託会社・証券会社・年金などは典型的な金融仲介機関である。

(2) 金融仲介機関の中でも，要求払預金を受け付けるものを**銀行**という。**要求払預金**とは，当座預金（小切手）・普通預金などのように，預金の期間の定めがなく，預金者の請求に応じて払い戻される預金をいう。これに対して，預金の期間の定めのある預金を**定期性預金**という。

(3) 金融仲介機関は資金を借りる一方で，他方で貸し付け，その間の金利の差額をもってその収益とする。銀行も例外ではない。銀行以外の機関においては，資金の借入期間は契約上固定されている，ないしはそれに近い。銀行においては，その資金は要求払預金であり，借入期間は固定されていない。つまり，預金の払戻請求は不定期に生じ得る。払戻請求と預金預け入れとの双方が「ランダム」に起きる場合には，預金総額の一定比率のみを支払準備として保有すれ

ば十分である。したがって，銀行は預金総額の一定割合を支払準備として保有しつつ，残余を貸付・有価証券購入に振り向ける。これらの資産の流動性は100％ではない点に注意したい。すなわち，換金に時間と費用を要する。こうして一方で銀行は要求払預金を機能させつつ，他方で金融仲介機関として金利差額の収益を入手する。このような銀行制度の本質上，すべての預金者が突然に同時に預金払戻請求を行うと，銀行はそのすべての請求に対して現金を払い戻すことはできない。なぜならば銀行が保有している資産の中で，有価証券でさえ流動性は100％ではないし，貸付の流動性はさらに低いからである。

　このような同時的な預金払戻請求に対する現金支払を完全に保証せしめるには，銀行はすべての預金を常に支払準備として保有せねばならない。しかしそうするには，金融仲介機関として資金を貸し付けることは不可能となり，銀行には収益が生じない。もし，この100％支払準備制度をして銀行に義務づけたとしよう。その場合，銀行は収益が生じないので，要求払預金によって利子その他のサービスを預金者に支払うどころか，預金に対して保管料をとる必要が生じる。しかし，この場合には銀行の要求払戻不能の事態は原理的に生じないことになる。実際，フリードマンはかつてこのような100％支払準備を銀行に義務づけることを提案している。

(4)　**取付騒ぎ**とは，以下のような事態をいう。かつては銀行破産の事態に際して，預金の完全な払戻は預金者に保証されていなかった。このため，銀行が経営不安に直面するや，その銀行の預金者多数が銀行に駆けつけて，早い者勝ちに預金の払戻を行った。ついには，単なる経営不安の噂のみに基づいて，預金者多数が競って同時に預金の払戻をしばしば行うに至った。これを**銀行取付騒ぎ**という。(2)の銀行の原理からわかるように，これが起きると，経営が健全な銀行でさえも預金の払戻請求に応えることはできなくなる。

(5)　**金融恐慌**とは，ある社会経済において金融システム全体への社会的不安感が高まる結果，銀行の取付騒ぎが同時に連鎖多発することをいう。単独の銀行への取付騒ぎのマクロ経済的な影響は限定されている。しかし，金融恐慌の場合は金融システム全体へ影響を及ぼし，経済の安定に重大な脅威をもたらす。著名な例では，1929年の大恐慌では，3度にわたって大規模な金融恐慌が生じた。この結果，銀行預金が大幅に減少し，アメリカのマネーストックが3分の1も減少するに至った。フリードマンはこのマネーストックの収縮が実物面での恐慌の原因となった，と主張している。

(6) **預金保険制度**とは，加盟銀行に対して預金額の一定割合を賦課金として徴収し，加盟銀行の倒産に際しては，その預金者に預金の払戻を一定額まで保証する制度である。預金保険制度が存在すると，預金者はたとえ取引銀行が倒産しても預金元金の払戻を保証されているので，われさきにと払戻順序を争う必要がない。つまり，取付騒ぎが生じる余地がなくなるのである。この意味で，預金保険制度は取付騒ぎを防止する。1929年の大恐慌の経験をかんがみて，預金保険制度はアメリカで1933年に創設された。以後，金融恐慌は姿を消して，銀行倒産も劇的に減少した。

練習問題

6.1 （基礎知識）
以下の各文の空欄には適当な言葉・数式を入れ，（／）の欄からはもっとも適当な言葉を選べ。
(1) 貨幣は＿＿＿と定義される。
(2) ある資産の換金の容易さを，その資産の＿＿＿という。
(3) $M1$ は現金と＿＿＿とからなる。
(4) 法律によって定められた銀行の支払準備のことを，＿＿＿という。
(5) 市中銀行が中央銀行に開設した当座預金口座の預金を，＿＿＿という。
(6) 中央銀行は，「＿＿＿銀行」であり，「＿＿＿の銀行」であり，「＿＿＿の銀行」であるといわれる。
(7) ある銀行の経営不安の噂に直面して，その銀行の預金者が同時多発的に競って預金を払い出す行動を，（非合理的払戻／取付騒ぎ／金融恐慌）という。

6.2 （正誤問題）
以下の各文の正誤を述べよ。
(1) 当座預金は要求払預金である。
(2) 一般に実物資産は金融資産より流動性が高い。
(3) $M1$ における現金は，銀行の金庫内保有手元現金を含む。
(4) $M2$ とは，定期性預金をいう。
(5) 銀行は金融仲介機関である。
(6) 中央銀行は唯一の発券銀行である。
(7) 預金保険は金融恐慌を防止する。

6.3 （当座預金）
以下の順で当座預金の仕組みを説明せよ。
(1) ある取引の支払として A 氏は B 氏へ小切手を振り出した。この小切手は最終的に A 氏の手元へどのような経路を伝わって返るか。
(2) その結果，A 氏と B 氏の当座預金口座残高はどのように変化するか。A 氏の取引銀行と B 氏の取引銀行についてはどうか。

(3) 当座預金による決済の，現金による決済に対するメリット，デメリットは何か．

6.4 （流動性）
以下の資産を流動性の高い順に並べよ．
　　　宝石，当座預金，現金，公社債，定期性預金，
　　　自動車，株式，普通預金，土地．

6.5 （銀行行動）
　ある銀行は当座預金として10兆円の預金を，定期性預金として8兆円の預金を預かっている．資本金は1兆円であり，他の銀行より2兆円の短期借入金（コールマネーと呼ばれる）がある．この銀行は，これらの資金の一部を支払準備として保有し，他の一部を有価証券で保有し，残余を企業に貸し付けて運用している．支払準備として，当座預金残高の20％，定期性預金残高の12.5％を金庫内現金と中央銀行預け金の形で保有している．金庫内現金対中央銀行預け金の比率は1：2である．また，有価証券対貸出の比率は1：5である．簡単化のために，営業用土地家屋等の他の資産は存在しないとし，手数料収入・営業経費等は無視する．

　現在，定期性預金に関しては3％の預金利子率が，貸出については5％の貸出利子率が銀行間の競争により成立している．有価証券の収益率は4％であるとしよう．また，当座預金への利子支払は法律によって禁じられている．短期借入利子率（コールレート）は6％であるとする．
(1) この銀行の貸借対照表を作れ．
(2) 各資産項目からどのような収入が銀行にもたらされるか．説明せよ．
(3) 各負債項目へはどのような支払が銀行家からなされるか．説明せよ．
(4) 銀行の観点から見て，当座預金と定期性預金のどちらがより収益性が高いと考えられるか．この銀行が預金および貸出の両面で他の銀行と完全に競争的であると仮定して，論ぜよ．
(5) なぜ，この銀行は資金をすべて貸出の形で運用しないのか，説明せよ．
(6) 定期性預金の法定準備率が上昇すると，この銀行の収益は増加するか．
(7) (6)の事実より，金融不安は銀行の利潤にどのような影響を及ぼすか，論ぜよ．

6.2 貨幣乗数

◆信用創造

公衆が必要に応じて市中銀行へ現金を預金したとする。これを**本源的預金**という。銀行は支払準備分を除いて，残余の現金を経済主体へ貸し付ける。主体は一部を手元に置いて，残りをいずれかの銀行へ預金する。これを**派生的預金**と呼ぶ。この預金をその銀行は再びいずれかの主体へ貸し付ける。この過程が無限に繰り返される。その結果，当初の本源的預金の数倍の派生的預金が，銀行部門全体として生じることが示される。これは銀行によって新たな貨幣が創り出されたことを意味する。これを**信用創造**という。

◆貨幣乗数

（市中流通現金と銀行の手元金庫保有現金の和としての）現金と市中銀行の中央銀行預け金の和とを，**ハイパワード・マネー**（あるいは**マネタリーベース**）という。これを基礎として信用創造により預金通貨がつくられるので，この名称がある。中央銀行預け金は，市中銀行から見れば，法定準備としてまた預金への支払準備として，手元金庫保有現金とほぼ同等である。ゆえにハイパワード・マネーの一部をなす。

中央銀行が市中銀行への貸出を増やすとしよう。この貸出は中央銀行預け金の増加の形をとるので，ハイパワード・マネーの増加を意味する。市中銀行は支払準備が増加したので経済主体への貸出を増やす。経済主体はこの現金をどこかの市中銀行へ預金する。銀行はさらにこれを転貸する。これは前節のようなサイクルによって信用創造をもたらす。その結果，ハイパワード・マネー H とマネーストック M の間には以下の式が成立する。ただし，λ を（市中銀行以外の民間部門が保有する）現金の対預金比率，k を法定準備率（＝支払準備率と仮定）とする。

$$M = \frac{\lambda+1}{\lambda+k} H$$

この式中の $\frac{\lambda+1}{\lambda+k}$ の部分を**貨幣乗数**という。中央銀行はハイパワード・マネー H と法定準備率 k を動かして，マネーストック M を操作する。しかし現金－預金比率 λ は公衆の決定変数であるので，中央銀行が完全にマネースト

ックを掌握できるわけではない。

◆マネーストック（貨幣供給量）

　中央銀行は以下のような手段でマネーストックを管理する。第1に公開市場操作がある。これは中央銀行が公開市場で手形・債券を売買する方法である。手形・債券を購入すれば（買いオペ），ハイパワード・マネーが市中に供給される。逆の場合（売りオペ）には，ハイパワード・マネーが市中から減少する。第2に貸付政策がある。中央銀行から市中銀行への貸出利子率を変更すると，市中銀行から中央銀行への資金需要が変化し，ハイパワード・マネーが変化する。第3に法定準備率の変更がある。法制上，市中銀行は預金残高の一定比率（法定準備率）以上に中央銀行預け金を保たなければならない。この比率を変更すると，市中銀行は所与の預金額に対して支払準備に過不足が生じる。支払準備が余ると，貸付を増加できるし，不足すると貸付を減少しなければならない。この結果，派生的預金の額が変化するのである。

◆造幣益

　ハイパワード・マネーの発行は政府に収益をもたらす。その発行費用は印刷代程度なのに対し，その発行収入はその額面に等しいからである。この収益を造幣益（ないしはシニョーレッジ）という。ある期の政府の実質造幣益は，その期に発行したハイパワード・マネーをその期の物価で除したものに等しい。これを書きかえると，以下の式を得る。

$$
\begin{aligned}
\text{実質造幣益} &= \frac{\text{ハイパワード・マネー増加額}}{\text{物価}} \\
&= \frac{\text{ハイパワード・マネー増加額}}{\text{ハイパワード・マネー残高}} \times \frac{\text{ハイパワード・マネー残高}}{\text{物価}} \\
&= \text{ハイパワード・マネー増加率} \times \text{ハイパワード・マネー実質残高}
\end{aligned}
$$

例題6.2 ───────────── 基礎知識

以下の各文の空欄には適当な言葉・数式を入れ，（／）の欄からはもっとも適当な言葉を選べ．

(1) 現金と銀行の_____を加えたものをハイパワード・マネーという．
(2) 本源的預金が市中銀行に預けられると，貸出を通じて，_____が次々に生じる．
(3) ハイパワード・マネーが何倍のマネーストックを産むかを，_____という．
(4) 現金–預金比率が0.5であり，法定準備率が0.1のとき，本源的預金1兆円は_____だけの派生的預金を産む．
(5) 中央銀行がマネーストックを管理する主な手段として，_____と中央銀行から市中銀行への貸出利率の変更と法定準備率の変更とがある．
(6) 公開市場操作において，中央銀行が手形・債券を購入して市中に現金を供給することを，_____という．
(7) 法定準備率を増加すると，マネーストックは（減少する／不変である／増加する）．
(8) 貨幣発行にともなう政府収益を，_____という．

【解答】
(1) 中央銀行預け金．
(2) 派生的預金．
(3) 貨幣乗数．
(4) 2.5兆円．
(5) 公開市場操作．
(6) 買いオペ．
(7) 減少する．
(8) 造幣益（シニョーレッジ）．

■例題 6.3 ───────────────────────── 貨幣乗数

貨幣乗数は前提によって種々のものが存在する。λ を現金対預金比率，k を法定準備率とする。また，支払準備と法定準備は一致している。

(1) 貨幣乗数 $\dfrac{\lambda+1}{\lambda+k}$ を導出せよ。

(2) 簡単化のために，市中部門は預金のみを貨幣として使用し，現金を手元に保有しないとすると，この貨幣乗数はどう書き換えられるか。

(3) そのとき，現金は誰によって保有されるのか。

(4) そのとき，貨幣と要求払預金の比率はいかほどか。

(5) そのとき，法定準備率の増加はマネーストックにどの程度の影響を与えるか。

【解答】

(1) 貨幣を M，銀行以外の民間部門の保有現金を C，要求払預金を D，ハイパワード・マネーを H，銀行の法定準備（銀行手元保有現金と中央銀行預け金の和）を R であらわす。貨幣の定義から，
$$M = C + D$$
ハイパワード・マネーの定義から，
$$H = C + R$$
また，法定準備率は定義から，
$$k = \frac{R}{D}$$
である。さて，貨幣とハイパワード・マネーの比をとると，次式を得る。
$$\frac{M}{H} = \frac{C+D}{C+R} = \frac{(C/D)+1}{(C/D)+(R/D)} = \frac{\lambda+1}{\lambda+k}$$

(2) 銀行以外の民間部門での流通現金 C が 0 であるということであるから，
$$\lambda = \frac{C}{D} = 0$$
となる。これから，貨幣乗数は，
$$\frac{1}{k}$$
となる。

(3) 銀行以外の民間部門は現金を保有しない。逆に，現金はすべて銀行の金庫

内手元保有現金として銀行によって保有されることになる。なお，$M1$の定義においても注意したが，銀行の保有する現金は，貨幣にはならないことを注意しよう。貨幣となる現金はあくまで，銀行以外の民間部門が保有する部分の現金をいう。

(4) 民間部門の保有する現金は0であるから，貨幣は要求払預金よりのみからなる。実際，貨幣の定義である $M = C+D = 0+D = D$ より直ちに明らか。ゆえに1である。

(5) $M = \frac{1}{k}H$ より，k が増加すると，マネーストックの M が反比例して減少することが直ちに明らかである。つまり，もし k が2倍になると，M は半分になる。これはかなり大きな M の変化である。

練 習 問 題

6.6 （正誤問題）
以下の各文の正誤を述べよ。
(1) ハイパワード・マネーを基礎として，預金通貨が創造される。
(2) ハイパワード・マネーにおける現金とは，銀行部門外のいわゆる市中の流通現金をさす。
(3) 市中銀行の中央銀行預け金は当座預金なので，利子は付かない。
(4) 派生的預金はマネーストックを変化させない。
(5) 銀行に預金された現金はすべて貸付として銀行から流出する。
(6) 売りオペはハイパワード・マネーを増加させる。
(7) 法定準備率の変更は銀行の支払準備に過不足を引き起こす。
(8) 実質造幣益はハイパワード・マネーの増加額にハイパワード・マネーの実質残高を乗じたものに等しい。

6.7 （金融恐慌とマネーストック）
金融恐慌が生じると，マネーストックは減少する。なぜか。以下の順序で説明せよ。
(1) 前節の例題 6.1 における「取付騒ぎ」の定義を再び述べよ。
(2) 預金保険制度が存在しない場合，取付騒ぎは経済合理的な行動であることを論証せよ。
(3) 前節の例題 6.1 における「金融恐慌」の定義を再び述べよ。
(4) 金融恐慌が生じると，現金−預金比率が増加することを示せ。
(5) これは貨幣乗数を減少させることを示せ。
(6) 金融恐慌が生じると，支払準備率が上昇する傾向がある。なぜか。
(7) 支払準備率が上昇すると，貨幣乗数が減少することを示せ。
(8) 金融恐慌にともなうマネーストックの減少を打ち消すには，中央銀行は何をなすべきか。

6.8 （貨幣乗数）
法定準備率が 20%，現金−預金比率が 140%，ハイパワード・マネーが 60 兆

円とする。
(1) マネーストックはいくらか。
(2) 法定準備率が 40% になると，マネーストックはいくらになるか。
(3) 現金−預金比率が 160% に増加したとする。これはマネーストックを減少させる。このマネーストックの減少を打ち消すには，いかほどのハイパワード・マネーの増加が必要か。

6.9 （中央銀行）

中央銀行の政策について以下の質問に答えよ。
(1) 買いオペを行うと，どのような経路でハイパワード・マネーは増加するのか。
(2) 法定準備率を下げると，どのような経路で貨幣は増加するのか。

7 貨幣需要

7.1 貨幣の機能

◆貨幣の機能

貨幣には**交換仲介**，**価値尺度**，**価値保蔵**の3つの機能がある。**交換仲介機能**とは，貨幣が財貨の交換を仲介する機能をいう。物々交換（バーター）経済における財・サービスの交換を考えよう。取引が成立するためには，主体が交換相手が持つ財を欲し，かつ相手が主体の持つ財を欲していなくてはならない。つまり，「欲求の二重の偶然」が必要になる。貨幣が存在する経済を考えよう。相手が主体の持つ財を欲していれば，主体は財を販売して貨幣を入手する。主体はその欲する財を持つ第三者を見つけて，この貨幣で目的の財を購入する。手間は2度かかるが，偶然は一重ずつで良い。このため，貨幣のある場合の方が交換にともなう手間が省ける。これを**貨幣の交換仲介機能**という。

価値尺度機能とは，唯一の価値表示の尺度として，貨幣が交換を円滑ならしめる機能である。n種類の財貨があるとしよう。これらの財相互間の交換比率は全部で$(n-1)^2/2$だけある。しかし，これらの財のある1種類の財（通常は貨幣）に対する交換比率の数は$n-1$にすぎない。ゆえに貨幣への交換比率のみを表示することによって，社会は交換に際しての計算・表示等の費用を節約できる。

価値保蔵機能とは，以下をいう。財・サービスの販売時点と購入時点に通常ずれがある。この間，主体は購買力を資産の形で保存する。資産は株式等の金融資産でも土地家屋等の実物資産でもよい。しかしこの時間的ずれが短い場合にはこれらの資産は換金費用が無視できない。このとき，流動性がもっとも高い貨幣が最適なのである。

◆利子率

債券とは金銭的請求権を表示した券面である。債券は国が発行すれば**国債**，地方公共団体が発行すれば**地方債**，公共団体一般が発行すれば**公債**，企業が発

行すれば社債，と呼ばれる。債券が売買される市場を債券市場という。

　債券の金銭的請求権の内容は，債券発行者がその保有者に対して一定期日に一定額の金銭支払を約束するものである。1期満期，すなわち1期後に金銭支払を約した債券を考えよう。第 t 期に1円で買えるだけの価値の債券は，第 $t+1$ 期に $1+R$ 円だけの金銭支払をもたらすとしよう。このとき，第 t 期から第 $t+1$ 期にかけての利子率は R であるという。債券発行者からみると，これは第 t 期に1円借り，次期に $1+R$ 円を返済することを意味する。以上の利子率は名目利子率と呼ばれる。

◆貨幣の需要

　政府・銀行部門以外の家計・企業などの民間経済主体が，どのような動機でどれだけの貨幣保有を需要するかについての議論を貨幣需要の理論という。

　貨幣需要の理論としては，フィッシャー（Fisher, I.）の数量方程式，マーシャル（Marshall, A.）のケンブリッジ方程式，ケインズの流動性選好説，フリードマンの新貨幣数量説，トービン=ボーモル（Baumol, W. J.）の在庫理論的接近，トービンの資産選択理論，ルーカス（Lucas, R. E.）のキャッシュ・イン・アドヴァンス理論などが有名である。これらの理論は以下の共通する特徴を持つ。貨幣需要 M^d は，(a) 物価 P とともに1対1で増加し，(b) 名目利子率 R（実質利子率ではない）の増加にともなって減少し，(c) 実質GDP y の増加にともなって増加する。以上の結果，貨幣需要関数は，

$$\frac{M^d}{P} = f(R, y)$$

の形に書ける。

■例題 7.1 ─────────────────── 物 品 貨 幣

> かつては，多種類の財貨が物品貨幣として流通していた。が，決して「すべての財貨」が物品貨幣であったわけではない。どのような性質を持つ財貨は，貨幣として適していたと考えられるか。

【解答】
　貨幣経済での取引に際して，なぜある人は貨幣を受け取るのだろうか。それはまた他の人々がそれを受け取るから，と答えるしかない。つまり，一種のトートロジーとして一般的支払手段としての貨幣は定義される。これは，ある財貨が貨幣としてひとたび社会的に認知されてしまえば，その財貨の内容を問わずそれが貨幣となることを意味する。どの財貨が貨幣であるかは，貨幣が交換仲介機能を果たす上で問題ではない。

　価値尺度機能の観点からは，貨幣としての財貨は1種類であることが望ましい。複数の財貨が貨幣として機能していると，交換に際して異種の貨幣間の交換比率の計算が必要とされるからである。したがって，当初複数の物品貨幣が並立して流通している状態では，より貨幣としての機能に優れた1種類の物品貨幣が一般的支払手段として生き残りやすい。

　この生き残るための尺度として，ジェボンズ (Jevons, W. S.) は，以下のような財貨の性質をあげている。(ⅰ) 有用性：誰にでも受けとられやすいこと，(ⅱ) 可搬性：持ち運びやすいこと，(ⅲ) 耐久性：さびたり腐敗したりしないこと，(ⅳ) 同質性：品質が一定であること，(ⅴ) 可分性：分割したり足し合わせたりして必要な価値だけに分けることができること，(ⅵ) 価値安定性：交換価値が安定していること，(ⅶ) 可認性：識別しやすいこと，である。

　(ⅰ)〜(ⅶ) の性質を持つ財貨は交換仲介として機能しやすい。(ⅲ) と (ⅵ) は価値保蔵手段として必要な機能であるし，(ⅳ) と (ⅴ) は価値尺度として必要な性質である。

練習問題

7.1 （基礎知識）
以下の各文の空欄には適当な言葉・数式を入れ，（／）の欄からはもっとも適当な言葉を選べ。

(1) 貨幣の3大機能とは，_____機能，価値尺度機能，価値保蔵機能である。
(2) 物々交換が達成されるためには，「欲求の_____」が必要である。
(3) （名目利子率／実質利子率）の増加は貨幣需要を減少させる。
(4) 物品貨幣としての「牛」は，特に（可搬性／可認性／可分性）の点で貨幣として適していなかった。

7.2 （正誤問題）
以下の各文の正誤を述べよ。

(1) 財・サービスの販売と購入のタイミングが一致しないために，購買力の一時的保存手段として貨幣がしばしば使用される。これを貨幣の価値尺度機能という。
(2) 企業は貨幣の最終的需要者ではない。
(3) その他の条件を一定とすれば，物価上昇と正比例して貨幣需要は増加する。
(4) 実質GDPの増加は，貨幣需要を減らす。

7.3 （貨幣需要）
以下において，物価は一定とする。

(1) あなたは日常平均していくらを財布に入れて持ち運んでいるだろうか。
(2) 銀行預金の利子率が極度に高くなった。たとえば，年利20%としよう。あなたは財布に入れて持ち運ぶ金額を変えるだろうか。変えるとしたらいくらか。
(3) あなたの年収が2倍に増えた。あなたは財布に入れて持ち運ぶ金額を変えるだろうか。変えるとしたらいくらか。
(4) (2)と(3)から，あなたの貨幣需要関数は，前述の $\frac{M^d}{P} = f(R, y)$ の形と，（変化の方向も含めて）一致しているか。

7.2 貨幣需要理論

◆貨幣数量説

フィッシャーの数量方程式やマーシャルのケンブリッジ方程式等の貨幣需要理論を，**貨幣数量説**と呼ぶ。数量方程式は貨幣の交換仲介機能に着目し，ケンブリッジ方程式は価値保蔵手段としての貨幣を強調する。かつてケインズの出現以前はこれらが標準的な貨幣需要理論であった。

フィッシャーの**数量方程式**は，財貨の取引においては売手から買手へ財貨が流れる一方で，逆方向に貨幣が流れる事実に注目する。財貨の価値と，財貨と逆方向に流れる貨幣の価値は等しいはずである。つまり，**財価格×財数量＝流通貨幣価値額**，という式が成立する。これをすべての取引について足し合わせれば，P を物価，T をすべての財貨の取引量として，$PT=$「流通貨幣価値総額」，という式を得る。貨幣1単位が一定期間に平均して人から人へ移動する回数を**貨幣の流通速度** V と呼ぶ。貨幣量 M に V を乗じた MV は，「流通貨幣価値総額」に等しい。こうして，

$$PT = MV$$

という式を得る。これがフィッシャーの数量方程式である。式中の M が貨幣需要を示す。取引量 T は最終財 y 以外に，中間財・金融資産・実物資産などの取引量も含む。取引量 T と実質GDP y の間に安定した関係があると想定すると，取引量 T の代わりに実質GDP y を用いて，

$$Py = MV$$

と数量方程式を表現することもある。このとき，V は**貨幣の所得流通速度**と呼ばれる。

マーシャルの**ケンブリッジ方程式**は，主体がその資産のうちの一部を貨幣で保有する点に着目する。貨幣保有は（交換仲介などの）便益をうむ一方で，利子を生まない。預金保有は便益をうまないが，利子を生む。このため，主体は資産の一部を貨幣の形で持つが，資産すべてを貨幣の形では持たない。主体の名目資産 W 中の k の割合が貨幣で持たれるとしよう。すると，貨幣需要は $M^d = kW$ の形であらわされる。ところが資産は大体所得に比例すると考えられる。資産 W を名目GDPで置き換えて，さらに名目GDPを物価 P×実質GDP y で表現する。結局，**貨幣需要関数**は

$$M^d = kPy$$

の形となる。これが**ケンブリッジ方程式**である。式中の k は**マーシャルの k**と呼ばれ，名目 GDP に対して主体がどれほどの貨幣保有を望むかの比率を示す。

◆流動性選好説

ケインズは貨幣への需要を**流動性選好**と呼び，取引動機・予備的動機・投機的動機の3つより生じるとした。**取引動機**とは，取引の過程において収入と支出の間の時間差にともなって起きる貨幣保有の必要性をさす。**予備的動機**とは将来の不確実な支出に備えての貨幣保有の動機をさす。これらの動機に基づく貨幣需要は実質 GDP とともに増加するが，利子率からは影響を受けないと考えられる。**投機的動機**とは，以下のような貨幣保有動機をさす。一定額の資産を持つ主体が，その資産を現金で運用するか債券で運用するかの選択を迫られているとする。債券で運用する場合，債券価格が将来下がると損をし，上がると得をする。したがって，債券価格が将来上がると思う主体は，債券を購入する。逆に下がると思う主体は債券を購入せず現金で持つ。後者による貨幣保有が**投機的動機に基づく貨幣需要**と呼ばれるものである。債券価格は利子率と逆方向に動く。現在の利子率が高いと将来は利子率が下がる（すなわち将来，債券価格が上がる）と判断する主体が増え，債券保有者が増える。つまり，投機的動機に基づく貨幣需要は減る。逆に，現在の利子率が下がると，現金保有を望む主体が増え，貨幣需要は増える。

以上の3つの動機をまとめて，ケインズの**流動性選好説に基づく貨幣需要関数**は，

$$M^d = L_1(Y) + L_2(R)$$

のように示される。ただし，$L_1(Y)$ は取引動機と予備的動機に基づく貨幣需要を示し，$L_2(R)$ は投機的動機に基づくそれを示す。Y は名目 GDP であり，R は（名目）利子率である。

◆フリードマンの新貨幣数量説

貨幣の流通速度の安定性を疑問とするケインズの流動性選好説の出現にともない，貨幣数量説は衰微した。これに対し，後にフリードマンは，貨幣数量説を資産選択論的な立場から再構成した。経済主体は自分の資産を物的資本・債券・株式・貨幣・人的資本の5種類の形のいずれかで持つ。それぞれの資産は収益性・安全性などに関して異なった特性を持つ。これらの特性を勘案して，

7.2 貨幣需要理論

主体はそれぞれの資産の最適保有量を選択する。これらの資産の形の1つとして，貨幣需要が生じる。その結果，貨幣需要がフィッシャーの数量方程式と同様に，

$$Py = MV$$

の形に書けること，ただしフィッシャーの理論とは異なり貨幣の流通速度 V は利子率の増加関数となること，が示せる。

◆トービン=ボーモルの在庫理論的接近

トービンとボーモルは独立に，主体の貨幣保有が経営管理における生産資源の在庫問題と本質的に同じであることを示した。企業が倉庫に生産資源を在庫し，生産に応じてこの資源を使っていく。資源が減少するにつれ，倉庫へ新しい分を補充する必要に迫られるが，倉庫へ1回運び込むのに固定した費用がかかる。このようなときに，1回あたりどの程度の量の資源を倉庫へ補充すれば最適かを見つけ出すことを**在庫問題**という。経済主体の貨幣保有も本質的にこれと同等であることが示せる。主体は毎日の消費にともなって手元保有現金が減少する。そこで，銀行預金を引き降ろしてこれを補充する。銀行預金払戻には1回あたり労力・時間などの形で固定した費用がかかる。このために，一定期間中の払戻回数を減らすのが有利である。これは1回あたりの預金払戻額を増やすことを意味する。ところが，1回あたりの払戻額が小さいほど，その期間中の預金の平均残高は大きくなり利子収入は増える。この相反する2つの要素を考量して，最適な1回あたりの払戻額が決まる。この額から，この主体が平均して手元に保有する現金の量を計算できる。これがこの主体の貨幣需要となる。

トービン=ボーモルの計算によると，この最適な平均手元保有現金量は，T を名目取引量（GDP としてもよい），B を1回あたり預金払戻費用，R を名目利子率として，

$$M^d = \sqrt{\frac{TB}{2R}}$$

で示せる。つまり，利子率が低いほど，GDP が高いほど，貨幣需要は増える。トービン=ボーモルの理論の特徴は，貨幣需要が取引高 T（あるいは GDP Y）そのものではなく，その平方根に比例して増加する点である。

◆トービンの資産選択理論

ケインズの流動性選好理論における投機的需要の議論を洗練してトービンは

資産選択理論（あるいは**ポートフォリオ・セレクションの理論**）を提出した。トービンによれば，資産は貨幣という安全資産と株式等の危険資産との2種類に分類される。安全資産の収益は確定している。危険資産の収益は不確定である。主体は各々の資産の期待収益率と危険度とを勘案して，各々の資産を購入する。この結果，安全資産としての貨幣への需要が生じる。

ある資産の危険度を，その資産の（不確定な）収益の標準偏差 σ で示そう。図 7.1 の点 M は収益率は 0 であるが，危険もまったくない安全資産（＝貨幣）を，点 A，点 B はそれぞれ危険度の異なる危険資産を示す。主体はその財産すべてをただ 1 種類の資産で運用すると，これらのうちの 1 点が示す期待収益率と標準偏差の組合せを選ぶことになる。複数の資産で運用した場合，各保有資産の割合によって種々の組合せが選択の対象となる。この組合せを示す点の集まりを**投資機会曲線**という。

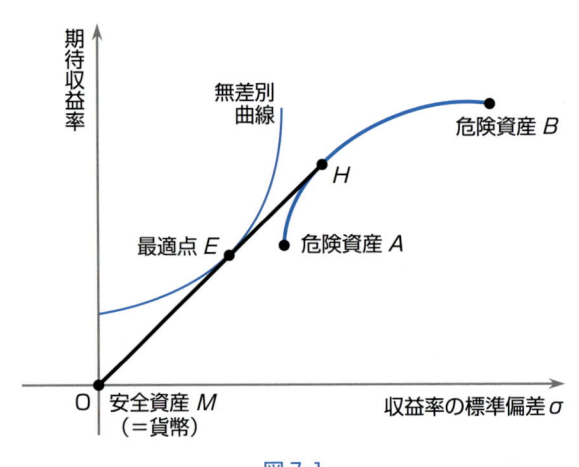

図 7.1

たとえば，危険資産 A と危険資産 B とで運用すれば，AB 間の曲線が投資機会曲線となる。主体は危険資産 A と B の保有比率を変えることにより，この曲線上の任意の点を選べる。さらに，M，A，B の 3 つの資産を同時に購入すれば，MH 間の直線が投資機会曲線になる。この主体が危険回避者であって，危険を好まないとすれば，主体の無差別曲線は図のように右上がりになる。その結果，最適点は E 点で与えられ，この組合せを達成するような比率で，資産 M，A，B が購入される。この結果生じる M への需要が**貨幣需要**である。

以上のような状態では，利子率の上昇とは1つの危険資産の期待収益率の増加にほかならない。その場合，最適点 E の変化が起き，貨幣需要量が変化する。もし無差別曲線に関して代替効果が所得効果より大きければ，利子率の上昇にともなって貨幣需要が減少することを示すことができる。

◆キャッシュ・イン・アドヴァンス理論

ルーカスの**キャッシュ・イン・アドヴァンス理論**は経済主体の毎期の消費は前期に蓄積した貨幣をもってなされる場合を想定する。一例をあげれば，夫が今日仕事先で働き貨幣を蓄積している一方で，その主婦が外出して買い物を行うとき，主婦の携帯し消費支出にあてる貨幣は昨日以前に蓄積されたものであるはずである。このように消費に先立ち「あらかじめ」（イン・アドヴァンス），「現金」（キャッシュ）を用意しておかなければならないという技術的な制約を想定するとき，貨幣保有は主体の効用を増加させることが示される。これが貨幣需要を産む。GDP の増加とともにこの貨幣需要が増加することを証明できる。

■例題 7.2 ─────────────────────── 流動性のわな

(1) 償還期限の定めがなく，一定額の利子を永久に払い続ける公債を**コンソル（永久債）**という。コンソルの収益率と価格との関係を示せ。
(2) コンソルの収益率が永遠に一定ならば，コンソル価格は収益率の逆数になることを示せ。
(3) (2)の場合，コンソル価格は永遠に一定になることを示せ。
(4) ケインズの流動性選好理論によれば，利子率が十分低くなると，貨幣の投機的需要は無限大になるといわれる。なぜか。説明せよ。

【解答】
(1) 今期末に1ポンド，次の期末に1ポンドと，永久に1ポンドを払い続けるコンソルを考えよう。コンソル保有主体は，利子支払額を受け取った後，コンソルを市場で売却できる。つまり，コンソル保有の1期あたりの収益は，利子支払額と**キャピタル・ゲイン**（コンソルの期初価格と期末価格の差益）との和なのである。

第1期期首のコンソル価格を P_1 で示そう。第1期の期末とは第2期の期首であるから，そのコンソル価格は P_2 で示される。第1期のコンソル保有の収益率を ρ_1 であらわす。1期から2期へのコンソル保有の収益は，利子支払額＋キャピタル・ゲイン＝$1+(P_2-P_1)$ である。これをコンソル購入費用 P_1 で除して，保有の収益率 $\rho_1=[1+(P_2-P_1)]/P_1$ を得る。これを変形して，漸化式を用いると，

$$P_1 = \frac{1+P_2}{1+\rho_1} = \frac{1}{1+\rho_1} + \frac{1}{1+\rho_1}P_2 = \frac{1}{1+\rho_1} + \frac{1}{1+\rho_1}\left\{\frac{1}{1+\rho_2} + \frac{1}{1+\rho_2}P_3\right\}$$

$$= \frac{1}{1+\rho_1} + \frac{1}{(1+\rho_1)(1+\rho_2)} + \frac{1}{(1+\rho_1)(1+\rho_2)}P_3 = \cdots$$

$$= \frac{1}{1+\rho_1} + \frac{1}{(1+\rho_1)(1+\rho_2)} + \frac{1}{(1+\rho_1)(1+\rho_2)(1+\rho_3)} + \cdots$$

つまり，今期のコンソル価格は将来の利子支払の割引現在価値の総和となっている。ただし，割り引く際の利子率としてコンソルの収益率を用いている。

(2) 上記の式において，収益率は今後一定であるから，ρ を収益率として代入する。すると，無限等比級数の公式から，

$$P_1 = \frac{1}{1+\rho} + \frac{1}{(1+\rho)^2} + \frac{1}{(1+\rho)^3} + \cdots$$

$$= \frac{1}{1+\rho}\left\{1 + \frac{1}{1+\rho} + \frac{1}{(1+\rho)^2} + \cdots\right\} = \frac{1}{1+\rho} \cdot \frac{1}{\{1-1/(1+\rho)\}} = \frac{1}{\rho}$$

となる。したがって，コンソルの価格は $1/\rho$ に等しい。

(3) (1) の式を用いて，P_2 を求めると，

$$P_2 = \frac{1}{1+\rho_2} + \frac{1}{(1+\rho_2)(1+\rho_3)} + \frac{1}{(1+\rho_2)(1+\rho_3)(1+\rho_4)} + \cdots$$

$\rho_1, \rho_2, \rho_3, \cdots$ 等が互いに異なるときには，これは一般に P_1 と異なる。つまり，コンソル価格は時間とともに変動する。しかし，$\rho_1=\rho_2=\rho_3=\cdots=\rho$ が成立するときには，これも $1/\rho$ となる。つまり，$P_1=P_2$ であり，時間とともにコンソル価格が変動しないことがわかる。

(4) 債券としてコンソルを考え，その収益率を利子率と定義しよう。(2) より，利子率が低くなるとは，コンソルの価格が高くなることにほかならない。経済主体は資産を貨幣で運用するか，コンソルで運用するか，検討している。各主体はコンソルの将来価格について独自の予想を抱いている。現在のコンソル価格がこの予想するコンソル価格より高いとしよう。つまり，コンソル価格は将来下落すると予想している。このため，その主体は現金で資産を運用する。逆

ならば，コンソルで資産を運用する。利子率が十分低くなると，現在のコンソルの価格が十分高くなる。この結果，どの主体も将来コンソル価格は下落すると予想し，現金で資産を運用する。つまり，現金への需要が無限大になる。

以上のような貨幣の投機的需要と利子率の関係を図に描けば，図 7.2 のようになる。この貨幣需要曲線が十分低い利子率に対して水平となる部分を，**流動性のわな**という。

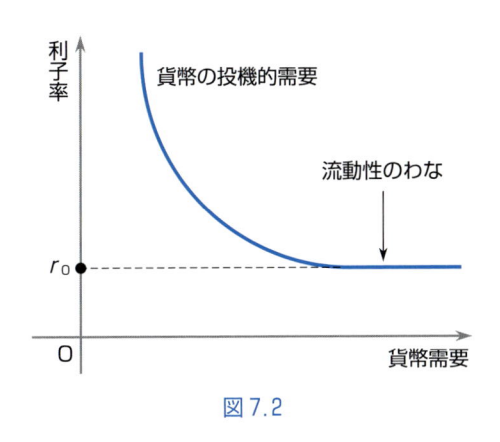

図 7.2

■例題 7.3 ─────────────────────── 資産選択理論

資産選択理論のいわゆる 2 パラメータ接近について以下の問に答えよ。
(1) 安全資産 M と 1 種類の危険資産 A との間の選択問題の投資機会曲線は，原点を通る直線となる。証明せよ。
(2) 2 種類の危険資産 A と危険資産 B との間の選択問題の投資機会曲線は，双曲線となる。証明せよ。
(3) 分離定理とは何か，説明せよ。

【解答】
(1) 安全資産 M の期待収益率と標準偏差を μ_M と σ_M とであらわす。安全資産の定義から，$\mu_M = \sigma_M = 0$ である。危険資産 A の期待収益率と標準偏差を μ_A と σ_A とであらわす。簡単化のため，資産額を 1 としよう。このうちの k の

割合だけを安全資産に，$1-k$ だけを危険資産に投資する。資産全体の期待収益率と標準偏差を μ と σ とであらわす。μ と σ を，μ_M, σ_M, μ_A, σ_A で表現してみよう。M を安全資産 1 単位を示す確率変数，A を危険資産 1 単位を示す確率変数とすると，$E[\cdot]$ を期待値のオペレータとして，

$$\mu = E[kM+(1-k)A] = kE[M]+(1-k)E[A] = k\mu_M+(1-k)\mu_A \tag{a}$$

同様に，$V[\cdot]$ を分散のオペレータ，σ_{MA} を M と A との共分散として，

$$\begin{aligned}\sigma^2 &= V[kM+(1-k)A] = k^2 V[M]+(1-k)^2 V[A]+2k(1-k)\sigma_{MA}\\ &= k^2\sigma_M^2+(1-k)^2\sigma_A^2+2k(1-k)\sigma_{MA}\end{aligned} \tag{b}$$

これらはそれぞれの k の値に対応する資産全体の期待収益率と標準偏差を示している。安全資産 M の場合，$\sigma_M=0$, $\sigma_{MA}=0$ であるから，(a), (b) 式は

$$\mu = (1-k)\mu_A \qquad \sigma^2 = (1-k)^2\sigma_A^2 \tag{c}$$

となる。(c) の両式から k を消去すると，

$$\mu = \frac{\mu_A-\mu_M}{\sigma_A}\sigma$$

を得る。これは期待収益率−標準偏差図上の切片 0，傾き $\dfrac{\mu_A-\mu_M}{\sigma_A}$ の直線の方程式にほかならない。

(2) (1) において，M の代わりに B として，(a), (b) 両式から k を消去すればよい。すると，次式を得る。

$$\sigma^2(\mu_A-\mu_B)^2-\mu^2(\sigma_A^2+\sigma_B^2-2\sigma_{AB})+2\mu\{\mu_A\sigma_B^2+\mu_B\sigma_A^2-(\mu_A+\mu_B)\sigma_{AB}\}\\-(\mu_A^2\sigma_B^2+\mu_B^2\sigma_A^2-2\mu_A\mu_B\sigma_{AB})=0$$

$-1<\sigma_{AB}<1$ のとき，これは μ と σ に関しての双曲線の方程式である。

(3) 分離定理とは，安全資産と複数の危険資産とを保有している経済主体についての以下のような定理をいう。「最適点においては，危険資産相互の保有比率は，安全資産と危険資産全体の保有比率とは独立に決定される。」危険資産が A, B の 2 種類である場合，これは図 7.3 のような状態を意味する。危険資産 A と B との保有比率を変えることによって，主体は曲線 AB 上の任意の点を選ぶことができる。たとえば，H' 点を選んだとしよう。この危険資産間の相対的な比率を保ったまま，安全資産を保有に加えると，投資機会曲線は H' 点と原点 O を結ぶ直線 OH' となる。主体はこの直線上の任意の点を選べる。

しかしながら，上方の無差別曲線ほど高い効用をもたらす。すると，危険資産保有の比率を変えて，H' でなく，H 点を選んだ方がよい。なぜならば，そ

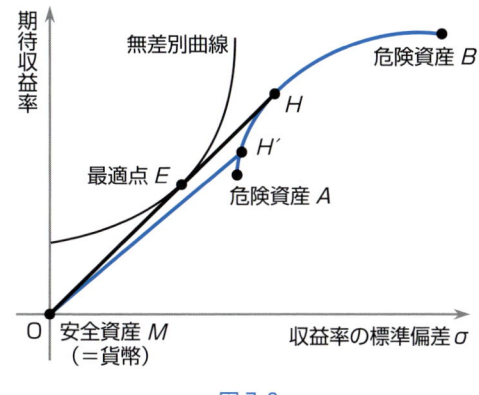

図 7.3

の場合安全資産を加えた投資機会曲線は原点と H 点を結ぶ直線 OH となり，OH 線は OH′ 線より必ず上方に位置する。つまり，OH′ 線を投資機会曲線とするより，必ず高い無差別曲線に到達できる。H 点は原点を通る直線と曲線 AB との接点であるから，一意的に与えられる。つまり OH 上のどのような点を最終的に選び，安全資産と危険資産全体との比率を選ぶにしても，危険資産どうしの最適な比率は H 点によって決まっているのである。

ゆえに，危険資産が複数あるにしてもそれらを最適な比率で保有すれば，あたかも H 点が示す 1 種類の危険資産しかないようにみなして分析を進めることが可能となる。

練習問題

7.4 （基礎知識）

以下の各文の空欄には適当な言葉・数式を入れ，（／）の欄からはもっとも適当な言葉を選べ。

(1) フィッシャーの数量方程式，マーシャルのケンブリッジ方程式等は，＿＿＿＿と呼ばれる貨幣需要理論に属する。

(2) フィッシャーの数量方程式によれば，物価 P・実質 GDP y・貨幣需要 M・貨幣の所得流通速度 V の間に，＿＿＿＿の関係が成立する。

(3) マーシャルのケンブリッジ方程式によれば，貨幣需要 M は，マーシャルの k・物価 P・実質 GDP y の関数として，＿＿＿＿と表現される。

(4) 流動性選好説においては，主体の取引の過程において収入と支出の間の時間差にともなって起きる貨幣保有の必要性を，（取引動機／予備的動機／投機的動機）と呼ぶ。

(5) 流動性選好説においては，（取引動機／予備的動機／投機的動機）は利子率のみに依存する。

(6) フリードマンによれば，貨幣需要は，＿＿＿＿・債券・株式・貨幣・人的資本の 5 種類の保有形式の間への資産の配分問題として，定式化できる。

(7) トービンとボーモルの貨幣需要への在庫理論的接近によれば，貨幣需要 M・預金払戻費用 B・取引量 T・名目利子率 R の間に，＿＿＿＿の関係が成立する。

(8) 資産選択理論において，ある資産の危険度を示す目安はその資産の収益の＿＿＿＿である。

(9) 資産選択理論においては，経済主体は通常（危険回避者／危険中立者／危険愛好者）であると仮定される。

(10) ルーカスによって唱えられた，消費に 1 期先だって主体は現金を用意しておかなければならないとの制約に基づく貨幣需要理論を，＿＿＿＿理論という。

(11) ケインズの「流動性のわな」とは，貨幣需要の利子弾力性が（負／0／無限大）になる事態をさす。

(12) 分離定理とは，複数の危険資産を保有するときに，その最適な相互の比率は危険資産全体対＿＿＿＿の比率とは独立に決まることをいう。

7.5 （正誤問題）

以下の各文の正誤を述べよ。

(1) フィッシャーの数量方程式においては，貨幣の流通速度が上がると，貨幣需要は減少する。

(2) マーシャルの k は名目 GDP に対する貨幣保有需要量を示す。

(3) 流動性選好説の投機的動機による貨幣需要では，ある主体は全額資産を債券の形で持つか，全額現金の形で持つか，のいずれかになる。

(4) フリードマンによれば，貨幣の流通速度は利子率の影響を受けない。

(5) トービン=ボーモルの在庫理論的接近によれば，1回あたりの銀行預金払戻費用は払い戻される預金額に比例する。

(6) トービン=ボーモルの在庫理論的接近によれば，貨幣需要は実質 GDP に比例して増加する。

(7) トービンの資産選択理論によれば，貨幣は危険資産である。

(8) ルーカスのキャッシュ・イン・アドヴァンス理論では，貨幣需要は技術的条件により決まり，所得の影響を受けない。

(9) コンソルとは1期満期の債券をさす。

7.6 （貨幣数量説）

フィッシャーの数量方程式 $Py=MV$ について以下の問に答えよ。

(1) 実質 GDP y は一定としよう。貨幣の流通速度 V の増加は，実質残高への需要をどう変化させるか。

(2) フィッシャーによれば，貨幣の流通速度 V は個人・社会の支払習慣や人口密度などのいわば技術的条件により決まり，短期的には所与である。ところが，実証的に，実質残高への需要は利子率の影響を受ける点が確認されている。これは，フィッシャーの理論のどの点の不備を物語るか。

7.7 （流動性選好説）

一般に利子率が R ％のまま永続すると予想されている。

(1) $R=10\%$ のときに，毎期1ポンドの利子支払を約束するコンソルの価格を求めよ。

(2) $R=10\%$ のときに，1期後に11ポンドの元利払いを約束する1期満期の債券の価格を求めよ。

(3) $R = 5\%$ のときに，(1)，(2) のいずれの場合でも，より高い債券価格が成立する点を確認せよ．つまり，利子率と各種債券価格は逆に動くことを示せ．
(4) コンソル価格は本来15ポンドが妥当であると予想している主体は，利子率が何％のときにコンソルを購入するか．
(5) (4)から，この主体の投機的動機に基づく貨幣需要が利子率の減少関数であることを示せ．

7.8 （フリードマンの新貨幣数量説）

簡単化のために資産は貨幣か債券かのいずれかの形で保有されるとしよう．
(1) 資産を貨幣で保有するメリットを述べよ．
(2) 資産を債券で保有するメリットを述べよ．
(3) 債券の利子率の上昇は，これらのメリットをどう変化させるか．その結果，相対的にどちらの形が有利になるか．

7.9 （トービン=ボーモルの在庫理論的接近）

貨幣需要に対するトービン=ボーモルの在庫理論的接近について，以下の問に答えよ．1回あたり銀行預金払戻費用を B，取引量を T，利子率を R とする．ただし，期間の長さは1とする．
(1) この期間中の銀行預金払戻回数を n としよう．この期間中に要する払戻費用総額を示せ．
(2) この期間中の平均預金残高を示せ．
(3) この期間中の利子収入を示せ．
(4) 利子収入から銀行預金払戻費用総額を差し引き，n の関数として示せ．
(5) (4)を n に関して微分して，(4)を最大にする n を求めよ．
(6) この最適な n に対する平均手元現金の量（＝貨幣需要）を示せ．
(7) 物価が2倍になると，貨幣需要は何倍になるか．
(8) 実質GDPが2倍になると，貨幣需要は何倍になるか．
(9) 実質GDPと実質預金払戻費用との双方が2倍になると，貨幣需要は何倍になるか．
(10) 実質預金払戻費用の具体的な内容を考えよ．
(11) 実質GDPが2倍になったとき，実質預金払戻費用は2倍になりやすいだろうか．

7.10 (トービンの資産選択理論)

トービンは貨幣需要を，安全資産である貨幣と危険資産であるコンソルとの間の資産選択問題として定式化した．1ポンドの利子支払を毎期もたらすコンソルを考えよう．来期のコンソル価格は不確定であるが，キャピタル・ゲインの期待値は毎期0であり，標準偏差は一定であるとしよう．

(1) なぜコンソルが危険資産か，説明せよ．

(2) コンソルの収益率は，確定利子収益率と不確定なキャピタル・ゲイン率の和になることを示せ．

(3) 利子率が上がると，投資機会曲線が原点を中心に反時計周りに回転することを示せ．

(4) その結果，貨幣需要が減少するための条件を示せ．

8 マクロ経済の一般均衡——

8.1 IS–LM 曲線図

◆トランスミッション・メカニズム

　貨幣の変動が実質 GDP・雇用・物価等のマクロ経済変数に影響を与える事実はよく知られている。貨幣量の変化がこれらの変数に影響を与える経路を**トランスミッション・メカニズム**という。ケインズによって叙述され，ヒックス（Hicks, J. R.）やハンセン（Hansen, A. H.）によって定式化された，**ケインズ経済学の IS–LM 分析**はトランスミッション・メカニズムの一例である。この分析においては，貨幣供給の変化は，利子率の変化・投資の変化・総需要の変化を順次引き起こし，所得の変化に至る。この分析はかつてはマクロ経済学の通説の地位を占めた。しかし，1980 年代よりマネタリズムの復活にともない，その地位はやや後退している。たとえば，後章の**自然失業率仮説**や**リカードの等価定理**は，IS–LM 分析とは一線を画す立場にある。

◆IS–LM 分析

　財市場と貨幣市場の双方の均衡を考えよう。GDP 決定理論において示されたように財市場の需給均衡式は，

$$y = c(y-\tau) + i(R) + g \tag{a}$$

で示される。ただし，投資 i は所与でなく，利子率 R の関数であると新たに仮定しよう。貨幣市場の均衡は，貨幣供給 M と貨幣需要が一致する

$$\frac{M}{P} = L(R, y) \tag{b}$$

で定まる。物価水準 P と，政府によって決定される租税 τ，政府支出 g，貨幣供給 M などの政策変数はさしあたり所与としよう。

　IS 曲線とは，財市場を均衡させる GDP である y と利子率 R の組合せをいう。投資 I と貯蓄 S とを均等させるのでこの名がある。貨幣市場を均衡させる GDP である y と利子率 R の組合せを **LM 曲線**という。流動性需要 L と貨

幣供給 M とを均等させるのでこの名がある。g と τ を一定として (a) 式から IS 曲線を求める。P と M を一定として (b) 式から LM 曲線を求める。これらを y–R 図に描くと図 8.1 を得る。IS 曲線は右下がり，LM 曲線は右上がりである。これを **IS–LM 曲線図（ヒックス＝ハンセン図）** という。IS 曲線と LM 曲線の交点は財市場と貨幣市場とが同時に均衡する GDP である y と利子率 R の組合せ，すなわち**経済全体の一般均衡**，を示す。

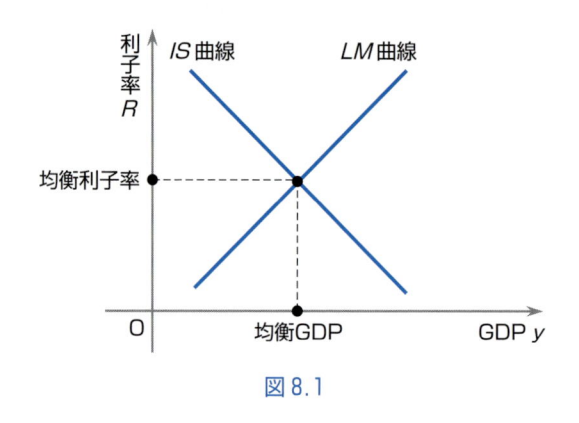

図 8.1

◆財政政策・金融政策

IS–LM 曲線図において決定された**均衡 GDP** が完全雇用 GDP 水準と一致する保証はない。均衡 GDP が完全雇用水準に満たなければ，失業が生じる。政府がこれを矯正するには，(ⅰ) 租税 τ・政府支出 g の操作による**財政政策**と (ⅱ) 貨幣量 M を動かす**金融政策**とがある。

(a) 式から財政政策の効果がわかる。減税あるいは政府支出増は，IS 曲線を右方にシフトさせる。(b) 式から金融政策の効果がわかる。貨幣増は，LM 曲線を右方にシフトさせる。これらのシフトは GDP を増加させるが，利子率の変化によりその効果の一部は打ち消される（たとえば，貨幣増の場合，図 8.2 の a から b への変化がまず生じるが，利子率の低下によって b から c へ一部打ち消される）。したがって，財政政策の GDP 拡張効果は，租税乗数・政府支出乗数以下になる。

8.1 *IS–LM* 曲線図

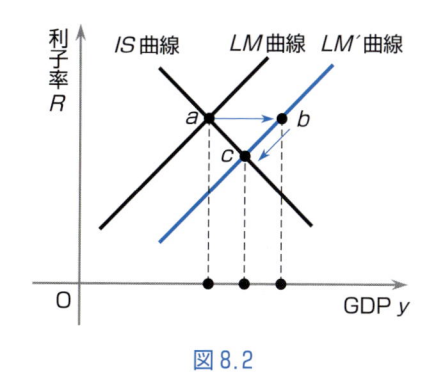

図 8.2

ケインズは GDP 管理政策として，財政政策の金融政策に対する優越性を唱えた。（ⅰ）投資の利子弾力性が 0 の場合，または（ⅱ）流動性のわなが存在する（＝貨幣の利子弾力性が無限大である）場合，貨幣増による *LM* 曲線の右方シフトは均衡 GDP を増加させ得ないからである（図 8.3 参照）。

（ⅰ）投資の利子弾力性が 0 の場合　　（ⅱ）流動性のわな（貨幣需要の利子弾力性が無限大）の場合

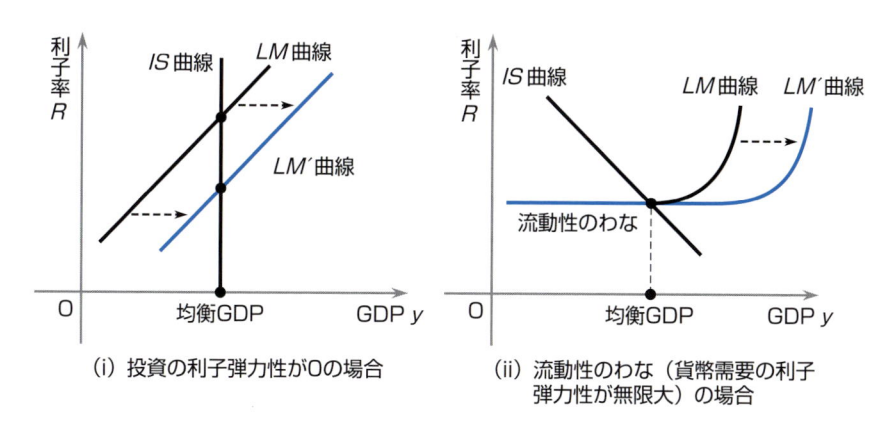

図 8.3

■例題 8.1 ─────────────────── IS 曲線，LM 曲線

(1) グラフを用いて，貯蓄曲線・投資曲線から IS 曲線を導け。
(2) グラフを用いて，貨幣需要曲線から LM 曲線を導け。ただし，貨幣需要は取引需要と流動性需要の和からなるとする。

【解答】
(1) 図 8.4 のように，所得・利子率・投資・貯蓄を各軸にとった図を描く。利子率が利子率 1 の水準で定まったとしよう。すると，これに対応して左上の第 2 象限で投資量が投資曲線から決まる。左下の第 3 象限の 45°線で折り返すと，この投資量が貯蓄と等しくなる GDP が右下の第 4 象限の貯蓄曲線から定まる。こうして，利子率 1 に対応する GDP が GDP 1 として決まる。これを，右上の第 1 象限の IS 曲線上の一点としてうつ。同じ操作を利子率 2 に対して行うと IS 曲線上の別の一点が定まる。これを繰り返すと，そのような点の集合として IS 曲線が求まる。

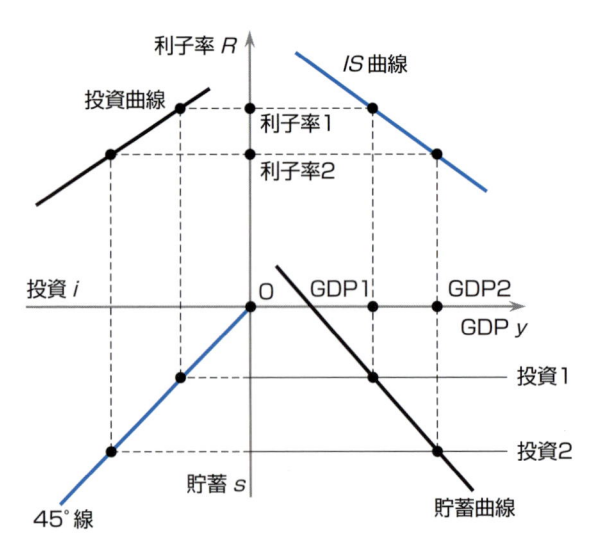

図 8.4

(2) 図 8.5 のように，GDP・利子率・投機的需要・取引需要を各軸にとった図を描く。まず，利子率が利子率 1 の水準で定まったとしよう。これに対応して左上の第 2 象限で投機的需要が投機的需要曲線から決まる。左下の第 3 象限の 45°線で折り返すと，この貨幣需要量を貨幣供給量から差し引いた貨幣量が示される。これが取引需要と等しくなる GDP が右下の第 4 象限の取引需要曲線から定まる。こうして，利子率 1 に対応する GDP が GDP 1 として決まる。これを，右上の第 1 象限の *LM* 曲線上の一点としてうつ。同じ操作を利子率 2 に対して行うと *LM* 曲線上の別の一点が定まる。これを繰り返すと，そのような点の集合として *LM* 曲線が求まる。

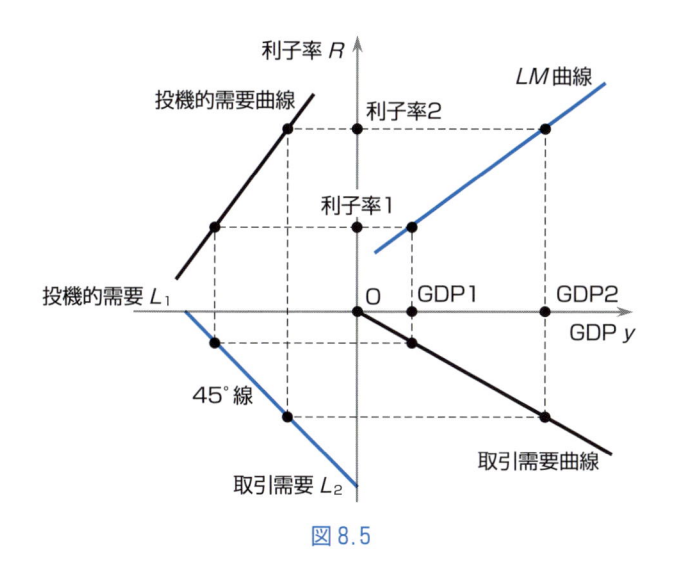

図 8.5

■例題 8.2 ─────────────────────────── IS–LM 分析

以下のような経済を考えよう。ただし，利子率 R の単位は%とする。
$$y = c+i+g, \quad c = 4+0.8(y-\tau), \quad i = 3-0.25R$$
$$\frac{M}{P} = y-5R, \quad P = 2$$

(1) $g = \tau = 0$ であり，$M = 50$ とする。均衡 GDP y と均衡利子率 R を求めよ。

(2) 政府支出 g を 1 単位増加させると最終的な y の増加量はいくらか。

(3) 租税 τ を 1 単位減少させると，最終的な y の増加量はいくらか。

(4) 名目貨幣残高 M を 1 単位増加させると，最終的な R の変化量はいくらか。また，最終的な y の変化量はいくらか。

(5) 投資関数が $i = 3-0.25R$ の代わりに $i = 3$ と書かれるとしよう。この場合の投資の利子弾力性はいくらか。

(6) (5) の場合，M の 1 単位の増加は最終的にどれだけの y の増加をもたらすか。

(7) 貨幣需要関数が $\frac{M}{P} = y-5R$ の代わりに，$R = 10\%$ と書かれるとしよう。これは何を意味するか。この場合の貨幣需要の利子弾力性はいくらか。

(8) (7) の場合，M の 1 単位の増加は最終的にどれだけの y の増加をもたらすか。

(9) 投資関数が $i = 3-0.25R$ の代わりに，$R = 10\%$ と書かれるとしよう。これは何を意味するか。この場合の投資の利子弾力性はいくらか。

(10) (9) の場合，M の 1 単位の増加は最終的にどれだけの y の増加をもたらすか。

(11) 貨幣需要関数が $\frac{M}{P} = y-5R$ の代わりに $\frac{M}{P} = y$ と書かれるとしよう。これは何を意味するか。この場合の貨幣需要の利子弾力性はいくらか。

(12) (11) の場合，M の 1 単位の増加は最終的にどれだけの y の増加をもたらすか。

8.1 IS–LM 曲線図

【解答】

(1) 最初の 3 つの式を整理して，$R = -0.8y + 28 + 4g - 3.2\tau$ を得る．これが IS 曲線である．最後の 2 つの式を書き直して，$R = 0.2y - 0.1M$ を得る．これが LM 曲線である．$g = \tau = 0$，$M = 50$ として，これら 2 つの曲線の交点を求めると，$y = 33$，$R = 1.6$ を得る．つまり，均衡 GDP は 33 単位，利子率は 1.6% である．

(2) IS 曲線の式と LM 曲線の式とを y と R に関して解くと，$y = 28 + 4g + 0.1M - 3.2\tau$，$R = 5.6 + 0.8g - 0.08M - 0.64\tau$ を得る．これから，g の 1 単位の増加は最終的に 4 単位の y の増加を引き起こすことがわかる．

(3) (2) より，$y = 28 + 4g + 0.1M - 3.2\tau$ であるから，τ の 1 単位の減少は，最終的に 3.2 単位の GDP y の増加を引き起こす．

(4) (2) より，$R = 5.6 + 0.8g - 0.08M - 0.64\tau$ であるから，M の 1 単位の増加は，最終的に 0.08 単位の R の減少をもたらす．(3) より，$y = 28 + 4g + 0.1M - 3.2\tau$ であるから，M の 1 単位の増加は，最終的に 0.1 単位の y の増加をもたらす．

(5) 投資関数が $i = 3$ である場合の投資の利子弾力性を計算すると，
$$-\frac{R}{i} \cdot \frac{di}{dR} = -\frac{R}{3} \cdot \frac{d3}{dR} = 0$$
である．このように，投資関数が利子率にまったく反応しない場合，利子弾力性は 0 となる．

(6) (5) の場合の IS 曲線の式を計算してみると，$y = 35 + 5g - 4\tau$ となり，利子率 R の影響を受けない．つまり，IS 曲線は垂直であり，IS 曲線のみで GDP y の水準は決定されてしまう．この場合，金融政策 M は GDP y への影響を持たず，財政政策によるしかない．

(7) これは，$R = 10\%$ に対応して貨幣需要が任意に定まることを意味する．つまり，流動性のわなが生じている．貨幣需要の利子弾力性は，
$$-\frac{R}{(M/P)} \cdot \frac{d(M/P)}{dR} = -\frac{0.1}{(M/P)}(-\infty) = \infty$$
であるから，無限大である．

(8) (7) の解答から，貨幣需要の利子弾力性は無限である．したがって，M の増加は利子率に影響しない．つまり，M の増加は，利子率が一定であるので，財市場に影響しない．したがって，金融政策 M は GDP y への影響をもたず，財政政策によるしかない．

(9) これは $R=10\%$ に対応して投資が任意に定まることを意味する。この場合の投資の利子弾力性を計算してみると，
$$-\frac{R}{i}\cdot\frac{di}{dR}=-\frac{10}{i}(-\infty)=\infty$$
であるから，無限大である。この場合，IS 曲線は $R=10$ の水準で水平となっている。

(10) (9) の場合，LM 曲線は $y=0.5M+50$ となる。つまり，GDP 水準 y は LM 曲線のみから，貨幣残高に応じて定まる。M の 1 単位の増加は，0.5 単位の y の増加をもたらす。この場合，財政政策は GDP への影響を持たず，金融政策によるしかない。

(11) これは貨幣需要が利子率に反応しないことを示す。貨幣需要の利子弾力性は，
$$-\frac{R}{(M/P)}\cdot\frac{d(M/P)}{dR}=-\frac{R}{(M/P)}\cdot\frac{dy}{dR}=-\frac{R}{(M/P)}\cdot 0=0$$
であるから，0 である。この場合，LM 曲線は垂直になる。

(12) (11) の場合，LM 曲線は $y=0.5M$ となる。つまり，GDP 水準 y は LM 曲線のみから，貨幣残高に応じて定まる。M の 1 単位の増加は，0.5 単位の y の増加をもたらす。この場合，財政政策は GDP への影響を持たず，金融政策によるしかない。

練習問題

8.1 （基礎知識）

以下の各文の空欄には適当な言葉・数式を入れ，（／）の欄からはもっとも適当な言葉を選べ．

(1) 貨幣量の変化がマクロ経済変数に与える影響の経路を，＿＿＿＿と呼ぶ．

(2) *IS* 曲線とは，財市場を均衡させる，GDP と（物価／利子率／貯蓄）の組合せをいう．

(3) *IS* 曲線は通常（水平／右下がり／右上がり／垂直）である．

(4) *IS–LM* 曲線図は別名＿＿＿＿と呼ばれる．

(5) 政府支出を増やすと，（*IS*／*LM*）曲線が右方にシフトする．

(6) 租税を増やすと，*IS* 曲線は（右方／左方）にシフトする．

(7) （貨幣供給量を増やす／租税を減らす／政府支出を増やす）と，*LM* 曲線が右方にシフトする．

(8) 投資の利子弾力性が（負／０／無限大）のとき，金融政策は GDP の決定には無効である．

(9) 流動性のわなとは，貨幣需要の利子弾力性が（負／０／無限大）を意味する．

8.2 （正誤問題）

以下の各文の正誤を述べよ．

(1) *IS–LM* 分析とリカードの等価定理は互いに整合的な理論である．

(2) 貨幣市場を均衡させる所得と利子率の組合せの集まりを *LM* 曲線という．

(3) *IS–LM* 分析において，政府支出増は政府支出乗数以上の効果を GDP に対して持つ．

(4) *IS–LM* 分析において，減税は利子率を低下させる．

(5) *IS–LM* 分析において，貨幣増は GDP を通常は増加させる．

(6) ケインズは GDP 管理政策として財政政策を金融政策より重視した．

(7) 流動性のわなが存在する場合，財政政策は GDP に影響を持たない．

(8) 貨幣市場を考慮した場合，政府支出増の GDP へ与える影響は乗数効果以上になる．

8.3 (IS–LM 分析)

以下のような経済を考えよう。

$$Y = C + I + G \qquad C = 100 + 0.8(Y - T)$$
$$I = 140 - R \qquad M = 4Y - 20R$$

(1) IS–LM 図における，IS 曲線の傾きを求めよ。
(2) LM 曲線の傾きを求めよ。
(3) 政府支出 G を1単位増やした場合，IS 曲線はどれだけ右方にシフトするか。
(4) そのとき，均衡 GDP Y はいかほど増えるか。
(5) そのとき，均衡利子率 R はいかほど増えるか。
(6) 租税 T を1単位増やした場合，IS 曲線はどれだけ左方にシフトするか。
(7) そのとき，均衡 GDP Y はいかほど増えるか。
(8) そのとき，均衡利子率 R はいかほど増えるか。
(9) 貨幣供給 M を1単位増やした場合，LM 曲線はどれだけ右にシフトするか。
(10) そのとき，均衡 GDP はいかほど増えるか。
(11) そのとき，均衡利子率はいかほど増えるか。
(12) $R = 10$ に保ったまま，完全雇用 GDP $Y = 600$ を達成したい。財政政策のみでこれを達成できるか。
(13) (12) の目標を，金融政策のみで達成できるか。

8.4 (IS 曲線，LM 曲線)

図を用いて以下を証明せよ。

(1) 政府支出増は IS 曲線を右にシフトさせる。
(2) 減税は IS 曲線を右にシフトさせる。
(3) 投資の利子弾力性が 0 のとき，IS 曲線は垂直になる。
(4) 貨幣供給量の増加は LM 曲線を右にシフトさせる。
(5) 貨幣の投機的需要の利子弾力性が無限大のとき，LM 曲線は水平になる。

8.5 (IS–LM 曲線図)

IS–LM 曲線図を用いて，以下の命題の当・不当を論ぜよ。ただし，経済は当初不完全雇用状態にあるとする。

(1) 減税と貨幣供給増の組合せは利子率を上昇させる。
(2) 租税と政府支出とが予算を均衡しながら増やされると投資は増加する。
(3) 流動性のわなが生じているとき，減税は投資を減少させる。
(4) 投資の利子弾力性が0のとき，貨幣供給増は消費を減少させる。
(5) 貨幣需要の利子弾力性が0のとき，政府支出増は同じだけの投資減をもたらす。
(6) 投資の利子弾力性が無限大のとき，減税は投資減をもたらす。

8.2 労働市場と総需要・総供給曲線

◆労働市場

　労働市場では生産要素としての労働サービスの売買が行われる。労働サービス1単位の価格を名目（あるいは貨幣）賃金率 W という。名目賃金率を物価水準 P で除したものを実質賃金率 $\frac{W}{P}$ という。労働サービスの供給者は家計，需要者は企業である。ミクロ経済学の生産要素の理論によって以下が示される。企業は労働の限界生産物が実質賃金率に等しくなるまで，労働を需要する（いわゆる古典派の第一公準）。この結果，労働の需要曲線は実質賃金率に関して右下がりになる。家計は労働の限界不効用が実質賃金率の限界効用と等しくなる点まで，労働を供給する（古典派の第二公準）。この結果，供給曲線は右上がりになる。需要曲線と供給曲線の交点（図8.6参照）において，完全雇用が成立し，失業はなくなる。

◆貨幣賃金率の下方硬直性

　当初，実質賃金率 $\frac{W}{P}$ が図8.6の a 点のように均衡水準以上にあるとしよう。労働市場においては，非自発的失業が存在する。しかし，労働供給者側に「貨幣錯覚」があると，労働供給者（家計，または，労働組合）は貨幣賃金率 $\overline{W}$ の切り下げを受け入れない。これを貨幣賃金率の下方硬直性という。その一方で，物価 P は完全雇用 GDP に達しないかぎり，一定である。このとき，労働の超過供給の存在にもかかわらず，実質賃金率 $\frac{W}{P}$ は a 点に固定されてしまう。

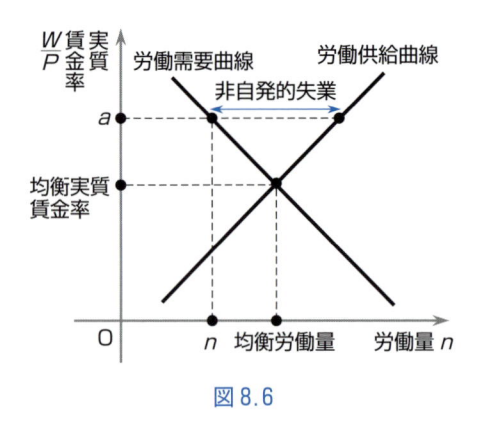

図8.6

不完全雇用がこうして生じる。

不完全雇用の場合，雇用量 n は，企業による労働の需要曲線側から定まる。つまり，$f(n)$ を生産関数として，
$$\frac{\overline{W}}{P} = f'(n)$$
となるような n であることがわかる。実質賃金率が a 点の場合，この雇用量においては，古典派の第二公準は成立していない。こうして，ケインズは古典派の第二公準の成立を否定した。

◆総需要曲線

総需要曲線は，**物価水準** P と財市場・貨幣市場で定まる**均衡 GDP** y との関係を示す。つまり，ある物価水準 P に対応して，*IS–LM* 分析から定まる均衡 GDP y である。総需要曲線は物価–実質 GDP 図において，右下がりになる（図 8.7 参照）。なぜか。貨幣供給 M が一定のとき，より高い物価水準 P はより低い実質残高 $\frac{M}{P}$ を意味する。これは *IS–LM* 分析において，*LM* 曲線の左へのシフトを意味する。こうして，より高い物価水準に対して，より低い均衡 GDP が定まるからである。

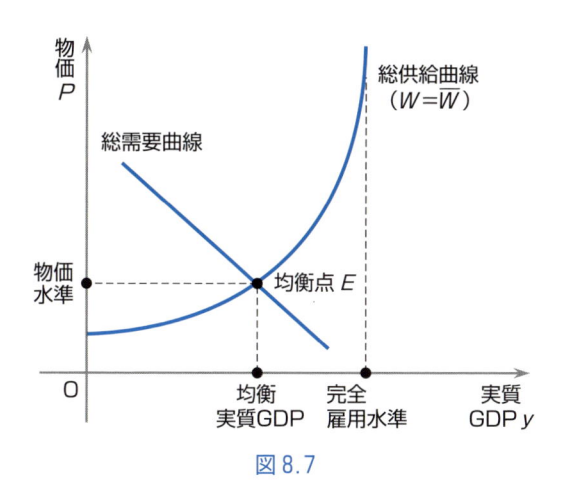

図 8.7

◆総供給曲線

総供給曲線は，物価水準 P と労働市場の均衡の結果生じる産出 y との関係を示す。貨幣賃金率 W が下方硬直的であり，労働市場に不完全雇用が存在す

るとしよう。物価水準 P の上昇は実質賃金率 $\frac{W}{P}$ の下落をもたらす。これは労働需要曲線に沿った，雇用の上昇をもたらす。この結果，産出は生産関数に基づいて増加する。つまり，総供給曲線は右上がりである（図 8.7 参照）。物価水準が十分上昇すると，実質賃金率は完全雇用実質賃金率まで下がる。これ以上に物価水準が上昇すると，労働市場で超過需要が生じる。貨幣賃金率は下方にのみ硬直的であり，上方には自由に動く。このため，貨幣賃金率は上昇を始める。この結果，実質賃金率は変化しない。こうして，物価が十分上がると，雇用は完全雇用水準にあり続ける。このとき，産出は完全雇用水準において一定である。

■例題 8.3 ———————————————————— 総需要−総供給曲線

　総需要−総供給曲線図を用いて以下の問に答えよ。ただし，当初経済は不完全雇用状態にあるとする。
(1) 増税は物価水準を上昇させるか。
(2) 政府支出増は物価水準を上昇させるか。
(3) 貨幣供給量の増加は比例的な物価上昇をもたらすか。
(4) 独占的な労働組合による貨幣賃金率の引き上げは物価水準を上昇させるか。

【解答】
(1) 増税は IS 曲線の左へのシフトをもたらす。これは一定の物価水準 P に対して，IS–LM 曲線図における均衡 GDP y の減少を意味する。つまり，総需要曲線が左にシフトする。図 8.8 から，これは物価水準の減少を引き起こすことが読み取れる。

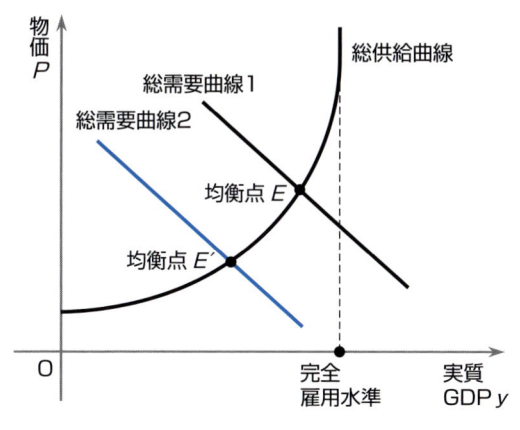

図 8.8

(2) 政府支出増は IS 曲線の右へのシフトをもたらす。これは一定の物価水準 P に対して，IS–LM 曲線図における均衡 GDP y の増加を意味する。つまり，総需要曲線が右にシフトする。図 8.8 から，これは物価水準の上昇を引き起こすことが読み取れる。

(3) 物価水準を当初一定としよう。貨幣供給量の増加は LM 曲線の右へのシフトをもたらす。これは IS–LM 曲線図における均衡 GDP y の増加を意味する。つまり，総需要曲線が右方にシフトする。経済が当初不完全雇用状態にあるときは，図 8.8 から，これは物価水準の上昇を引き起こす。さて，貨幣供給量の増加の結果，このような物価上昇と LM 曲線の右方シフトが同時に起きるためには，物価上昇率は貨幣増加率以下でなくてはならない。なぜなら，物価上昇率が貨幣増加率とまったく同じであったとすると，実質残高 $\dfrac{M}{P}$ の変化は生じない。したがって，LM 曲線の右方シフト自体が生じなくなるからである。ゆえに，当初の貨幣供給量の増加は，物価上昇をもたらすものの，その上昇率は貨幣増加率以下であることがわかる。

(4) 独占的な労働組合による貨幣賃金率の引き上げは，図 8.9 のような総供給曲線の上方へのシフトをもたらす。この結果，物価は上昇し，GDP は減少する。

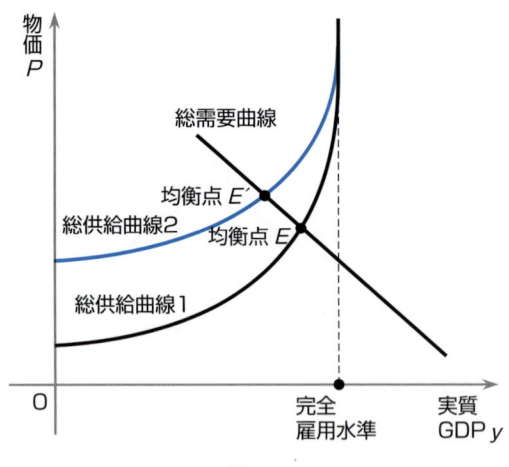

図 8.9

■例題 8.4 ─────────────────────────────── 非自発的失業

> ケインズは**労働市場における失業**を，摩擦的失業，自発的失業，非自発的失業の3つに区別した。これらの各定義を述べよ。

【解答】
　摩擦的失業とは資源配分の調整に時間がかかるために生じる失業をいう。たとえば，需要が産業間で動くと一時的にある産業で人手不足になり，他の産業で失業が生じる。予期されない変化に雇用が対応するには時間がかかる。また，転職にはその途中に失業期間が通常生じる。これらの理由のために，不断に変化している経済で生じる失業を摩擦的失業という。したがって，マクロ経済学が解消の対象とする失業ではない。**自発的失業**とは，頑迷・社会習慣・不適応・団体交渉などのために，個人が現行水準での実質賃金率に対応した労働を拒否することをいう。摩擦的失業と自発的失業は，労働市場の完全雇用状態においても存在するものである。摩擦的失業を減少させるためには，求職求人の制度を改善したり，経済予測の精度を高める必要が生じる。自発的失業を解消するためには，何らかの方法で頑迷・社会習慣・不適応・団体交渉の原因となるような労働の不効用を取り除いてやればよい。
　これらに対し，ケインズは**非自発的失業**を以下のように定義した。もし物価がわずかに上がって実質賃金率が減少した場合に，現行の労働供給より大きな労働供給をある家計が希望するならば，その家計は非自発的に失業しているという。このような状態では，家計は現在の状態では，実質賃金率と労働の不効用を等しくする水準まで労働していないと考えられるからである。ケインズが経済政策の対象として操作を主張したのは，この非自発的失業についてである。

練 習 問 題

8.6 （基礎知識）
以下の各文の空欄には適当な言葉・数式を入れ，（／）の欄からはもっとも適当な言葉を選べ．
(1) ＿＿＿とは，貨幣賃金率を物価水準で除したものである．
(2) 古典派の（第一公準／第二公準）とは，企業が労働の限界生産物が実質賃金率と一致する点まで，労働を需要することをいう．
(3) 不完全雇用均衡における雇用量は，労働の（需要曲線／供給曲線）によって定まる．
(4) 不完全雇用均衡においては，古典派の（第一公準／第二公準）は成立していない．
(5) （総需要曲線／総供給曲線）は，物価水準と労働市場の均衡の結果生じる産出との関係を示す．
(6) （総需要曲線／総供給曲線）は，右下がりである．
(7) 貨幣供給増は（総需要曲線／総供給曲線）を右方にシフトさせる．

8.7 （正誤問題）
以下の各文の正誤を述べよ．
(1) 労働市場において，家計は需要者である．
(2) 労働市場において，供給曲線は右下がりである．
(3) 実質賃金率が労働市場の均衡点より低く固定されると，非自発的失業が生じる．
(4) 貨幣賃金率は労働者の貨幣錯覚によって固定されていて，上方にも下方にも動かない．
(5) 総供給曲線は完全雇用 GDP 水準において，垂直となる．
(6) 政府支出増は総供給曲線を右方にシフトさせる．
(7) 完全雇用均衡における貨幣供給増は比例的な物価上昇をもたらす．

8.8 （総需要曲線・総供給曲線）
総需要曲線・総供給曲線に関する以下の質問に答えよ．

⑴ 貨幣数量説を前提とすると，総需要曲線はどのような形状を持つか。
⑵ 流動性のわなが存在する場合，総需要曲線はどのような形状を持つか。
⑶ 投資の利子弾力性が0のとき，総需要曲線はどのような形状を持つか。
⑷ 貨幣賃金率が完全に伸縮的であるとき，総供給曲線はどのような形状を持つか。
⑸ 貨幣賃金率が下方に固定的であり，生産関数において労働の限界生産物は常に一定であるとする。総供給曲線はどのような形状を持つか。

8.3 ワルラスの法則・古典派理論・ピグー効果

◆ワルラスの法則

経済全体では，複数種類の資産への需要は一定の法則を示す。経済全体で，$x_1, x_2, \cdots, x_n$ という資産があり，各資産の価格を，$p_1, p_2, \cdots, p_n$ とする。すると総資産額は，$W = p_1 x_1 + p_2 x_2 + \cdots + p_n x_n$ である。この総資産額を所与として，各主体は各資産への最適な需要を決める。これを，$x_1^*, x_2^*, \cdots, x_n^*$ とする。合理的な主体は，これらの需要が $W = p_1 x_1^* + p_2 x_2^* + \cdots + p_n x_n^*$ を満たすように計画を立てる。こうして，$p_1 x_1 + p_2 x_2 + \cdots + p_n x_n = p_1 x_1^* + p_2 x_2^* + \cdots + p_n x_n^*$ となる。つまり，

$$p_1(x_1 - x_1^*) + p_2(x_2 - x_2^*) + \cdots + p_n(x_n - x_n^*) = 0$$

と変形できる。これを**ワルラス**（Walras, M. E. L.）**の法則**という。ワルラスの法則によれば，$n-1$ 個の資産の市場で均衡が成立すると（つまり $x_i = x_i^*$ であると），n 個目の資産の市場でも自動的に均衡が成立する。つまり資産が貨幣・債券の 2 種類の場合，貨幣市場が均衡すれば債券市場は均衡する。

◆古典派

ケインズはケインズ以前の経済学者（マーシャル（Marshall, A.），ピグー（Pigou, A. C.）らの新古典派を含む）をまとめて「**古典派**」と呼んだ。古典派自体は明示的なマクロ理論を持っていない。ケインズ経済学の立場から古典派のマクロ理論を解釈してみる。古典派の前提は（ⅰ）貨幣賃金率の伸縮性と，（ⅱ）貨幣数量説である。古典派はすべての価格が伸縮的であると仮定した。貨幣賃金率も例外ではない。また，古典派の貨幣需要理論は貨幣数量説である。流動性選好説における「流動性のわな」が存在する余地はない。前提（ⅰ）より，総供給曲線は右上がりではなく，完全雇用水準で垂直となる。前提（ⅱ）より，総需要曲線は双曲線であり，垂直な総供給曲線と交わる物価水準がある（図 8.10 参照）。これらの結論として，以下を得る。（a）完全雇用均衡：古典派においては均衡において完全雇用が成立する。（b）貨幣の中立性：貨幣量は産出に影響を与えない。この意味で，貨幣は中立的である。貨幣量は物価水準のみに比例的な影響を与える。

◆民間部門の資産

所得とは一定期間に生じる購買力の「増加分」であり，**資産**とは一時点での

図8.10

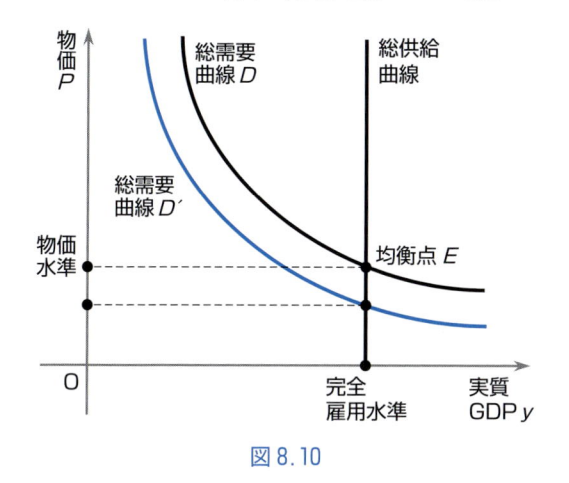

購買力の「額」である。資産は**実物資産 k** と**金融資産**に大別される。金融資産とは他の主体への金銭的請求権であり，貨幣・債券・株式等をいう。金融資産は，**民間主体発行の金融資産**と，**政府発行の金融資産**とがある。民間部門全体の純資産としての観点からは，政府発行金融資産のみが資産である。なぜなら民間主体発行金融資産はその保有主体にとっては資産であるが，発行主体にとっては負債であり，民間部門内部でその価値は資産と負債として相殺するからである。政府発行金融資産は貨幣 M と公債 B とからなる。**民間部門純資産** w は，こうして実物資産 k・貨幣 M・公債 B の実質価値の和として，

$$w = k + \frac{M}{P} + \frac{B}{P}$$

となる。実物資産 k は短期的には所与であり，公債 B は残高 0 と仮定する。すると，純資産の変動は実質残高 $\frac{M}{P}$ の変動と一致する。以上から，政府の貨幣供給量 M を一定とすれば，物価 P の下落は家計の純資産 w の増加をもたらす。

◆ピグー効果

家計の消費量は所得のみに依存すると仮定した。しかし，消費は所得とともに資産にも依存し得る。上記のように，民間部門純資産は $\frac{M}{P}$ で表現される。消費関数が

$$c = c\left(y, \frac{M}{P}\right)$$

とあらわされるとしよう。この，実質残高 $\frac{M}{P}$ の消費 c への影響をさして**ピグー効果**という。ピグー効果が存在すると，マクロモデルの帰結が異なる。

古典派モデルから（ii）の貨幣数量説の前提を取り除いてみる。逆に言えば，流動性選好説の仮定の含意を調べる。ピグー効果が存在しないとする。流動性のわなが存在すると，総需要曲線は図 8.11 の D 曲線のように描かれる。この場合，総需要曲線と総供給曲線の交わる物価水準がない。（i）の前提より，貨幣賃金率は完全に伸縮的である。このため，物価と貨幣賃金率とは永遠に下落し続け，古典派モデルには完全雇用均衡は存在しない。

消費へのピグー効果の存在を仮定する。物価が十分下落すると，実質残高が増える。ピグー効果から消費が増加する。これは IS 曲線の右方へのシフトをもたらす。その結果，総需要曲線は十分右下がりとなり，総供給曲線との交点が生じ，物価と貨幣賃金率が決定される。このとき完全雇用が成立する（図 8.11 D' 曲線）。つまり，古典派モデルに完全雇用均衡が存在する。ピグー効果を前提とすると，貨幣賃金率の伸縮性が不完全雇用と完全雇用とを区別する本質的な前提であることになる。

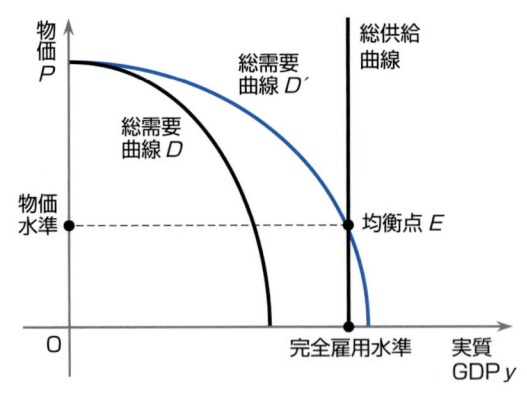

図 8.11

8.3 ワルラスの法則・古典派理論・ピグー効果

■ 例題 8.5 ─────────────────────── 長期的ピグー効果

アーチボルド（Archibald, G. C.）とリプシー（Lipsey, R. G.）は長期的にはピグー効果が効かないことを証明した。これを以下の手順で論証せよ。

以下の家計を考える。単位期間の間，家計は（1種類の財の）消費と実質残高の保有から生じる便益との双方から，効用を得る。消費と実質残高の間の無差別曲線図において，双方とも上級財であり，したがってエンゲル曲線は右上がりであるとする。毎期，この家計には（消費財で）y だけの所得が生じる。この家計は保有する実質残高を処分して，この期に y 以上に消費することも可能である。また，y 以下に消費して実質残高を積み増すことも可能である。

(1) 以上のような条件において，長期的には実質残高は一定値に収束することを無差別曲線図を用いて示せ。

(2) (1) の結論は長期的にはピグー効果が成立しないことを意味することを説明せよ。

【解答】

(1) この家計の無差別曲線を図に描くと，図 8.12 を得る。当初この家計は ay だけの実質残高を保有していたとしよう。この期に生じる所得は Oy で示される。この結果，この期の家計の予算は，$ay+Oy$ に等しくなる。実質残高と消費財との交換比率は 1 であるので，$ay+Oy$ は Ob に等しくなる。すると予算制約式は b 点を通る傾き -1 の直線となる。最適な選択は図の短期均衡点 E で与えられる。つまり，消費を所得 y 以上に行い，実質残高を aa' だけ積み崩すのが最適である。すると，次の期の実質残高は a' となる。次の期に同様な最適選択を再び行うと，最適点は E' となる。これを繰り返すと，エンゲル曲線に沿って次第に実質残高が減少していく。最終的に，最適点は長期均衡点 E^* に一致し，ここに達すると，変化は生じなくなる。つまり，当初の実質残高がいかなるものであれ，長期的には実質残高は長期均衡点 E^* の水準に一致してしまう。

(2) 当初長期均衡点 E^* にいる家計はそれに対応する消費を毎期選択する。突然物価上昇が生じ，実質残高が ay に増加したとしよう。すると，以後 (1) に

8 マクロ経済の一般均衡

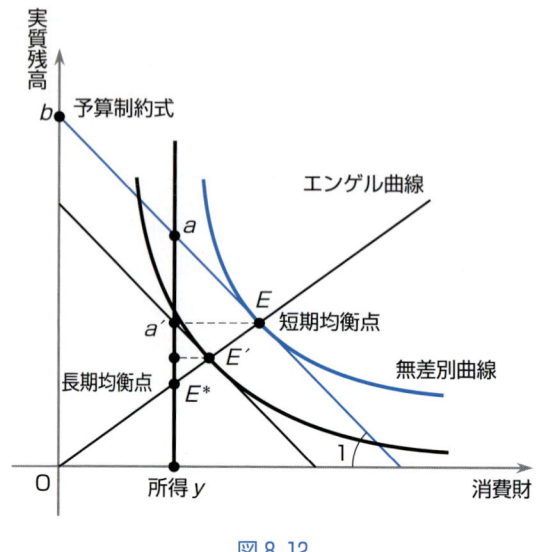

図 8.12

示されたように家計は消費行動を行い，最終的に長期均衡点 E^* に到達する。以後は再び，これに対応する消費水準に戻る。つまり，突然の物価上昇によってもたらされたピグー効果は，限られた期間この家計の消費水準を増加させるが，その後は再び長期均衡点に等しい消費水準に戻ってしまう。つまり，ピグー効果は長期均衡点に達するまでの調整過程においては効果が発生するが，その後の長期には効果がなくなる。

練習問題

8.9（基礎知識）
以下の各文の空欄には適当な言葉・数式を入れ，（／）の欄からはもっとも適当な言葉を選べ。

(1) 資産が貨幣と債券よりなるとき，貨幣市場が超過供給であると，債券市場は（超過供給／均衡／超過需要）の状態にある。
(2) ケインズのいう古典派とは学説史上の古典派と必ずしも一致しない。たとえば，（マルサス／マーシャル／ハンセン）は前者であるが，後者ではない。
(3) 古典派の貨幣需要理論は（貨幣数量説／流動性選好説／資産選択理論）である。
(4) 古典派においては，均衡において（完全雇用／不完全雇用）が成立する。
(5) 資産は＿＿＿と金融資産とからなる。
(6) 民間部門保有の純金融資産は公債と＿＿＿である。
(7) 所得のみならず資産も消費に影響を与え得ることを＿＿＿効果という。
(8) 不完全雇用均衡の成立と完全雇用均衡の成立とを本質的に左右するのは，貨幣賃金率の＿＿＿の前提である。

8.10（正誤問題）
以下の各文の正誤を述べよ。

(1) ワルラスの法則によれば，n 個の資産市場があるとき，$n-1$ 個の市場が均衡すれば，n 個目の市場も均衡する。
(2) ピグーは学説史上の古典派には属さない。
(3) 古典派においては，貨幣賃金率は伸縮的でないと想定された。
(4) 古典派においては，貨幣は産出に対して中立的である。
(5) 物価下落は家計保有の純金融資産の減少をもたらす。
(6) 物価が十分下落すると，ピグー効果により IS 曲線は左方にシフトする。
(7) ピグー効果まで考慮に入れれば，貨幣賃金率が下方硬直的であっても，完全雇用均衡は成立する。
(8) ピグー効果が働くのは長期均衡に限られる。

8.11 (外部貨幣・内部貨幣)

外部貨幣と内部貨幣について以下の設問に答えよ。

(1) 内部貨幣の定義を述べよ。
(2) 外部貨幣の定義を述べよ。
(3) 内部貨幣の増加は民間部門の純資産増を意味するか。

8.12 (実質残高効果)

実質残高についての以下の諸命題を論証せよ。

(1) ピグー効果の存在を仮定する。貨幣供給増は LM 曲線のみならず、IS 曲線も右方にシフトさせる。

(2) (1) のときには、流動性のわなが存在したり、投資の利子弾力性が0である場合でも、貨幣供給増は GDP を増加させる。

(3) 貨幣需要が利子率と所得のみならず、純資産にも基づくとしよう。中央銀行が公開市場操作によって公債を購入したとする。このとき、利子率は下落する。

(4) 政府が対価をもとめず、たとえば移転支出によって貨幣供給を増やしたとしよう。このとき、利子率は下落するが、その大きさは (3) の場合ほどではない。

9 インフレーション

9.1 デマンドプルとコストプッシュ

◆インフレーションの種類・歴史

　物価とは諸財価格の加重平均をいう。**インフレーション**とは継続的な物価騰貴をいう。物価下落を**デフレーション**という。インフレは大きさによって，**クリーピング・インフレーション（忍び足インフレ）**，**ギャロッピング・インフレーション（駆け足インフレ）**，**トロット・インフレーション（はや足インフレ）**などと呼ばれる。月率50％（＝年率13000％）を越える「天文学的な」物価上昇は，**ハイパー・インフレーション（超インフレ）**と呼ばれる。また，物価統制策（公定価格等）によって人為的に物価上昇が抑制されている状態を，**抑圧されたインフレーション**という。

　歴史的には，近世以前には激しいインフレーションは存在しない。著名なローマ帝国末期のインフレーションや16世紀の新大陸からの銀流入にともなう西欧の物価騰貴も，せいぜい年率で数％のものにすぎない。アメリカ独立戦争・フランス革命・アメリカ南北戦争では年率数十％から数百％の物価上昇が生じたが，例外的な事態であった。貨幣が金銀貨であるか，金銀貨への交換を保証した兌換紙幣であったため，政府が勝手に貨幣増発を行い得なかったからである。1929年の大恐慌の際には，世界各国が金本位制を離脱し，通貨は不換紙幣となったため，貨幣増発は容易となった。第一次世界大戦・第二次世界大戦期にハイパー・インフレーションがドイツ・ハンガリー・ロシア等の敗戦国を中心にして起きた。ケインズ政策思想の各国への普及にともない，第二次世界大戦後は，インフレーションが世界的に普遍現象となった。

◆インフレーションの原因・結果

　インフレーションの原因には諸説がある。ケインズは，インフレは財市場の**インフレ・ギャップ**により生じるとした。つまり，財市場での超過需要がインフレの原因である。インフレ・ギャップ論の発展として，総需要曲線の上方シ

フトをインフレの原因とする**デマンドプル・インフレーション理論**と総供給曲線の上方シフトを原因とする**コストプッシュ・インフレーション理論**とがある。これらのケインズ経済学的インフレ理論に対して，フリードマンは，「**インフレはいつでもどこでも貨幣的現象である**」と主張する。つまり，マネタリストは貨幣供給増をインフレの唯一の原因とするのである。

インフレーションはそれが予期されたものか否かによって，マクロ経済的影響は異なる。インフレーションは通貨価値の目減りを引き起こす。インフレが予期されていた場合，このために経済主体は貨幣需要を減らすが，これは経済主体の保有貨幣量を減少させ，経済厚生は低下する。また，インフレは名目GDPを増加するが，累進的所得税の存在のために，これは平均税率を増加させ，国民の税負担を増やす。予期されない場合に生じたインフレは，経済主体間に物価についての錯覚を産む。このために雇用増が起きる。所得分配面から見ると，予期されないインフレーションは債務者の実質的負担を軽くする。逆に債権者は損失をこうむる。一般的には最大の債務者は公債発行者としての政府であるから，政府は予期せざるインフレによって利益を受ける。

◆ケインズのインフレ・ギャップ論

財市場において総需要が総供給を上回るとき，有効需要の原理によって総供給が増加して財市場は均衡する。しかしながら，時として資源（＝労働力）の制約のために総供給が増加しえない。このとき財市場の超過需要は解消不能となり，物価の上昇が始まる。つまり，完全雇用GDP以上に有効需要が増えるとインフレが生じるのである。完全雇用GDPにおいて総需要が総供給より超過する部分を**インフレ・ギャップ**といい，インフレ・ギャップが存在するときに物価上昇が起きる。

◆デマンドプル理論

インフレ・ギャップの議論の応用として，総需要–総供給曲線を用いた，デマンドプルとコストプッシュのインフレーション理論がある。財政政策・金融政策によって総需要が増加したとしよう。この結果，図9.1のように，総需要曲線が右にシフトして均衡物価水準がa点からb点へ上昇する。総需要側の要因によって生じるので，このような物価上昇を**デマンドプル**（demand pull）**・インフレーション**という。

◆コストプッシュ理論

名目賃金率の下方硬直性がないマクロ経済を考える。経済の各分野において

9.1 デマンドプルとコストプッシュ

図 9.1

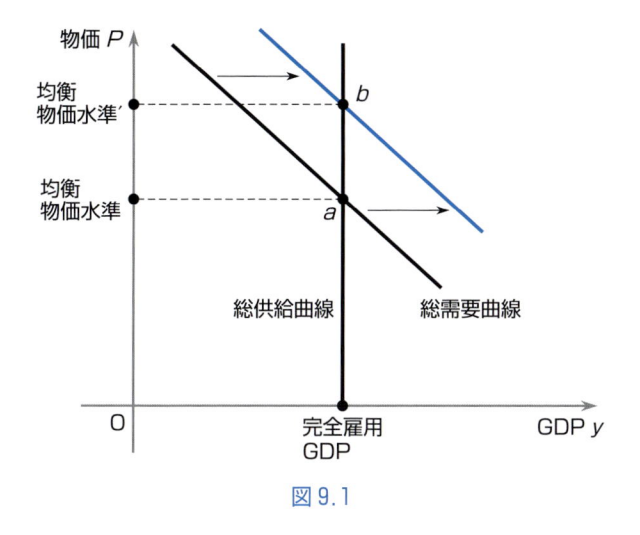

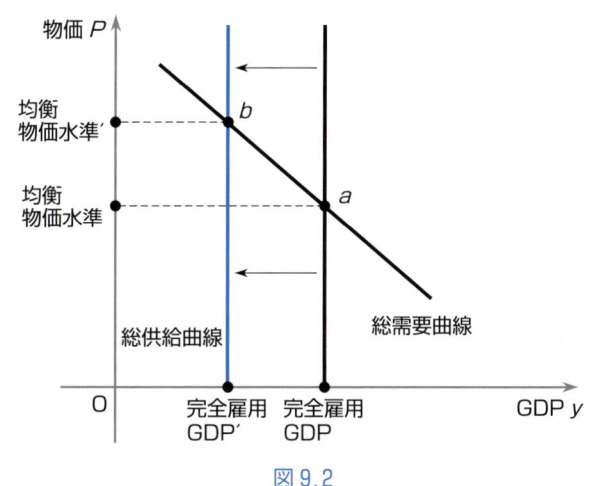

図 9.2

　寡占企業による市場支配が強まったとしよう。すると，一定の名目賃金率に対して，市場価格は完全競争の場合よりより高く付けられ，均衡産出量は完全競争より減少する。逆にいえば，一定の実質賃金率に対応する企業の労働需要は減少する。このために，寡占度が強まるにつれ，総供給曲線は左方にシフトする。この結果図 9.2 のように，完全雇用 GDP 自体が減少し，物価が a 点から b 点へ増加することになる。

　あるいは，労働市場に強力な労働組合が存在するとしよう。このとき，総供

給曲線は名目賃金率の下方硬直性のために折れている。経済は当初図9.3の a 点で均衡している。この組合が独占的立場を利用して名目賃金率の引上に成功したとしよう。この結果，総供給曲線が上方にシフトして b 点のように物価上昇と不完全雇用が生じる。政府がこの不完全雇用を打ち消すべく財政金融政策による景気刺激策をとれば，総需要曲線が上方にシフトして，c 点で均衡する。こうして，さらに物価上昇が生じる。

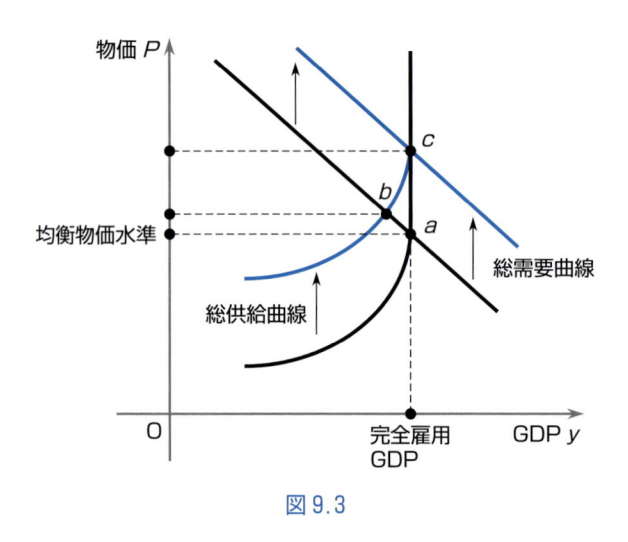

図9.3

以上のような寡占企業や独占的労働組合の活動によって引き起こされる総供給曲線のシフトによるインフレを，**コストプッシュ**（cost push）・**インフレーション**という。

■例題9.1 ─────────────── 増税・公債発行・貨幣増発

　政府支出を増加するための資金調達手段として（ⅰ）増税，（ⅱ）公債発行，（ⅲ）貨幣増発の3つがある。どの資金調達手段を取った場合，もっとも物価上昇は激しいか，以下の順で調べよ。ただし，ピグー効果は存在しないものとし，経済は当初完全雇用状態であったとする。
(1) 政府支出増は，租税 τ の増加によってまかなわれたとしよう。物価 P

を一定としよう。IS–LM 曲線上で，どれほどの均衡 GDP の変化が起きるか。

(2) 政府支出増は，公債発行によってまかなわれたとしよう。物価 P を一定としよう。IS–LM 曲線上で，どれほどの均衡 GDP の変化が起きるか。均衡 GDP の変化分は (1) より大か小か。

(3) 政府支出増は，貨幣増発によってまかなわれたとしよう。物価 P を一定としよう。IS–LM 曲線上で，どれほどの均衡 GDP の変化が起きるか。均衡 GDP の変化分は (2) より大か小か。

(4) 以上から，政府支出増にともなう総需要曲線の右方シフトの大きさは，(1)～(3) はどの順序になるか。その結果，どの場合の物価上昇がもっとも激しいか。

【解答】

(1) IS 曲線について考えよう。利子率 R が一定のときに，g と τ が増加したとする。このときの均衡 GDP の変化分を調べれば，IS 曲線のシフトの程度がわかる。財市場が均衡するためには，
$$y = c(y-\tau) + i(R) + g$$
が成立しなくてはならない。利子率が一定のとき，投資 i は一定である。すると，均衡予算の定理から，g と τ が同額だけ増えると，均衡 GDP は政府支出の増額分 Δg だけ増える。以上から，IS 曲線は右に Δg だけシフトする。LM 曲線については，マネーストック M と物価 P は一定であるから，変化はない。以上から，図 9.4 のように IS 曲線が IS′ 曲線になり，均衡点が a 点から b 点へ移り，均衡 GDP は Δy だけ増えることになる。

(2) 公債残高は消費行動・貨幣需要行動に影響を与えないとしよう。IS 曲線については，財市場が均衡するためには，
$$y = c(y-\tau) + i(R) + g$$
が成立しなくてはならない。利子率が一定のとき，投資 i は一定である。このとき，乗数定理によれば，g だけが Δg だけ増えると，均衡 GDP は Δg の乗数倍だけ増える。以上から，IS 曲線は右に Δg 以上シフトする。LM 曲線については，マネーストック M と物価 P は一定であるから，変化はない。以上から，

図9.5

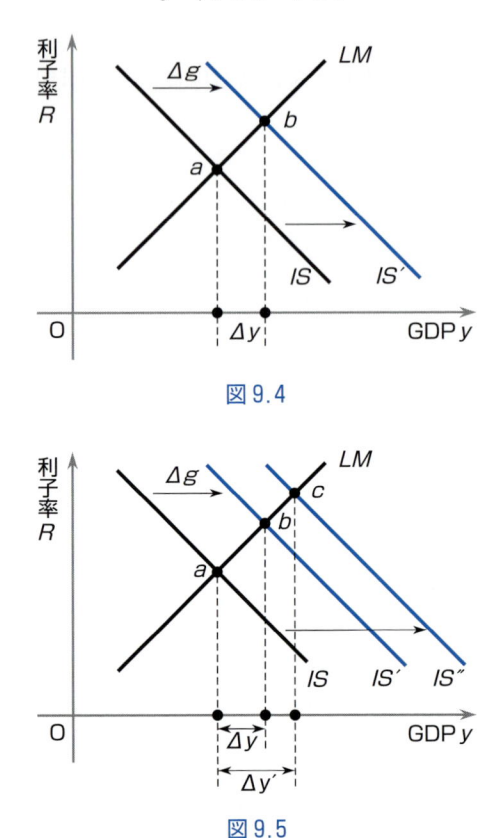

図9.5のように IS 曲線が IS″ 曲線になり，均衡点は a 点から c 点へ移り，均衡 GDP は $\Delta y'$ だけ増えることになる。この場合の IS 曲線のシフトの度合は (1) の場合より大きい。

(3) ピグー効果は存在しないとしよう。すると，IS 曲線については，(2) と同じだけの右方へのシフトが起き，図9.6 の IS″ 曲線となる。LM 曲線については，物価 P は一定でマネーストック M が増えるので，右方へのシフトが生じる（ちなみに，ハイパワード・マネーは政府支出の増分 Δg だけ増加するが，マネーストックはその貨幣乗数倍だけ増える）。以上から，図9.6のように IS 曲線が IS″ 曲線になり，LM 曲線が LM′ 曲線になり，均衡点は a 点から d 点へ移り，均衡 GDP は $\Delta y''$ だけ増えることになる。この場合の均衡 GDP の増加の度合は，(2) の場合より大きい。

図 9.6

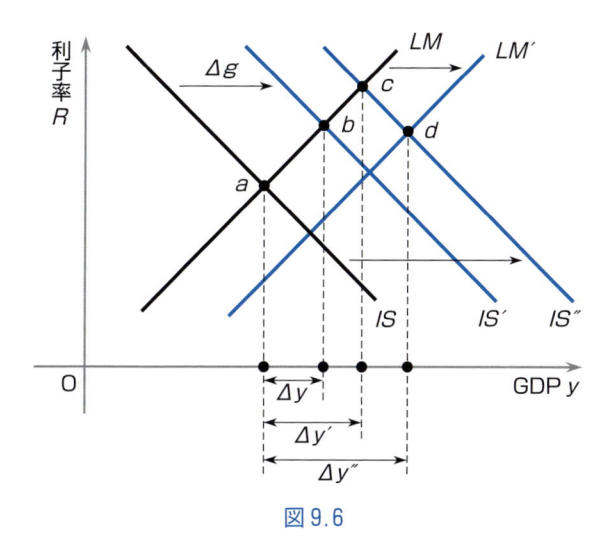

(4) (1)〜(3) の議論から，均衡 GDP の変化は (3) の貨幣増発による場合がもっとも大きく，(1) の増税による場合がもっとも小さいのがわかる．これらは総需要曲線の右方シフトと表現できるから，もとの総需要曲線を図 9.7 の AD_1 と書くと，(3) の場合の総需要曲線が AD_4 であり，(2) が AD_3，(1) が AD_2 となり，均衡物価水準の上昇が (3)，(2)，(1) の順で激しいことが理解される．

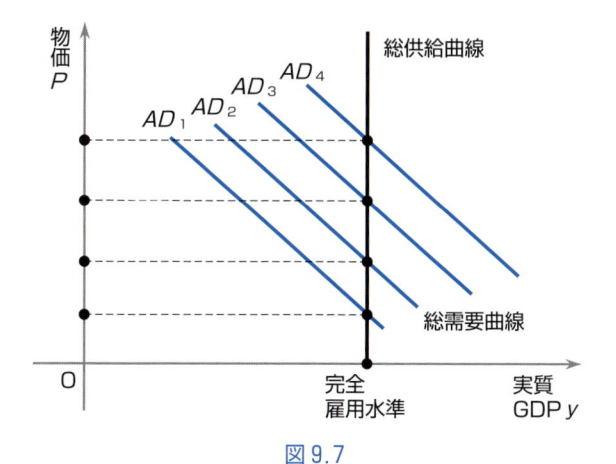

図 9.7

練習問題

9.1 （基礎知識）
以下の各文の空欄には適当な言葉・数式を入れ，（／）の欄からはもっとも適当な言葉を選べ．

(1) 年率4％程度の比較的小さなインフレーションは，（クリーピング／ギャロッピング／トロット）・インフレーションと呼ばれる．

(2) 極度のインフレーションを_____・インフレーションという．

(3) ケインズによれば，インフレは（インフレ・ギャップ／貨幣市場の超過供給／部門間の需要シフト）により生じる．

(4) _____は「インフレはいつでもどこでも貨幣的現象である」と主張する．

(5) 累進的所得税の存在のため，インフレは平均税率を（上げる／下げる／変えない）．

(6) 予期されざるインフレーションによって，一般に（債務者／債権者／政府）は損失をこうむる．

(7) 経済全体への総需要が総供給を上回るために生じるインフレーションを_____・インフレーションという．

(8) 独占的労働組合による賃上げなど，総供給側の要因によって生じるインフレーションを，_____・インフレーションという．

(9) 政府支出増を，（増税／公債発行／貨幣増発）でまかなったときインフレはもっとも激しい．

9.2 （正誤問題）
以下の各文の正誤を述べよ．

(1) 日本では過去において抑圧されたインフレーションはなかった．

(2) インフレーションは近代以前にはほとんど存在しなかった．

(3) 予期されたインフレーションは経済厚生を増加させる．

(4) マネタリストによれば，貨幣供給増が唯一のインフレの原因である．

(5) 完全雇用GDPが達成されている状態では，有効需要の増加はインフレーションを引き起こさない．

(6) 総需要曲線が左にシフトすると，デマンドプル・インフレーションが生じ

(7) 貨幣錯覚があるときに，総供給曲線が上方にシフトすると，コストプッシュ・インフレーションが生じる。
(8) 経済中の企業の寡占度が上昇すると，デマンドプル・インフレーションが生じる。

9.3 （マネーストック）

インフレーションの原因として，マネタリストが貨幣側の要因を重視するのに対して，ケインジアンは財市場の需給を重視する。しかし，ケインジアンの唱えるデマンドプルやコストプッシュ・インフレーション理論といえども，貨幣供給増なしに永続的な物価上昇が続くことが可能だろうか。以下の順序でこれを検討せよ。

(1) 独占的な労働組合が賃上げを行い続けたとしよう。物価は永遠に上がり続けるか，総需要–総供給曲線を用いて検討せよ。
(2) 賃金–物価スパイラルとは何か。
(3) なぜ賃金–物価スパイラルがインフレーションの原因として指摘されるのか，(1) の結論を用いて論ぜよ。

9.4 （財政政策・金融政策）

景気刺激策（あるいはインフレーションの原因）としては，財政政策の効果は1回限りであるのに対して，金融政策の効果は永続的であるとされる。これは財政政策の効果はそれが実施されている期間のみに限られるのに対して，金融政策の効果はそれが停止された後までも続くことを意味する。これを以下の順で検証せよ。

(1) 1年間だけ，増税によって政府支出を増加したとする。IS–LM 曲線を用いて，GDP はどのような変化の経路をたどるか，示せ。
(2) 1年間だけ，貨幣増発によって政府支出を増加したとする。IS–LM 曲線を用いて，GDP はどのような変化の経路をたどるか，示せ。
(3) 1年間だけ，公債発行によって政府支出を増加したとする。IS–LM 曲線を用いて，GDP はどのような変化の経路をたどるか，示せ。
(4) 貨幣も公債もどちらも個人の資産である。にもかかわらず，なぜ，(3) の結論は (2) の結論と異なるのか。

9.2 インフレと雇用

◆フィリップス曲線

イギリス経済の各年の貨幣賃金上昇率と失業率の組合せは，図9.8のような右下がりの曲線の周辺に分布していることが，フィリップス（Phillips, A. W.）によって1958年に示された。この貨幣賃金上昇率と失業率との間の負の関係を**フィリップス曲線**と呼ぶ。サミュエルソン（Samuelson, P. A.）とソロー（Solow, R. M.）によって，フィリップス曲線はアメリカ経済についても存在すること，貨幣賃金上昇率を物価上昇率で置き換えても成立することが示された。貨幣賃金率の代わりに物価上昇率を用いたフィリップス曲線を修正フィリップス曲線と呼ぶ（実際には，このフィリップス曲線はアービング・フィッシャーによってフィリップスより半世紀前に発見されていた）。以後ではこれをフィリップス曲線として用いる。

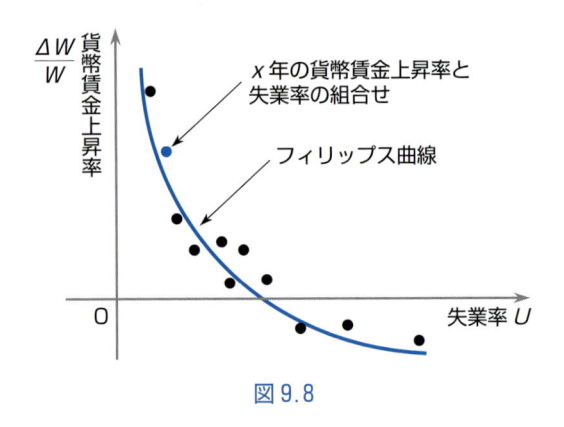

図9.8

◆スタグフレーション

1970年代に入ると，アメリカ経済は高失業率と高インフレーションとの併存に悩むようになった。景気停滞（スタグネーション）とインフレーションの2つの言葉を合わせて，この現象は**スタグフレーション**と呼ばれた。これをアメリカ経済のフィリップス曲線図で示すと，図9.9のようになる。1960年代のフィリップス曲線に比較して，スタグフレーションの生じた1970年代の各年は東北方向に描かれている。スタグフレーションの生成は，フィリップス曲

線の示した安定した物価上昇率−失業率間のトレード・オフ関係が崩壊したことを意味した。

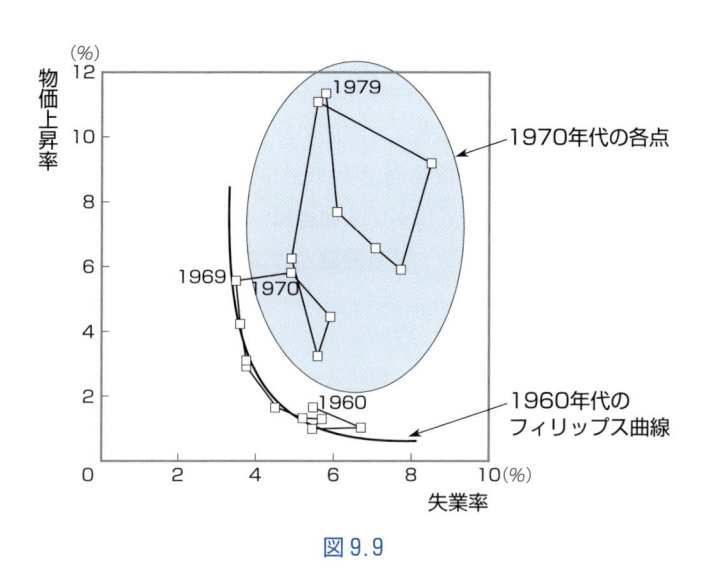

図 9.9

◆労働市場

　フィリップス曲線のシフトを説明するものが，フリードマンの自然失業率仮説である。**労働市場**においては，需要者は企業であり，供給者は家計である。企業の労働需要は，名目賃金率と（すべての財価格のうちの1̇つである）企業の産出財価格との比に基づく。家計の労働供給は，名目賃金率と（すべての財価格の平均としての）物価との比に基づく。物価と企業の産出財価格は比例して動くとし，家計の予想する物価上昇率を**期待物価上昇率**と呼ぼう。物価が上昇すると，企業の産出財価格は同時に上昇する。企業はこれに基づいて労働需要を決定する。ところが，家計はすべての財価格を知らねば物価上昇を認識できないため，物価上昇を直ちに認識せず，一定のままの期待物価上昇率に基づいて行動する。家計から見ると，企業が物価上昇以上に名目賃金率の上昇を受け入れるように見え，家計の労働供給は増加する。逆に企業から見ると，家計が物価上昇にもかかわらず名目賃金率の上昇を要求しないように見え，企業の労働需要は増加する。こうして，労働への供給と需要とは同時に増加し，労働市場は均衡する。つまり，期待物価上昇率以上の物価上昇は雇用増をもたらす。

◆短期フィリップス曲線

労働市場の需給が均衡している状態でも，年齢・家族構成等の条件の変化にともなって，常に離職が生じる。また，企業では適当な労働者を発見するのに時間がかかるため，未充足の職が常に存在する。こうして，全体としての需給は均衡していても，一定率の失業は存在する。この失業率を**自然失業率**と呼ぶ。前節の議論より，期待物価上昇率より実際の物価上昇率が高いときに，失業率は自然失業率以下になる。期待物価上昇率を 5% として，これを図に示すと**図 9.10** を得る。**図 9.10** のフィリップス曲線は一定の期待物価上昇率に対してのみ成立するので，**短期フィリップス曲線**と呼ばれる。

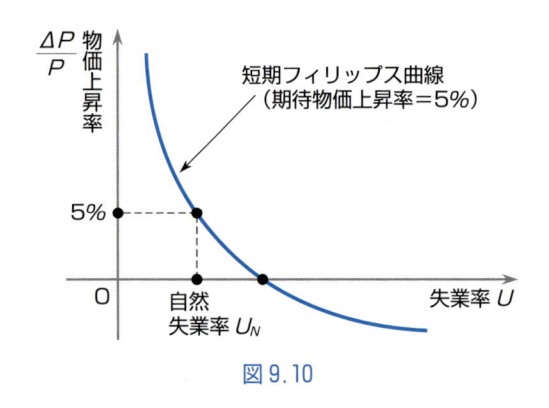

図 9.10

◆自然失業率仮説

期待物価上昇率が 0% の場合の短期フィリップス曲線，5% の場合のそれ，10% の場合のそれ，等を描くと**図 9.11** を得る。時間が十分あれば，家計は実際の物価上昇率を認識できる。つまり，長期的には期待物価上昇率は物価上昇率に等しいはずである。様々な期待物価上昇率について，このような条件が成立する物価上昇率と失業率の組合せを集めると，**図 9.11** の垂直な直線を得る。これを**長期フィリップス曲線**と呼ぶ。以上のフリードマンの理論が正しければ，「**長期フィリップス曲線は自然失業率上で垂直である**」との命題を得る。この命題を**自然失業率仮説**という。

自然失業率仮説の意味するところは，長期的には失業率は自然失業率に定まる一方で，物価上昇率はいかような水準でもありうる点である。つまり，経済政策によっての失業率改善は長期的には不可能なのである。

図 9.11

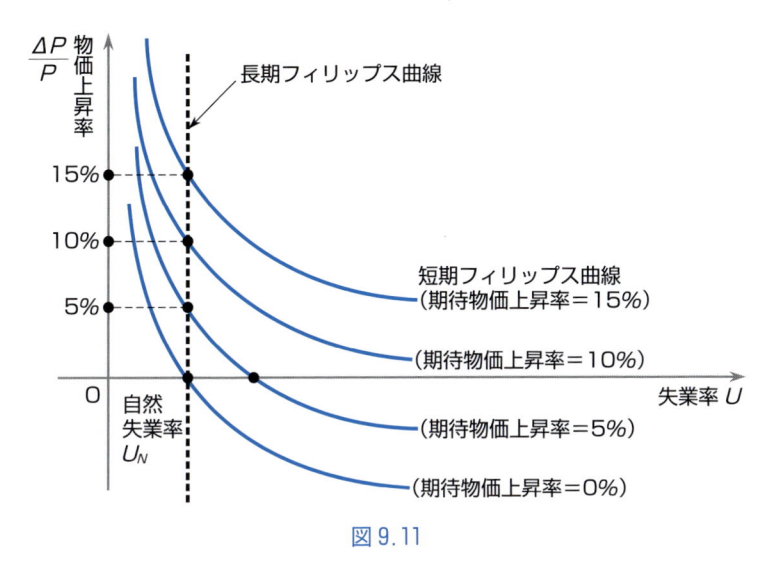

■例題 9.2 ─────────────────── スタグフレーションの原因

アメリカの 1970 年代のスタグフレーションの生成の説明としては，供給ショックを強調するものと，経済政策による過大な有効需要創出を理由とするものとの 2 つがある．ここでは，後者の理由によるスタグフレーションの原因説明を考えよう．自然失業率仮説に基づき，以下の順序で説明せよ．

(1) [**1960 年代フィリップス曲線**] 図 9.12 はアメリカの 1960 年代の物価上昇率と失業率を示したものである．短期フィリップス曲線を描け．

(2) [**自然失業率**] 図 9.12 の右下の 1960〜65 年の期間に注目しよう．この期間の平均物価上昇率は 1.31% であった．この期間，経済が長期均衡にあったとすると，平均物価上昇率と期待物価上昇率は等しい．すると，自然失業率はいかほどと図から推定されるか．

(3) [**政策目標**] 政府は金融・財政政策によって物価上昇率を操作できるとしよう．もし，政府が失業率を 4 % まで低下させようとしたならば，物価上昇率をいかほどとする必要があるか．図 9.12 から判断せよ．

(4) [**アクセレーショニスト仮説**] 期待物価上昇率が変化する場合，(3) の失業率低下政策は早晩破綻すると理論的に予想される．にもかかわらず，失業率を常に 4 % 以下に留めるように政府が努力した場合，政府は物価上昇率をどのように変化させなくてはならないか．

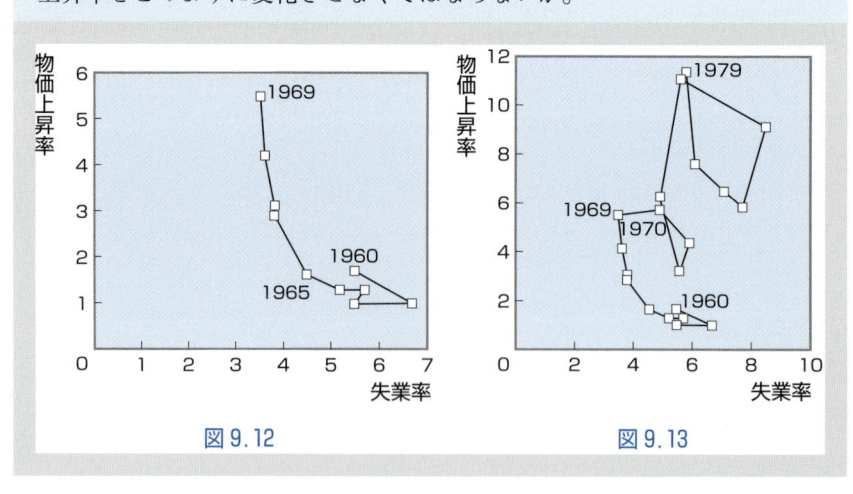

図 9.12

図 9.13

(5) 〔**スタグフレーション**〕図 9.13 は図 9.12 に，70 年代の各点を加えたものである。これによれば，1970 年代にはスタグフレーションが生じている。なぜこのスタグフレーションは生まれたと考えられるか。(3) と (4) の回答を用いて説明せよ。

(6) 〔**スタグフレーション終息**〕図 9.13 に 1980 年代以降の物価と失業の動向を加えると，図 9.14 を得る。この図によると，80 年から 83 年までの期間に，物価の下落にともなって失業率が上昇している。ついで失業率は 84 年から低下し，以後自然失業率近辺に留まっている。これらの現象はどのように自然失業率仮説を用いて説明されるか。

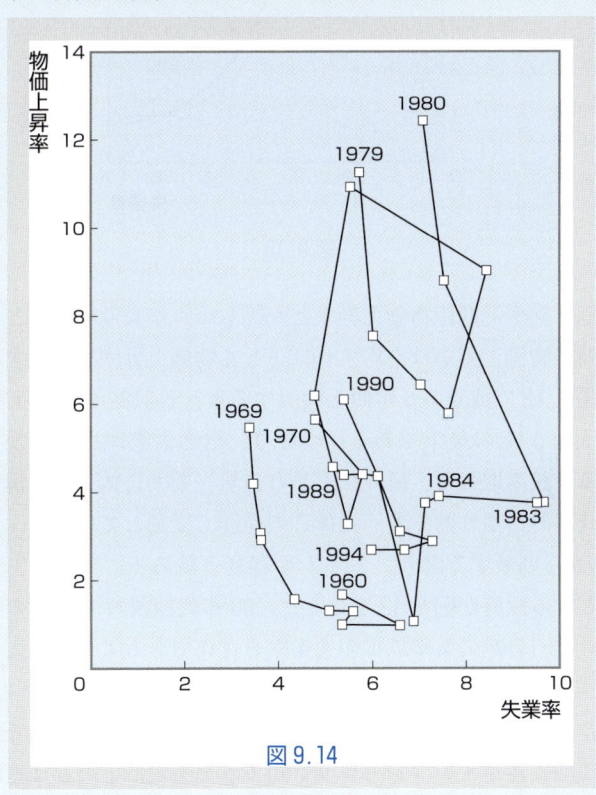

図 9.14

【解答】
(1) 1960年代にフィリップス曲線がまったくシフトしなかったとはいえないが，シフトしたとしてもシフトの程度は小さなものであったろう。フィリップス曲線は，ゆるい右下がりの弧として描かれる。1960年代の各点の中心を通るように曲線を引くと，図9.15を得る。

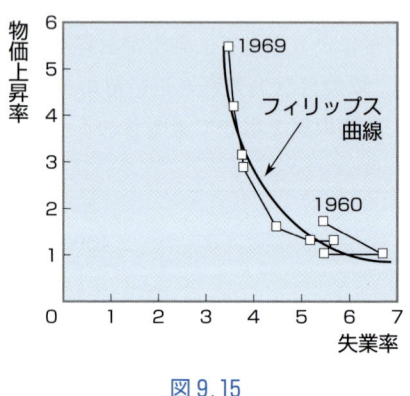

図9.15

(2) 平均物価上昇率と期待物価上昇率とが等しい点が長期均衡点と考えられる。長期的には期待物価上昇率は平均すれば正しく物価上昇率を予期するはずだからである。図9.12で前半の6年間を検討すると，1.31%の物価上昇に対応する失業率は大体5%の後半である。つまり，自然失業率はおおよそ5〜6%の範囲にあると読み取れる。研究によると自然失業率自体，産業構造の変動にともなって時間的に揺れ動くが，大体この範囲で変動している。

(3) 図9.12から判断する限り，2〜3%程度と読める。つまり失業率の低下を政策目標とする政府が図9.12を見ると，60年代初頭の1%強の物価上昇率をやや増やせば，自然失業率以下の失業率を達成できるように見える。

(4) 実際に図で示されるとおり，アメリカ経済では60年代後半の3〜5.5%程度のインフレーションによって，4%以下の失業率を達成している。しかしながら，このようなインフレーションによる失業率低下政策は短期的には有効であっても長期的には有効でない。自然失業率仮説によれば，物価上昇率が期待物価上昇率と異なる限り，インフレは失業率を低下させる。ところが，常に物価上昇率が期待物価上昇率より高いと，経済主体は期待物価上昇率の誤りに気づき，期待物価上昇率を増加させる。期待物価上昇率が十分増加すると，

物価上昇率は期待物価上昇率と一致してしまうから，失業率は自然失業率に等しくなり，失業率の低下はやんでしまう．

　しかしながら，たとえ期待物価上昇率が増加してもそれ以上に物価上昇率を増加すれば，失業は低下する．これは一層の期待物価上昇率の上昇を招く．これには物価上昇率をさらに増やせばよい．このように物価上昇率を際限なく増やして（つまり物価上昇を「加速」して）常に期待物価上昇率より高くおけば，失業を自然失業率以下に常に保ちうる．この考えは**アクセレーショニスト**（加速度主義者）**仮説**と呼ばれる．逆にいえば，失業率を自然失業率以下の一定水準に保つためには，物価上昇率を際限なく増やし続けるほかはない．このような政策は実際には達成不可能であることは明らかである．

(5)　(3) で示されたように，アメリカ政府は失業率の低下を目指して物価上昇率を増加したと解釈できる．当初の 60 年代後半はこのような政策は実際に失業率の低下をもたらした．しかし，70 年代に入ると，期待物価上昇率が増加を始め，フィリップス曲線の上方シフトが起きる．これは失業率の増加をもたらす．これを留めるためには，(4) で論じられたように政府は物価上昇率をさらに増やさなければならなかった．しかし，このような物価上昇はさらに期待物価上昇率の増加をもたらす．期待物価上昇率が物価上昇率に追いついている限り，失業率の低下は起きない．かかるがゆえに，70 年代のインフレと高失業の共存という現象が起きたと考えられる．

(6)　スタグフレーション終息のために，アメリカ政府は 1980 年から強力な金融引締政策に乗り出した．このような金融引締政策は当初高い失業を生んだ．物価上昇率が大幅に減少したにもかかわらず，期待物価上昇率が変化せず，フィリップス曲線が以前のままに留まったからである．1980〜83 年の不況はいわばこうして「人為的」に作り出されたと考えられる．失業率が 10% に迫る大規模な不況にもかかわらず，この金融引締政策は継続された．その結果，期待物価上昇率がついに低下をはじめ，失業が大幅に減少したのが，1984 年である．こののち，1992 年に再び軽い景気後退を経験するまで，アメリカ経済は 8 年間にわたり長い好況を経験する．これは図中の 6 % 代の失業率によって示されている．

練習問題

9.5 （基礎知識）

以下の各文の空欄には適当な言葉・数式を入れ，（／）の欄からはもっとも適当な言葉を選べ。

(1) フィリップス曲線とは，貨幣賃金上昇率と（失業率／物価上昇率／実質経済成長率）の間の負の関係を示した曲線である。
(2) スタグフレーションとは，景気停滞を意味する＿＿＿＿の語頭とインフレーションの語尾とを組み合わせた造語である。
(3) 労働市場における供給者は（企業／政府／家計）である。
(4) 労働市場が均衡している場合でも存在する失業のことを，（摩擦的失業／非自発的失業／自然失業）という。
(5) 「長期フィリップス曲線は自然失業率上で垂直である」との命題を，＿＿＿＿という。
(6) 経済政策による失業率の改善は，（短期的／中期的／長期的）には不可能である。
(7) 「失業率を自然失業率以下に留めるには，物価上昇率は常に上昇を続けなくてはならない」との命題を，＿＿＿＿仮説という。

9.6 （正誤問題）

以下の各文の正誤を述べよ。

(1) 失業率とは，失業者数と雇用者数との比率である。
(2) フィリップス曲線はアメリカ経済には妥当するが，イギリス経済には妥当しない。
(3) アメリカのスタグフレーションは1960年代に起きた。
(4) フリードマンは，企業に対し家計は物価上昇率の認知に，より時間を要すると想定した。
(5) 家計は名目賃金率を物価で除したものに基づいて労働供給を決定する。
(6) 期待物価上昇率以上の物価上昇は失業率を増加させる。
(7) 自然失業率における長期とは，実際の物価上昇率と期待物価上昇率とが一致するほどの長さをいう。

(8) アメリカの自然失業率は3％前後であると推定される。
(9) アメリカの1980～83年の不況では失業率は10％に迫った。

9.7 （自然失業率）
自然失業率に関連する以下の質問に答えよ。
(1) 労働力と雇用者との違いは何か。説明せよ。
(2) 非労働力と失業との違いは何か。説明せよ。
(3) ジョブ=サーチ活動とは何か，説明せよ。
(4) 留保賃金とは何か，説明せよ。
(5) 労働力は一定としよう。一定期間における雇用者の離職率 u と失業者の就職率 v を所与とする。自然失業率 U_N は，$U_N = \dfrac{u}{u+v}$ に等しくなる。これを証明せよ。
(6) 失業保険の存在はなぜ，自然失業率の水準を高めると考えられるのか。説明せよ。
(7) 最低賃金法の存在はなぜ，自然失業率の水準を高めると考えられるのか。説明せよ。
(8) 労働組合の存在はなぜ，自然失業率の水準を高める可能性があると考えられるのか。説明せよ。

9.8 （フィリップス曲線）
短期フィリップス曲線が以下のような関数形に書けるとしよう。ただし，π は物価上昇率（％），U は失業率（％），π^e は期待物価上昇率（％）である。
$$\pi = -10 + \frac{60}{U} + \pi^e$$

(1) 〔**物価上昇率**〕期待物価上昇率 π^e は 0％ で，所与としよう。5％ の失業率を達成するには，何％の物価上昇率が必要であるか。
(2) 〔**トレード・オフ**〕(1) のときに，さらに失業率を 1％ 減少させるには，あと何％物価上昇率を増加することが必要であるか。
(3) 〔**選好**〕あなたが政策当局者であるとしよう。(2) によって示されたトレード・オフに対して，あなたはそれを受け入れて物価上昇率の増加の犠牲のもとに失業率を増加させるか。
(4) 〔**自然失業率**〕この経済の自然失業率はいくらか。式から計算せよ。

(5) 〔**期待物価上昇率**〕期待物価上昇率が変化し得るとしよう。失業率を常に 5％ に留めるためには，物価上昇率と期待物価上昇率との差は常にいくらである必要があるか。

(6) 〔**アクセレーショニスト仮説**〕期待物価上昇率が物価上昇率に追いつくには 1 年かかるとしよう。(5) の，失業率を常に 5％ に留める経済政策に固執した場合，物価上昇率は時間とともにどのように変化するか。ただし，第 1 年目の期待物価上昇率は 0％ とする。

(7) 〔**インフレーション終息**〕期待物価上昇率が 10％ のときに，物価上昇率を 5％ にすると，どれほどの失業が生じるか。

9.9 （自然失業率仮説）

「フィリップス曲線は労働市場の調整過程を示す。フィリップス曲線上では，低い失業率に対して，高い貨幣賃金上昇率が対応している。低い失業率は，労働市場の需給が引き締まっていることを示す。高い貨幣賃金上昇率は労働価格の上昇を示す。すなわち，フィリップス曲線は，労働市場における超過需要が労働価格の上昇を引き起こす過程を示している。」

これはフィリップス自身によるフィリップス曲線の解釈の概ねである。フリードマンはこの解釈を誤りであるとしている。以下の(1)，(2) でフリードマンの論理を追え。(3)，(4) でフリードマンの理論における家計・企業間の情報の非対称性の仮定を理解せよ。

(1) 〔**労働供給**〕理論的には，家計による労働供給は貨幣賃金率 W ではなく，実質賃金率 W/P の関数であることを示せ。

(2) 〔**労働需要**〕理論的には，企業による労働需要は貨幣賃金率 W ではなく，実質賃金率 W/P の関数であることを示せ。

(3) 〔**物価・価格**〕(1) における「物価」P は合成財の価格であるのに対して，(2) における P は 1 種類の財の「価格」にすぎないことを理解せよ。

(4) 〔**情報の非対称性**〕(3) を用いて，フリードマンが主張する，労働の供給側と需要側との間における物価上昇についての認識のギャップの由縁を説明せよ。

9.10 （裁量対規則）

失業と物価上昇はともに社会厚生上，負の効用をもたらす。両者ともに負の効用をもたらす場合，物価上昇率と失業率とに対する無差別曲線図は 図 9.16

のような形を持つと考えられる。

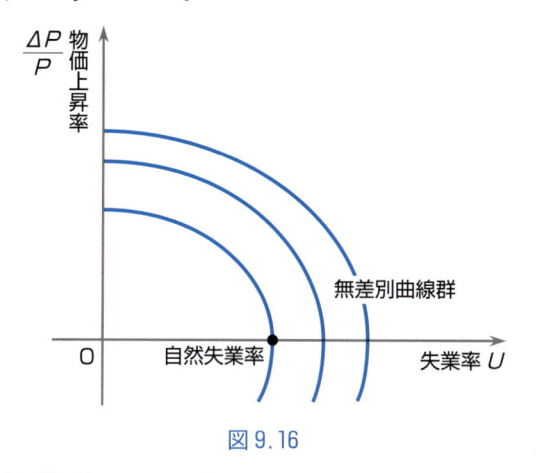

```
          ΔP  物
          ──  価
          P   上
              昇
              率

                                          無差別曲線群

    O         自然失業率          失業率 U
```

図 9.16

(1) 〔**無差別曲線群**〕効用がより高いのは原点に近い無差別曲線か，遠い無差別曲線か。なぜ，通常の無差別曲線と違って原点に対して凹となるのか。なぜ，横軸上の物価上昇率 0 に対応する点では，各無差別曲線は垂直となるのか。説明せよ。

(2) 〔**フィリップス曲線**〕a ％の期待物価上昇率に対応する短期フィリップス曲線をこの無差別曲線図に描き加えよ。

(3) 〔**最適物価上昇率**〕(2) の短期フィリップス曲線を，失業とインフレ間のトレード・オフを示す制約式と解釈しよう。(1) に描かれた無差別曲線を持つ政策当局（中央銀行，大統領，議会等）が，この制約のもとで効用最大化を行うと最適物価上昇率と最適失業率の組合せはどの点で定まるか。図で示せ。

(4) 〔**期待物価上昇率**〕(3) で得られた最適物価上昇率は，(2) で仮定した期待物価上昇率とは一般に異なる。最適物価上昇率が期待物価上昇率より高いとしよう。すると時間とともに，短期フィリップス曲線はどの方向にシフトすると予想されるか。

(5) 〔**長期均衡点**〕(3) のような最大化は短期フィリップス曲線（そして期待物価上昇率）の変化を引き起こすが，政策当局が同様の効用最大化を繰り返すうちに，やがて長期均衡点に収束する。(3) の最大化を行っても，短期フィリップス曲線のシフトが起きないような，長期均衡点とはどのような点か，図で示せ。

(6) 〔**物価上昇率の高い長期均衡点**〕無差別曲線の傾きがきついほど，（すなわ

ち政策当局が物価上昇率より失業率を重視するほど)，(5)で得られる長期均衡点での最適物価上昇率は大きくなる。図を用いて示せ。

(7) 〔**長期最適点**〕(5)で得られた長期「均衡」点は，長期的「最適」点ではない。なぜか。

(8) 〔**裁量対規則**〕政策当局の「裁量」を廃し，物価上昇率を常に0とする「規則」（憲法等）を採用すれば，長期最適点が到達できる。なぜか。図を用いて説明せよ。

9.3 合理的期待形成・その他

◆**名目利子率・実質利子率**

名目利子率 R が貨幣単位での利子率であるのに対し，**実質利子率** r は実物単位での利子率である。名目利子率から物価上昇率 π を差し引くと実質利子率になる。物価上昇率が不確実であるときには，名目利子率から期待物価上昇率 π^e を差し引いて期待実質利子率 r^e を得る。これらの関係を**フィッシャー方程式**という。

$$R = r^e + \pi^e$$

◆**インフレーションと IS–LM 曲線**

貨幣需要は名目利子率に基づくのに対して，投資は実質利子率に基づいて行われる。インフレーションが存在すると，名目利子率と実質利子率は物価上昇率分だけ乖離する。IS–LM 曲線図はインフレーションがある場合，**図 9.17** のように均衡点が決定される。

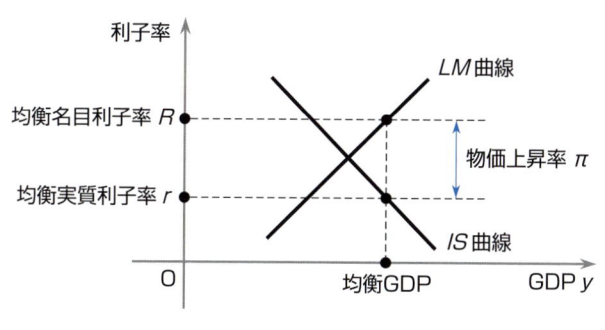

図 9.17

◆**オークンの法則**

オークン（Okun, A. M.）はアメリカでは不況時において失業率が 1 ％ 増加するたびに，産出がおよそ 3 ％ 低下することを発見した。これを**オークンの法則**という。オークンの法則を用いると，短期フィリップス曲線を物価上昇率 π と産出 y との関係を示すとして解釈できる。これより，

$$\pi = \alpha(y - y_F) + \pi^e$$

という式を得る。ただし，y_F は自然失業率に対応する産出水準であり，ケインジアンのいう完全雇用 GDP である。この式は総供給曲線を動学化したもの

なので，インフレ供給曲線と呼ばれることがある。

◆**適応的期待形成仮説**

ケイガン（Cagan, P.）によって唱えられた（物価上昇率についての）期待形成仮説を**適応的期待形成仮説**という。t 期の物価上昇率を π_t，期待物価上昇率を π_t^e とする。経済主体は期待物価上昇率を以下のように，修正しながら形成するとしよう。

$$\pi_t^e = \beta(\pi_{t-1} - \pi_{t-1}^e) + \pi_{t-1}^e$$

この式は，前期の期待物価上昇率の誤り（$\pi_{t-1} - \pi_{t-1}^e$）のうちの β の割合だけ前期期待物価上昇率 π_{t-1}^e を修正して，今期の期待物価上昇率 π_t^e とすることを意味する。β は**調整係数**といい，正の定数と仮定される。この式を解くと，

$$\pi_t^e = \beta\pi_{t-1} + \beta(1-\beta)\pi_{t-2} + \beta(1-\beta)^2\pi_{t-3} + \cdots$$

を得る。つまり，期待物価上昇率は過去の実際の物価上昇率の加重平均として決まる。このような期待形成仮説を適応的期待形成仮説という。とくに $\beta = 1$ の場合の，$\pi_t^e = \pi_{t-1}$ との期待形成を**静学的期待形成**という。適応的期待形成仮説は β が大きい場合に，マクロモデルの不安定性を引き起こしがちであることが知られている。

◆**合理的期待形成仮説**

合理的期待形成仮説は，本来はミュース（Muth, R. F.）によってミクロ経済問題に関して唱えられた期待形成仮説である。後にルーカスによってマクロ経済問題に導入された。経済主体は入手可能な情報をすべて利用して期待を形成するという仮説である。不確実性が存在しない場合は，これは正しく予想することを意味するので，**完全予見**と一致する。不確実性が存在する場合の物価上昇率の期待形成においては，この仮説は，

$$\pi^e = E[\pi]$$

で表現される。この式は，期待物価上昇率 π^e は実際の物価上昇率の期待値（数学的平均）$E[\pi]$ と一致していなくてはならないこと，経済主体が不確実性下でできるだけ正しく予想を形成していることを示す。合理的期待形成仮説を金融政策の分析に適用したマクロ理論を**合理的期待形成理論**という。

■例題 9.3 ─────────────────────── 合理的期待形成

　合理的期待形成仮説の下で，貨幣供給が産出に与える影響を以下の (ⅰ)～(ⅴ) の手順で，計算してみよう。P は物価，y は産出，M は貨幣供給量，P^e は期待物価とし，下添字 t は t 期の値を示すとする。

(ⅰ) 〔経済構造〕経済の貨幣部門の均衡は以下の A 式で，実物部門の行動は B 式で表現されるとしよう。

$$P_t + y_t = M_t \quad\quad\quad\quad\quad\quad\quad\quad\quad (\text{A式})$$

$$y_t = a(P_t - P_t^e) \quad\quad\quad\quad\quad\quad\quad\quad (\text{B式})$$

　A, B 式は新奇な形をしているが，A 式の経済的解釈は [13] で，B 式の解釈は後の問題 9.16 で行う。

(ⅱ) 〔内生・外生変数〕貨幣残高 M_t は t 期に（政策当局によって）確率的に決まる。これを M_t は確率変数であるという。M_t が与えられると，物価 P_t と産出 y_t は A, B 式によって決まる。つまり，M_t は外生変数であるが，P_t, y_t は内生変数である。

(ⅲ) 〔合理的期待形成〕過去の経験から，経済主体は毎期に共通な事実は理解している。つまり，A, B 式の形は知っている。また，定数 a の値も知っている。さらに，確率変数 M_t の期待値 $E[M_t]$（毎期同じと仮定する）も知っている。しかし，t 期の M_t, P_t, y_t の値は t 期に固有なものであるから，t 期中に観察可能とは限らない。この事実を用いて，経済主体は P_t^e を合理的に形成する。P_t^e は経済主体自身の期待であるから，既知であり，確率変数ではない。

(ⅳ) 〔情報構造〕経済主体にとって，t 期中にその値がわかる変数があるとする。このような，変数の集合を情報集合 I_t と呼ぶ。情報集合に含まれている変数の値は t 期中に観察可能だから，t 期の経済主体にとっては確率変数ではない。情報集合 I_t には，P_t, y_t は含まれないとしよう。つまり，P_t, y_t を t 期中に観察することはできないと仮定する。また，M_t もさしあたりは含まれないとする。

(ⅴ) 〔恒等関係による解法〕以上のような経済環境では，外生変数 M_t が与えられると，経済構造 A, B 両式より P_t と y_t が決まる。そこで，その結果 P_t は以下のような形で，M_t に対応して定まるものと予想してみよう。

$$P_t = \theta_0 + \theta_1 M_t \quad\quad\quad\quad\quad\quad\quad\quad (\text{C式})$$

ただし，θ_0 と θ_1 は，定数である。

以下の順序で θ_0 と θ_1 の値をモデルを利用して求めてみよう。

(1) 〔**期待値計算**〕$E[x]$ を確率変数 x の期待値（平均値）とする。x が確定している場合には，$E[x]=x$ である。この事実を用いて，C式の両辺の期待値を計算せよ。

(2) 〔**合理的期待形成**〕合理的期待形成を仮定すれば，$P_t^e = E[P_t]$ となるはずである。これを利用して，(1) の式とC式とを，B式に代入せよ。

(3) 〔**合理的期待形成**〕(2) で得た式をA式に代入して，P_t に関して解け。

(4) 〔**予期された貨幣**〕t 期の貨幣残高 M_t が t 期の情報集合に含まれているとしよう。産出がどのように定まるか，(2) の結果を用いて論ぜよ。

(5) 〔**予期された貨幣**〕M_t が t 期の情報集合に含まれているとしよう。物価がどのように定まるか，(3) の結果を用いて論ぜよ。

(6) 〔**予期せざる貨幣**〕M_t が t 期の情報集合に含まれていないとしよう。(2) の結果はどのような事実を示すか。

(7) 〔**予期せざる貨幣**〕M_t が t 期の情報集合に含まれていないとしよう。(3) の結果はどのような事実を示すか。

(8) 〔**恒等関係**〕(3) の式とC式を比較せよ。C式が正しいためには，M_t のいかなる値に対しても，両式は一致しなければならない。このためには，θ_0 と θ_1 はどのような値でなくてはならないか。

(9) 〔**均衡産出・物価**〕(8) の結果を用いて，M_t から P_t と y_t がどのように定まるか，式で示せ。

(10) 〔**景気安定金融政策**〕政府が以下の式のような景気安定のための金融政策をとるとしよう。この式は $t-1$ 期の産出水準が平均より低い（つまり，y_{t-1} が負）と t 期の貨幣供給を政府が増やすことを示している。ただし，β は正の定数である。

$$M_t = -\beta y_{t-1}$$

y_{t-1} は t 期の情報集合 I_t に入っていると仮定したとき，y_t はどのように決まるか。

(11) 〔**情報優越性**〕(10) において，y_{t-1} は t 期の情報集合 I_t に入っていないと仮定したとき，y_t はどのように決まるか。ただし，経済主体は y_{t-1} を合理的に推定するので，$E[y_{t-1}]$ に等しく，これは所与とする。これは情報量について，政府と民間とで非対称性を仮定している。なぜ，そう考え

(12) 〔**政策無効性**〕(10), (11) の結論から，ケインズ的な景気安定金融政策は有効か，無効か。論ぜよ。

(13) 〔**貨幣数量説**〕A式は貨幣数量説 $P_t' y_t' = M_t' V_t'$ から導かれた。その導出の過程を説明せよ。

【解答】

(1) C式では，定数 θ_0, θ_1 は確率変数ではないが，P_t と M_t は確率変数である。ゆえに，両辺の期待値をとると，

$$E[P_t] = E[\theta_0 + \theta_1 M_t] = \theta_0 + \theta_1 E[M_t]$$

となる。

(2) 期待が合理的に形成されるならば，期待物価 P_t^e は物価の客観的な平均値である $E[P_t]$ に等しい。すなわち，$P_t^e = E[P_t]$ である。$E[P_t]$ は(1)で与えられている。C式とこの式をB式に代入すると，

$$y_t = \alpha(P_t - P_t^e) = \alpha[\{\theta_0 + \theta_1 M_t\} - \{\theta_0 + \theta_1 E[M_t]\}]$$
$$= \alpha \theta_1 \{M_t - E[M_t]\}$$

(3) (2)の式をA式に代入すると，

$$P_t = M_t - y_t = M_t - \alpha \theta_1 \{M_t - E[M_t]\}$$
$$= (1 - \alpha \theta_1) M_t + \alpha \theta_1 E[M_t]$$

(4) M_t が t 期の情報集合に含まれている場合，M_t は確率変数ではなくなる。ゆえに，$E[M_t] = M_t$ である。これを (2) の式に代入すると，

$$y_t = \alpha \theta_1 \{M_t - E[M_t]\} = 0$$

つまり，産出 y_t は M_t の値にかかわりなく 0 となる。こうして，合理的期待形成の仮定のもとでは，予期された貨幣供給量は産出に影響し得ない。

(5) $E[M_t] = M_t$ を (3) の式に代入すると，

$$P_t = (1 - \alpha \theta_1) M_t + \alpha \theta_1 E[M_t] = M_t$$

つまり，物価 P_t は M_t と同じだけ変化する。

(6) M_t が t 期の情報集合に含まれていないので，M_t は確率変数である。ゆえに，

$$y_t = \alpha \theta_1 \{M_t - E[M_t]\}$$

である。この場合，$M_t - E[M_t]$ が y_t に影響を与える。つまり，予想された貨

幣残高と実際の貨幣残高との差が産出を決めるのである．この差のことを**予期せざる貨幣**と呼ぼう．合理的期待形成の仮定のもとでは，こうして，予期せざる貨幣の部分のみが産出に影響を与えることがわかる．

(7) M_t が t 期の情報集合に含まれていないので，M_t は確率変数である．ゆえに，

$$P_t = M_t - \alpha\theta_1\{M_t - E[M_t]\}$$

である．つまり，貨幣残高から予期せざる貨幣残高分，$M_t - E[M_t]$ の影響の分だけを差し引いたものが P_t に影響を与える．

(8) (3) の式によれば，P_t と M_t との間の関係は，

$$P_t = \alpha\theta_1 E[M_t] + (1 - \alpha\theta_1)M_t$$

である．C式の想定が正しいためには，M_t のどのような値に対しても，C式がこの式に恒等的に等しくなくてはならない．これは，両式の M_t の係数が互いに一致し，また定数項が一致しているときにのみはじめて可能である．

$$P_t = \theta_0 + \theta_1 M_t \qquad\qquad\qquad (\text{C式})$$

C式と上の式を比較して，

$$\alpha\theta_1 E[M_t] = \theta_0, \qquad 1 - \alpha\theta_1 = \theta_1$$

が成立しなくてはならないことがわかる．この2つの式を解いて，

$$\theta_0 = \frac{\alpha E[M_t]}{1+\alpha}, \qquad \theta_1 = \frac{1}{1+\alpha}$$

を得る．

(9) (8) によって決まった定数 θ_0, θ_1 の値をC式に代入して，

$$P_t = \frac{\alpha E[M_t]}{1+\alpha} + \frac{M_t}{1+\alpha}$$

を得る．これをA式に代入して，

$$y_t = M_t - \frac{\alpha E[M_t]}{1+\alpha} - \frac{M_t}{1+\alpha}$$

$$= \left(\frac{\alpha}{1+\alpha}\right)\{M_t - E[M_t]\}$$

を得る．これらの式は未知定数 θ_0, θ_1 を含まないから，完全に M_t から P_t, y_t への因果関係を決定できたことになる．

(10) y_{t-1} は t 期の情報集合 I_t に入っているので，$E[y_{t-1}] = y_{t-1}$ である．ゆえに，

$$E[M_t] = E[-\beta y_{t-1}] = -\beta E[y_{t-1}] = -\beta y_{t-1}$$

9.3 合理的期待形成・その他

これを (9) の式に代入して，

$$y_t = \left(\frac{\alpha}{1+\alpha}\right)\{M_t - E[M_t]\}$$
$$= \left(\frac{\alpha}{1+\alpha}\right)\{(-\beta y_{t-1}) - (-\beta y_{t-1})\} = 0$$

つまり，合理的期待形成の仮定のもとでは，ケインズ的な景気安定金融政策は産出にはまったく影響を与え得ないのである。これを**政策無効性**という。

(11) y_{t-1} は t 期の情報集合 I_t に入っていないので，y_{t-1} は確率変数である。すると，

$$E[M_t] = E[-\beta y_{t-1}] = -\beta E[y_{t-1}]$$

これを (9) の式に代入して，

$$y_t = \left(\frac{\alpha}{1+\alpha}\right)\{M_t - E[M_t]\}$$
$$= -\left(\frac{\alpha\beta}{1+\alpha}\right)\{y_{t-1} - E[y_{t-1}]\}$$

つまり，経済主体の y_{t-1} についての推定の誤差 $\{y_{t-1} - E[y_{t-1}]\}$ だけの影響を政策は与えうる。この意味でケインズ的な金融政策は有効である。しかし，この有効性は以下のような前提から出ている。つまり，政府は t 期に y_{t-1} の値を知っていると前提している。そうでなければ，(10) の式のような政策はとり得ないからである。これに反して，民間経済主体は t 期に y_{t-1} を観察し得ない。つまり，両者の持っている情報量には差があるのである。

(12) (10), (11) の結論からわかることは，ケインズ的な景気安定政策は政府が民間に対して情報の観点から優越しているときにのみ有効であることがわかる。ところが，政府が民間より情報量をより多く持っていると信じるにたる理由は何もない。民間は基本的に政府と同じことを行うことによって，同じ情報量を得るはずである。ゆえに，合理的期待形成の立場からは，ケインズ的な景気安定金融政策の有効性は疑問とされる。

(13) 実は，本例題における物価 P_t，産出 y_t，貨幣 M_t などは，それらの水準ではなく，水準の自然対数である。たとえば，物価 P_t は正確には本当の物価水準 P_t' の対数 $\ln(P_t')$ であった。これは計算と用語の便宜のために，合理的期待形成理論では一般に採用される省略である。さて，では通常の貨幣数量説から，A 式を導出することは可能だろうか。貨幣数量説を，$P_t' y_t' = M_t' V_t'$ と書こう。上添字「′」は水準を示す。左辺の対数をとり，各変数の自然対数を

上添字「′」をとって表現すると，

$$\ln(P_t' y_t') = \ln(P_t') + \ln(y_t') = P_t + y_t$$

右辺について同様にすると，

$$\ln(M_t' V_t') = \ln(M_t') + \ln(V_t') = M_t + V_t$$

である。ここで，貨幣の流通速度 V_t' は毎期一定であるとしよう。簡単化のために特に $V_t' = 1$ とすると，$V_t = \ln(V_t') = \ln(1) = 0$ となる。左辺と右辺は等しいから，

$$P_t + y_t = M_t$$

を得る。

練習問題

9.11 （基礎知識）
以下の各文の空欄には適当な言葉・数式を入れ，（／）の欄からはもっとも適当な言葉を選べ。

(1) フィッシャー方程式とは，名目利子率＝実質利子率＋_____との関係をいう。

(2) マネタリストは実質利子率は実物部門によって決定されるので，一定であると想定する。そのとき，3％の物価上昇は_____％の名目利子率の上昇を招く。

(3) 貨幣需要は（名目利子率／実質利子率）によって決まるのに対し，投資は（名目利子率／実質利子率）によって決まる。

(4) オークンの法則によれば，失業率が1％高くなると，産出は_____％減少する。

(5) インフレ供給曲線とは，物価上昇率と（失業率／産出／期待物価上昇率）との関係を示したものである。

(6) ケイガンによって唱えられた，前期の期待形成の誤りの一部を正して，今期の期待形成をするという期待形成理論を_____という。

(7) 合理的期待形成仮説を物価上昇率に適用すると，$\pi^e =$ _____という式が成立することを意味する。

(8) x が確率変数でない場合，$E[x] =$ _____である。

(9) 経済主体にとって今期中にその値がわかる変数の集合を_____と呼ぶ。

9.12 （正誤問題）
以下の各文の正誤を述べよ。

(1) 名目利子率が5％のときに，物価上昇率が3％であったとすると，実質利子率は8％である。

(2) IS–LM 分析によれば，インフレは均衡 GDP を増加させる。

(3) 適応的期待形成仮説は，t 期の期待物価上昇率が $\pi_t^e = \beta(\pi_{t-1} - \pi_{t-1}^e)$ のように形成されると仮定する。

(4) 適応的期待形成仮説における期待物価上昇率は，過去の物価上昇率の加重

平均になる。
(5) 静学的期待形成とは，前期の物価上昇率を今期の物価上昇率の予想とするものである。
(6) 合理的期待形成仮説はミュースによってマクロ経済学に導入された。
(7) 不確実性が存在しない場合，合理的期待形成と完全予見とは異なる。
(8) 合理的期待理論によれば予期せざる貨幣は産出水準に影響を与えない。
(9) 合理的期待形成理論によれば，政府の情報優越性がないかぎり，金融政策は産出に影響を与えない。

9.13 （フィッシャー方程式）

1970年代のアメリカにおいては，要求払預金への利子支払は法律上禁止されていた。一方で 1970 年代は高い物価上昇率が続いた。この結果，資産保有者は要求払預金から貯蓄性預金・債券等へ資産を移動し，アメリカの要求払預金残高が激減することになった。なお，この間のアメリカの実質利子率を調べてみるとほぼ一定と考えられる。

(1) なぜ，このような事態が起きたのか。フィッシャー方程式を用いて説明せよ。
(2) 「要求払預金（あるいは貨幣）を保有する機会費用は名目利子率に等しい」。この命題を論証せよ。

9.14 （IS-LM 分析）

図 9.18 のような，物価上昇がある場合の IS-LM 曲線を考えよう。E 点と $(A$-$B)$ の組合せの点を比較して以下の質問に答えよ。なお，実質経済成長率は 0 とし，E 点と $(A$-$B)$ 点での状態は 1 期限りのものではなく，永遠に続くとする。

(1) 物価上昇率はどちらの点の方が高いか。
(2) 名目利子率はどちらの点の方が高いか。
(3) 実質貨幣残高はどちらの点の方が高いか。
(4) 貨幣増加率はどちらの点の方が高いか。
(5) 投資水準はどちらの点の方が高いか。
(6) 政府の造幣益はどちらの点の方が高いか。

図9.18

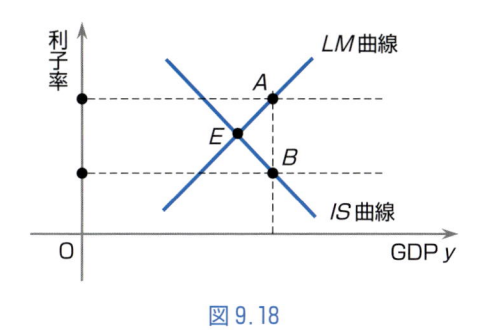

9.15 (適応的期待形成仮説)

適応的期待形成仮説に従って予想が形成される場合の物価上昇率の動きを，以下の手順で研究してみよう。

(ⅰ)〔**貨幣需要関数**〕各期の貨幣需要関数が以下のような形をしていると仮定する。ただし，M は名目貨幣残高，P は物価水準，R は名目利子率，α は正の定数，e は指数，y は実質 GDP である。

$$\frac{M_t}{P_t} = e^{-aR_t} y \tag{A式}$$

(ⅱ)〔**簡単化の仮定**〕計算の便宜のため，以下の議論では，実質 GDP y は 1 とし，期待実質利子率 r^e は 0 であるとする。

(ⅲ)〔**適応的期待形成仮説**〕期待物価上昇率 π_t^e は以下のような適応的期待形成仮説に基づいて形成されるとしよう。β は正の定数である。

$$\pi_t^e = \beta(\pi_{t-1} - \pi_{t-1}^e) + \pi_{t-1}^e \tag{B式}$$

(ⅳ)〔**貨幣供給**〕貨幣増加率は毎期 θ とする。つまり，毎期一定率だけ貨幣は増加する。

$$M_t = (1+\theta)M_{t-1} \tag{C式}$$

(ⅴ)〔**初期値**〕この経済が出発した当初では，$M_0 = 1$，$P_0 = 1$，$P_1 = 1$ であったとする。

(ⅵ)〔**物価行動の標準的予想**〕以上の経済世界では実質 GDP は変化しないから，実質貨幣残高への需要は（期待形成による以外は）増加する理由がない。その一方で，毎期，一定率 θ で貨幣供給が増加する。ゆえに期待形成が常識的になされるならば，(当初の物価上昇率が何であれ最終的には) 物価上昇率は貨幣増加率 θ と同じになるはずである。逆に，物価がそう動かないとした

ら，期待形成法が不合理であることを示唆する。これは，「適応的期待形成仮説」の妥当性に理論的観点から疑問を投げかけることになる。

物価が時間とともにどのように動くか，以下の手順で調べよ。

(1) 〔**物価上昇率の表現**〕物価上昇率 π_t は以下のように定義される。
$$\pi_t = \frac{P_{t+1} - P_t}{P_t}$$
x が十分 0 に近い場合には，$\ln(1+x) = x$ が近似的に成立する。これを用いて，物価上昇率が以下のようにあらわされることを示せ。
$$\pi_t = \ln P_{t+1} - \ln P_t$$

(2) 〔**貨幣供給量**〕C 式に，（ⅴ）の仮定を付け加えて，以下の式を導け。
$$\ln M_t = t\theta$$

(3) 〔**実質残高需要**〕A 式に（ⅱ）の簡単化の仮定を付け加えて，以下の式を導け。
$$\frac{M_t}{P_t} = e^{-\alpha \pi_t^e}$$

(4) 〔**期待物価上昇率**〕(3) の式の両辺の対数をとり，期待物価上昇率 π_t^e について解いて以下の式を導け。
$$\pi_t^e = \frac{\ln P_t - \ln M_t}{\alpha}$$

(5) 〔**物価**〕B 式に，(1)，(2)，(4) の式を代入して，以下の方程式を導け。
$$\ln P_t = \left[1 - \frac{\beta}{1 - \alpha\beta}\right] \ln P_{t-1} + \frac{\beta}{1 - \alpha\beta} t\theta - \frac{\beta - 1}{1 - \alpha\beta} \theta$$

(6) 〔**物価上昇率漸化式**〕(1) の関係を使って，(5) の式から，次の関係式を導け。
$$\pi_t = \left\{1 - \frac{\beta}{1 - \alpha\beta}\right\} \pi_{t-1} + \frac{\beta}{1 - \alpha\beta} \theta$$

(7) 〔**物価上昇率解**〕(6) は物価上昇率 π_t の漸化式になっている。（ⅴ）の仮定より，
$$\pi_0 = \ln P_1 - \ln P_0 = \ln 1 - \ln 1 = 0$$
であることに注意しながら，この漸化式を展開して，以下の式を導け。
$$\pi_t = \left[1 - \left\{1 - \frac{\beta}{1 - \alpha\beta}\right\}^t\right] \theta$$

(8) 〔**調整係数小**〕$\alpha\beta < 1$ のときに，π_t は t が大きくなるにつれてどうなるか，論ぜよ。ただし，α は（ⅲ）の β に対し，$\alpha < \frac{1}{\beta} - \frac{1}{2}$ の範囲の大きさにあるとする。

(9) 〔**調整係数大**〕$\alpha\beta > 1$ のときに, π_t は t が大きくなるにつれてどうなるか, 論ぜよ.

(10) 〔**物価行動**〕(8) の結論は経済的にはどのように解釈できるだろうか.

(11) 〔**適応的期待形成仮説**〕(9) の結論は経済的にはどのように解釈できるだろうか. 適応的期待形成仮説は妥当と考えられるか.

9.16（カルマン・フィルター）

例題 9.3 における B 式の経済的合理性について考えよう. B 式はルーカス型労働供給関数と呼ばれる. 下述のような, ルーカスのいわゆる群島モデルから, 導出されるからである.

$$y_t = \alpha(P_t - P_t^e) \qquad\qquad (例題 9.3 \text{ B 式})$$

(i) 〔**主体**〕家計兼企業（以後, 主体と呼ぶ）からなる経済を考えよう. 各期に, 主体は労働を供給する. 1 単位の労働は 1 単位の財を産み出す. 主体はこれを販売し, その売上収入で財を購入し, 消費する.

(ii) 〔**個別財価格**〕財は N 種類ある. これらの財の競争的市場が N ある. 市場 z では, t 期に均衡価格 $P_t(z)$ が形成される. 主体はこのうちの 1 種類の財のみを生産する（消費するのはすべての財である）.

(iii) 〔**相対価格**〕主体の労働供給量は, 相対価格に依存する. つまり, 自らの生産する財の価格 $P_t(z)$ と物価 P_t（$= t$ 期の他の財価格の平均）との（対数なので）差に依存し, その結果労働供給量は $\beta[P_t(z) - P_t]$ となる.

(iv) 〔**個別財価格分布**〕個別財価格 $P_t(z)$ は物価 P_t の周りに正規分布して出現するとしよう. つまり, u_{zt} を（市場 z に特有な t 期の）誤差項とすると, $P_t(z) = P_t + u_{zt}$ であるとする. u_{zt} の期待値は 0 である. 分散は $(\sigma_u)^2$ である.

なお, このとき, N が十分大きいと,

$$\frac{1}{N}\sum_{z=1}^{N} P_t(z) = \frac{1}{N}\sum_{z=1}^{N}[P_t + u_{zt}] = P_t + \frac{1}{N}\sum_{z=1}^{N} u_{zt} \approx P_t + 0 = P_t$$

である. つまり, 物価は個別財価格の平均に等しい.

(v) 〔**情報構造**〕主体は $P_t(z)$ は t 期中に観察できるが, P_t は 1 期たたなければ観察できない.

(vi) 〔**合理的期待形成**〕t 期初には（すべての）主体は, 物価 P_t は, 平均 P_t', 分散 $(\sigma_p)^2$ の正規分布に従って出現すると考えている. 主体は t 期中に観察可能な $P_t(z)$ によって情報を追加し, 最終的に $P_t^e(z)$ という期待を合理的に形

成する。

以下の質問に答えよ。

(1) 例題9.3B式は対数表示されたものである。対数表示する以前はどのような形をしていたと考えられるか。

(2) (iii) では, 労働供給は相対価格 $[P_t(z)-P_t]$ に依存すると仮定された。なぜか。

(3) (iii) における定数 β は何をあらわすか。

(4) $P_t(z)$ はなぜ一般物価水準 P_t への情報を含むと考えられるのか。(iv) を使って直観的に説明せよ。

(5) (v) のため, 主体は P_t はわからない。そこで, 産業 z の主体による P_t の推定量を $P_t^e(z)$ と書こう。すると, (iii) から, 産業 z の主体の t 期の産出は,

$$y_t(z)=\beta[P_t(z)-P_t^e(z)]$$

という形で与えられる。この式の意味を説明せよ。

(6) 各産業には1つの家計が存在するものとしよう。経済全体の1人当たり産出量 y_t は, 各産業の産出の平均 $\frac{1}{N}\sum_{z=1}^{N} y_t(z)$ で与えられる。(5) の式からこれがどのように決まるか導け (なお, 財は種類は異なっても互いに足し合わせられ得るものとしよう)。

(7) もし, 物価 P_t が t 期中に観察可能な場合, (6) の結論はどう変わるか。

(8) 「x, v, u を確率変数としよう。$x=v+u$ という関係にあるとしよう。x は観察可能であるが, v, u は観察不能である。x の観察値を使って, v を推定する最小自乗推定量は $\theta x+(1-\theta)\mu_v$ (ただし $\theta=\sigma_u^2/(\sigma_u^2+\sigma_v^2)$) である。ここで, μ_v は v の期待値, σ_u^2, σ_v^2 は u と v の分散である」。以上をカルマン・フィルターの定理という。(iv) と (vi) の仮定をこの定理に当てはめて, $P_t(z)$ を使って P_t を推定する方法を示せ。特に, θ の内容はどう表現されるか。

(9) (8) の推定法による P_t の推定量を (6) の結論に加え, $\beta(1-\theta)$ を α, P_t^t を P_t^e と書くと, 例題9.3B式になることを示せ。

(10) 分散のうち, σ_u^2 に比べ, σ_P^2 が非常に大きいとしよう。(9) において得たB式の係数 α はどのような値に近くなるか。

(11) (10) の前提はどのような事態をさすか。(10) の結論はどのようなことを意味するか。

9.17 (合理的期待形成)

例題9.3では貨幣数量説とルーカス型労働供給関数を用いて,「予期せざる貨幣」の命題を示した。この結論は,（ⅰ）均衡市場,（ⅱ）不完全情報,（ⅲ）自然失業率仮説,（ⅳ）合理的期待形成,の前提に本質的に依存している。逆に,（ⅰ）〜（ⅳ）の前提が成立すれば,他のマクロ経済モデルでもこの命題は成立する。以下のような総需要曲線と総供給曲線を動学化したケインズ的マクロ経済モデルで,以上の事実を確認してみよう。

π は物価上昇率, y は産出, y_F は完全雇用産出水準, π^e は期待物価上昇率, μ は貨幣増加率とする。$\alpha, \beta, \varkappa$ は正の定数である。経済主体は A, B 式の形や定数の値は知っているが, π, y, μ の各変数の値は, 今期中には観察できないとしよう。

B式のインフレ需要関数は,物価上昇率と総需要との関係を示す。総需要は実質残高 M/P の変化によって影響を受ける。ゆえに, M/P の変化率である $\mu - \pi$ の増加関数となるのである。

$$\pi = \alpha(y - y_F) + \varkappa \pi^e \qquad \text{(A式, インフレ供給関数)}$$
$$y = y_F + \beta(\mu - \pi) \qquad \text{(B式, インフレ需要関数)}$$

(1) A式の $\varkappa$ が1である場合,自然失業率仮説が成立する。これを示せ。

(2) 情報が完全であるとしよう。つまり, π が経済主体によって直ちに観察可能だと, A式は何を意味するか。

(3) 以下において情報は不完全と仮定する。A, B式を π について解け。

(4) (3) の結果から, π の期待値 $E[\pi]$ を計算せよ。

(5) 合理的期待形成仮説 $\pi^e = E[\pi]$ を使って, π の最終的な決定式を求めよ。

(6) (5) を B式に代入して, y の決定式を求めよ。

(7) $\varkappa$ が1であるかないかによって,(6) の結論の意味はどう変わるか。

(8) (4) の合理的期待形成仮説ではなく,静学的期待形成 $\pi^e = \pi_{-1}$ によって期待が形成されるとしよう。π と y の決定式を求めよ。ただし, π_{-1} は前期の物価上昇率である。

(9) (8) において $\varkappa = 1$ のとき,「予期せざる貨幣」の命題は成立するか。

10　景気循環

10.1　景気循環理論

◆景気循環の定義

　GDP・消費・投資・物価・失業率・金利などのマクロ経済変数は，時点を等しくして相共に上下する傾向がある。このようなマクロ経済諸変数の同時的な上下動を**景気循環**という。産出が高いときを**好況**，低いときを**不況**と呼ぶ。極度の不況を**恐慌**という。歴史的には 1929 年の大恐慌が最大の不況である。近年でも 1980 年代初頭は大恐慌に次ぐ不況であった。

　GDP 決定理論は均衡 GDP の水準を示す。しかし，GDP の時間的上下動までは説明しない。時間を明示的に取り入れて GDP の上下動を説明する理論を景気循環論という。乗数理論に基づいて，加速度原理による景気循環論がサミュエルソンやヒックスによって提唱された。また最近は実物的景気循環論が発展している。

◆景気循環の種類

　好況から好況までの長さを周期という。周期に応じて，以下のような景気循環が知られている。（ⅰ）**コンドラチェフ**（Kondratiev, H.）**循環**。周期 40～50 年の循環。シュンペーター（Schumpeter, J. A.）は技術革新をこの循環の一因とする。（ⅱ）**クズネッツ**（Kuznets, S. S.）**循環**。周期 15～25 年の循環。人口増加・建築投資などがこの循環の原因といわれる。別名，**建築循環**といわれる。（ⅲ）**ジュグラー**（Juglar, C.）**循環**。周期 7～10 年で，民間設備投資によって生じる。別名，**主循環**と呼ばれる。（ⅳ）**キチン**（Kitchin, J.）**循環**。周期を 40 カ月とする。在庫投資の変動により生じるとされる。別名，**在庫循環**とも呼ばれる。また，**小循環**と呼ばれることもある。

◆加速度原理

　下添え文字 t で t 期の変数をあらわす。乗数理論によると，t 期の財市場の均衡は以下で示される。

$$y_t = c_t + i_t + g_t$$

さて，（ⅰ）消費は1期前の GDP に比例し，（ⅱ）投資需要は消費の変化分の一定割合生じるとし，（ⅲ）政府支出 g_t は毎期一定で g に等しい，と仮定する。（ⅱ）の仮定を**投資の加速度原理**という。（ⅰ）～（ⅲ）の仮定を式であらわすと，

$$c_t = \alpha y_{t-1} \qquad i_t = \beta(c_t - c_{t-1}) \qquad g_t = g$$

以上の4式から，

$$\begin{aligned} y_t &= c_t + i_t + g_t = \{\alpha y_{t-1}\} + \{\beta(c_t - c_{t-1})\} + g \\ &= \alpha y_{t-1} + \beta(\alpha y_{t-1} - \alpha y_{t-2}) + g = \alpha(1+\beta)y_{t-1} - \alpha\beta y_{t-2} + g \end{aligned}$$

を得る。これは y_t に関してみると，いわゆる**二階の定数係数線型定差方程式**となっている。この式を満たす数列 $y_0, y_1, y_2, \cdots$ は，図 10.1 に示す A 曲線，B 曲線，C 曲線，D 曲線の4種類の曲線のうちのいずれかの動き方をすることを示せる（図 10.1 では $\alpha = 0.8$，$g = 1$ の場合を描いてある）。

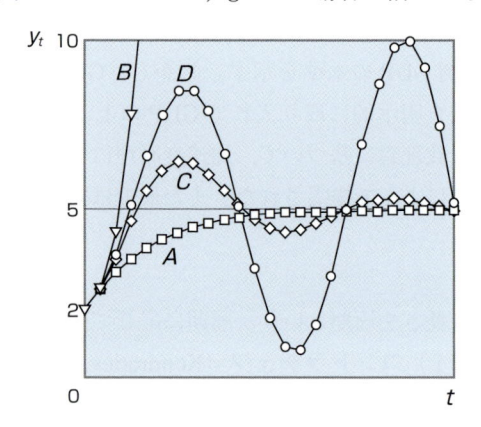

図 10.1

$A \sim D$ の各曲線において，すべて初期値 y_0 は2である。しかし，以後の y_t の動き方は α と β の値に応じて，$A \sim D$ のいずれかの場合になる。A 曲線のような動き方は**単調収束**と呼ばれる。この場合，時間の経過とともに，$\left(\dfrac{1}{1-\alpha}g\text{である}\right)$5に近づいていく。$B$ 曲線のような動き方は，**発散**と呼ばれる。この場合，時間の経過とともに常に増大して，収束値5から離れていく。C 曲線の場合は，**減衰的振動**と呼ばれる。上下動を繰り返しながら，時間とともに収束値5に近づいていく。D 曲線の場合は，**発散的振動**と呼ばれる。

上下動を繰り返しながら，時間とともに次第に収束値5から離れていく。A曲線やC曲線は，時間とともにGDPは一定値に近づく。すなわち，現実の景気変動を説明するものと考えられる。

◆ヒックスの景気循環論

ヒックスは図10.1において，B曲線ないしはD曲線のような発散的な場合がより現実に近いものとした。この場合，GDPは時間とともに無限に増加しようとする。しかし，生産要素の制約のために，GDPは完全雇用GDP水準以上には達し得ない。これをGDPの天井という。GDPが天井に留まるとしよう。すると前節の式に従うと，やがてGDPの下降が始まることが示せる。すると，今度はGDPは無限に減少しようとする。しかし，粗投資は負になり得ない。このため，GDPが十分小さくなると，加速度原理が働かなくなる。このとき，GDPは一定値に近づく。これをGDPの床という。GDPが床に達して留まると，今度はGDPの上昇が始まる。このようにGDPは天井と床の間で上下運動を繰り返すことになる。これをもって現実の景気循環の説明とするのが，ヒックスの景気循環論である。

◆実物的景気循環論

1980年代後半に，ロング（Long, J.）とプロッサー（Plosser, C.）やキッドランド（Kydland, F. E.）とプレスコット（Prescott, E. C.）は実物的景気循環論を提唱した。経済主体が時間を通じて効用を最大化する理論模型を作り，そこにおける経済主体の最適な消費・投資・労働供給の時間的推移を調べる。この模型の中の生産関数に（天候・技術革新などをあらわす）不規則な衝撃を導入し，最適な産出の時間的推移の特徴を調べると，現実の産出の変動パターンの特徴に酷似することが一定の条件下に示せる。このような実物的景気循環論の功績は，景気循環にともなうGDPや雇用の変動は資源配分上最適である可能性を示した点である。景気循環上生じる失業は，資源配分上非効率ではないことになる。

◆新しいケインジアン経済学

1980年代の新古典派理論の勃興に際して，ケインズ経済学はミクロ経済学的根拠が十分でないとの批判に曝された。そのため徐々に，ケインズ経済学はこの批判に応えながら，従来の主張が成立する理論に進化した。この一連の理論群を「新しいケインジアン経済学」という。

この理論の特徴は，現実の経済は完全競争ではなく不完全競争であるという

認識である．不完全競争であれば，利潤最大化のために個々の企業は価格を選ぶことができる．

　もし貨幣量の変化等によって利潤最大化条件が変わり，利潤最大化価格が変わったとしよう．しかし，価格を変えるためには，**メニューコスト**と呼ばれる小さな固定費用が必要であるとする．たとえば，価格改訂のためにはレストランはメニューを新しく印刷しなければならない等である．そうすると，他の企業が価格を改訂しなければ，この企業も価格を改定しない方が有利かもしれない．なぜならば，価格を変えることによる利潤増加よりも，メニューコストの方が大きい可能性があるからである．もし，そうだと，その企業の価格は貨幣の変化に対して**硬直的**になる．そして，それらの価格の平均である物価も貨幣量に対して硬直的になり，貨幣の中立性は成立しなくなるのである．

■ 例題 10.1 ─────────────────────────── 加速度原理

　二階の定数係数線型定差方程式については，以下のような数学の定理が存在する．

「(ある特殊ケースを除いては) 以下の (A) 式を満たす数列 y_t ($t=0, 1, 2, \cdots$) は，(B) 式のように表現される．

$$y_t - \alpha(1+\beta)y_{t-1} + \alpha\beta y_{t-2} = g \tag{A}$$

$$y_t = \frac{1}{1-\alpha}g + a_1[x_1]^t + a_2[x_2]^t \tag{B}$$

ただし，a_1, a_2 は，数列の最初の 2 つの変数値 y_0, y_1 によって定まる定数である．また x_1, x_2 は下記の (C) 式の (相異なる) 解として定まる定数である．この (C) 式は**特性方程式**と呼ばれ，x_1, x_2 は**固有値**と呼ばれる．

$$x^2 - \alpha(1+\beta)x + \alpha\beta = 0 \tag{C}$$

この x_1, x_2 が複素数のとき，y_t は時間とともに振動する．」

(1) 〔**均衡 GDP 水準**〕毎期 GDP が一定の水準であるとしよう．(A) 式を用いて，そのような GDP 水準が $\frac{1}{1-\alpha}g$ となることを示せ．このような GDP 水準を以下では均衡 GDP 水準と呼ぶ．

(2) 〔**発散**〕定理に基づいて x_1, x_2 を求めたところ，x_1 の絶対値と x_2 の

10.1 景気循環理論

絶対値の少なくとも 1 つは 1 より大であったとする。(B) 式を用いて，このとき y_t の絶対値は時間とともに無限に大きくなることを示せ。

(3) 〔収束〕x_1 の絶対値と x_2 の絶対値の双方が 1 より小とする。(B) 式を用いて，このとき y_t の絶対値は時間の経過とともに均衡 GDP 水準 $\dfrac{1}{1-\alpha}g$ に近づくことを示せ。

(4) 〔加速度原理〕(A) 式が，サミュエルソンの加速度原理の理論における GDP の二階の定差方程式と一致していることを確認せよ。

(5) 〔特性方程式〕限界消費性向 α が 0.8，限界投資性向 β が 0.25 のとき，GDP y_t は時間とともに振動するか否か，また収束するか否か。これを調べるために，まず特性方程式 (C) を解いて固有値 x_1, x_2 を求めよ。

(6) 〔固有値〕(5) で求めた x_1, x_2 は実数であるか，複素数であるか。また x_1, x_2 の絶対値は，1 より大か小か。

(7) 〔振動・収束〕(6) の結果を，定理の最後の部分と (2) および (3) と照らし合わせよ。GDP y_t は時間とともに振動するか，収束するか，論ぜよ。

(8) 〔政府支出〕(5) の場合に，GDP は当初均衡水準にあったとする。ある t' 期以降 g が 2 倍になった場合，GDP はどのように時間的に推移するか。グラフの概形を描け。

(9) 〔独立消費・独立投資〕この経済に独立消費 c' と独立投資 $\bar{i}$ が存在した場合，結論はどのように修正されるか。

【解答】

(1) (A) 式の GDP y_t, y_{t-1}, y_{t-2} に定数 y を代入すればよい。

$$y_t - \alpha(1+\beta)y_{t-1} + \alpha\beta y_{t-2} = y - \alpha(1+\beta)y + \alpha\beta y$$
$$= y[1-\alpha(1+\beta)+\alpha\beta] = g$$

であるから，

$$y = \frac{g}{1-\alpha(1+\beta)+\alpha\beta} = \frac{g}{1-\alpha-\alpha\beta+\alpha\beta} = \frac{g}{1-\alpha}$$

を得る。

(2) 一般性を失うことなく，$|x_1| > |x_2|$ と仮定しよう。問題の仮定より $|x_1|$ か $|x_2|$ かの少なくとも 1 つは 1 より大であるから，$|x_1| > 1$ である。ゆえに，

$t\to\infty$ につれて $|x_1|^t\to\infty$ である。また，$\left|\dfrac{x_2}{x_1}\right|=\dfrac{|x_2|}{|x_1|}<1$ であるから，$t\to\infty$ につれて $\left(\dfrac{x_2}{x_1}\right)^t\to 0$ である。これらから，

$$\left|y_t-\frac{1}{1-a}g\right|=|a_1[x_1]^t+a_2[x_2]^t|=\left|a_1[x_1]^t\left\{1+\frac{a_2}{a_1}\left(\frac{x_2}{x_1}\right)^t\right\}\right|$$

$$=|a_1||x_1|^t\left|1+\frac{a_2}{a_1}\left(\frac{x_2}{x_1}\right)^t\right|\to\infty$$

を得る。$\dfrac{1}{1-a}g$ は定数であるから，$t\to\infty$ につれて $|y_t|\to\infty$ がわかる。

(3) 問題の仮定より $|x_1|<1$，$|x_2|<1$ であるから，$t\to\infty$ につれて $|x_1|^t\to 0$，$|x_2|^t\to 0$ となる。これから，

$$\left|y_t-\frac{1}{1-a}g\right|=|a_1[x_1]^t+a_2[x_2]^t|\leq|a_1||x_1|^t+|a_2||x_2|^t\to 0$$

すなわち，$t\to\infty$ につれて $y_t\to\dfrac{1}{1-a}g$ がわかる。なお，式中の不等号は三角不等式として知られる。

(4) (A) 式において，左辺の第2項，第3項を右辺に移項すると，

$$y_t=a(1+\beta)y_{t-1}-a\beta y_{t-2}+g$$

これは，既出の加速度原理の投資関数の場合に，GDP の満たす二階の定数係数線型定差方程式にほかならない。

(5) 特性方程式 (C) に，$a=0.8$，$\beta=0.25$ を代入すると，

$$x^2-a(1+\beta)x+a\beta=x^2-0.8(1+0.25)x-0.8\times 0.25$$
$$=x^2-x-0.2=0$$

を得る。これを解くと，$x_1=0.72$，$x_2=0.28$ となる。

(6) x_1，x_2 双方とも，実数であり，絶対値は1より小である。

(7) 定理の最後の部分より，固有値 x_1，x_2 が複素数であるときに y_t は時間とともに振動することがわかっている。ここでは x_1，x_2 は実数であるので，y_t は振動せず単調に推移する。x_1，x_2 の絶対値の大きさはともに1より小であるから，(3) の場合に相当する。すなわち，y_t は時間とともに収束値 $\dfrac{1}{1-a}g$ に近づく。$a=0.8$ であるから，$5g$ に近づく。以上から，y_t は時間とともに図10.1 の A 曲線のように動いて，$5g$ に近づくことがわかる。

(8) 問題の仮定より，t' 期以前は GDP は均衡水準にあるから，毎期 $\dfrac{1}{1-a}g$

に等しい。t' 期には均衡 GDP は $\frac{2}{1-\alpha}g$ に跳ね上がる。その一方で，t' 期以降は GDP y_t は（A）式を満たすように定まらなければならない。以上から，(7) の知識を用いて，GDP y_t は図 10.2 のように推移することがわかる。つまり，g の倍増は漸近的な GDP の倍増を呼び起こす。

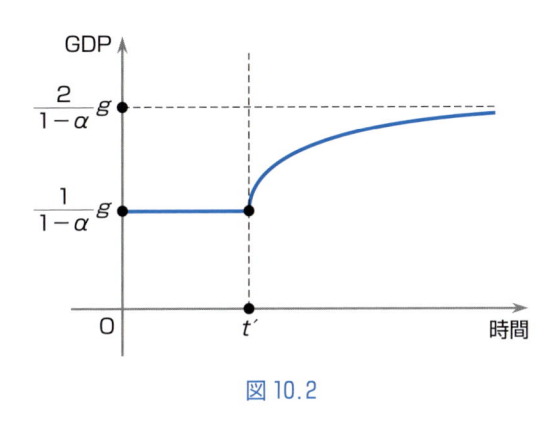

図 10.2

(9) 消費関数と投資関数を独立部分を含むように書き直すと，
$$c_t = \alpha y_{t-1} + c'$$
$$i_t = \beta(c_t - c_{t-1}) + \bar{i}$$
これらを用いて，GDP の定差方程式を計算し直すと，
$$\begin{aligned} y_t &= c_t + i_t + g_t = \{\alpha y_{t-1} + c'\} + \{\beta(c_t - c_{t-1}) + \bar{i}\} + g \\ &= \alpha y_{t-1} + \beta\alpha(y_{t-1} - y_{t-2}) + c' + \bar{i} + g \\ &= \alpha(1+\beta)y_{t-1} - \alpha\beta y_{t-2} + (c' + \bar{i} + g) \end{aligned}$$

すなわち，y_t に関する二階の定差方程式の最後の定数項が変化するのみであることがわかる。定理から，これは均衡 GDP 水準が $\frac{1}{1-\alpha}(c' + \bar{i} + g)$ であることを意味する。すなわち，独立部分の追加は均衡 GDP をそれだけ増加させるにすぎない。また，この均衡 GDP は GDP 理論における均衡 GDP にほかならない。

■ 例題 10.2 ————————————— 新しいケインジアン経済学

不完全競争のミクロモデルを考えてみよう。あるレストランが，$P = 100 - Q$ という需要曲線に面している。また，このレストランは限界費用関数 $MC = cQ$（$c > 0$）に面しているとする。

(1) このレストランの利潤最大化条件のための最適生産量と最適価格を図に描け。そのときの利潤最大化価格 P^* はいくらか。

(2) 何らかの原因のために，このレストランが直面する需要曲線がどの価格でも財需要が50%減少するようにシフトしたとすると，新しい需要曲線は $P = 100 - 2Q$ である。この時の利潤最大化条件を図に描き，利潤最大化価格 P^{**} を求めよ。

(3) (2)の状況のときに，このレストランが価格を変更しないとしよう。価格を P^* のままに保つことにより，利潤をどれほど損するか。図に示せ。また，利潤の損した分を計算せよ。

(4) このレストランは，価格を P^* から P^{**} に改訂するときに，新しいメニューを印刷するのに，M だけの費用がかかる。このメニューコスト M がいくら以上だと，このレストランは価格を改定しない方が有利か。

(5) 需要の変化に対して価格の反応はどの程度であることを，この(4)は示唆するか。

【解答】
(1) 図10.3のように，まず需要曲線 D が描かれる。この需要曲線から限界収入曲線 MR が図のように描かれる。限界費用曲線 MC は原点を通る直線として描かれる。最適生産量 Q^* は，限界収入曲線 $MR =$ 限界費用曲線 MC となる Q^* で与えられる。そのとき，Q^* に対応する需要曲線上の点である P^* で価格は与えられる。

上記を計算によって示そう。限界収入 MR は，
$$\frac{d(PQ)}{dQ} = \frac{d\{(100-Q)Q\}}{dQ} = 100 - 2Q$$
に等しい。限界費用 MC は，cQ であった。これらが相等しいから，
$$100 - 2Q = cQ$$

図 10.3

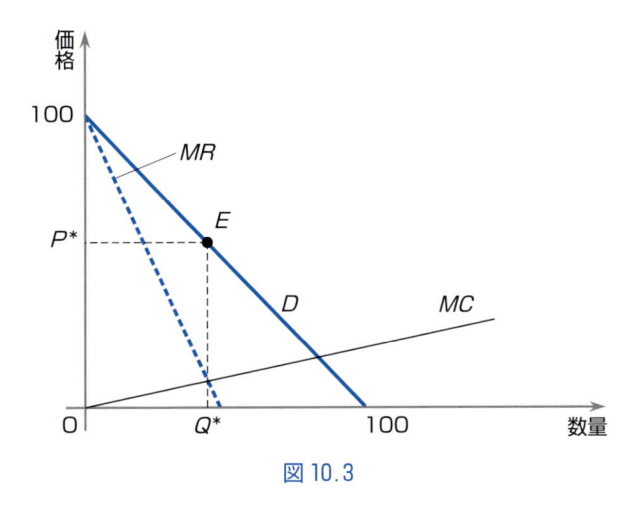

つまり，最適生産量 $Q^* = \dfrac{100}{2+c}$ を得る。これを，需要関数に代入すると，

$$P^* = 100 - \dfrac{100}{2+c} = \dfrac{100(1+c)}{2+c}$$

(2) この場合，(1) の図の MR 曲線の位置に需要曲線が移動したことになる。その需要曲線 D' に対する新たな限界収入曲線 MR' を描けばよい（図 10.4）。そして，それが限界費用曲線 MC と交わる点が最適生産量 Q^{**} を決める。最適価格 P^{**} はそのときの需要から与えられる。

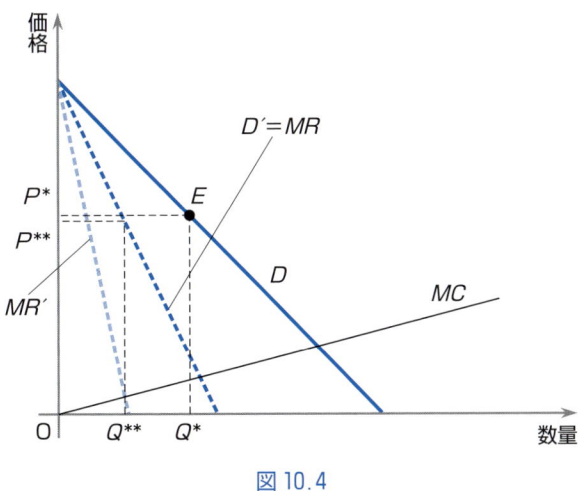

図 10.4

(1) と同様に，計算によって求めると，
$$Q^{**} = \frac{100}{c+4}, \quad P^{**} = \frac{100(c+2)}{c+4}$$
この P^{**} が P^* より小さいことはすぐ確かめられる。

(3) 最適価格は P^{**} であるにもかかわらず，このレストランは価格を P^* にとどめる。すると，売上は Q' になる。最適生産量は Q^{**} であるから，$Q^{**} - Q'$ に等しい分だけ生産量が過小である。このとき，Q' から Q^{**} までは限界収入から限界費用を引いた分だけ利益を得損なう。これを図にあらわすと，図 10.5 の黒い三角形（S）の部分である。

面積を計算してみよう。Q' は，独占価格 P^* の価格が需要曲線 $100 - 2Q'$ に等しい点から求まる。つまり，$\frac{100(c+1)}{2+c} = 100 - 2Q'$ より，$Q' = \frac{50}{c+2}$ である。これから，$Q^{**} - Q' = \frac{50c}{(c+4)(c+2)}$ である。これに対し，Q' での $MR' - MC = \left\{100 - \frac{200}{c+2}\right\} - \left\{\frac{50c}{c+2}\right\} = \frac{50c}{c+2}$ である。ゆえに，図の三角形の面積は，$\frac{(Q^{**} - Q')(MR' - MC)}{2} = \frac{100^2 c^2}{(c+2)^2(c+4)8}$ になる。

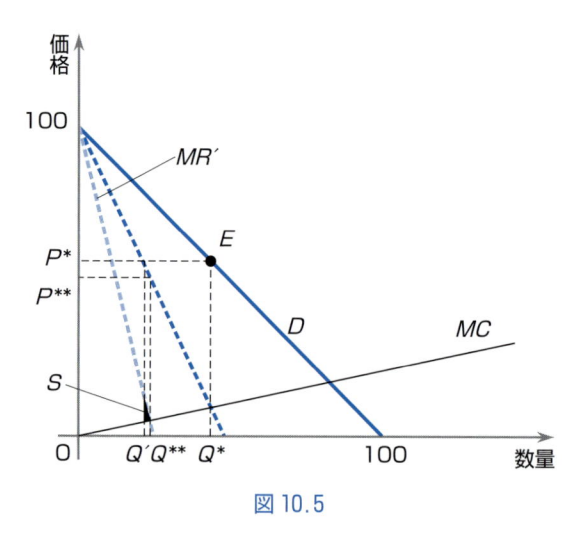

図 10.5

(4) M の方が (2) で求めた値より大きい方，すなわち価格を改定しない方が有利である。つまり，

$$M > \frac{100^2 c^2}{(c+2)^2(c+4)8}$$

(5) (4)は，小さいメニューコストがあれば，レストランは需要が変動しても価格を改定しないことを示唆する。当初，需要曲線が $P = 100 - Q$ であり，そのときの売上が $P^*Q^* = (100 - Q^*)Q^* = \frac{100^2(c+1)}{(c+2)^2}$ だった。それに対して需要が各価格に対して半減した。つまり，需要曲線が $P = 100 - 2Q$ になった。これほど大きな需要減にも関わらず，メニューコストが $\frac{100^2 c^2}{(c+2)^2(c+4)8}$ 以上ならば価格を改定しない方が利潤は大きい。これは，売上との比率でいうと，

$$\frac{M}{P^*Q^*} = \frac{c^2}{(c+1)(c+4)8}$$

これ以上であれば，価格を改定しない方が利潤は大きいことを意味する。

この価格を改定するかしないかの境界値はどの程度の大きさだろうか。独占価格 $P^* = \frac{100(c+1)}{c+2}$ がそのときの限界費用 $cQ^* = \frac{100}{c+2}$ の 2 倍であると仮定すると，$c = 1$ になる。すると，$\frac{M}{P^*Q^*} = \frac{c^2}{(c+1)(c+4)8} = 0.0125$ であるから，メニューコストは売上の 1.25% 以上であればよい。実際には，需要の変動はこれよりずっと小さいであろうから，メニューコストが一層小さいときでも価格は変動しないことになる。つまり，価格は限界条件の変化に対して反応しないのである。なお，本問では MC が原点を通っている場合を想定したが，通っていない場合でも同じ性質が成立することを示せる。

練習問題

10.1 （基礎知識）
以下の各文の空欄には適当な言葉・数式を入れ，（／）の欄からはもっとも適当な言葉を選べ．

(1) 〔**大恐慌**〕大恐慌は_____年に始まった．

(2) 〔**景気循環の種類**〕建築投資によって生じる周期15～25年の循環を（コンドラチェフ／クズネッツ／ジュグラー／キチン）循環という．

(3) 〔**在庫循環**〕在庫循環は，周期をおよそ（40年／10年／40カ月）とする．

(4) 〔**加速度原理**〕加速度原理の仮定によれば，投資は（消費水準／消費の増分／1期前のGDP）によって決まる．

(5) 〔**加速度原理**〕投資が加速度原理に基づく場合，限界消費性向 α と（GDPの初期値 y_0／限界投資性向 β／政府支出 g）の値に依存して，GDPは4種類の推移パターンのいずれかをとる．

(6) 〔**ヒックスの景気循環論**〕ヒックスの景気循環論では，完全雇用GDPはGDPの（天井／床／平均）となる．

(7) 〔**実物的景気循環論**〕実物的景気循環論によれば，景気循環にともなう産出の変動は資源配分上，（最適である／最適でない／次善である）．

(8) 〔**メニューコスト**〕メニューコストが（大きい／小さい）ほど，その企業の価格は動きにくくなる．

10.2 （正誤問題）
以下の各文の正誤を述べよ．

(1) 〔**コンドラチェフ循環**〕コンドラチェフ循環はもっとも短い周期を持つ．

(2) 〔**ジュグラー循環**〕ジュグラー循環は周期7～10年である．

(3) 〔**投資関数**〕加速度原理の投資関数では，投資は利子率の関数である．

(4) 〔**加速度原理**〕加速度原理の投資関数に基づくとき，GDPは無限に増加し続ける可能性もある．

(5) 〔**GDPの床**〕粗投資は負になり得ないため，GDPには床が存在する．

(6) 〔**実物的景気循環論**〕実物的景気循環論においては，貨幣供給増は景気を悪化させ得る．

(7) 〔**均衡 GDP**〕加速度原理の投資関数に基づくとき，GDP が収束するとしたら，$\frac{1}{1-\alpha}g$ の値に収束する。ただし，α は限界消費性向，g は政府支出である。

(8) 〔**メニューコスト**〕メニューコストの理論は企業の完全競争を前提とする。

10.3 （加速度原理）

投資が加速度原理に基づくとしよう。限界消費性向 α が 0.8，限界投資性向 β が 1.5 のとき，GDP y_t は時間とともに振動するか，また収束するか。以下の順序で調べよ。

(1) 特性方程式を書け。

(2) 特性方程式を解いて，解が実根か複素根か，絶対値が 1 より大か小か，を調べよ。

(3) (2)の結果に基づいて，GDP の時間的推移のパターンを述べよ。

(4) この経済において，$g=100$ 兆円であり，完全雇用 GDP が 600 兆円であるとする。2 期続けて完全雇用 GDP にあったとき，3 期目の GDP はいくらになるか。計算せよ。

11 経済政策

11.1 ケインズ経済学対マネタリズム

◆ティンバーゲンの定理とマンデルの定理

J 個の経済目標を達成するには，少なくとも J 個の独立な経済政策が手段として必要とされる。この命題を**ティンバーゲン**（Tinbergen, J.）**の定理**という。複数の経済目標を複数の政策手段を用いて達成することを**ポリシー・ミックス**という。ポリシー・ミックスにおいては，どの目標の達成のためにどの手段を割り当てるかが問題となる。このとき，各目標にはその目標達成のために相対的に効率のまさった手段を割り当てることが望ましい。この命題を**マンデル**（Mundell, R. A.）**の定理**という。

◆ケインズ経済学とマネタリズム

ケインズ経済学とは，ケインズの 1936 年の『一般理論』によって提唱され，ハンセン，サミュエルソン，トービンなどによって継承・発展されたマクロ経済学をいう。理論的には，ケインズ経済学は（貨幣賃金率の下方硬直性などの）市場の不完全性を強調する。政策的には，政府によるマクロ経済への介入による経済安定を主張する。

マネタリズムとは，フリードマンによって再建された（ケインズ以前の）貨幣数量説を骨子とするマクロ理論である。シカゴ大学を中心として発展したのでシカゴ学派の別名がある。理論的には市場の完全性・安定性を強調し，政策的には市場不介入を原則として，**小さな政府**を提唱する。

◆「財政政策」対「金融政策」

ケインズは金融政策の効果を疑問視し，**財政政策**の有効需要管理策としての相対的有効性を強調した。完全な金融政策無効性の主張は *IS–LM* 曲線の**流動性のわな**として表現される。ただし，通常の不況に対しては，一定範囲で金融政策の効果は認めるので，**微調整**と呼ばれる景気に対応しての金融政策の発動を提唱する。

マネタリズムは財政政策の効果を疑問視し，**金融政策**を重視する（これがマネタリズムと呼ばれるゆえんである）。ただし，金融政策の影響自体は重大であるとするが，その影響が出現するタイミングが不確定であるとする。このため，安定した貨幣供給を主唱し，景気変動に対応しての金融政策発動には反対する。

◆認知のラグ・行動のラグ・効果のラグ

政策の必要が生じてから，それが政府によって認識されるまでの時間の遅れを**認知のラグ**という。政策の必要が認知されてからそれが実行されるまでの時間の遅れを**行動のラグ**という。政策が実行に移されてからその効果が出現するまでの遅れを，**効果のラグ**という。財政政策は効果のラグが小さいのに対して，金融政策は行動のラグが小さいと言われる。これらのラグの和が大きい場合，景気変動対策としての金融財政政策はかえって，景気の反動を大きくしてしまう。

◆「金利」対「マネーストック」

ケインズ経済学によれば，金融政策は投資を通じて，有効需要を動かす。ゆえに，投資を動かす**金利**の管理を重視する。この結果，金利が目標値に固定さるべくマネーストックが変動する。

マネタリストは，（金利のみならず）**マネーストック**自体が産出に影響を与えると主張する。ゆえに，マネーストック管理が金融政策の目標となる。また，長期的に金利を所与の水準に固定することは不可能とする。

◆「裁量」対「規則」

ケインズ経済学は，景気対策として政府の**裁量**による経済政策の発動を提唱する。

マネタリズムは**規則**による政策発動を主張する。

たとえば，金融政策面ではケインズ経済学は経済状況に応じて政府の判断による金融政策の発動を求めるが，マネタリズムは **k％ルール**と呼ばれる，（景気の状況には無関係な）一定速度でのマネーストック増を提唱する。

◆クラウディング・アウト

マネタリストによる財政政策無効性の主張は**クラウディング・アウト**の考えを産んだ。クラウディング・アウトとは，政府支出増は投資の減少をもたらすので，全体として有効需要は増加しないとの主張である。LM 曲線が垂直なときに典型的なクラウディング・アウトが生じる。逆に，LM 曲線が水平のとき

には，クラウディング・アウトはまったく生じない。

■例題 11.1 ──────────────── クラウディング・アウト

　IS–LM 曲線図を用いて，以下の質問に答えよ。
(1) 〔貨幣需要の利子弾力性〕*LM* 曲線が垂直な場合に 100% のクラウディング・アウトが生じることを示せ。
(2) 〔流動性のわな〕流動性のわなが存在する場合に，クラウディング・アウトがまったく生じないことを示せ。

【解答】
(1)　政府支出 g の増加は *IS* 曲線をその乗数倍だけ右方にシフトさせる。しかし *LM* 曲線が垂直であると，図 11.1 のように均衡 GDP y は変化しない。すると，総需要 $c+i+g$ も変化しない。y が変化しない場合，消費 c は変化しない。これから，g が増加した分だけ投資 i が減少したことがわかる。実際，図 11.1 から均衡利子率が上昇しているので，利子率の関数である投資が減少していることが理解される。

　以上をまとめると，当初の政府支出増がちょうどそれと同じ大きさだけの投資 i の減少を引き起こす。つまり，100% のクラウディング・アウトが生じている。

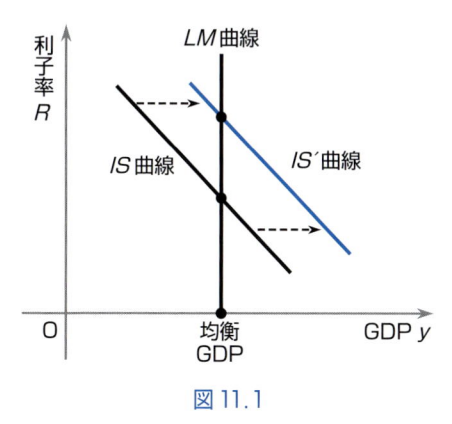

図 11.1

(2)　流動性のわなとは，*LM* 曲線の一部が水平となり，この水平の部分で *LM*

曲線が IS 曲線と交わっている状態をいう。政府支出 g の増加は IS 曲線をその乗数倍だけ右方にシフトさせる。LM 曲線が水平であると，図 11.2 のように均衡 GDP y は IS 曲線が右にシフトしただけ右に移動する。つまり，政府支出増の乗数倍だけ均衡 GDP が増加する。この場合，均衡利子率は変化しないから，投資 i は一定のままである。つまり，政府支出増は投資を変化させなかったことになる。クラウディング・アウトはまったく生じなかったのである。

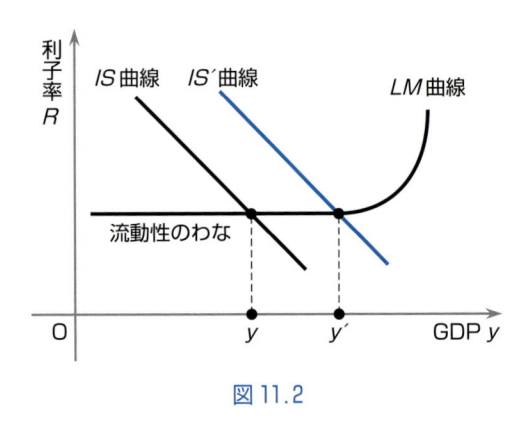

図 11.2

練習問題

11.1 (基礎知識)

以下の各文の空欄には適当な言葉・数式を入れ，(／) の欄からはもっとも適当な言葉を選べ．

(1) J 個の経済目標を達成するためには，少なくとも J 個の独立な経済政策が手段として必要とされるという命題を，_____ の定理という．

(2) マネタリズムとは（フリードマン／サミュエルソン／トービン）によって再建された貨幣数量説を中心とする理論である．

(3) ケインズ経済学は特に（積極的金融政策／積極的財政政策／安定的財政策）による景気安定を主唱する．

(4) 政策の必要が認識されてからそれが実行されるまでの時間の遅れを（認知／行動／効果）のラグという．

(5) ケインズ経済学は金融政策の目標として，（金利管理／マネーストック管理／信用調節）を重視する．

(6) マネタリズムは一定速度での貨幣増を提唱する．この命題は _____ と呼ばれる．

(7) クラウディング・アウトとは，政府支出増は（消費／投資／租税）の減少をもたらすとの主張である．

(8) LM 曲線が（水平／垂直／右下がり）のときに完全なクラウディング・アウトが生じる．

11.2 (正誤問題)

以下の各文の正誤を述べよ．

(1) マンデルの定理は，ポリシー・ミックスにおいての政策の割当問題に関するものである．

(2) ケインズ経済学は積極的な経済への介入を主張する．

(3) マネタリズムは小さな政府を主張する．

(4) 流動性のわなを代表的な例として，マネタリズムは金融政策の有効性を主張する．

(5) 金融政策は効果のラグが小さいといわれる．

(6) マネタリズムは金利操作による景気安定を主張する。
(7) ケインズ経済学は政府の裁量による景気安定政策の発動を主張する。
(8) 完全なクラウディング・アウトが生じれば，政府支出による景気安定政策は不可能となる。

11.3 （マンデルの定理）

以下の例を使って，マンデルの定理を説明せよ。

図 11.3 の XX 線は，インフレのない完全雇用をあらわす。すなわち，XX 線上における利子率と財政剰余の組合せでは，国内市場で総需要と総供給が均衡するので，失業もインフレも生じない。図の FF 線は国際収支均衡をあらわす。すなわち，FF 線上における利子率と財政剰余の組合せでは，国際収支が均衡する。政府の目標は完全雇用達成と国際収支の均衡である。政府の政策手段は利子率（金融政策）と財政剰余（財政政策）である。

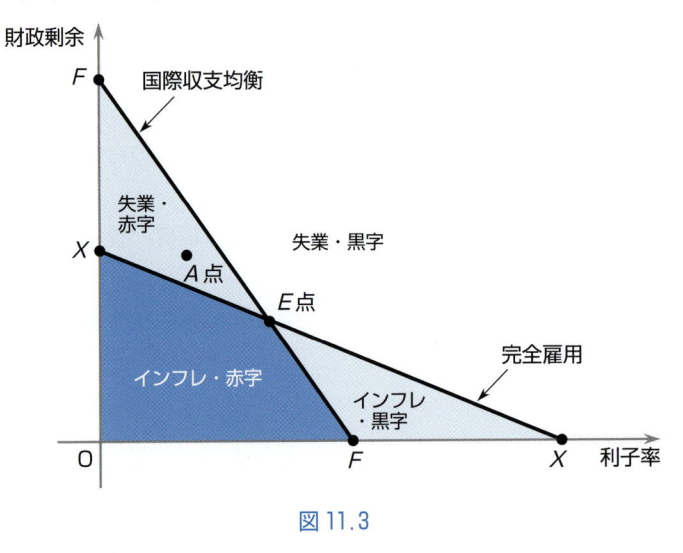

図 11.3

以下の質問に答えよ。
(1) XX 線はなぜ右下がりになるのか。
(2) XX 線の上方では失業が生じ，下方ではインフレが生じる。なぜか。
(3) FF 線はなぜ右下がりになるのか。
(4) FF 線の上方では，国際収支が黒字となり，下方では赤字となる。なぜか。
(5) FF 線の傾き（の絶対値）は必ず XX 線の傾き（の絶対値）より大きい。

なぜか。

(6) 当初の経済の状態は，A 点であるとしよう。ここで，利子率を使って完全雇用を達成したとしよう。すると，経済はどの点に移るか。

(7) (6) の次に，財政剰余を使って国際収支の均衡を達成したとしよう。すると，経済はどの点に移るか。

(8) 以上の (6)，(7) の過程を繰り返すと，経済の状態は E 点から離れていくことを示せ。

(9) (6) において，財政剰余を使って完全雇用を達成し，(7) において利子率を使って国際収支均衡を達成すると，次第に経済の状態は E 点に近づくことを示せ。

(10) FF 線は XX 線より傾きが急である。これより，国内均衡達成のためには，利子率の方が財政剰余より効率的であることがわかる。なぜか。同様に，国際収支均衡達成のためには，財政剰余の方が利子率より効率的であることがわかる。なぜか。

(11) (9) と (10) とを比較して，マンデルの定理を導け。

11.4 （認知のラグ・行動のラグ・効果のラグ）

$X(t)$ を経済政策が存在しない場合の t 期の産出，$Y(t)$ を経済政策による t 期の産出の変化分，$Z(t)$ を実際の t 期の産出としよう。すると，
$$Z(t) = X(t) + Y(t)$$
という関係にある。各変数は時間とともに変動するとしよう。そのときの各変数の変動の程度を，その変数の分散（＝標準偏差の自乗）であらわす。$Z(t)$，$X(t)$，$Y(t)$ の各変数の分散を σ_Z^2, σ_X^2, σ_Y^2 としよう。このとき，以下の命題が成立する。

（ⅰ）確率論により，σ_Z^2, σ_X^2, σ_Y^2 の間には，
$$\sigma_Z^2 = \sigma_X^2 + \sigma_Y^2 + 2\rho_{XY}\rho_X\rho_Y \tag{A式}$$
の関係が成立することを示せる。ただし，ρ_{XY} は $X(t)$ と $Y(t)$ の間の相関係数である。

（ⅱ）定義上，$-1 \leq \rho_{XY} \leq 1$ であり，$\sigma_Z, \sigma_Y \geq 0$ である。

（ⅲ）σ_X^2 は所与である。

以下の設問に答えよ。

(1) 完全な景気変動対策とは，$\sigma_Z = 0$ となるような $Y(t)$ である。なぜか，説

明せよ。
(2) 経済政策により政府は $Y(t)$ を操作できる。これは，政府が σ_Y と ρ_{XY} とを操作できることを意味する。では，$\rho_{XY}=0$ とはどのような経済政策を意味するか。
(3) $\rho_{XY}=1$ はどうか。
(4) $\rho_{XY}=-1$ はどうか。
(5) $\sigma_Y=0$ とは何を意味するか。
(6) σ_Y が大きいとは何を意味するか。
(7) 標準偏差 σ_Y と相関係数 ρ_{XY} とを比較した場合，政府は相関係数 ρ_{XY} の方は操作しにくいといわれる。なぜか。
(8) $\rho_{XY}=0$ のとき，σ_Z^2 を最小にする σ_Y はいくらか。A式を用いて求めよ。
(9) (8) の場合の答として得られる σ_Y の値を，なぜそうなのか直観的に説明せよ。
(10) $\rho_{XY}=-1$ のとき，最適な σ_Y はいくらか。最適な σ_Y がとられた場合，σ_Z はいかほどとなるか。A式を用いて答えよ。
(11) (10) の結果はなぜうまれたか。直観的に説明せよ。
(12) $-1\leq\rho_{XY}\leq 0$ の範囲に ρ_{XY} があるときに，A式から σ_Z^2 を最小にする σ_Y を ρ_{XY} の関数として導け。最適な σ_Y がとられたときの σ_Z^2 はいくらか。
(13) $\rho_{XY}=-0.6$ のときに (11) で求められた最適な σ_Y を採用すると，σ_Z/σ_X はいかほどとなるか。
(14) (13) は直観的にどのようなことを意味しているか。
(15) 認知のラグ・行動のラグ・効果のラグが大きいときには，ρ_{XY} はどのような値をとるか。
(16) 以上から，GDP 安定策としての経済政策の有効性を評価せよ。

11.5 （クラウディング・アウト）

IS–LM 曲線図を用いて，以下の質問に答えよ。
(1) 投資の利子弾力性が無限大のときに，100% のクラウディング・アウトが生じることを示せ。
(2) 投資の利子弾力性が 0 のとき，クラウディング・アウトがまったく生じないことを示せ。

11.2　新しい古典派

◆**政府の予算制約式**

政府は第 t 期に以下のような予算制約式に面する。

$$g_t + rb_t = \tau_t + (b_{t+1} - b_t) + \frac{M_{t+1} - M_t}{P_t}$$

上式の左辺は政府の歳出を示し，右辺は歳入を示す。左辺第1項は政府の財・サービス購入であり，第2項は既存公債への利払いである。右辺第1項は租税収入であり，第2項の（　）内は公債新規発行による収入であり，第3項は造幣益をあらわす。財政政策面を特に調べるために，造幣益は以下ではないものと仮定しよう。

t 期の予算制約式の両辺に $\frac{1}{(1+r)^t}$ を乗じて，$t = 1$ から無限大までのそれらの式を足し合わせる。すると，

$$\sum_{t=1}^{\infty} \frac{g_t}{(1+r)^t} + b_1 = \sum_{t=1}^{\infty} \frac{\tau_t}{(1+r)^t}$$

を得る。これが第1期から無限の先までに関する**政府の予算制約式**である。

◆**リカードの等価定理**

現在から将来にわたる政府支出は所与としよう。このとき，現在において公債発行により歳入をまかなうことによって減税を行っても，経済主体の行動は変化しない，という命題を**リカード**（Ricardo, D.）**の等価定理**（あるいは，**バロー**（Barro, R. J.）**の中立命題**）という。リカードの等価定理が成立すると，租税の多寡は消費などの経済行動に影響を与えないことになる。したがって，ケインズ経済学の基礎がゆらぐ。

政府支出は所与としよう。現在政府が減税を行うと，政府の予算制約式を満たすためには，公債発行を行って収入を増やさなくてはならない。この公債は将来償還しなくてはならない。ゆえに政府は将来増税しなくてはならない。すると，経済主体の立場からは当初の現在の減税は将来の増税を意味するにすぎない。割引現在価値でみれば，両者は相等しいことが証明できるので，現在の減税は主体の実質資産を増やさないのである。つまり，減税は主体の行動に影響しないはずである。

より厳密に言えば，リカードの等価定理は，
（ⅰ）主体が合理的に期待を形成すること，
（ⅱ）主体が子孫への遺産まで考慮に入れて最適化行動を行うこと，
（ⅲ）主体に流動性の制約がないこと，
等の前提を必要とする。（ⅱ）の前提は異世代間利他主義（親子間の愛情のこと）の仮定とも呼ばれる。

◆「新しい古典派」財政政策論

　財市場は（GDP ではなく）実質利子率の調整によって均衡する，との考え方に立つ財政政策理論を**「新しい古典派」財政政策論**という。バローらのいわゆる「新しい古典派」によって提唱された。この考え方によれば，政府支出増は GDP 増をもたらすが，その大きさは政府支出増が一時的なものか恒常的なものかによって異なる。

　今期の産出と消費は，家計の現在と将来の間の最適資源配分問題として決定される。これは代替効果と所得効果の和として解かれる。実質利子率の逆数は現在財を基準としたときの将来財の価格と解釈できる。ゆえに，実質利子率の上昇は将来財の価格下落を意味する。このとき，代替効果から家計は現在より将来に消費財を消費しようとする。同様に，実質利子率の上昇は，現在の実質賃金率に比較して将来の実質賃金率の下落を意味する。家計は将来より現在に労働しようとする。このために，現在の産出が増える。家計の実質資産が大きくなると所得効果が働く。より多く消費財と余暇を現在（および将来）において消費しようとするため，消費が増える。また労働供給が減り，産出が減る。投資は企業の現在と将来の間の最適問題として決定される。実質利子率が上昇すると，資本の最適水準が減少するため，現在の投資が減る。

　財市場の均衡は以下のような産出と消費・投資・政府支出との均衡によって与えられる。上記より，家計の問題である産出・消費は実質利子率と実質資産の関数であり，企業の問題である投資は実質利子率のみの関数である。ただし，w は実質資産であり，現在から将来までの主体の所得の割引現在価値から租税の割引現在価値を差し引いたものである。

$$y(r,w) = c(r,w) + i(r) + g$$

　w が与えられると，この式を満たすように実質利子率 r が決定され，その結果産出が定まると考える。政府支出の産出への効果はこの式から求められる。

11.2 新しい古典派

■ 例題 11.2 ──────────────────────── リカードの等価定理

以下の設問に答えて，リカードの等価定理を証明せよ。簡単化のために，民間経済主体はただ1人からなるとし，利子率は現在から将来まで常に一定で r であるものとする。

(1) 〔**政府支出**〕政府支出は，今期以降，g_1, g_2, g_3, …というように毎期支出されるものと予想されるとしよう。政府支出の割引現在価値を求めよ。

(2) 〔**実質資産**〕民間主体は，現在 b_1 だけの公債を資産として保有しているとする（それ以外の資産はないものとする）。また，現在から将来にかけて毎期 y_1, y_2, y_3, …だけの税引前所得を得ると予想されている。さらに，租税（定額税）は，τ_1, τ_2, τ_3, …だけの額が各期に課されることが予想されているとしよう。このとき，税引後所得の割引現在価値と現在資産の合計である実質資産 w はいくらか。

(3) 〔**政府予算制約式**〕以下の政府の予算制約式を用いて，(2) における実質資産 w を政府支出の関数として導け。
$$\sum_{t=1}^{\infty} \frac{g_t}{(1+r)^t} + b_1 = \sum_{t=1}^{\infty} \frac{\tau_t}{(1+r)^t}$$

(4) 〔**リカードの等価定理**〕(3) の結果によれば，民間主体の実質資産 w は，政府支出 g_1, g_2, g_3, …のみに依存し，租税 τ_1, τ_2, τ_3, …に依存しない。この結果はリカードの等価定理と一致することを論ぜよ。

(5) (3) の結果によれば，主体が保有する公債 b_1 は主体の純資産ではない。なぜか。

【解答】

(1) g_1, g_2, g_3, …の割引現在価値を求めると，
$$\sum_{t=1}^{\infty} \frac{1}{(1+r)^t} g_t$$

(2) 税引前所得から租税を差し引いたものの割引現在価値を求め，現在資産 b_1 を加えればよい。すると，
$$w = \sum_{t=1}^{\infty} \frac{1}{(1+r)^t}(y_t - \tau_t) + b_1 = \sum_{t=1}^{\infty} \frac{1}{(1+r)^t} y_t - \sum_{t=1}^{\infty} \frac{1}{(1+r)^t} \tau_t + b_1$$

(3) 政府の予算制約式の右辺を (2) の w に代入すると，

$$w = \sum_{t=1}^{\infty} \frac{1}{(1+r)^t} y_t - \sum_{t=1}^{\infty} \frac{1}{(1+r)^t} \tau_t + b_1$$
$$= \sum_{t=1}^{\infty} \frac{1}{(1+r)^t} y_t - \left\{ \sum_{t=1}^{\infty} \frac{1}{(1+r)^t} g_t + b_1 \right\} + b_1$$
$$= \sum_{t=1}^{\infty} \frac{1}{(1+r)^t} y_t - \sum_{t=1}^{\infty} \frac{1}{(1+r)^t} g_t$$

(4) (3) によれば，主体の実質資産 w は，税引前所得と政府支出のみに依存する。逆に言えば，現在資産である公債 b_1 にも，現在の租税 τ_1 にも依存しない。つまり，政府支出 g_1, g_2, g_3, …の額が所与である限り，現在（および将来）における租税の額は主体の純資産に影響を与えない。ゆえに，主体の行動に影響を与えない。リカードの等価定理は，現在から将来への政府支出パターンを一定としたときに，現在の租税額が主体の行動へ影響を与えないとする命題であった。これはまさに今述べられたことにほかならない。

(5) (3) の式によれば，b_1 は w に影響を与えない。つまり，民間主体が現在保有する公債は主体の実質資産に影響を与えないのである。これは，公債とは民間主体の資産である一方で，政府の負債でもあるためである。政府の負債は，その分だけの将来の租税を呼び起こす。つまり，民間経済主体の立場からみると，資産としての公債の価値はちょうどその大きさだけの将来の課税の負の価値によって打ち消される。このため，保有する公債は主体の「純」資産ではない。

練習問題

11.6 （基礎知識）
以下の各文の空欄には適当な言葉・数式を入れ，（／）の欄からはもっとも適当な言葉を選べ．

(1) 現在から無限の将来までの政府の予算制約式においては，租税の割引現在価値と政府支出の割引現在価値の差は現在の_____の残高に等しい．

(2) リカードの等価定理は，「_____の中立命題」とも呼ばれる．

(3) リカードの等価定理によれば，（金利／政府支出／公債残高）を所与とする限り，租税の変化は経済主体の行動に影響を与えない．

(4) リカードの等価定理は，経済主体が子孫への_____を考慮に入れて最適化を行うことを前提としている．

(5) 「新しい古典派」財政政策論においては，財市場は（GDP／実質利子率／物価）の変動によって均衡すると考える．

(6) 「新しい古典派」財政政策論においては，政府支出増はそれが一時的なものか，_____的なものかによって効果がわかれる．

(7) リカードの等価定理によれば，経済主体の保有する（公債／貨幣／実物資産）は主体にとって純資産ではない．

11.7 （正誤問題）
以下の各文の正誤を述べよ．

(1) 造幣益は政府の予算制約式においては，歳出として扱われる．

(2) リカードの等価定理は，租税と公債発行とが民間経済主体にとっては等価なのでその名がある．

(3) リカードの等価定理によれば，現在の減税は将来の増税を意味するにすぎない．

(4) リカードの等価定理は流動性の制約があると成立しない．

(5) 異世代間利他主義とは親子間の愛情をいう．

(6) 実質利子率の逆数は現在財に比較したときの将来財の価格と解釈できる．

(7) 「新しい古典派」財政政策論では，消費は名目利子率の関数と考える．

(8) 「新しい古典派」財政政策論では，産出は主体の実質資産の影響を受ける

と考える。

11.8 （リカードの等価定理）

第1期と第2期の2期間しかないような経済を考えよう。政府は第1期に g_1 円の支出を予定しているが，第2期には支出は0である。政府は第1期の支出の資金を調達するのに，第1期に2つの方法があるとしよう。（ⅰ）すべて第1期の租税で調達する，（ⅱ）すべて公債発行で調達する，である。簡単化のために，第1期当初の公債残高は0とし，民間経済主体は1人しかいないものとし，利子率を r とする。

以下のように仮定する。「(A) この民間経済主体は2期間とも生きる」。この仮定のもとに，以下の設問に答えよ。

(1) この2期間経済における政府の第1期と第2期の予算制約式を書き，(ⅱ) 公債発行の方法を取ったとき第2期に課税が不可欠となることを示せ。

(2) 「(ⅰ) すべて第1期の租税で調達する」から「(ⅱ) すべて公債発行で調達する」への収入調達方法の変更は第1期の減税を意味する。なぜか。

(3) 政府が (ⅰ) の方法をとったとき，第1期の時点からみた民間経済主体の生涯の租税の割引現在価値はいくらか。

(4) 政府が (ⅱ) の方法をとったとき，第1期の時点からみた民間経済主体の生涯の租税の割引現在価値はいくらか。(3) と比較せよ。

(5) (4) の事実は減税の主体に与える効果についていかなる事実を示すか。リカードの等価定理は成立するか。

(A) の仮定を以下のように変更する。「(B) 民間経済主体は1期間のみ生きる。第1期と第2期の主体は相異なった主体であり，両者の間に愛情関係は存在しない」。この仮定のもとに以下の設問に答えよ。

(6) 政府が (ⅰ) の方法をとったとき，第1期に生きる主体の生涯の租税の割引現在価値はいくらか。

(7) 政府が (ⅱ) の方法をとったとき，第1期に生きる主体の生涯の租税の割引現在価値はいくらか。(6) と一致するか。

(8) (7) の結論は減税の第1期の主体に与える効果についていかなる事実を示すか。リカードの等価定理は成立するか。

(9) この経済において政府は2期間生きている。(5) と (8) の結論を比較して，減税の有効性は民間主体の寿命と政府の寿命との相違に依存することを示せ。

(B) の仮定を以下のように変更する。「(C) 主体は 1 期間のみ生きる。つまり，第 1 期と第 2 期の主体は相異なった主体である。しかし，第 1 期の主体は親であり，第 2 期の主体はその子であるとする。親は子を愛する」。この仮定のもとに以下の設問に答えよ。

(10)　子の効用を U_2 とし，親の主体の効用を U_1 とする。すると，(C) の仮定は以下のように表現される。以下の表現の意味を論ぜよ。
$$U_1 = u(c_1) + \beta U_2$$
ただし，c_1 は親の消費量であり，$u(c_1)$ は親の消費から生じる親の満足感，β は $0 < \beta < 1$ であるとする。

(11)　2 期間経済では，第 2 期が最終期であり，子がさらに子を産むことはない。ゆえに，子の効用 U_2 は以下のように表現される。ただし，c_2 は子の消費量である。
$$U_2 = u(c_2)$$
これを (10) に代入して，結局親の効用は 2 期間の消費の効用から定まること，すなわちあたかも 2 期間生きる主体の決定問題として解釈できることを示せ。

(12)　(11) の結果を用いて一般に親はなぜ遺産を子供に残すのか説明せよ。

(13)　(11) の結論から，結局 (C) の仮定は (A) の仮定と同じ結論を導くことを示せ。特に，第 1 期の減税が親の消費を増やさないことを示せ。

(14)　(A), (B), (C) の前提のうち，現実にもっとも近いと考えられるものはどれか。論ぜよ。そのもっとも近い前提下ではリカードの等価定理は成立するか。

11.9　（流動性の制約）

　2 期間生きる，ある民間経済主体を考えよう。この主体の貯蓄・消費問題を考えよう。1 期目の所得が 1300 万円，2 期目の所得が 2200 万円としよう。利子率は 10% とする。1 期目の消費量を c_1，2 期目の消費量を c_2 とする。この主体は当初資産を持たず，遺産は残さない。1 期目の所得に対して 300 万円の課税がなされるとする。

(1)　この主体の生涯の予算制約式を書け。

(2)　効用関数が $U(c_1, c_2) = c_1 c_2$ で与えられるとしよう。(1) の予算制約の下に，この効用関数を最大にする c_1 を求めよ。

(3)　(2) における最適な c_1 の値は 1 期目の税引後所得より大か小か。もし，大

ならばその最適な消費量を達成するためにいかほど借金しなければならないか。
(4) この主体が借金することは，不可能であるとしよう。この事態は「流動性の制約」と呼ばれる。流動性とは何か。なぜこの事態が流動性の制約と呼ばれるのか。
(5) 流動性の制約があるときの，1期目の消費量はいかほどか。
(6) 政府は1期目に300万円課税する計画を変更して，2期目に330万円課税することにした。この計画を実行したときに，主体の税引後所得の割引現在価値は変化しないことを確認せよ。
(7) (6)の場合，主体の1期目の消費量は増加する。なぜ増加するのか。
(8) (6)と(7)の結果によれば，少なくともこの主体に関する限り，流動性の制約があるときにリカードの等価定理は成立するか。
(9) どのような理由により流動性の制約は生じるのか。どの程度生じやすいか。

11.10 （「新しい古典派」財政理論）

第1期と第2期との2期間からなる経済を考えよう。簡単化のために，この経済には主体は1人しかいないとし，この主体は2期間とも生きるとしよう。この主体の現在の所得は y_1，将来の所得は y_2，現在の消費は c_1，将来の消費は c_2 とする。利子率を r とする。第1期当初の資産は0であり，遺産は残さないとする。

(1) 〔**生涯所得**〕この主体の生涯における所得の割引現在価値を示せ。
(2) 〔**恒常所得**〕もし第1期と第2期の両期ともに $\bar{y}$ だけの所得を得ると，その割引現在価値は(1)の割引現在価値に等しくなるとしよう。この $\bar{y}$ は(y_1, y_2 の）恒常所得と呼ばれる。恒常所得を y_1, y_2 を用いてあらわせ。
(3) 〔**平均所得**〕恒常所得は y_1 と y_2 の（加重）平均とみなせる。なぜか。(2)の結果を用いて，説明せよ。
(4) 〔**恒常所得**〕(1)の割引現在価値を恒常所得 $\bar{y}$ を用いてあらわせ。
(5) 〔**予算制約式**〕(4)の結果を用いて，この主体の c_1 と c_2 に対する予算制約式を書け。
(6) 〔**将来財価格**〕(5)の予算制約式からなぜ，$1+r$ の逆数が第1期からみた将来財の価格とみなせるのか，説明せよ。
(7) 〔**最適消費**〕(5)の予算制約式と c_1, c_2 との無差別曲線を図に描いて，最適な c_1, c_2 の消費量を図上で示せ。

11.2 新しい古典派

(8) 〔**利子率**〕恒常所得 $\bar{y}$ が一定のまま利子率 r が増えると，（通常は）最適な c_1 が減少する．これを (7) の図から示せ．

(9) 〔**利子率**〕(8) の結果を (6) の将来財価格の変化の観点から直観的に説明せよ．

(10) 〔**最適消費**〕利子率 r が一定のまま，恒常所得 $\bar{y}$ が減少すると，最適な c_1 が（通常は）減少する．これを (7) の図から示せ．

(11) 〔**恒常所得**〕(8) の関係を縦軸 r，横軸 c_1 の図に描け．恒常所得 $\bar{y}$ が減少したとき，この曲線はどのようにシフトするか，(10) の結果を用いて説明せよ．

(12) 〔**一時所得**〕$(y_1 - \bar{y})$ を（第1期の）一時所得という．恒常所得が一定である限り，一時所得の変化は消費量 c_1 に影響しない．なぜか．(8) における予算制約線を用いて論ぜよ．

(13) 〔**政府支出**〕第1期の政府支出を g_1，第2期の政府支出を g_2 とする．政府支出の割引現在価値を示せ．

(14) 〔**恒常政府支出**〕もし第1期と第2期の両期ともに $\bar{g}$ だけの政府支出をすると，その割引現在価値は (13) の割引現在価値に等しくなるとしよう．$\bar{g}$ は $(g_1, g_2$ の）恒常政府支出と呼ばれる．恒常政府支出 $\bar{g}$ を g_1, g_2 を用いてあらわせ．

(15) 〔**平均政府支出**〕恒常政府支出 $\bar{g}$ は g_1 と g_2 の（加重）平均とみなせる．なぜか．(14) の結果を用いて説明せよ．

(16) 〔**純資産**〕主体の当初の公債保有は 0 である．このとき，リカードの等価定理によれば，政府支出の割引現在価値は租税の割引現在価値に等しい．これを前提として，主体の税引後所得の割引現在価値を，恒常所得 $\bar{y}$ と恒常政府支出 $\bar{g}$ を用いてあらわせ．この税引後所得の割引現在価値を主体の純資産 w と呼ぶ．

(17) 〔**最適消費**〕政府支出 g_1, g_2 がある場合，最適な c_1 の量はどのように決定されるか．(16) の結果を，(7) の結果に適用して，説明せよ．

(18) 〔**恒常政府支出**〕恒常政府支出 $\bar{g}$ の増加は最適な c_1 をどのように変化させるか．

(19) 〔**均衡利子率**〕第1期財供給は y_1 の水準で固定されているとしよう．投資は存在しないとする．すると，第1期財需要は $c_1 + g_1$ である．ここで政府支出 g_1 は利子率 r とは無関係の定数とする．財市場の均衡 $y_1 = c_1 + g_1$ から，均衡利子率 r^* が決定される．(11) の図を用いて，均衡利子率の水準を求めよ．

⒇ 〔**一時政府支出**〕g_1 は増加するが，恒常政府支出 $\bar{g}$ は一定であるとしよう。このとき，消費量 c_1 は減り，均衡利子率 r^* は増加する。なぜか。⒅ の結果と ⒆ の利子率決定の図を用いて論ぜよ。

(21) 〔**恒常政府支出**〕g_1 の増加とともに恒常政府支出 $\bar{g}$ も増えると予想される場合を考えよう。このとき，消費量 c_1 は減るが，均衡利子率 r^* は変化しない。図を用いて示せ。

(22) 〔**戦争**〕第1期に戦争が起きたとしよう。第2期には平和になると予想されるとしよう。戦争が起きると，軍事支出が増える。ゆえに，その期の政府支出は増える。簡単化のために，恒常所得が変化しないと予想されるとしよう。利子率は変化するか。

(23) 〔**非軍事支出**〕第1期に非軍事用途のための政府支出が増加し，これは第2期にも続くと予想されるとしよう。このとき，利子率は変化すると予想されるか。

12 経済成長

12.1 経済成長理論

◆カルドアの定型化された事実

経済成長とは実質 GDP（＝産出）が長期的に増加する現象をいう。カルドア（Kaldor, N.）は先進国経済の経済成長について以下のような**定型化された事実**をあげている。

（ⅰ）一人あたり産出の増加，
（ⅱ）一人あたり資本の増加，
（ⅲ）資本収益率一定，
（ⅳ）資本-産出比率一定，
（ⅴ）労働所得率と資本利益率一定，
（ⅵ）一人あたり産出の増加率は国ごとに異なる。

これらの特徴を説明するような理論モデルを**経済成長理論**という。なお，発展途上国の経済成長についての研究は別の理論分野を形成し，**経済発展論**と呼ばれる。

◆成長論の枠組み

成長論は以下のような**枠組み**を共通して前提する。t 期の資本 K_t と労働 L_t を利用して生産物 Y_t が産出される。この生産物の一部が消費され，残余が投資として追加的な資本を形成する。生産関数を

$$Y_t = F(K_t, L_t)$$

であらわす。**限界貯蓄性向**を s とし，貯蓄関数を

$$S_t = sY_t = F(K_t, L_t)$$

とする。変数 x_t を時間 t の関数としよう。このとき $\dot{x}_t$ は時間 t に関する**微係数**

$$\frac{dx_t}{dt}$$

をあらわす。投資にともなう資本増加分 $\dot{K}_t$ は，

$$\dot{K}_t = sF(K_t, L_t) - \delta K_t$$

となる。ただし，δ は**資本減耗率**である。**労働増加率**は常に n であるとする。つまり

$$\dot{L}_t = nL_t$$

とする。

$$\frac{\dot{Y}_t}{Y_t}$$

を**経済成長率**という。このような前提下で長期的に経済成長率や一人あたり産出がどのように定まるかを調べるのが，経済成長理論である。

◆ハロッド＝ドーマー型成長理論

　ハロッド（Harrod, R. F.）とドーマー（Domar, E. D.）は生産関数を資本と労働に関して固定係数型であると想定した。資本の投入に関しては，追加的な 1 単位の産出 Y を得るために，追加的な v 単位の資本が必要とされるとしよう。v は**限界資本係数**と呼ばれる。資本蓄積によって増加する資本がすべて需要されるような産出の成長率を**保証成長率** G_w という。保証成長率は，s/v に等しくなることが示される。また，労働の投入に関しては，N だけの労働投入は $e^{gt}Y$ だけの産出を産むとする。e^{gt} は**技術進歩による労働生産性の上昇**をあらわし，g は**技術進歩率**と呼ばれる。労働 L は n の速度で増加する。このとき，増加する労働がすべて雇用されるような産出の成長率を**自然成長率** G_n という。自然成長率 G_n は $n+g$ に等しくなる。現実の経済成長率を G としよう。資本と労働が常に完全に利用されるような**均斉成長**が成立するためには，成長率 G が保証成長率 G_w と自然成長率 G_n との双方に等しくなくてはならない。すなわち，

$$\frac{s}{v} = n + g$$

が均斉成長のための必要条件である。しかし，s，v，n，g は外生的に決定される変数であるから，この条件が成立するのは偶然にすぎない。この条件が成立しないとしよう。保証成長率が自然成長率より高いと長期的に遊休資本が生じる。逆だと失業が累積する。さらに，たとえ $\frac{s}{v} = n+g$ が成立したとしても現実の成長率 G がこれらと異なった場合，その乖離はますます増加すること

が示される。つまり、ナイフエッジの上の均衡と呼ばれるほど資源の完全雇用をともなう経済成長は成立するのが難しい。このように**ハロッド＝ドーマー理論**では経済は長期的に不安定である。

◆**新古典派成長理論**

新古典派では、生産関数を資本と労働に関して一次同次であると仮定する。これは、資本と労働の双方がλ倍になると産出もλ倍になるとの想定である。すると、労働1単位あたりの資本を

$$k\left(=\frac{K}{L}\right)$$

労働1単位あたりの生産関数を

$$f(k)\left(=\frac{F(K,L)}{L}\right)$$

とすると、労働1単位あたりの資本の**資本蓄積式**は、

$$\dot{k}_t = sf(k_t) - (n+\delta)k_t$$

となる。

新古典派成長理論では、どのような資本–労働比率より出発しようと、**定常状態**と呼ばれる**資本–労働比率** k^* に時間とともに近づくことが示される。この性質を**定常状態の安定性**という。この k^* は、

$$sf(k^*) = (n+\delta)k^*$$

を満たす k^* として求まる。この式より定常状態となる資本–労働比率は1つしかないことがわかる。定常状態では産出・資本・労働などの変数はすべて同じ速度で増加する。つまり、そこでの経済成長率は n に等しい。

限界貯蓄性向 s を変えることにより、定常状態の中でも労働1単位あたり消費が最大となるような資本–労働比率 k^{**} を選ぶことができる。この資本–労働比率を**黄金律成長経路**という。この k^{**} は、

$$f'(k^{**}) = n+\delta$$

を満たす k^{**} として求まる。

◆**賃金率・利子率**

新古典派的経済に完全競争的な家計と企業を導入しよう。家計は労働と資本を保有し、これを企業に賃貸して賃貸料を得る。この賃貸料を予算として、消費支出と貯蓄（＝資本蓄積）を行う。企業は家計より労働と資本を賃借し、生産関数に従って生産物を産出し、その収益から労働と資本に賃借料を支払い、

残余を利潤として株主（家計）に分配する。この際の労働の賃借料が賃金 w である。資本賃借料は（債券への利子支払として定義された）**利子率** r に等しくなることが示せる。

完全競争の場合，企業は労働の限界生産性が**賃金率**に等しい点まで労働を需要する。また，資本の限界生産性が資本の賃貸料に等しい点まで労働を需要する。これから，

$$r_t = \frac{\partial F(K_t, L_t)}{\partial K} = f'\left(\frac{K_t}{L_t}\right)$$

$$w_t = \frac{\partial F(K_t, L_t)}{\partial L} = f\left(\frac{K_t}{L_t}\right) - \frac{K_t}{L_t} f'\left(\frac{K_t}{L_t}\right)$$

が成立する。この式を用いて賃金率と利子率の経時的な動きを調べられる。

◆技術進歩

技術進歩が存在するとしよう。もし，技術進歩の影響があたかも労働が増加したかのごとくに働くとき，生産関数は

$$Y_t = F(K_t, e^{at} L_t)$$

と表現される。ただし，e は自然対数の底である。a は**技術進歩率**と呼ばれる。このような技術進歩は**ハロッド中立的**（あるいは，**労働節約的**）技術進歩と呼ばれる。逆に，技術進歩の影響があたかも資本が増加したかのごとく，

$$Y_t = F(e^{at} K_t, L_t)$$

と表現されるとき，**ソロー中立的**（あるいは，**資本節約的**）と呼ばれる。もし，技術進歩が

$$Y_t = F(e^{at} K_t, e^{at} L_t)$$

のように表現されると**ヒックス中立的**であるといわれる。定型化された事実を説明し得る技術進歩の型は，ハロッド中立的技術進歩である。$e^{at} L_t$ を**効率単位の労働**と呼ぶ。ハロッド中立的技術進歩については，単なる労働の代わりに効率単位の労働を用いれば，**労働成長率**として

$$n + a$$

を使用する以外は，技術進歩のない場合と同じ結論が成立する。定常状態においては，産出は a の率で増加する。利子率は一定であるが，賃金率は a の割合で上昇する。

◆新古典派理論における所得分配

新古典派理論における生産関数は一次同次と想定される。このとき，以下の

ような式が成立する。

$$Y_t = F(K_t, L_t) = \frac{\partial F(K_t, L_t)}{\partial K}K_t + \frac{\partial F(K_t, L_t)}{\partial L}L_t$$
$$= r_t K_t + w_t L_t$$

つまり，生産物（＝GDP）Y_t は資本への報酬 $r_t K_t$ か，労働への報酬 $w_t L_t$ かに分配しつくされる。上式を書き直すと，

$$\frac{r_t K_t}{Y_t} + \frac{w_t L_t}{Y_t} = 1$$

を得る。第1項は**資本分配率**であり，第2項は**労働分配率**である。

生産関数において，賃金率と資本賃借料の比が1％変化すると，労働と資本の比が何％変化するかを，**労働と資本の代替の弾力性** σ という。

$$\frac{d\left(\frac{wL}{rK}\right)}{d\left(\frac{w}{r}\right)} = \frac{L}{K} + \frac{w}{r} \cdot \frac{d\left(\frac{L}{K}\right)}{d\left(\frac{w}{r}\right)} = \frac{L}{K} - \frac{L}{K}\left\{-\frac{\frac{w}{r}}{\frac{L}{K}} \cdot \frac{d\left(\frac{L}{K}\right)}{d\left(\frac{w}{r}\right)}\right\} = (1-\sigma)\frac{L}{K}$$

が成立するので，賃金率–資本賃借料比率の増加にともない，労働分配率が増加するか否かは，σ が1より小か否かによる。

◆内生的成長理論

新古典派成長理論では，定常状態に達した後は，経済成長率は労働成長率に技術進歩率を加えたものに等しい。ゆえに経済政策が成長率に影響を与え得る範囲は定常状態への移行時に限定される。ローマー（Romer, P. M.）やルーカス（Lucas, R. E.）は，生産関数に収穫逓増を前提したり，人的資本の蓄積を仮定することにより，定常状態におけるこの技術進歩率が内生的に決定される可能性を示した。これを**内生的成長理論**という。内生的成長論の定常状態では，カルドアの定型化された事実はすべて満たされることが示される。内生的成長理論によれば，世界各国経済は定常状態にありながらも異なった成長率を持つことが予想される。

◆その他の成長理論

新古典派成長理論に貨幣を導入し，貨幣成長率が経済成長経路に与える影響を吟味するのが，貨幣的成長理論である。トービンらによって提唱された。資産として資本と貨幣（実質残高）の両者がある場合，経済主体による両者の間の資産選択が資本–労働比率に影響を与える。高い貨幣成長率にともなう高い

物価上昇率は名目利子率を上昇させて，貨幣保有を減らす。資産選択上，これは資本保有を増加させるので，資本-労働比率を上昇させ，一人あたり産出を増加させる。この意味で，適度なインフレーションは経済厚生を高める。

クープマンス（Koopmans, T. C.）やキャス（Cass, D.）は，新古典派成長理論の枠組みに家計の異時点間の効用最大化原理を導入した。これを**最適成長理論**という。最適成長理論においては，資本-労働比率は以下の条件を満たす k^* に次第に近づくことが示される。

$$f'(k^*) = n + \rho + \delta$$

ただし，ρ は**時間選好率**である。この k^* を**定常状態**と呼ぶ。定常状態では経済成長率は労働成長率に等しくなる。なお，シドラウスキー（Sidrauski, M.）は最適成長理論の枠組みにおいては，貨幣は資本-労働比率に影響を与えず，貨幣の超中立性が成立することを示した。

新ケインズ派成長論は，カルドア（Kaldor, N.）やジョーン・ロビンソン（Robinson, J. V.）などによって主張された。家計部門が労働者と資本家からなっているとしよう。資本家は家計より高い貯蓄性向を持つ。利潤は資本家に分配され，賃金は労働者に帰属する。このとき，経済全体の貯蓄性向は資本分配率によって決まる。貯蓄と投資の均等式から，巨視的な分配条件が定まる。ロビンソンは集計的資本ストックの概念を否定する。代わりに**技術進歩関数**の考え方を用いる。これは資本概念を用いずに投入と産出の関係を叙述する。

■ **例題 12.1** ────────────────────── 新古典派成長論

対数関数の定理から,
$$\log_e(xy) = \log_e(x) + \log_e(y)$$
という関係が成立する。ここで x を時間 t の関数とし，時間に関するその微係数を $\dot{x} = dx/dt$ とあらわそう。微分関数の理論から，$\{x+y\}^{\cdot} = \dot{x}+\dot{y}$ であり，また $\log_e(x)^{\cdot} = \dot{x}/x$ である。

以上の数学的知識を用いて，新古典派モデルを検討しよう。新古典派モデルは次の3つの式からなる。

$$Y_t = F(K_t, L_t) \quad \text{(生産関数)}$$
$$\dot{L}_t = nL_t \quad \text{(労働成長率一定)}$$
$$\dot{K}_t = sY_t - \delta K_t \quad \text{(資本蓄積式)}$$

(1) $F(K/L, 1) = f(K/L)$ と労働1単位あたりの生産関数 $f(k)$ を定義しよう。生産関数 $F(K, L)$ の一次同次性の性質を用いて，
$$y = f(k)$$
を導け。限界生産性逓減の法則から，これはどのような形のグラフを持つか。描け。

(2) 労働1単位あたり資本 k_t の定義式 $k_t = K_t/L_t$ の両辺の対数をとり，両辺を時間に関して微分して以下の式を導け。
$$\frac{\dot{k}_t}{k_t} = \frac{\dot{K}_t}{K_t} - \frac{\dot{L}_t}{L_t}$$

(3) 労働成長率一定の式と資本蓄積式を (2) の式に代入せよ。次に(1)の式を代入せよ。これから，以下の労働1単位あたり資本 k_t に関する資本蓄積式を導け。
$$\dot{k}_t = sf(k_t) - (n+\delta)k_t$$

(4) (3) の式を K_t に関する資本蓄積式 $\dot{K}_t = sY_t - \delta K_t$ と比較せよ。労働成長率 n がなぜ影響するのか，直観的に説明せよ。

(5) 図 12.1 の a 点の資本–労働比率では，資本–労働比率は時間的に増加するか否か。(3) の式を用いて，論ぜよ。

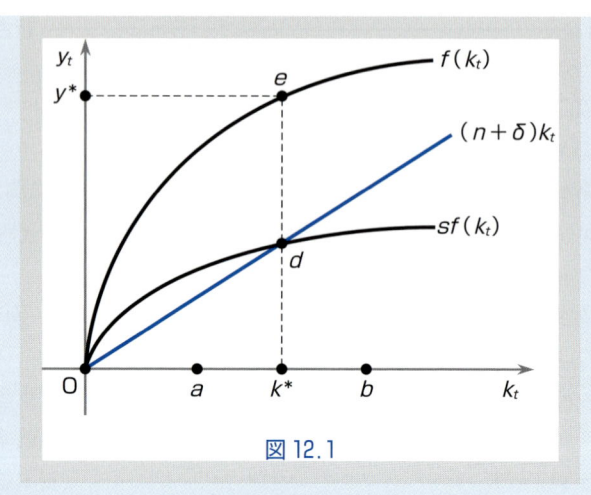

図 12.1

(6) 図 12.1 の b 点の資本−労働比率では，資本−労働比率は時間的に増加するか否か。

(7) (5), (6) より，資本−労働比率は長期的に k^* に近づくことを示せ。k^* は定常状態と呼ばれる。

(8) 定常状態における経済成長率は労働成長率 n に等しい。なぜか。

(9) 定常状態 k^* における労働 1 単位あたり消費量は図 12.1 のどの部分で示されるのか。

(10) 資本−労働比率が a 点であるような経済では，時間とともに利子率はどのように動くか。

(11) 資本−労働比率が a 点であるような経済では，時間とともに賃金率はどのように動くか。

(12) 経済政策によって，貯蓄性向 s を増加したとしよう。この結果，定常状態の資本−労働比率はどう変化するか。

(13) (12) において，新しい定常状態における経済成長率は古い定常状態に比べて変化するか。

(14) (12) において，新しい定常状態における労働 1 単位あたり消費量はどう変化するか。図から読み取れ。

(15) (14) の事実は政府の経済政策に対し，どのような点を示唆するか。

12.1 経済成長理論

【解答】

(1) 生産関数の一次同次性とは，任意の λ に対して，$\lambda Y = F(\lambda K, \lambda L)$ が成立することをいう。この式は生産要素をすべて λ 倍にすると，産出も λ 倍になることを示している。$\lambda = \dfrac{1}{L}$ とおいてやれば，

$$\frac{Y}{L} = F\left(\frac{1}{L}K, \frac{1}{L}L\right) = F\left(\frac{K}{L}, 1\right) = f\left(\frac{K}{L}\right)$$

を得る。$y = Y/L$，$k = K/L$ と定義されるので，$y = F(k, 1) = f(k)$ を得る。これは労働投入を 1 単位にしたまま，資本投入を k とすることを意味している。限界生産性逓減の法則より，この図は，図 12.2 のようになる。

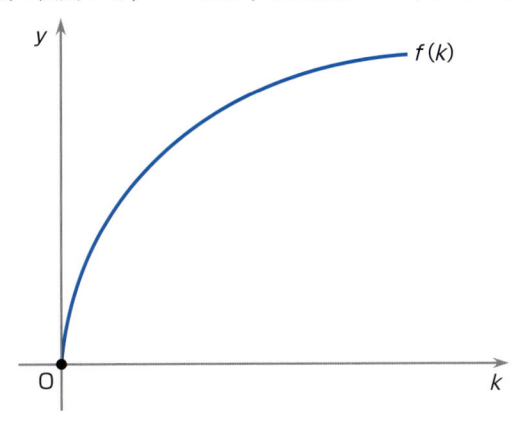

図 12.2

(2) 両辺の対数を取ると，

$$\log(k_t) = \log\left(\frac{K_t}{L_t}\right) = \log(K_t) - \log(L_t)$$

を得る。左辺の微分をとると，$\{\log(k_t)\}^{\cdot} = \dot{k}_t/k_t$ を得る。右辺の微分をとると，

$$\{\log(K_t)\}^{\cdot} - \{\log(L_t)\}^{\cdot} = \frac{\dot{K}_t}{K_t} - \frac{\dot{L}_t}{L_t}$$

以上から，問題の式を得る。

(3) (2) の式に，労働成長率一定の式と資本蓄積式を代入すると，

$$\frac{\dot{k}_t}{k_t} = \frac{\dot{K}_t}{K_t} - \frac{\dot{L}_t}{L_t} = \frac{sY_t - \delta K_t}{K_t} - n = \frac{sY_t}{K_t} - (n + \delta)$$

これを整理して，(1) の式を代入すると，

$$\frac{\dot{k}_t}{k_t} = s\frac{Y_t}{L_t} \cdot \frac{1}{K_t/L_t} - (n + \delta) = s\frac{y_t}{k_t} - (n + \delta) = s\frac{f(k_t)}{k_t} - (n + \delta)$$

両辺に k_t を乗じれば，問題の式を得る。

(4) (3)の資本蓄積式は，K_t に関する資本蓄積式に比べて，$-nk_t$ の項が増えている。労働成長により，毎期，労働1単位あたり n 単位だけの労働が増える。この増加した n 単位の労働は資本を装備していない。これに既存の労働と同じだけの資本を装備するには nk_t だけの資本が要求される。ゆえに，労働1単位あたりの資本蓄積 $sf(k_t)$ からこの新規労働の装備分だけの資本を差し引いた残余が，労働1単位の資本量を増加させるのに振り向けられる。

(5) 図 12.1 の a 点では，この a 点に対応する貯蓄 $sf(k_t)$ と $(n+\delta)k_t$ は，その上方のそれぞれの曲線上の点で示される。図 12.1 によれば，a 点では貯蓄 $sf(k_t)$ より $(n+\delta)k_t$ の方が小さい。(3)の式より，これは $\dot{k}_t > 0$ を意味する。すなわち，時間とともに資本–労働比率は増加する。

(6) 図 12.1 の b 点では，貯蓄 $sf(k_t)$ より $(n+\delta)k_t$ の方が大きい。(3)の式より，これは $\dot{k}_t < 0$ を意味する。すなわち，時間とともに資本–労働比率は減少する。

(7) (5)の性質は資本–労働比率 k_t が k^* より小さい限り成立する。その範囲では，貯蓄 $sf(k_t)$ より $(n+\delta)k_t$ の方が小さいからである。こうして，資本–労働比率が k^* より小さいと，資本–労働比率は増加する。同様に，(6)の性質は資本–労働比率が k^* より大きい限り成立するので，資本–労働比率が k^* より大きいと，資本–労働比率は減少する。つまり，どの資本–労働比率にあろうとも，k^* に向かって資本–労働比率は動く。k^* に達すると，$sf(k_t)$ と $(n+\delta)k_t$ は等しいので $\dot{k}_t = 0$ となり，資本–労働比率は動かなくなる。

(8) 定常状態では資本–労働比率 k^* は一定不変である。(1)より，$y^* = f(k^*)$ であるから，定常状態での労働1単位あたり産出も一定不変となる。これより，定常状態では $y^* = Y_t/L_t$ の左辺は一定であることがわかる。ところが，右辺の労働 L_t は n の速度で増加する。右辺も一定となるためには，Y_t も n の速度で増加しなければならない。つまり，定常状態の経済成長率は人口増加率 n に等しい（なお，技術革新がある場合は結論が変わる）。

(9) 定常状態 k^* における労働1単位あたりの生産量は，図 12.1 の線分 e–k^* で示される。このうちの d–k^* だけが貯蓄される。ゆえに，消費にまわされるのは，残余の e–d である。

(10) 完全競争では，利子率は資本の限界生産性 $\frac{\partial}{\partial K}F(K,L)$ に等しくなる。と

ところが，

$$\frac{\partial}{\partial K}F(K,L) = \frac{df(K/L)}{dk} = f'\left(\frac{K}{L}\right)$$

が証明できる．これより，a 点の利子率 r は a に対応する生産関数 $f(k)$ の傾きに等しいことがわかる．図 12.3 においては，これは j 点での接線の傾きに等しい．a 点では時間とともに資本-労働比率は上昇する．図 12.3 から，上昇した資本-労働比率に対応する生産関数の傾きは，減少することが読み取れる．ゆえに，利子率 r は時間とともに低下する．

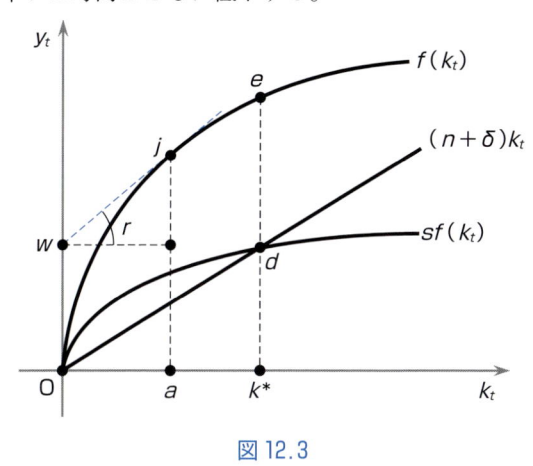

図 12.3

(11) 完全競争では賃金率は労働の限界生産性 $\frac{\partial}{\partial L}F(K,L)$ に等しくなる．ところが，

$$\frac{\partial}{\partial L}F(K,L) = f\left(\frac{K}{L}\right) - \frac{K}{L} \cdot \frac{df(K/L)}{dk}$$

が示せる．これより，a 点の賃金率 w は図 12.3 の O-w に等しいことが理解される．a 点では時間とともに資本-労働比率は上昇する．図 12.3 から，上昇した資本-労働比率に対応する O-w は，増加することが読み取れる．ゆえに，賃金率 w は時間とともに増加する．

(12) 貯蓄性向が s から s' へ増加すると，図 12.4 のように貯蓄 $sf(k_t)$ の曲線は $s'f(k_t)$ へ上方にシフトする．この結果，$s'f(k_t)$ と $(n+\delta)k_t$ の交点は d から g に移動するので，定常状態は k^* から k^{**} へ変化する．

(13) (12) のどちらの定常状態の場合でも，定常状態では資本-労働比率が時間とともに一定という性質は変わらない．すると，(8) より，成長率はどちらでも

労働成長率 n に等しいことがわかる。つまり，資本−労働比率にかかわりなく，定常状態である限り成長率は常に同じである。

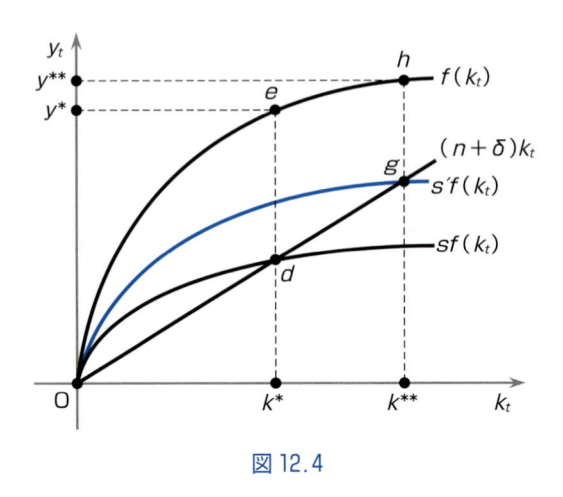

図 12.4

⒁ 図 12.4 では，もとの定常状態での労働 1 単位あたり消費量は $e-d$ であるのに対し，新しい定常状態での労働 1 単位あたり消費量は $h-g$ である。図 12.4 から，新しい定常状態での消費量は前の定常状態に比較して，減少することが読み取れる。

⒂ ⑺ より，長期的にはどのような経済も定常状態に到達することが保証されている。ゆえに，定常状態上での労働 1 単位あたり消費量が，その経済の長期的な厚生の決定要因となる。政府が経済政策によって貯蓄性向を変更できるとしよう。高い貯蓄性向は資本蓄積を増加して高い資本−労働比率をもたらす。その結果，労働 1 単位あたり産出は増加する。この結果，労働 1 単位あたり消費も増加するように錯覚される。しかし，高い資本−労働比率は単にその資本−労働比率を維持するためだけに必要とされる資本蓄積必要量をも増やす。ゆえに，あまりに高い資本−労働比率における定常状態では，産出の多くが単に資本−労働比率の維持のために費やされてしまうので，消費に向け得る部分はむしろ減少するのである。逆にあまりに過小な資本−労働比率でも，労働 1 単位あたり消費は小さい。定常状態における消費は，労働 1 単位あたり生産関数 $f(k)$ の傾きが直線 $(n+\delta)k$ の傾きに等しい定常状態で最大になることが図 12.4 から推測される。このような条件を満たす資本−労働比率を黄金律成長経路という。

■例題 12.2 ─────────────────────────── 内生的成長理論

　新古典派成長理論では，技術進歩率が外生的に与えられた。内生的成長理論では，これが内生的に決まる。これを次のようなモデルで確かめよう。
　新古典派理論をそのまま受け継ぎ，労働成長式は全く同じで，
$$\dot{L}_t = nL_t$$
と仮定する。生産要素は労働 L_t 1 種類で，財生産に使用される（L_{tY}）か，技術の生産に使用される（L_{tA}）か，どちらかであるとしよう。すなわち，$L_t = L_{tY} + L_{tA}$ であるとする。財の生産関数は労働に関して一次同次と仮定すると，
$$Y_t = A_t L_{tY},$$
ここで A_t は技術を表す係数である。A_t は内生的に決まり，技術の生産関数
$$\dot{A}_t = L_{tA}{}^\gamma A_t{}^\theta \; (\gamma > 0)$$
に従って決まる。

(1) 〔**技術生産のための労働**〕技術生産に使用される労働 L_{tA} とは，具体的にはどのようなものをいうか。

(2) 〔**技術生産関数における労働の非線形性**〕なぜ技術の生産関数 $\dot{A}_t$ は，労働に比例すると仮定されないのか。

(3) 〔**技術生産関数における技術**〕なぜ技術の生産関数 $\dot{A}_t$ の右辺に，技術が入るのか。入る場合，θ は正か負か。

(4) 〔**技術進歩率**〕$\dfrac{\dot{A}_t}{A_t}$ は技術進歩の起きる割合であり，技術進歩率 g_t と呼ばれる。$\dot{g}_t = \gamma n g_t - (1-\theta) g_t^2$ を証明せよ。

(5) 〔**技術進歩率の動学**〕横軸に g_t を，縦軸に $\dot{g}_t$ をとって，$\theta < 1$ の場合の，$\dot{g}_t = \gamma n g_t - (1-\theta) g_t^2$ のグラフを描け。

(6) 〔**技術進歩率の定常状態**〕$\theta < 1$ のとき，時間がたつと，技術進歩率 g_t が一定値 g^* に収束することを示せ。

(7) 〔**経済の定常状態**〕技術進歩率 g_t が一定値 g^* に収束すると，一人あたり経済成長率は定常状態に達したことを示せ。

(8) 〔**経済の定常状態に影響を与える諸変数**〕この経済の定常状態に影響を持つ変数はなにか。

【解答】

(1) L_{tA} は新技術の生産のための労働であるから，企業が雇用する研究開発用のための技術者数をさす。

(2) 通常の財の生産の場合，労働のみが生産要素である場合には，労働が2倍使用されると，生産物の産出量は2倍になると想定するのは自然である。したがって，$Y_t = A_t L_{tY}$ と想定される。しかし，技術係数 A_t の生産のときにはそのような保証がない。新しい A_t が生産されるとは，新しい Y_t の生産方法が発見されることである。技術係数 A_t の生産のための労働を2倍にしても，発見された新しい技術に基づく産出が2倍に増えるかについては誰も保証しえない。せいぜいいえることは，労働 L_{tA} が増えたときに，新しい技術はより多く発見されるであろう（ゆえに $\gamma > 0$）位である。

(3) 新技術の生産（$\dot{A}_t$）が既存の技術（A_t）の影響を受けることは十分考えられる。一つには，既存の技術（数式）があるからこそ新しい技術（方程式）が発見できる場合である。すると，$\theta > 0$ である。つまり，A_t が大きいほど $\dot{A}_t$ は大きくなる。ところが，他方で，技術は易しいもの（算数）から難しいもの（数学）へという順で発見される可能性が高いだろう。すると，既存の技術（A_t）が大きいほど新技術の生産（$\dot{A}_t$）は難しくなる。つまり，A_t が大きいほど $\dot{A}_t$ は小さくなる。この場合，θ は負である（なお，そのときでも $A_t^\theta > 0$ ではある）。両者の効果が混じるので，θ が正か負かは確定できない。

(4) $g_t = \dfrac{\dot{A}_t}{A_t}$ であるから，技術の生産関数を A_t で除すと，

$$g_t = \frac{\dot{A}_t}{A_t} = L_{tA}{}^\gamma A_t^{-(1-\theta)}$$

を得る。この両辺の対数をとると，

$$\log(g_t) = \gamma \log(L_{tA}) - (1-\theta)\log A_t$$

となる。この両辺を時間に関して微分すると，

$$\frac{\dot{g}_t}{g_t} = \gamma \frac{\dot{L}_{tA}}{L_{tA}} - (1-\theta)\frac{\dot{A}_t}{A_t} = \gamma n - (1-\theta)g_t$$

この両辺に g_t を乗じると，答えを得る。

(5) 図 12.5 の通り。$\gamma n g_t$ は g_t に対しては直線をあらわす。$(1-\theta)g_t^2$ は g_t に対しては二次曲線である。ゆえに，前者から後者を引いた曲線である $\dot{g}_t$ は，太い青線のようになる。

(6) 当初の技術進歩率が (5) の B であったとしよう。そのとき，技術進歩率

12.1 経済成長理論

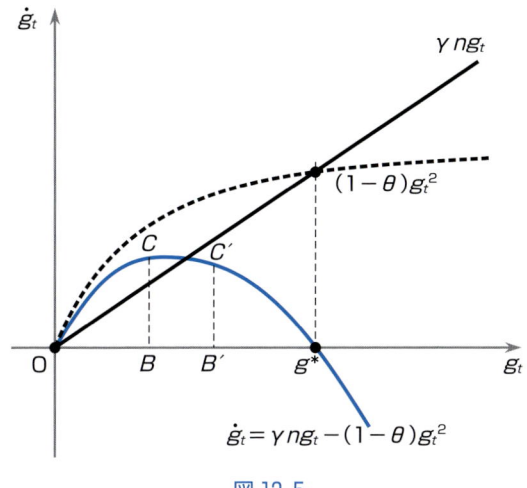

図 12.5

の変化率は BC であるので，正である。したがって，時間がたつと技術進歩率は増える。こうして，B' になる。ここで，同じことを繰り返すと，$B'C'$ で正なので，さらに，技術進歩率は増える。こうして，技術進歩率は増えていく。しかし，g^* の点に到達すると，それ以上増えることはなくなる。このときの g^* の値は，

$$0 = \gamma n g^* - (1-\theta) g^{*2}$$

を解いて，$g^* = \gamma n / (1-\theta)$ である。このように，内生的成長モデルでは，長期的な技術進歩率 g^* は γ, n, θ によって決定される内生変数であることがわかる。

(7) $\dfrac{Y_t}{L_t} = \dfrac{A_t L_{tY}}{L_t}$ であるから，この両辺の対数をとり，時間について微分すると，左辺は，

$$\left(\log \left(\frac{Y_t}{L_t} \right) \right)^{\cdot} = (\dot{Y_t}/L_t)/(Y_t/L_t)。$$

右辺は，

$$\frac{\dot{A_t}}{A_t} + \frac{\dot{L_{tY}}}{L_{tY}} - \frac{\dot{L_t}}{L_t} = g_t + \frac{\dot{L_{tY}}}{L_{tY}} - n$$

定常状態では，$g_t = g^*$，かつ $\dot{L_{tY}}/L_{tY} = n$ なので，$(\dot{Y_t}/L_t)/(Y_t/L_t) = g^*$，つまり一人あたり経済成長率は定常状態技術進歩率に等しい，を得る。

(8) この経済の定常状態は，技術進歩率の定常状態値 g^* に等しいことがわかった。ところが，(6) より $g^* = \gamma n / (1-\theta)$ であるから，経済の定常状態に影響を持つ変数は，n, γ, θ であることがわかる。

練習問題

12.1 （基礎知識）

以下の各文の空欄には適当な言葉・数式を入れ，（／）の欄からはもっとも適当な言葉を選べ。

(1) カルドアによれば，（資本-産出比率／労働1単位あたり資本）は経済成長にともない増加する。

(2) カルドアによれば，資本収益率は経済成長にともない（増加する／減少する／一定である）。

(3) 経済成長論においては（資本／労働／土地）は生産要素として考慮されない。

(4) 経済成長論において資本蓄積は，貯蓄から（投資分／租税分／資本減耗分）を差し引いたものに等しい。

(5) 追加的な1単位の産出のために必要な追加的な資本の量を，＿＿＿という。

(6) 資本蓄積によって増加する資本がちょうどすべて需要されるような産出の成長率を（保証成長率／自然成長率／現実の成長率）という。

(7) 保証成長率は，限界貯蓄性向を＿＿＿で除したものに等しい。

(8) 自然成長率は，労働成長率と＿＿＿の和に等しい。

(9) 新古典派成長理論では，生産関数は規模に関して収穫（逓増／一定／逓減）と想定される。

(10) 新古典派成長理論では一人あたり資本 k についての資本蓄積式は $\dot{k} =$ ＿＿＿と表現される。

(11) 新古典派成長理論では資本-労働比率は時間とともにある一定値に近づく。この一定値を＿＿＿と呼ぶ。

(12) 黄金律成長経路においては，資本の限界生産性は（資本分配率／労働成長率／賃金率）と資本減耗率の和に等しい。

(13) 完全競争の場合，資本の限界生産性は（資本分配率／利子率／企業利潤）に等しくなる。

(14) 労働節約的技術進歩は（ヒックス中立的／ハロッド中立的／ソロー中立的）技術進歩とも呼ばれる。

(15) 労働節約的技術進歩があると，定常状態において賃金率は（上昇する／一

定である／減少する)．

⒃ 資本と労働の代替の弾力性とは，賃金率-資本賃借料比率が1％変化したときに，(限界資本係数／資本-労働比率／資本分配率-労働分配率比率) が何％変化するかを示す数値である．

⒄ 貨幣的成長理論においては，貨幣は (要求払預金／貯蓄／資本) との代替によって成長経路に影響を与える．

⒅ 最適成長理論の定常状態では，資本賃借率は労働成長率と＿＿＿＿の和に等しくなる．

⒆ カルドアの巨視的分配理論によれば，経済全体の貯蓄性向は (労働成長率／資本分配率／資本-労働比率) に依存する．

⒇ 内生的成長理論によれば，定常状態における (貿易乗数／労働成長率／経済成長率) は変動し得る．

㉑ ある種の (新古典派成長論／内生的成長論) では，技術進歩率が内生的に決まる．

12.2 (正誤問題)

以下の各文の正誤を述べよ．

(1) カルドアによれば，先進国経済において労働1単位あたり産出は長期的に一定である．

(2) 経済成長論においては労働成長率は時間とともに増加する．

(3) ハロッド＝ドーマー理論において，労働の完全雇用を保証する成長率は保証成長率と呼ばれる．

(4) ハロッド＝ドーマー理論において，保証成長率が自然成長率より高いと，長期的に失業が累積する．

(5) 資本係数3，貯蓄性向0.3，労働成長率0.03のとき，保証成長率は0.09である．

(6) 新古典派成長理論において生産関数は資本と労働に関して一次同次である．

(7) 定常状態においては資本と労働の比率は時間とともに一定である．

(8) 他の条件を一定とすれば，労働成長率が高いほど定常状態における資本-労働比率は高くなる．

(9) 効率単位の労働 $e^{at}L_t$ の a は技術進歩率をあらわす．

(10) ハロッド中立的技術進歩が存在する場合，定常状態では利子率は一定とな

る。
⑾　黄金律成長経路においては，定常状態の中では労働1単位あたり消費は最大になる。
⑿　完全競争の場合，労働の限界生産性は賃金率と等しくなる。
⒀　資本−労働比率の上昇にともない利子率は上昇する。
⒁　資本分配率は労働分配率から1を差し引いたものである。
⒂　資本と労働の代替の弾力性 σ が1より大きいと，賃金率−資本賃借料の増加にともない労働分配率は減少する。
⒃　貨幣的成長理論によれば，インフレーションは経済成長を阻害する。
⒄　最適成長理論では，限界貯蓄性向は一定でなくなる。
⒅　ロビンソンは集計的資本概念を使用して，技術進歩を計測した。
⒆　内生的成長理論によれば，人的資本の蓄積と外部効果を考えると，定常状態ごとに経済成長率は変化し得る。

12.3　（ハロッド＝ドーマー理論）

固定係数型の生産関数を持つ経済を考えよう。この経済においては，限界消費性向は 0.8，限界資本係数は 5，労働成長率は n，労働生産性の上昇率は 0.03 とする。

⑴　この経済において，追加的な資本1単位は何単位の追加的な生産物を産み出すか。
⑵　資本ストックが 1000 兆円の場合いかほどの貯蓄が1年間になされるか。
⑶　保証成長率を求めよ。
⑷　この経済が均斉成長を遂げるには，労働成長率はいくらでなければならないか。
⑸　労働成長率が 0.02 であるとき，この経済では長期的には遊休資本が生じるか，失業が累積するか。

12.4　（ハロッド＝ドーマー理論・新古典派成長理論）

⑴　保証成長率とは，資本蓄積によって増加した資本がすべて需要されるような経済成長率をいう。資本係数が v，貯蓄性向が s のとき，なぜ保証成長率は s/v に等しくなるのか。論証せよ。
⑵　ハロッド＝ドーマー理論における均斉成長の必要条件 $s/v = n+g$ は，新

古典派成長理論の定常状態でもやはり成立する．簡単化のため，技術進歩率 g と資本減耗率 δ を 0 とした上で，資本蓄積式 $\dot{k}_t = sf(k_t) - (n+\delta)k_t$ を用いて，この事実を論証せよ．

(3) ハロッド＝ドーマー理論では，均斉成長は一般に不可能であるが，新古典派理論ではむしろ必ず均斉成長（定常状態）が達成される．(2) の結論に注目しながら，2 つの理論モデルの前提のどのような差異がこの結論の差をもたらすのか．説明せよ．

12.5 （新古典派成長理論）

以下のように生産関数がコブ（Cobb, C. W.）＝ダグラス（Douglas, P. H.）型をしているとしよう．

$$Y = F(K, L) = K^{0.2} L^{0.8}$$

労働成長率は 2% であり，限界消費性向は 0.7 とする．資本減耗と技術進歩はないと仮定する．以下の質問に答えよ．なお，解答に際して，$15^{1.25} \approx 30$, $15^{0.25} \approx 1.98$, $0.1^{-1.25} \approx 17.8$, $0.1^{-0.25} \approx 17.8$ の近似を用いよ．

(1) 労働 1 単位あたりの生産関数は $y = k^{0.2}$ で与えられることを示せ．
(2) (1) の結果を用いて，資本蓄積式を書け．
(3) 定常状態における資本−労働比率 $\bar{k}$ はいくらか．
(4) 定常状態における労働 1 単位あたり消費 $\bar{c}$ はいくらか．
(5) 定常状態における利子率 $\bar{r}$ はいくらか．
(6) 定常状態における賃金率 $\bar{w}$ はいくらか．
(7) 黄金律成長経路に対応する資本−労働比率 $\bar{\bar{k}}$ を求めよ．
(8) 黄金律成長経路に対応する消費性向はいくらか．
(9) コブ＝ダグラス型生産関数の場合，資本−労働比率にかかわらず，資本分配率 θ は，生産関数における資本のべき乗のパラメータ（この場合は 0.2）に等しいことを示せ．
(10) コブ＝ダグラス型生産関数の場合，資本と労働の代替の弾力性 σ が常に 1 であることを示せ．

12.6 （新古典派成長理論）

新古典派モデルを拡張しよう．労働成長率が定数ではなく，消費に依存するとする．特に，図 12.6 のように，低い消費水準で労働成長率は高く，高い消

費水準では低くかつ一定になるとしよう。

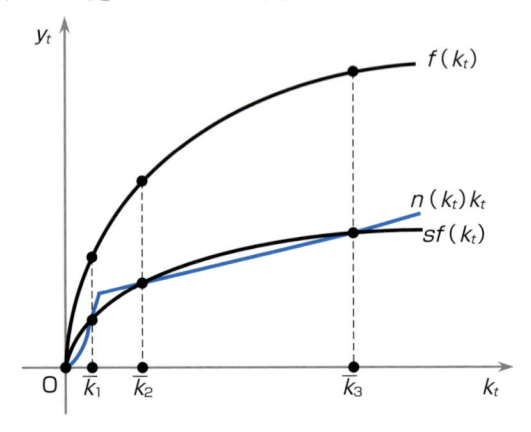

図 12.6

労働成長率 n は消費の関数であり，消費は産出の関数であり産出は資本-労働比率 k の関数である．ゆえに，労働成長率を $n(k_t)$ と書いて，資本-労働比率 k_t の関数として表現しよう．すると，資本蓄積式は，$\dot{k}_t = sf(k_t) - n(k_t)k_t$ となる．

(1) この経済では，定常状態が 3 つあることを図 12.6 から示せ．
(2) どの定常状態は安定で，どの定常状態は不安定か．論ぜよ．
(3) $\overline{k}_2$ 以下の資本-労働比率から出発した経済は，長期的に $\overline{k}_1$ に到達することを論ぜよ．
(4) $\overline{k}_2$ 以上の資本-労働比率から出発した経済は，長期的に $\overline{k}_3$ に到達することを論ぜよ．
(5) (3) と (4) の事実から，$\overline{k}_1$ に留まっている経済の成長を促すにはどのような政策が必要か，論ぜよ．

12.7 （新古典派成長理論）

貯蓄性向を s，労働成長率を n，資本減耗率を δ とする．労働 1 単位あたりの生産関数 $y = f(k)$ を用いて，以下の質問に答えよ．

(1) **[経済成長率]** 経済成長率は資本-労働比率 k が高くなるにつれて単調に減少することを示せ．
(2) **[技術進歩]** ハロッド中立的技術進歩が存在する場合，定常状態の賃金率は技術進歩率 a の速度で上昇することを証明せよ．

(3) 〔**黄金律成長経路**〕黄金律成長経路に対応する貯蓄性向を s^* とする．当初の経済の貯蓄性向 s はこれより高く，かつ経済は定常状態にあったとする．時点 T で貯蓄性向が s^* に引き下げられたとする．時点 T の前後で労働1単位あたり消費はどのように変化するか．図を描いて示せ．

(4) 〔**非効率定常状態**〕(3) の図から，当初の定常状態が資源配分上「非効率」であることを論ぜよ．

(5) 〔**黄金律成長経路**〕(3) において，当初の貯蓄性向 s は s^* より低いとしよう．時点 T で貯蓄性向を s^* へ引き上げた場合，労働1単位あたり消費はどのように変化するか．図に示せ．

(6) 〔**効率的定常状態**〕(5) の場合，当初の定常状態は資源配分上「非効率」であるとはいえない．この意味で，(4) の結果とは非対称であることを説明せよ．

12.8 （内生的成長論・AK モデル）

内生的成長モデルは実に様々なものがあるが，その一番簡単なモデルとして AK モデルがある．これは労働とは人的資本であると見なして，資本の一種と考えてしまうというものである．そうすると，生産要素は物的資本と人的資本とをあわせた資本一種類のみからなる．その場合，資本を2倍すれば産出も2倍になるはずである．すなわち，生産関数は $Y = AK$ の形になる．これゆえに，AK モデルと呼ばれるのであるが，AK モデルの成長率を求めてみよう．以下の質問に答えよ．

(1) AK モデルでは，利子率と賃金率はいくらか．ただし，簡単化のために，資本減耗率は0とする．

(2) 消費関数を $C_t = (1-s)Y_t$ としよう．すると資本蓄積方程式は，$K_{t+1} - K_t = sY_t$ になる．この経済の成長率はいくつか．

(3) 新古典派成長理論では，技術 ($f(k)$)・選好 (s) の変化は定常状態成長率に影響を持たなかった．AK モデルでは，技術 (A)・選好 (s) の変化は定常状態成長率に影響を持つことを確かめよ（この事実を，「新古典派成長理論では，経済政策は一時的には成長効果があったが，定常状態になるとなくなる．それに対して，AK モデルでは定常状態でもある．どちらの理論でも水準効果は常にあった」というように表現する）．

13 開放マクロ

13.1 国際収支と外国為替制度

◆国際収支統計

　海外部門を考慮したマクロ経済モデルを**開放マクロ**という。ある国がある期間に海外部門と行った取引の記録を**国際収支統計**という。これは経常収支・資本収支・外貨準備増減からなる。**経常収支**は実物資産の取引と経常移転取引を合計したもの，**資本収支**は対外資産の増減をもたらす取引を合計したもの，**外貨準備増減**は公的部門（通貨当局・一般政府）の対外資産の増減をいう。

　国際間の取引にはいくつかのパターンがある。財を自国から他国へ売るとは，実物資産（モノ）を売り，金融資産（カネ）を受け取る行為である。そこで経常収支にモノを記録し，資本収支にカネを記録する。他には，**政府無償援助**のように，一方的にカネをあげるだけ，というものもある。このときには，カネを資本収支に記録し，その一方で「政府無償援助」というモノが自国へ輸入されたと考え，経常収支に記録する。さらに，ドルの現預金でドルの債券を買った取引というものもある。この場合は，資本収支の間で，カネをやりとりした取引ということになる。

　このように，現実の国際間の取引をある期間にわたってすべて記録したものを国際収支統計という。

◆為替レート

　ある国の通貨と他の国の通貨との交換の比率を**為替レート**という。以下では，日本の円とアメリカのドルとの交換を主として解説しよう。他の通貨の場合もほぼ同様である。

　為替レートの表示の仕方には，**邦貨建**（例えば，1ドル＝100円）と，**外貨建**（1／100ドル＝1円）とがある。どちらを用いても実務上は同じであるが，日本では邦貨建が慣例である。ただし，邦貨建にすると，1ドル＝100円から1ドル＝90円に相場が動いたときに円高と呼ばれるので，注意が必要である

(これを外貨建で表示すると，1円＝0.01ドルから1円≒0.011ドルに相場が変わったことになり，1円を買うのにより多くのドルが必要になったことがわかる。ゆえに，円「高」である）。また，この場合，円高はまたドル安にもなる（邦貨建で見ると，1ドル＝100円から1ドル＝90円になり，1ドルを買うのにより少ない円ですむ。ゆえに，ドル「安」）。

◆**外国為替市場**

外国通貨を売買する場を，**外国為替市場**（略して外為市場）という。外国通貨売買のための制度としては固定相場制と変動相場制とがある。

固定相場制とは外為市場において為替レートをある一定値に固定しておいて，需要・供給の不均衡部分は公的部門が外貨準備高を増減させることによって引き受けるものをいう。この場合，外貨準備増減は市場の需給にあわせて変動する。これに対して，**変動相場制**とは為替レートの決定を外為市場に任せて，ドルが余ると円高になり，不足すると円安になることによって，外為市場を均衡させるものをいう。現在，日本を含む先進国では変動相場制が採用されている。

変動相場制であっても，公的部門が介入してドルを売買し，為替レートに影響を及ぼすことがある。これを**為替介入**という。また，固定相場制の場合でも，変動する外貨準備増減にあわせて，金融政策で国内通貨を反対方向に増減すれば，国内通貨量は一定に保たれる。これを**不胎化**という。

■ 例題 13.1 ─────────────────────── 国際収支表

国際収支表は細かくは**表 13.1**のように書かれる。

下記のような取引が海外との間でなされたとしよう。この取引の国際収支統計への記入にあたっては複式簿記の原則が適用される。下記の取引はどの項目にあたり，どの収支が増減するか，述べよ。国際収支の合計が0になることを確認せよ。

(1) 日本企業がアメリカの企業へ機械を売り，現金50億円相当分を受け取った。

(2) 日本人が現金1000万円をアメリカドルに換えて海外旅行に行き使った。

(3) 日本人が，アメリカの企業から配当金10億円相当分を受け取った。

(4) 日本の公的部門がアメリカの地震災害に対して，無償援助として100億円だけ見舞った。
(5) 日本企業がアメリカに自動車工場を設立し，資金を1000億円だけ送金した。
(6) 日本人がアメリカの債券を200億円購入した。
(7) 日本の公的部門が為替介入を行い，外為市場で外貨を400億円相当分だけ売った。
(8) 日本人が，アメリカの企業から配当金20億円相当分を受け取り，それをその企業の株式に再投資した。
(9) 日本の公的部門がアメリカへ，桜を1億円相当分寄付した。
(10) アメリカ人が日本の国債を300億円相当分購入した。

表 13.1

```
経常収支
    貿易・サービス収支
        貿易収支（輸出・輸入）
        サービス収支（輸送・旅行等）
    所得収支（雇用者報酬・投資収益等）
    経常移転収支（政府無償援助・海外勤務者本国送金等）

資本収支
    投資収支
        直接投資（外国企業の買収・合併・工場建設等）
        証券投資（株式・負債性証券への出資等）
        金融派生商品（オプション取引への出資等）
        その他投資（現預金・貸付・借入等）
        その他資本収支（固定資産の取得・処分のための資金移転等）

外貨準備増減（公的部門の対外資産の増減）
```

【解答】

(1) 財の輸出とは日本から外国へ財が移ることを意味するから，日本から見れば財が失われてしまったことになる。したがって，輸出は本来は負で表記するべき取引であるが，国際収支統計の慣例により正で表記することになっている。この取引の際，この財と等価な対外資産が反対方向に給付される，つまり日本の保有する対外資産は増加しなければならない（あるいは，対外負債が減らねばならない）。これは日本の保有する対外資産の増加（あるいは負債の減少）

であるから，正で表示されるべきである。しかし，これは慣例により負で表記することになっている。国際収支統計では複式簿記の原則を援用し，正の項目を貸方（資産の減少，負債の増加），負の項目を借方（資産の増加，負債の減少）と呼ぶ。輸出は貸方に，対外資産増加は借方に記入される。

以上をまとめて表現すると，この取引は経常収支の中の貿易収支の輸出が50億円増やす一方で，資本収支の中の投資収支の中のその他投資の現預金が－50億円分増えたことになる。

このように，各取引は必ず同価値の貸方と借方のワンペアからなるというのが，複式簿記の原則である。貸方と借方の価値を合計すると0になる。したがって，そういう各取引を足し上げた国際収支は必ず0になるのである。

(2) これは－1000万円だけ経常収支の中のサービス収支の旅行が増えた（経常収支の借方が－1000万円）一方で，資本収支の中の投資収支の中のその他投資の現預金がその分減った（つまり，その他投資の貸方は1000万円，以下同じ）ことになる。

(3) これは10億円だけ経常収支の中の所得収支が増えた一方で，資本収支の中の投資収支の中のその他投資の現預金がその分減ったことになる。

(4) この取引では，無償援助であるから，反対給付は存在しない。この場合には，便宜上「無償援助」という財を輸入したと解釈する。つまり，－100億円だけ経常収支の中の経常移転収支の無償援助が増えた一方で，資本収支の中の投資収支の中のその他投資の現預金がその分減ったことになる。

(5) 海外へ物的投資（モノへの投資）がなされた場合を直接投資という。資本収支の中の投資収支の中の直接投資が1000億円増えた一方で，資本収支の中の投資収支の中のその他投資の現預金がその分減ったことになる。

(6) これは海外への金融資本（カネ）への投資（正確には，出資）である。資本収支の中の投資収支の中の証券投資が200億円増えた一方で，資本収支の中の投資収支の中のその他投資の現預金がその分減ったことになる。

(7) これは400億円だけ外貨準備増減が減った一方で，資本収支の中の投資収支の中のその他投資の現預金がその分増えたことになる。

(8) この場合は，同時に(3)と(6)を20億円だけ行った結果に等しい。つまり，20億円だけ経常収支の中の所得収支の投資収益が増えた一方で，資本収支の中の投資収支の中の証券投資が20億円増えたことになる。

(9) これは，同時に(4)と(1)を1億円分だけ行った結果に等しい。つまり，

1億円だけ経常収支の中の経常移転収支の無償援助が増えた一方で，経常収支の中の貿易収支の輸出が1億円増えたことになる。

⑽　この場合は，⑹の反対方向の取引を300億円行ったと解釈すればよい。つまり，資本収支の中の投資収支の中の証券投資が300億円減った一方で，資本収支の中の投資収支の中のその他投資の現預金がその分増えたことになる。

以上をまとめて書くと，表 13.2 のようになる。

表 13.2

	貸　方	借　方	収　支
経常収支			−20億1000万円
貿易・サービス収支			50億9000万円
貿易収支			51億円
	(1)　　50億円		
	(9)　　 1億円		
サービス収支			−1000万円
		(2) −1000万円	
所得収支			30億円
	(3)　　10億円		
	(8)　　20億円		
経常移転収支			−101億円
		(4) −100億円	
		(9) 　−1億円	
資本収支			−379億9000万円
投資収支			
直接投資			
	(5)　1000億円		
証券投資			
		(6) −200億円	
		(8) 　−20億円	
	(10)　 300億円		
金融派生商品			
その他投資			
		(1) 　−50億円	
	(2)　1000万円		
		(3) 　−10億円	
	(4)　 100億円		
		(5) −1000万円	
	(6)　 200億円		
		(7) −400億円	
		(10) −300億円	
その他資本収支			
外貨準備増減			400億円
	(7)　 400億円		

練習問題

13.1 （基礎知識）
以下の各文の空欄には適当な言葉・数式を入れ，（／）の欄からはもっとも適当な言葉を選べ。

(1) 現在の日本の為替制度は（固定相場制／変動相場制）である。

(2) 1949年から1971年までのブレトン・ウッズ体制では，日本は（固定相場制／変動相場制）を取っていた。

(3) 1971年から1973年までのスミソニアン体制では，日本は（固定相場制／変動相場制）を取っていた。

(4) 為替レートが1ドル＝100円から，1ドル＝90円に変わった。これを（円高／円安）という。

(5) 為替レートを「1ドル＝100円」というように表示する方法を（邦貨建／外貨建）という。

(6) 国際収支統計は基本的には（フロー／ストック）概念を用いている。

(7) 経常収支・資本収支・外貨準備増減の和は，恒に_____に等しい。

(8) アメリカ人が日本円を100億円手元に保有するために，それと等価なドルの現金を支払って購入した。これは日本の資本収支を（増加させる／変化させない／減少させる）。

(9) 国際取引で主として使われている通貨を_____通貨という。

(10) 外為市場で外貨を公的部門が売買する際に，国内に過剰または過少の通貨がもたらされてしまうことを防ぐため，金融政策によって，反対方向に同額だけの通貨を供給することを_____という。

13.2 （正誤問題）

(1) 経済学では，資本とは物的資本すなわちモノをさすのが慣例であるが，国際金融の議論においては，資本とは金融資本すなわちカネを意味する。

(2) 国際金融の議論で，資本の流入とは，対外資産の増加または対外負債の減少を意味する。

(3) 為替レート表示の日本の慣例は，外貨建である。

(4) 円相場が変化して，1ドル＝100円が1ドル＝90円になった。これを「円

がドルに対して減価した」という。
(5) 現在の基軸通貨は，アメリカのドルである。
(6) 現在の国際通貨は，外貨（ほとんどはドル）・金・IMF リザーブポジション・IMF 特別引出権である。
(7) 変動相場制であってなおかつ為替介入しない場合，外貨準備高は変動しない。
(8) 1971 年にブレトン・ウッズ体制が崩壊したのは，アメリカの慢性的経常収支赤字のため保有する各国通貨が不足したために，ニクソン大統領がブレトン・ウッズ体制崩壊を宣言したためである。
(9) 1973 年のスミソニアン体制の崩壊以降，アメリカ・イギリス・フランス・ドイツ等，ほとんどの先進国間では変動相場制が取られている。

13.3 （対外資産負債残高）

　国際収支統計については，資本収支と外貨準備増減は，「ある期間の」対外資産の増減をもたらす取引を合計したものである。それに対して，対外資産負債残高は「ある一時点での」対外資産高の記録である。対外資産負債残高の中の資産から負債を差し引いたものを対外純資産という。対外純資産と 2000 年以降の対外純資産の動向について，次のうち正しいものはどれか。
(1) 外貨準備増減が 0 としよう。経常収支黒字はその期間中の対外純資産の増加を意味する。
(2) ある一定期間で対外純資産が増加する方法は，その期での対外資産の増加のみによる。
(3) 日本の対外純資産は一貫して正であり，世界最高である。
(4) 対外純資産対 GDP の基準でみると，香港の方が日本より大きい。
(5) 中国の対外純資産は一貫して負である。
(6) アメリカの対外純資産は一貫して正である。
(7) イギリスの対外純資産は一貫して負である。

13.4 （事例）

　固定相場制を採用している外為市場で不均衡が続くとき，(1) 金融財政政策によって輸出入を調整して外為市場の不均衡をなくし，固定相場制を続けるか，(2) 為替レートの水準を変更して外為市場の不均衡をなくし，固定相場制を続

けるか，(3) 固定相場制を放棄して変動相場制に移行するか，の選択を政府はしなければならない。

　第二次大戦後の日本で，(1) に対応する事例はどのようなものがあるか。(2) に対応する日本以外の事例についてはどのようなものがあるか。(3) に対応する日本の事例はどのようなものがあるか。

13.5　(歴史)
　明治維新以来の日本の為替制度の歴史を述べよ。

13.2 マンデル゠フレミング・モデル

◆金利平価

　日本の債券でも外国の債券でも，無差別であると仮定しよう。これを完全代替の仮定という。変動相場制の場合に，現在1円を持っているとしよう。これを1年間運用するには，2つの方法がある。1つは，国内の1年ものの債券を利子率 i で買う方法である。すると，1年後には，元利合計は $1+i$ 円になる。2つ目の方法は，以下である。邦貨建為替レートを e として，1円を外貨に現在換えると，$1/e$ ドルになる。これで海外で1年ものの債券を買う。海外の利子率 i^* で運用すると，1年後には，元利合計は $(1+i^*)/e$ ドルになる。そして，これをその時の為替レート e' で円に換えると，$(1+i^*)e'/e$ 円になる。

　資産が完全代替であるならば，市場が均衡するとき，これら2つの運用方法は等しい収益を上げなくてはならない。つまり，$1+i=(1+i^*)e'/e$ である。この式を**金利平価式**と呼ぶ。ここで，重要な点は，現在時点では i，i^*，e は知ることができるが，1年後の為替レート e' は知ることができない点である。ゆえに，「期待」為替レートをもって e' とする。このとき，どのようにこの期待が形成されるかは，理論によって異なる。

◆マンデル゠フレミング・モデル

　標準的な *IS-LM* モデルに海外部門を導入した小国経済のモデルを**マンデル゠フレミング・モデル**という。物価 P や海外の物価 P^* は一定としよう。資本は自由に海外と国内を移動できるとする。e を邦貨建為替レートとする。固定相場制の場合には e は定数であるが，変動相場制の場合には内生変数になる。どちらの場合でも，海外部門があると，財市場の均衡条件として，

$$Y = C(Y-T) + I(i) + G + \{X(Y^*, e) - eE(Y, e)\} \tag{1}$$

　最後の { } 内の項は経常支出 *CA* （ここでは貿易収支と同じである）である。

　国内通貨 M はその需要と供給は標準的な *IS-LM* モデルと変わらない。ゆえに，貨幣市場の均衡は，

$$M = L(Y, i) \tag{2}$$

　海外部門があると，国民が保有する資産は，貨幣・債券の他に対外資産が付け加わる。対外資産の利子率は i^* であらわす。簡単化のために，変動相場制

のときには，現在の為替レート e が 1 年後の為替レート e' の予想として使用されるとしよう。つまり，$e' = e$ とする。すると，金利平価式から，対外資産市場の均衡は，固定相場制でも変動相場制でも，

$$i = i^* \tag{3}$$

である。

日本を小国と仮定しよう。すると日本の政策は，Y^*，i^* に影響を及ぼさないので，ここではこれらは定数として取り扱われる。財政政策である G，T は日本政府が決定する。固定相場制のときには，為替レート e が決まっているので，M，Y，i が未知数である。変動相場制のときには，M は政府が決め，e，Y，i が未知数になる。どちらの場合にしろ，(1)～(3) が成立する場合に，国内的な均衡と対外的な均衡が同時に成立していることになる。

変動相場制のときに，上記では e' の予想として e を用いた。しかし，その仮定を緩めた場合についたモデルも多々ある。これらのモデルもマンデル=フレミング・モデルということが多い。その場合にも，モデルの結論は（厳密には異なるが）上記モデルとほぼ一致しているのである。

■例題 13.2 ─────────── マンデル=フレミング・モデル

> 固定相場制の際には，景気刺激策としての財政政策は有効であることを IS-LM 図を用いて論証せよ。最終的な均衡において，国内通貨量は増えていることを示せ。これに対して，金融政策は景気刺激策として無効であることを示せ。

【解答】

固定相場制のときに，財政政策（G 増加，または T 減少）によって景気を刺激したとしよう。これを IS-LM 図に書くと，図 13.1 になる。

当初経済は a 点で均衡していたものが，公的部門が政府支出 G を増やすと，IS 曲線が右にシフトして，本文の (1) 式と (2) 式を両方とも満たす点は，b 点になる。ただし，b 点では (3) 式が満たされておらず，$i > i^*$ となっている。前の金利平価の考えを用いると，固定相場制では為替レートが今も 1 年先も変化しないから，海外よりも日本で資金を運用した方が有利である。この

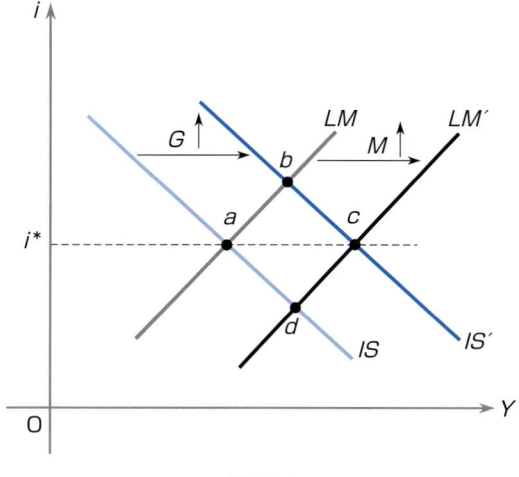

図 13.1

ため，海外から日本に向かって資本が流入する。固定相場制では公的部門がこの資本を引き受ける。すると，交換に公的部門から国内通貨が発行され，外為市場を通して市中に流れる。つまり，M が増加する。このために，LM 曲線が右にシフトし続ける。結局，LM 曲線が c 点に至ると，$i=i^*$ になる。c 点では，(1)〜(3) 式の3つの式が満たされ，国内と国際との両方の均衡が成立したことがわかる。この結果，Y が拡張したので，財政政策による景気拡張は有効であることがわかる。新しい均衡では，M は増加している。

固定相場制の時の金融政策を検討してみよう。

(1)〜(3) 式では (2) 式にのみ M があらわれる。ゆえに金融政策による M の増加は，図 13.1 の LM 曲線の右方シフトとしてあらわれる。その結果，(1)〜(2) 式を満たす点は d 点となる。ところが，ここでは $i<i^*$ となっているから，日本よりも海外で資金を運用した方が有利である。このため，日本から海外に向かって資本が流出する。

固定為替制度では公的部門がこの対外資産増を引き受ける。すると，交換に国内通貨が流通から引き上げられ，M が減少する。このために，LM 曲線が左にシフトし，結局，LM 曲線が十分シフトして，IS 曲線との交点が a 点に至ると，$i=i^*$ になる。

a 点では，(1)〜(3) 式の3つの式が満たされ，国内と国際との両方の均衡が成立していることがわかる。しかし，この点は元々の均衡点であり，金融

政策は GDP を拡張しなかったことがわかる。M も変化していない。変化したのは，日本の公的部門が保有する対外資産が減少（または対外負債が増加）した点であるが，これは民間部門の行動とは直接関係がないと見なされる。

練習問題

13.6 (基礎知識)

以下の各文の空欄には適当な言葉・数式を入れ，（／）の欄からはもっとも適当な言葉を選べ。

(1) 金利平価の式で，「1年後の為替レートの期待は現在の為替レートと等しい，すなわち $e' =$ _____」とすると，マンデル＝フレミング・モデルの前提となる。

(2) マンデル＝フレミング・モデルは，自国は他国に影響を与えることがないほど小さいという意味で，（大国／小国）モデルである。

(3) マンデル＝フレミング・モデルの対外資産市場は，対外資産の（フロー／ストック）としての均衡をあらわす。

(4) マンデル＝フレミング・モデルで，変動相場制の場合に，（財政／金融）政策を行うのは景気対策として有効である。

(5) マンデル＝フレミング・モデルで，固定相場制の場合に，（財政／金融）政策を行うのは景気対策として無効である。

(6) 海外部門のある経済では，海外との取引は経常取引（モノ）と資本取引（カネ）とがある。このうち，資本取引は短期に均衡するが，経常取引の均衡には長期を要する。マンデル＝フレミング・モデルは短期均衡の理論であった。長期均衡の理論としては，_____がある。

13.7 (正誤問題)

(1) マンデル＝フレミング・モデルで，変動相場制のときに景気刺激のために貨幣を増加させると，新しい均衡では，国内利子率は上昇している。

(2) マンデル＝フレミング・モデルで，変動相場制のときに景気刺激のために貨幣を増加させると，新しい均衡では，為替レートは増価している。

(3) マンデル＝フレミング・モデルで，固定相場制のときに景気刺激のために政府支出を増加させると，新しい均衡では，国内通貨量は増加する。

(4) マンデル＝フレミング・モデルで，経常収支は常に為替レート e の増加関数である。

(5) マーシャル＝ラーナーの条件とは，輸出の為替レート弾力性と輸入の為替

レート弾力性の和が正であることをいう。

(6) マーシャル＝ラーナーの条件が成立すれば，為替レート e が大きくなるほど，資本収支は増える。

(7) Jカーブ効果とは，例えば為替レートの増価が，短期的には経常収支の黒字を増やすが，長期的には減らす方向に動くことをいう。

13.8 （変動相場制と財政金融政策）

期待為替レートが現在の為替レートに常に等しいとしよう。IS–LM 曲線図を用いて，マンデル＝フレミング・モデルでは変動相場制のときに，金融政策は景気刺激策としては有効であることを論証せよ。それに対し，財政政策は景気刺激策としては無効であることを論証せよ。

13.9 （固定相場制と財政政策）

ある小国経済が固定相場制を取り，次のような式で表現されているとしよう。

$Y = C + I + CA$ （財市場均衡）

$CA = 5 - 0.2Y$ （経常収支）

$C = 1 + 0.8Y$ （消費関数）

$I = \dfrac{0.1}{i}$ （投資関数）

$M = 100Y + \dfrac{100}{i}$ （貨幣市場均衡）

$i = 0.05 \ (= i^*)$ （対外資産均衡）

この経済の経常収支はいくらか。GDP・消費・投資・国内通貨量はいくらか。もし，政府支出 $G = 4$ が財市場均衡式の財の総需要側に加わるとしたら，この経済の経常収支はいくらか。GDP・消費・投資・国内通貨量はいくらか。

13.10 （変動相場制と金融政策）

ある小国経済が変動相場制を取り，次のような式で表現されているとしよう。

$Y = C + I + CA$ （財市場均衡）

$CA = 5e - 0.2Y$ （経常収支）

$C = 1 + 0.8Y$ （消費関数）

$I = \dfrac{0.1}{i}$ （投資関数）

$$(M =) 4000 = 100Y + \frac{100}{i} \quad (貨幣市場均衡)$$

$$i = 0.05 \ (=i^*) \quad (対外資産均衡)$$

この経済の為替レートはいくらか。GDP・消費・投資・経常収支はいくらか。もし，国内通貨 M が何らかの事情により，6000 に変化したとしたら，為替レートはいくらになるか。GDP・消費・投資・経常収支はいくらになるか。

13.11 （マーシャル＝ラーナーの条件）

輸出を X，輸入を M とし，それぞれの為替レート弾力性を Xe, Me とする。日本の物価と海外の物価は固定されて 1 としよう。$X \fallingdotseq eM$ と近似的に仮定できるときに，マーシャル＝ラーナーの条件を導け。

13.12 （購買力平価説）

以下の順で購買力平価説を論証せよ。ただし，国は自国と他国の 2 つとし，関税や輸入制限等の法的規制や財の移動にかかる輸送費用は一切ないものとする。財の種類は 2 種類とする。各財の自国での価格を P_1 と P_2 で表し，他国での価格を P_1^* と P_2^* であらわそう。この 2 種類の財の取引される重みは自国で w_1 と $w_2 (w_1 + w_2 = 1)$，外国で w_1^* と $w_2^* (w_1^* + w_2^* = 1)$ であるとし，またこれらは時間的に安定しているとする。したがって，自国の物価は $P = w_1 P_1 + w_2 P_2$，外国の物価は $P^* = w_1^* P_1^* + w_2^* P_2^*$ であらわされる。また，変動為替制が取られていて為替レートを e としよう。

(1) 〔一物一価の法則〕財の物理的性質から 2 種類の財とも，国境を越えて取引が可能としよう。こういう財を**貿易財**という。このとき，各財について，$P_i = e P_i^*$ が成立しなければならない。なぜか。

(2) 〔絶対的購買力平価説〕(1) のとき，さらに加えて $w_1 = w_1^*$, $w_2 = w_2^*$ と仮定しよう。すると，

$$P = e P^*$$

となる。なぜか。この式を**絶対的購買力平価説**という。

(3) 〔相対的購買力平価説〕$w_1 \neq w_1^*$, $w_2 \neq w_2^*$ のときには，絶対的購買力平価説はなりたたない。しかし，そのときでも，次年度の自国物価 P'，他国物価 $P^{*\prime}$，為替レート e' として，$\pi = \frac{P'}{P} - 1$, $\pi^* = \frac{P^{*\prime}}{P^*} - 1$, $\Delta e = \frac{e'}{e} - 1$ とすれば，

$$\Delta e = \pi - \pi^*$$

が成り立つ。なぜか。この式を**相対的購買力平価説**という。

(4) 〔**非貿易財と絶対的購買力平価説**〕財の物理的性質から1種類の財は，国境を越えての取引が不可能としよう。このような財を**非貿易財**という。絶対的購買力平価説は非貿易財については成り立たない。なぜか。

(5) 〔**非貿易財と相対的購買力平価説**〕非貿易財がある場合でも，貿易財と非貿易財の相対価格が一定であれば，相対的購買力平価説は成り立つ。なぜか。

(6) 〔**相対的購買力平価説の例**〕自国の物価上昇率が3％，他国の物価上昇率が1％の場合，為替レートの変化はいかほどと予想されるか。

(7) 〔**固定相場制**〕相対的購買力平価説が成り立つときに，固定相場制を自国と他国が採用していたとしよう。このとき，それぞれの物価上昇率はどの水準になくてはならないか。

練習問題解答

1 GDPの概念

1.1 (1) 生産, (2) 資本, (3) 中間財, (4) 消費, 投資 (あるいは, 資本形成, 資本蓄積), (5) 雇用者所得, 営業余剰, (6) 投資, (7) 家計, (8) 居住者たる生産者, (9) 家計, (10) 国民総所得, (11) 固定資本減耗, (12) GDP, 公的消費支出, (13) 総資本形成, (14) 在庫品増加, (15) 実質, (16) 基準年, (17) ラスパイレス, (18) パーシェ。

1.2 (1) ○, (2) ○, (3) ○, (4) ○, (5) ○, (6) ○, (7) ○, (8) ○, (9) ×, (10) ○, (11) ×, (12) ○, (13) ×, (14) ○, (15) ×

1.3 生産・分配・支出の3つの側面から捉えたGDPは互いに相等しい。これを三面等価の原則という。GDPは生産面からは国内総生産や国内純生産としてあらわれ, 付加価値の合計として捕捉される。分配面からは雇用者所得・「営業余剰・混合所得」・固定資本減耗・税から補助金を控除したものの合計としたものとしてあらわれ, 支出面からは消費・資本形成・政府支出・輸出・輸入などの支出の合計 (ただし, 輸入は控除要因, つまり負の額) としてあらわれる。

したがって, ア・イ・ウはそれぞれ, 分配・生産・支出である。

1.4 この勘定の左列は分配面, 右列は支出面の各構成要素を示す。三面等価の法則からこれらは相等しい。左列の合計がGDP (分配面) であるが, これは470兆円となる。

(1) の総資本形成は, 総固定資本形成と在庫品増加の和であるから, 80兆円である。

(2) の経常収支は, 財貨・サービスの輸出−財貨・サービスの輸入であるから, 30兆円の赤字である。

(3) のGDPは, 右列を総計して470兆円であることがわかる。

(4) 海外からの要素所得の受取と支払の差が0だと, GDPと国民総所得は一致する。ゆえに, 国民総所得も470兆円である。

(5) 国内純生産はGDPから固定資本減耗を差し引いたものであるから, 460兆円である。

(6) 右辺の合計であるGDPが470兆円に等しいことから, 雇用者所得は345兆円で

あることがわかる。

1.5 (1)「国内純生産＝GDP－固定資本減耗」であるから，国内純生産は，500－40＝460兆円，である。

(2)「国民総所得＝GDP－海外への要素所得の支払＋海外からの要素所得の受取」であるから，国民総所得は，500－20＋10＝490兆円である。

(3)「純投資＝粗投資（総資本形成）－固定資本減耗」であるから，純投資は，60－40＝20兆円である。

(4)「総固定資本形成＝総資本形成－在庫品増加」であるから，総固定資本形成は，60－5＝55兆円である。

(5)「営業余剰・混合所得＝GDP－固定資本減耗－間接税＋補助金－雇用者所得」であるから，営業余剰・混合所得は，500－40－90＋70－300＝140兆円である。

(6)「最終消費支出＝GDP－総資本形成－経常収支」であるから，最終消費支出は，500－60－30＝410兆円である。民間最終消費支出は，最終消費支出から公的最終消費支出を差し引いたものであるから，410－80＝330兆円である。

(7)「政府総資本形成＝総資本形成－民間総資本形成」であるから，政府総資本形成は，60－50＝10兆円，である。

1.6 (1) させない。生産活動をともなわない所得の移転はGDP統計に含まれない。

(2) させない。運送会社にとって道路は中間財であるから，高速道路使用料金を運送会社の売上収入から控除する必要がある。ところが，政府が高速道路を無料で提供してしまうため，中間財購入費用が付加価値から控除されないので，GDP推計値が増加するように一見考えられる。しかしGDP統計では，政府提供サービスはすべて政府の自己消費としてあつかうので，運送会社はこれを中間財と見なさなくてよい。

(3) させる。按摩（マッサージ）は無形であるのでサービスだが，GDP統計は財のみならずサービス売買も含むから，GDP統計に含まれる。

(4) させない。農家でない限り，自己消費分はGDP統計に含まない。

(5) させない。社宅の場合，市場評価の賃貸料と実際の（割安な）賃貸料との差額は現物給与とみなされる。現物給与はGDP統計に含まれる。したがって，移転してもGDP統計の変化要因には必ずしもならない。

(6) させる。長期居住者であれば，外国人労働者でもその日本で得た要素所得（賃金等）は，日本のGDPにも国民総所得にも入る。

(7) させる。国民経済計算においては，支出面がコモディティ・フロー法，生産面と分配面が付加価値法という異なった推計方法によって推計されている。このために，概念上は両者は一致すべきであるが，実際の推計値は異なってくる。この差額は統計上

の不突合と呼ばれて，GDPの一部であるかのように表中にあらわれ，この結果両者は恒等的に一致することになる。

1.7 (1) 各年度の各最終生産物の産出量と価格の積を合計すればよい。たとえば，第1年度の名目GDPは，$2000 \times 800 + 3000 \times 500 = 3100000$ 円である。同様に，第2年度のそれは，4900000円である。

(2) 第1年度から第2年度への名目GDPの増加分を計算する。増加分は，$4900000 - 3100000 = 1800000$ 円である。この増加分を第1年度目の名目GDPで除する。すると，$1800000/3100000 = 0.581$ を得る。これを％に直した58.1％を名目経済成長率として得る。

(3) パーシェ物価指数は，比較時数量加重総和決算式とも呼ばれる。比較時の産出量を各価格への加重として使用するからである。0を基準年，t を比較年とすると，比較年の物価指数は，公式

$$\frac{p_t q_t}{p_o q_t} = \frac{\sum_i p_t^i q_t^i}{\sum_i p_o^i q_t^i}$$

であらわされる。第1年度目を基準年とし，この公式を用いて，第2年度目の物価指数を計算すると，$\frac{p_t q_t}{p_o q_t} = \frac{1000 \times 2500 + 800 \times 3000}{800 \times 2500 + 500 \times 3000} = 1.4$ より，第1年度目を100として，第2年度目の物価指数140を得る。

(4) 実質GDPは基準年の価格を比較年の産出に乗じて得ることもできる（不変価格表示と呼ばれる）し，パーシェ物価指数であるGDPデフレーターで名目GDPを除しても同じ結果にたどり着く。ここでは後者の方法をとってみよう。基準年である第1年度の名目GDPを物価指数100で割り，100をかけたものが，実質GDPであり，これは名目GDP 3100000円と一致している。第2年度の名目GDPを物価指数140で除し，100を乗じると，第2年度目の実質GDP 3500000円を得る。

(5) 第1年度から第2年度への実質GDPの増加分は，$3500000 - 3100000 = 400000$ 円である。これを第1年度の実質GDPで除して，0.129を得る。すなわち，実質経済成長率は12.9％である。

2　GDPの決定

2.1　(1)　大恐慌，(2)　ケインズ，(3)　完全雇用，(4)　有効需要，(5)　減少，(6)　有効需要，(7)　独立消費，(8)　限界消費性向，(9)　投資乗数，(10)　乗数効果。

2.2　(1)　○，(2)　○，(3)　×，(4)　○，(5)　×，(6)　○

2.3　いずれもケインズが有効需要の原理に関連して唱えた命題であるが，(5)が誤りである。有効需要と総供給が一致する所得水準は，均衡GDP水準である。これが完全雇用所得水準と一致する場合には，完全雇用が達成されるので，資源配分の失敗が起きず最適である。しかし，両者が一致する保証はなにもないというのが，ケインズの主張の中心である。

2.4　(1)　投資乗数は $(1-$ 限界消費性向$)$ の逆数であるから，$\dfrac{1}{1-0.9}=\dfrac{1}{0.1}=10$ である。つまり，投資1単位の変動はGDP 10単位の変動をもたらす。

(2)　均衡GDPの公式 $y=\dfrac{1}{1-\alpha}c_0+\dfrac{1}{1-\alpha}\bar{i}$ から，独立消費と投資の和に投資乗数をかけたものが均衡GDPであるので，$50\times10=500$ 兆円が均衡GDPである。

2.5　(1)　投資乗数は，限界貯蓄性向の逆数である。これから，投資乗数は $\dfrac{1}{0.1}=10$ より，投資はその10倍のGDPを生む。つまり，新たに投資が5兆円増えればGDPは50兆円増える。

(2)　このとき，消費については，限界消費性向（$=1-$ 限界貯蓄性向）が0.9であることから，GDP増加分の0.9倍，すなわち $0.9\times50=45$ 兆円だけ増加する。

2.6　均衡GDP決定の公式 $y=\dfrac{1}{1-\alpha}c_0+\dfrac{1}{1-\alpha}\bar{i}$ で，y として500兆円，限界消費性向に0.8，独立消費に60兆円を代入すれば，投資 i が40兆円でなければならないことがわかる。あるいは，投資乗数は $\dfrac{1}{1-0.8}$ であることより，60兆円の独立投資は300兆円のGDPを生む。これから，40兆円だけの投資があれば，完全雇用GDPに必要な残りの200兆円が達成されることがわかる。

2.7　(1)　投資とは資本蓄積の別名にほかならないから，これは誤りである。

(2)　投資乗数は限界貯蓄性向の逆数であるから，限界貯蓄性向が小さいほど投資乗数は大きくなる。ゆえにこれが正しい。

(3)　正しい。投資は総需要の一部として有効需要を高め，GDPを増加させる。同時に，投資は資本を増加させて財の供給能力を高め，国民経済の生産能力を増加させる。

ただし，有効需要創出効果は今期中にあらわれるのに対し，供給能力増強効果は来期の資本の増加を通じて来期以降の生産能力を増やす。ゆえに，短期の GDP 水準の決定を考察する GDP 決定理論においては，投資の供給能力増強効果は理論の中に出現しない。しかし，それは投資が長期的には供給能力増大効果を持つことを否定するものではないのである。

(4) 国内で行われた投資は，国内経済への需要創出効果をもたらす。また，5 章で述べられるように，国内での投資は財の輸入需要の形で小さいながら外国経済への需要創出効果ももたらす。また，国外で行われた投資はちょうど逆の効果を持つ。以上から，国内の投資の自国経済への需要創出効果は大であるのに対し，国外において行われた投資の，国内経済への需要創出効果は小である。つまり，両者の国内経済への経済効果は決定的に異なる。

2.8 多い，減少，少ない，増加，不況，意図せざる。

2.9 (A) は，所得の減少に対応して生じたものと解釈すれば，これは単なる消費関数の描写であり，これ自体は景気拡張要因でも縮小要因でもない。しかし，後述の消費者マインドの悪化のように，消費関数の下方シフトが生じたと解釈すれば，これは景気の縮小要因たり得る。(B) は，典型的な景気縮小要因である。(C) は，景気拡張要因である。この年度は，住宅金融公庫融資の制度改善や，金利低下が住宅需要を支えた。(D) は，景気拡張要因である。よって，(B) が適当である。

2.10 マルサス，リカード，ミル。

　「セイの法則」をめぐっては，古典派以降議論が続けられてきた。議論の要旨は要するに，財全体に対しての需要が不足するために，全体的な供給過剰が生じ得るか否かというものである。アダム・スミス (Smith, A.)，リカード (Ricardo, D.) などは反対の立場を取り，マルサス (Malthus, T. R.) は賛成の立場にあった。ジェイムズ・ミル (Mill, J.) は，そもそもセイとともにセイの法則を唱えた人間である。

　ケインズの有効需要の原理はもとよりこの供給過剰のメカニズムを明らかにしたものであり，セイの法則を否定したものである。このゆえに，ケインズ自身認めるようにマルサスはケインズ経済学の先駆者の地位を占めるのである。

　なお，ケネー (Quesnay, F.) は重農主義であるから，そもそもセイ以前である。

2.11 投資乗数は，以下のような過程が無限に続いた結果成立する投資と GDP の関係として解釈できる。まず，最初に財市場で総需要と総供給が均衡していたとする。その状態で，投資需要が Δi だけ増加したとしよう（Δ はデルタと読む。経済学では Δx は x の増加額を示す）。すると有効需要の原理から，総供給がまず同額増える。総供給の増加は，同額の各生産要素への支払の増加をもたらす。このために，GDP が

同額増加する．結局，GDP が投資需要の増加分 Δi だけまず増加する．

　この GDP 変化は以下のような消費需要の変化を逐次的に呼び起こす．まず，最初の GDP 増は消費関数を通じて，消費需要を $\alpha \Delta i$ だけ増加させる．有効需要の原理により総供給が同額増え，GDP が同額増加する．これは再び，消費関数を通じて消費需要増を呼び起こす．消費の増加額は GDP 増の α の割合，つまり $\alpha(\alpha \Delta i)=\alpha^2 \Delta i$ に等しい．この総需要増は総供給増をもたらす．総供給が同額増え，GDP が同額増加する．これは，$\alpha(\alpha^2 \Delta i)=\alpha^3 \Delta i$ だけの消費需要増を呼び起こす．以下，この過程が無限に繰り返される．それぞれの過程で生じる GDP 増を足し合わせてみると，最初の投資需要の増加の結果生じた GDP 増の総額が計算できる．これは無限等比級数の公式を使って，

$$\Delta i + \alpha \Delta i + \alpha^2 \Delta i + \alpha^3 \Delta i + \cdots = \Delta i(1+\alpha+\alpha^2+\alpha^3+\cdots) = \frac{1}{1-\alpha}\Delta i$$

とまとめられる．Δi の前の項は，投資乗数と一致している．つまり，最初の投資需要の増加は最終的にその投資乗数倍だけの GDP を生む．こうして，投資乗数とは，1 単位の投資の変動が逐次的に作り出す GDP の増加額の総計を示す，と解釈される．

2.12 (1) 貯蓄，(2) 限界貯蓄性向，(3) 企業，(4) 金融資産，(5) インフレ・ギャップ，(6) 上昇する，(7) 総供給．

2.13 (1) ◯，(2) ×，(3) ◯，(4) ×，(5) ×，(6) ◯，(7) ×，(8) ◯，(9) ×

2.14 経済学では，投資とは資本ストックの増加をもたらす活動のみをさす．この点で世間的な「投資」行為と意味が異なるので注意が必要である．たとえば，(1) は社会通念的には投資行為であるが，経済学的には投資ではない．株式購入は，A さんの資産を増やすので貯蓄行為ではあるが，そのままでは資本ストックが社会全体として増えるわけではない（この会社が A さんからの資金を用いて機械を買えば，社会全体から見て物的資本が増加する．この場合は，その会社が投資を行ったことになる）．
(2) 資本には物的資本以外に人的資本（＝ヒューマン・キャピタル）と呼ばれるものがある．教育等を通じて高まった個人の労働生産性を意味する．大学教育は人的資本の蓄積・増加をもたらす（と少なくとも期待される）ので，投資である．投資の資金がどう調達されたかは，教育が投資であるか否かと関係ない．実際には人的資本への投資は具体的に計測するのが不可能であるため，教育投資は GDP 統計の投資には含まれていない．
(3) 土地は再生産不可能な生産要素であるので，社会全体で一定量しかない．C さんが土地を購入すれば，ほかの誰かがその分の土地を失うわけであるから，社会全体と

して土地の量が増えるわけではない。ゆえに，土地購入は投資行為ではない。

(4) 公債（つまり，政府への元利払い請求権）・社債・株式・手形・小切手・銀行預金などの他の主体に対する請求権を総称して金融資産という。金融資産の購入は当人にとってみれば貯蓄であるが，金融資産の売却側からみれば負の貯蓄である。金融資産は債権者の債権額と債務者の債務額が互いに相殺するので，社会全体についてみれば価値はゼロである。ゆえに，金融資産の購入は投資ではない。

(5) Eさんの立場から見れば，負の資産を減少したのだから，これは貯蓄である。しかし，資本の増加は起きていないので投資ではない。

(6) 外国通貨は外国政府への請求権である。この場合，日本経済全体の資産は増える。しかし，物的資本の増加ではないので，これは投資ではない。

(7) これは物的資本の増加であり，典型的な投資である。

(8) 中古の自動車の取り引きの場合には，前の所有者が自動車を失う一方で新しい所有者が自動車を得る。社会全体として資本は増えていない。

(9) 家の新築は，物的資本の増加を意味する。ゆえに投資である。GDP統計においても，「住宅」として国内総資本形成（つまり，投資）の一項目として数えられている。

2.15 完全雇用GDP 500兆円においては，総需要は，$(\alpha y + c_0) + i = 0.8 \times 500 + 200 = 600$兆円となる。したがって，総供給500兆円との間に100兆円のインフレ・ギャップが生じる。

2.16 (1), (2), (6), (9) が正しい。

(1) 不況とは，GDPが完全雇用水準に達せず，失業が生じている状態である。有効需要の原理より，GDP水準は有効需要（総需要）によって決まる。ゆえに，不況は有効需要の不足によってGDPが完全雇用水準に達しないために起きることがわかる。(2) 有効需要が大きすぎると，均衡GDPが完全雇用GDPを超過し，インフレ・ギャップが生じてインフレが起きる。(3) 均衡GDPにおいては財市場が均衡している。均衡GDPが完全雇用GDP水準以下の場合，労働市場は超過供給（＝失業）となっている。(4) デフレ・ギャップが生じていても，均衡GDPでは財市場では総需要と総供給の均等が生じ，均衡している。財価格は動かず，デフレは生じない。(5) インフレ・ギャップが生じているとき，GDPは完全雇用GDPに等しいので，失業は存在しない。(6) 投資が増えると，投資乗数倍だけGDPが増える。投資乗数は必ず1より大きいので，GDPは投資額以上に増える。(7) 完全雇用GDPにおける総需要と総供給の差をデフレ・ギャップというのであり，完全雇用GDPと均衡GDPとの差ではない。(8) 貯蓄が投資より大きいと，$s = y - c > i$ であり，$y > c + i$ である。すなわち，財市場においては超過供給が生じている。(9) 限界貯蓄性向の逆数が

投資乗数であるから，限界貯蓄性向が増加するほど，投資乗数は小さくなる。したがって一定額の投資に対して均衡 GDP は減少する。この命題については，**例題 3.3**「節約のパラドックス」(45頁) を参照。

2.17 (3), (4) が正しい。

　均衡 GDP が完全雇用水準より小さいので，図はデフレ・ギャップの状態を示しているので，(1) は誤り。デフレ・ギャップは完全雇用 GDP における投資 i と貯蓄 s の差として示される。均衡 GDP と完全雇用 GDP の差である bd ではないので，(2) は誤り。c 点は均衡 GDP より大きいので，ここでは財市場は超過供給となっているので，(3) は正しい。貯蓄曲線の切片の絶対値は独立消費に等しい。貯蓄曲線の傾きは限界貯蓄性向であるから，Oa の長さは独立消費を限界貯蓄性向で除したものに等しい。限界貯蓄乗数の逆数とは投資乗数にほかならないから，(4) は正しい。限界貯蓄性向の増加は，切片を中心に貯蓄曲線を左上に回転させるので，均衡 GDP は減少する。ゆえに，(5) は誤り。この命題については，**例題 3.3** (45頁) を参照。

2.18 (1) はインフレ・ギャップの概念である。(3) は有効需要の原理である。(4) は古典派の第二公準である。(5) は貨幣賃金率の下方硬直性である。(2) を除いてはいずれもケインズが唱えた命題である。

　セイの法則とは，19世紀の経済学者セイが，ジェイムズ・ミルとともに唱えた「供給はそれ自身の需要を作り出す」という命題をいう。なぜこの命題が重要かというと，この命題を承認すれば，財全般の超過供給は存在し得ず，供給過剰に基づく不況は存在し得ないはずだからである。あるいは，上記の貯蓄・投資の関係でいえば，投資に対する貯蓄過剰のために不況が生じる，ということがないという主張にほかならない。

　リカードによれば，この命題は次のように説明される。個別的な財の市場では，供給が需要を上回ることがあるかもしれない。しかし，財全般の市場で供給過剰となることはありえない。なぜなら生産するとは，自分自身で消費するか，あるいは売却するかを前提として行われるからであるし，財を売却するとは他の財の購入を目的として行われるのだから，ある財の供給は結局他の財市場での需要を作り出しているのである。したがって，セイの言うように，財の全体的な供給過剰は存在し得ない。

　この命題は以後，リカード，マルサス，アダム・スミス，ジョン・ステュアート・ミルと古典派の著名な学者の論争を招いたが，ケインズはこの命題を明確に否定して，有効需要の原理をうちたてた。この命題が成立しないゆえに，有効需要の不足のために財全般の超過供給が生じ，失業が発生する可能性が起こり得るのである。

3 GDPの安定

3.1 (1) 公債，(2) 移転，(3) 財・サービス購入，(4) 赤字，(5) 正，増加する，(6) 政府支出（あるいは，政府の財・サービス購入），(7) 可処分，(8) $-\dfrac{a}{1-a}$，(9) -4，(10) $s+\tau=i+g$

3.2 (1) ○，(2) ○，(3) ○，(4) ×，(5) ○，(6) ×，(7) ×，(8) ×

3.3 限界消費性向は0.8であるから，政府部門のある場合の均衡GDPの公式から，政府支出乗数は $\dfrac{1}{1-0.8}=5$，租税乗数は $\dfrac{0.8}{1-0.8}=4$，投資乗数は $\dfrac{1}{1-0.8}=5$ である。これから，(1) 1兆円の政府支出増が5兆円のGDP増をもたらすこと，(2) 1兆円の減税が4兆円のGDP増をもたらすこと，(3) 8兆円の投資減は40兆円のGDP減をもたらすことが直ちにわかる。(3)の40兆円のGDP減を減税によって打ち消すには，減税額＝GDP増/租税乗数＝$\dfrac{40}{4}=10$ から，10兆円の減税が必要であることがわかる。(4) 政府支出が10兆円増加しながらも，財政赤字が4兆円であることから，6兆円の増税があったことがわかる。すると，政府支出増により，50兆円のGDP増効果が生まれる一方で，増税により24兆円のGDP減効果が生じた。差し引き，26兆円のGDP増となったはずである。

3.4 移転支出とは反対給付を要求しない財政支出をいう。(1)の外交費は外交のために支払われた人件費・旅費・物件費・施設費等の合計をいうが，これらの経費はすべて反対給付として，人的サービス・旅行サービス・財物等を獲得している。すなわち，外交費は移転支出ではない。同様の理由で，(2) 徴税費，(3) 国土保全費，(5) 科学振興費，(7) 防衛関係費，(9) 学校教育費は移転支出ではない。これに対して，(4) 生活保護費は被給付者に対して，反対給付をなんら要求しない。したがって移転支出である。同様の理由で，(6) 恩給費，(8) 社会保険費は移転支出である。また，(10)の国債費は既発国債の利払・償還のための支出をいうが，これは財・サービス購入でもなく移転支出でもない。前の説明における政府支出 g と租税 τ との差額に対応する部分である。よって (4), (6), (8) が答えとなる。

3.5 (1) 租税収入70兆円に対し，財・サービス購入60兆円と移転支出30兆円の和である財政支出は90兆円であるから，その差額20兆円分だけの赤字が生じている。(2) 個人間に経済行動の差は存在しないものと仮定できると（これを「分配効果を無視できる」という），民間部門はあたかも一つの主体のように行動すると考えられる。その場合，（租税－移転支出）が民間部門の純負担になる。この純租税に対応して消

費支出が定まるのだから，政府部門が存在する場合の均衡GDPの公式において，この純租税を租税として用いればよい．すると，$y=\dfrac{1}{1-0.8}80+\dfrac{1}{1-0.8}60-\dfrac{0.8}{1-0.8}(70-30)=400+300-160=540$ より，GDP は 540 兆円となる．

(3) 20兆円の財政赤字を解消するために同額だけ移転支出を減らすと，純租税はその分増加し，60兆円となる．つまり，20兆円の増税であるから，GDPの減少分は80兆円である．

(4) 均衡予算の定理はいわば，財・サービス購入と「純」租税の両者を同額だけ変化させた場合についての定理である．したがって，租税から移転支出を差し引いた純租税を用いるならば，均衡予算の定理は成立するが，単なる租税を用いるのなら一般には成立しない．

3.6 閉鎖経済とは，外国との貿易のない経済をいう．その場合，財市場の需給は国内要因のみによって定まる．現在までは，本書は閉鎖経済のみを対象として議論してきた．さて，45°線図を用いて考察しよう．政府部門がある場合，45°線図は下のようになる．つまり総需要を示す直線は政府支出の分だけ上方にシフトするが，租税に限界消費性向を乗じた分だけ下方にシフトする．

　デフレ・ギャップとは完全雇用GDP水準における総需要と総供給の差であるから，デフレ・ギャップをなくすには，総需要を示す直線を上方にデフレ・ギャップ分だけシフトさせればよいことが**図解3.6**より明らかである．これには単に政府支出をその分だけ増加するか，租税×限界消費性向がそれだけ減少すればよいことがわかる．前者の場合，必要な政府支出増は90兆円である．後者の場合，必要とされる減税額は，デフレ・ギャップ／限界消費性向である．限界消費性向は，1から限界貯蓄性向を差し引いたものであるから，0.9である．すなわち，必要とされる減税額は$\dfrac{90}{0.9}=100$兆円である．よって，(1) 90兆円，(2) 100兆円である．

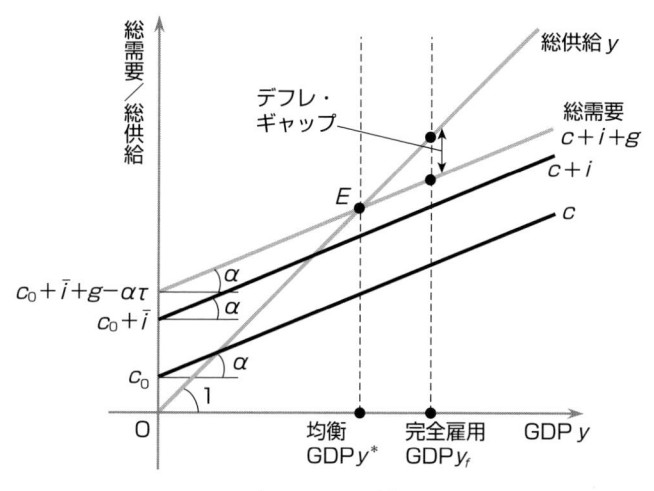

図解 3.6　45°線図

3.7　(1) 財政赤字とは，政府支出 g から租税 τ を差し引いたものである。問題から $g-\tau=10$ が制約条件として課されることがわかる。

(2) この制約条件を，均衡 GDP の公式に代入して，

$$y=\frac{1}{1-0.75}(40+60+g)-\frac{0.75}{1-0.75}\tau=4(100+g)-3\tau$$
$$=400+4g-3\tau=400+4(\tau+10)-3\tau=440+\tau$$

これから，完全雇用所得水準の 500 を達成するためには，g は 70，τ は 60 でなければならないことがわかる。

3.8　(2) が正しい。

(1) 元々均衡予算であるから，定義上財政赤字は生じていない。さらに，租税と政府支出が同額増加すると，財政収入と財政支出の双方が同額増加するので，予算は均衡したままであり，財政赤字は拡大も縮小もしない。

(2) 均衡予算の場合租税と政府支出は一致しているので，政府の予算方程式から公債発行額はゼロであることがわかる。公債発行額がゼロなので，公債残高は変化しない。ゆえに，この文は正しい。

(3) 均衡予算の定理より，GDP は $\Delta\tau(=\Delta g)$ だけ増加する。すると消費関数より，消費は $a\Delta\tau$ だけ増加することがわかる。つまり，これは誤りである。

(4), (5) が誤りであることは均衡予算の定理から明らかである。

3.9 (1) $\dfrac{1}{1-a(1-t)}$, (2) 小である, (3) ビルト・イン・スタビライザー, (4) 限界投資性向, (5) 開放, (6) $c+i+g+x-m$, (7) 貿易収支（あるいは純輸出）, (8) 租税負担率, (9) 上昇している.

3.10 (1) ×, (2) ×, (3) ×, (4) ×, (5) ○, (6) ×, (7) ×

3.11 (1) 限界消費性向が 0.75 であり所得税率が 0.2 であるから，政府支出乗数は

$$\dfrac{1}{1-a(1-t)}=\dfrac{1}{1-0.75(1-0.2)}=2.5 \text{ である。}$$

(2) 所得税の場合の均衡 GDP の公式から，独立支出 70 兆円と政府支出 g の和に政府支出乗数 2.5 を乗じたものが完全雇用 GDP 500 兆円に等しくなっていればよい。これから，$(70+g)\times 2.5=500$ を解いて，$g=130$ 兆円を得る。

(3) (2) の場合の政府支出は 130 兆円であるから，所得税率を 0.3 として所得税の場合の均衡 GDP の公式に代入すればよい。すると，$y=\dfrac{1}{1-a(1-t)}\times$（独立支出＋政府支出）$=\dfrac{1}{1-0.75(1-0.3)}\times 200=2.105\times 200=421$ 兆円であるから，GDP は 79 兆円分だけ低下する。ビルト・イン・スタビライザーとは，所得税のために自動的に租税額が GDP と同じ方向に増減して，投資などの乗数効果を弱め，GDP の変動を安定化する機能である。所得税率が 0.2 のとき，独立支出の乗数は 2.5 であるのに対して，所得税率が 0.3 に上がると，乗数は 2.105 に減る。すなわち，独立支出の自律的な変化が GDP に与える影響は低下する。これより，ビルト・イン・スタビライザー機能が増加したことがわかる。

(4) (2) の場合の租税額は，$500\times 0.2=100$ 兆円である。これを定額税の場合の均衡 GDP の公式に代入すると，$y=\dfrac{1}{1-0.75}\times(70+130)-\dfrac{0.75}{1-0.75}\times 100=500$ 兆円を得る。つまり，(2) と比較して GDP は変わらない。これは租税が定額税であろうと所得税であろうと，消費関数が可処分所得のみに基づいている事実から生じる。所得税がビルト・イン・スタビライザーと呼ばれるのは，あくまで自動的に租税水準を調整する機能によるのであって，その結果生じる租税額が有効需要に与える影響自体は定額税と変わらないのである。

3.12 (1) 誘発投資のある場合の均衡 GDP の公式中の，政府支出乗数 $\dfrac{1}{1-\alpha-\beta}$ を計算すればよい。限界貯蓄性向が 0.2 であることから，限界消費性向 α は 0.8 である。

限界投資性向 β は 0.1 であるから，政府支出乗数は，$\dfrac{1}{1-0.8-0.1}=10$ である。

(2) 誘発投資のある場合の均衡 GDP の公式中の租税額 τ の部分に比例的所得税の場合の税額 ty を代入して，式を計算し直せばよい。すると，政府支出乗数は限界消費性向の代わりに限界消費性向×(1−所得税率)を代入した，$\dfrac{1}{1-\alpha(1-t)-\beta}$ であることがわかる。これから，$\dfrac{1}{1-0.8(1-0.3)-0.1}=2.94$ を得る。

(3) 独立支出が 150 兆円であり，乗数が 10 であるから均衡 GDP は 1500 兆円である。このとき誘発投資は 150 兆円，独立投資は 100 兆円であるから，投資は 250 兆円である。

3.13 (1) 開放経済の場合の均衡 GDP の公式にあてはめて，

$$\begin{aligned}y&=\frac{1}{1-\alpha+\gamma}c_0+\frac{1}{1-\alpha+\gamma}i_0+\frac{1}{1-\alpha+\gamma}g-\frac{\alpha}{1-\alpha+\gamma}\tau+\frac{1}{1-\alpha+\gamma}x\\&=\frac{1}{1-0.9+0.2}c_0+\frac{1}{1-0.9+0.2}i_0+\frac{1}{1-0.9+0.2}g-\frac{0.9}{1-0.9+0.2}\tau+\frac{1}{1-0.9+0.2}x\\&=\frac{1}{0.3}30+\frac{1}{0.3}15+\frac{1}{0.3}g-\frac{0.9}{0.3}\tau+\frac{1}{0.3}60=350+\frac{1}{0.3}g-3\tau\end{aligned}$$

これから政府支出乗数は，3.33 であることがわかる。

(2) また，租税乗数が，−3 であることもわかる。

(3) 政府支出乗数が 3.33 なので，1 単位の政府支出増は 3.33 単位の GDP 増を引き起こす。限界輸入性向が 0.2 であることから，3.33 単位の GDP 増は，$3.33\times 0.2=0.666$ だけの輸入増を引き起こす。

(4) 政府支出 g を 45 としたときに，GDP と租税の関係は，

$$y=350+\frac{1}{0.3}g-3\tau=350+\frac{45}{0.3}-3\tau=500-3\tau$$

で与えられる。経常収支が均衡するためには，$x=m$ でなければならないから，$60=0.2y$ より，GDP y は 300 でなければならないことがわかる。これから，租税 τ は 66.6 でなければならないことがわかる。

4 消　費

4.1 (1) 短期的, (2) 絶対所得仮説, (3) モジリアーニ, (4) ラチェット, (5) 稼得期, (6) 増加するが 2 倍にはならない, (7) 一時所得, (8) 200。

4.2 (1) ○, (2) ○, (3) ×, (4) ○, (5) ○, (6) ○, (7) ×, (8) ○

4.3 (1) 利子率が 0 であるので, t 年後の金額 100 円の割引現在価値は 100 円のままである。ゆえに, この家計が生涯で受け取る所得の割引現在価値の総計は, $40 \times 600 = 2$ 億 4000 万円となる。この所得総計を 60 年間で使いきるのであるから, 毎年 400 万円ずつ消費するのが最適になる。

(2) 稼得期には毎年 600 万円の所得があるのに対して, 400 万円の消費が行われる。差額の 200 万円が貯蓄となる。

(3) 利子率は 0 なので, 200 万円ずつの貯蓄を稼得期の 40 年間行うと, 8000 万円だけの資産が蓄積される。つまり, 8000 万円が稼得期の終了した時点で蓄積されている。

(4) 引退期の家計は毎年度 400 万円だけ資産を取り崩している。つまり, それだけの負の貯蓄が行われている。稼得期の家計は 200 万円の貯蓄を行っている。社会全体では引退期の家計の数が 10, 稼得期の家計の数が 75 であるから, $-400 \times 10 + 200 \times 75 = 1$ 億 1000 万円を得る。経済全体の所得は, $600 \times 75 = 4$ 億 5000 万円であるから, 貯蓄率は, 約 24.4% である。

(5) 稼得期の前半の 20 年間で, この家計は 4000 万円の資産を蓄積していた。残りの稼得期の後半の 20 年間で, 各年の労働所得 600 万円が 2 倍の 1200 万円になることがわかった。すると, 20 年間で $1200 \times 20 = 2$ 億 4000 万円だけの所得がある。つまり, 稼得期のちょうど真中で将来を考えると, 合計で 2 億 8000 万円の生涯所得があり, それを稼得期の後半の 20 年間と引退期の 20 年間の合計 40 年間で消費する。すると, 毎年の消費は 700 万円となる。以前より 300 万円の増加である。新しい所得が 1200 万円なので, 稼得期の毎年度の貯蓄は 500 万円となる。

(6) 資産は当初の 20 年間は (2) の貯蓄水準に対応して推移し, 次の 40 年間は (5) の貯蓄水準に従って推移する。したがって, **図解 4.3** のグラフを得る。

4.4 (1) 恒常所得に対応する消費関数は $c = 0.9 y_p$ である。現在所得が Δy だけ増加したとしよう。このうちの $\frac{2}{3}$ が恒常所得増加によるものであるから, 恒常所得増 Δy_p は $\frac{2}{3} \Delta y$ に等しい。これを恒常所得に対応する消費関数に導入して, $\Delta c = 0.9 \Delta y_p =$

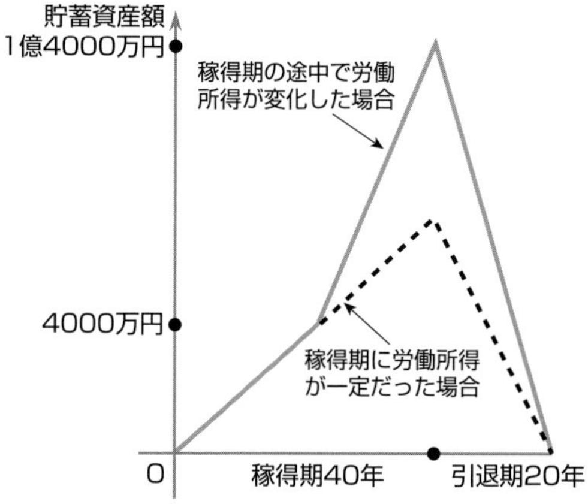

貯蓄資産額
1億4000万円
稼得期の途中で労働
所得が変化した場合
4000万円
稼得期に労働所得
が一定だった場合
0
稼得期40年
引退期20年

図解 4.3

$0.9\cdot\frac{2}{3}\Delta y=0.6\Delta y$ を得る。つまり，実際に観察される「消費関数」の限界消費性向は $0.9\cdot\frac{2}{3}=0.6$ である。

(2) 現在所得 1000 万円は恒常所得に等しいので，現在消費は，900 万円である。したがって，この点を通り，(1) で求めた傾きが 0.6 であるような曲線を描けばよい。**図解 4.4** の *dab* 線を得るが，図から切片は 300 万円であることが計算できる。ただし，図中の O*ae* 線は恒常所得に対応する消費関数 $c=0.9y_p$ を示す。

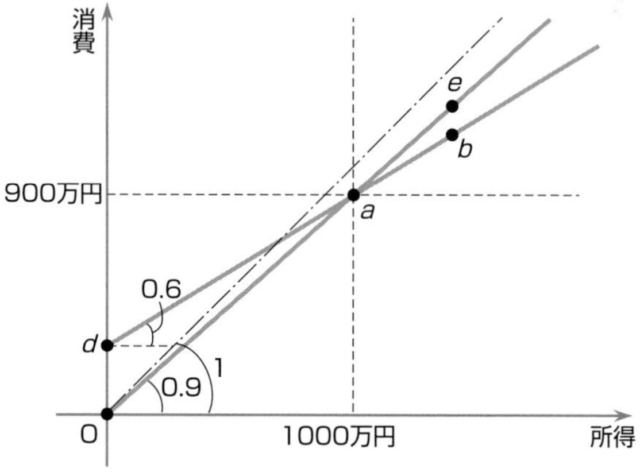

消費
e
b
900万円
a
0.6
d
1
0.9
0
1000万円
所得

図解 4.4

(3) **図解 4.4** より，現在所得が上昇すると，もともとの所得–消費点 a から，新しい所得–消費点 b へ所得と消費の組合せは移ることがわかる．平均消費性向は，消費／所得であるが，これは原点と所得–消費点を結ぶ直線の傾きにほかならない．たとえば a 点の場合，この平均消費性向は，0.9 である．b 点の場合，原点と b 点を結ぶ直線の傾きはこれより小さいことが図より読み取れる．つまり，この場合，平均消費性向は現在所得の上昇にともなって減少するのである．

(4) 現在所得の増加がすべて恒常所得の増加によってもたらされるとすると，消費は恒常所得に対応した消費関数に従って増加する．**図解 4.4** の場合，これは Oae 線に沿ってのたとえば e 点への移動にほかならない．したがって，Oae 線が消費曲線になる．

(5) (4) の Oae 線は原点を通る直線である．したがって，その直線上のどの点を選んでも，原点と結ぶ直線の傾きは一定である．つまり，消費曲線が Oae 線である場合，所得の変化にともなう平均消費性向の変化は起きない．

4.5 『平成 6 年度経済白書』の「第 1 章・1993 年度の日本経済」第 3 節「低迷した個人消費」の（消費者マインドの悪化と「節約疲れ」の綱引き状態）よりの抜粋では，「93 年度の消費者マインドは，厳しい雇用情勢に円高が加わって，92 年度以上に悪化した．こうした消費者マインドの悪化は，平均消費性向を押し下げる方向に働いたはずである．しかし，所得の伸びが低下する仮定では，消費水準をあまり落とさないようにしようとする力（ラチェット効果）が働く．この 2 つの相反する力が打ち消しあって，結果的に平均消費性向が変化しなかったのである．」

『経済白書』は成長をともなう現実の経済を論じているので，所得水準そのものではなくその伸びを問題にしている．これを所得水準についての議論として解釈し直すと，消費者マインドの悪化とは，外生的な要因による消費関数の下方シフトを意味する．**図解 4.5** では，原点を通る消費曲線 c が c' のように下方に移動したことに対応する．この変化にともない所得が不変のままならば，所得–消費点は a 点から b 点へ移動したはずである．a 点の平均消費性向とは a 点と原点を結ぶ直線の傾きにほかならない．b 点の平均消費性向も同様に定義される．ゆえに所得–消費点が a 点から b 点へ移動するのにともなって，平均消費性向は減少する．

ラチェット効果とは，現在の消費が過去の最高の消費水準に足りなくなるときには，家計が過去の生活水準を維持しようとして，消費の減少を通常以下にとどめることをいう．図では，Ob が通常の消費曲線に対応するのに対して，所得が b 点より減少しようとすると，家計は消費減に抵抗する結果，消費量は e 点ではなく，d 点で与えられる．この場合，消費曲線が変化している．ラチェット効果の存在を仮定すると，所

得低下にともない消費曲線の傾き自体が bd 線のように低下するので，所得低下によって平均消費性向の増加が起きる。つまり消費者マインドの悪化にともなう平均消費性向の減少を打ち消す。この結果，たとえば d 点では平均消費性向は a 点とまったく変わらないことになる。

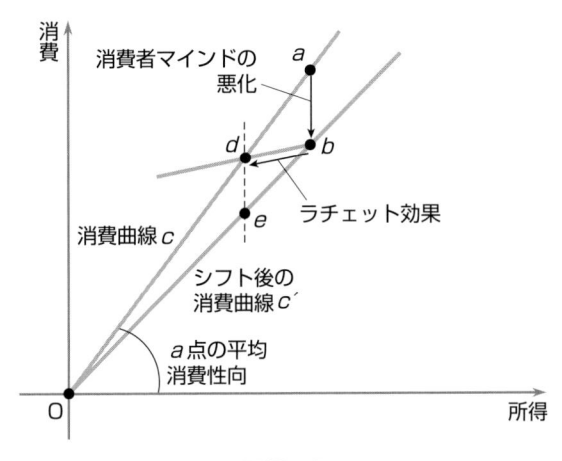

図解 4.5

4.6 (1) あなたは酒席で 15000 円の現金（流動的資産）を持っている。かつ，あなたの今日の所得は 10000 円であった。このとき，たとえば，8000 円支払ったとしよう。

(2) あなたは酒席で 10000 円の現金を持っている。ほかに 5000 円の貯金があるので，あなたの財産総額自体は 15000 円であり，(1) のときと変化していない。あなたの今日の所得は 10000 円であった。このとき，(1) のときのようにあなたは 8000 円を支払うことは可能であるが，おそらくはそうしないであろう。なぜか。あなたの財産は (1) のときと同じであるから，その理由のせいではない。おそらく現金を 10000 円しか持たないときに，そのうちから 8000 円使ってしまうと，家に帰るまでの不時の支出（たとえば，終電車がなくなってタクシーで帰る）に対応できない可能性が強まるからである。

(3) 以上は，あなたの保有する財産額があなたの消費行動に影響を与えるが，さらにその財産中の流動性(つまり現金化されているか)の部分の比率がまた消費行動に影響を与えることを示している。つまり，(1) の場合は，(2) に比べて，ほかの点は同じで保有する流動性のみが異なる。このときにあなたの消費行動が変化するとは，流動的資産の増加があなたの消費を増加させていることを示すことにほかならない。

5 投　資

5.1 (1) 資本形成, (2) 需要要因, (3) 資本の限界効率, (4) 産出, (5) 投資, (6) 資本, (7) 投資率, (8) 正, (9) 資本サービス。

5.2 (1) ○, (2) ○, (3) ×, (4) ○, (5) ○, (6) ○, (7) ○, (8) ×, (9) ○, (10) ○

5.3 (1) $\dfrac{100000000}{10}=1000$ 万円より，追加的な 1 台のトラックは来期に 1000 万円の収益をもたらす。その一方で，今期 909 万円費用がかかる。収益の割引現在価値がこの費用に等しくなるような割引率は，$\dfrac{10000000}{1+\rho}=9090000$ となる ρ である。これより，$\rho=0.1$ であるから，資本の限界効率は 10% である。

(2) (1) より，トラックが 10 台のときの資本の限界効率は 10% であることがわかっている。利子率 5% はこれより低いから，追加的なトラックの購入をした方が有利である。すなわち，最適なトラックの数は 10 台以上である。

(3) 資本の限界効率 ρ を x を用いて一般的に表現すると，

$$\frac{100000000/x}{1+\rho}=9090000$$

となる ρ である。これを ρ に関して解いて，

$$\rho=\left(\frac{100000000}{9090000}\right)\left(\frac{1}{x}\right)-1=11\left(\frac{1}{x}\right)-1$$

を得る。これは双曲線の方程式であるから，**図解 5.3** を得る。

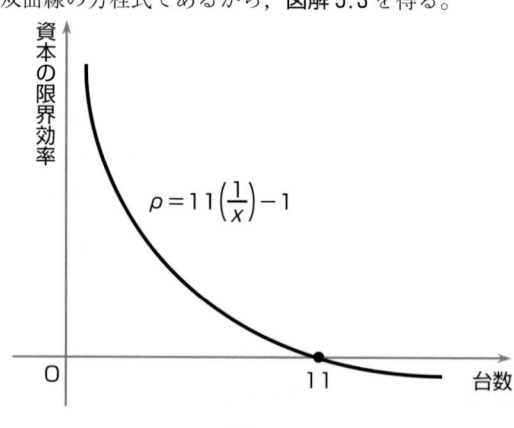

図解 5.3

5.4 (1) 資本財価格とは新車1台の価格にほかならない。資本サービス価格とは，新車のレンタカーの賃貸料である。中古車は価値が下がる。発売後1年の中古車1台は $(1-\delta)Q_t$ の価格しかつかないとしよう。すると，その値落ち額 δQ_t が資本減耗にあたる。

(2) 例題5.1における資本財価格と資本サービス価格の関連式に代入すればよい。

$$C_t = (R+\delta)Q_t - (1-\delta)(Q_{t+1}-Q_t)$$
$$=(0.05+0.3)1000000-(1-0.3)(1000000-1000000)=350000$$

(3) この場合，資本の限界価値生産物は $2\times\left(\dfrac{1050}{K}\right)=\dfrac{2100}{K}$ 万円となる。これが資本サービス価格35万円に等しくなるのは，$K=60$ である。

(4) 投資は最適資本量から期初の資本量を引いたものに等しいから，10である。

(5) 資本とは再生産可能有形資産をいい，土地とは再生産不可能な有形資産をいう。ゆえに，資本の供給は可変であるのに対して，土地の供給は一定である。この点を除けば，土地を (1) 以下の議論における減耗しない資本財と解釈しても差し支えない。土地の賃貸料が毎期300万円であると，例題5.1において常に資本サービス価格が等しい場合になる。その場合の土地価格は，

$$Q_t = \frac{C}{R+\delta} = \frac{3000000}{0.05+0} = 60000000$$

で与えられる。これから，将来の土地賃貸料（の予想）に変化があれば土地価格は変化する。しかし，土地賃貸料に変化がなくても，利子率が低下すれば土地価格は上昇することがわかる。土地賃貸料自体は将来の各時点での土地賃貸市場の需給によって決定される。

(6) 例題5.1の式に代入すると，

$$C_t = (R+\delta)Q_t - (1-\delta)(Q_{t+1}-Q_t) = Q_t\left\{(R+\delta)-(1-\delta)\frac{Q_{t+1}-Q_t}{Q_t}\right\}$$
$$= Q_t\{(0.05+0)-(1-0)0.02\} = 0.03Q_t$$

$C_t=3000000$ であるから，土地価格 Q_t は1億円になる。(5)と比較して，土地価格上昇の予想自体が現在の土地価格の上昇をもたらすことがわかる。

5.5 (1) 1年間の乗用馬数の増加数は，子馬購入数から乗用馬になる前に死亡する子馬数を差し引いたものであるから，

$$\Delta K_t = I_t - \left\{10\left(\frac{I_t}{K_t}\right)\right\}I_t = \left\{1-10\left(\frac{I_t}{K_t}\right)\right\}I_t$$

となる。

(2) (1)の式の両辺を K で除して，

$$\frac{\Delta K_t}{K_t} = \left\{1 - 10\left(\frac{I_t}{K_t}\right)\right\}\left(\frac{I_t}{K_t}\right)$$

を得る．左辺は資本増加率であり，右辺は投資率 $\frac{I_t}{K_t}$ の二次関数となっている．

(3) 30万円は式中で30と書いて，

$$V_0 \equiv \sum_{\tau=0}^{\infty} \frac{1}{(1+R)^\tau}[30K_\tau - 400I_\tau]$$

(4) $\quad V_0 \equiv \sum_{\tau=0}^{\infty} \frac{400}{(1+R)^\tau}\left[\frac{30}{400} - \left(\frac{I_\tau}{K_\tau}\right)\right]K_\tau$

(5) (4) にならって，$t+1$ 期の割引現在価値 V_{t+1} を書くと，以下のように書き直せる．

$$V_{t+1} \equiv \sum_{\tau=0}^{\infty} \frac{400}{(1+R)^\tau}\left[\frac{30}{400} - \left(\frac{I_{t+1+\tau}}{K_{t+1+\tau}}\right)\right]K_{t+1+\tau}$$

この割引現在価値の最大化問題では，K_{t+1} は初期値として与えられているが，ほかの変数である $K_{t+1}, K_{t+2}, \cdots$ は，投資率 $\frac{I_{t+1}}{K_{t+1}}, \frac{I_{t+2}}{K_{t+2}}, \cdots$ を選択することにより選択できる．

$A = \frac{K_t}{K_{t+2}}$ と A を定義して，この割引現在価値 V_{t+1} に乗じよう．割引現在価値は，

$$AV_{t+1} \equiv \sum_{\tau=0}^{\infty} \frac{400}{(1+R)^\tau}\left[\frac{30}{400} - \frac{(AI_{t+1+\tau})}{(AK_{t+1+\tau})}\right](AK_{t+1+\tau})$$

となる．$AK_{t+1+\tau} = K'_{t+\tau}$，$AI_{t+1+\tau} = I'_{t+\tau}$ と書き直すと，

$$AV_{t+1} \equiv \sum_{\tau=0}^{\infty} \frac{400}{(1+R)^\tau}\left[\frac{30}{400} - \frac{I'_{t+\tau}}{K'_{t+\tau}}\right]K'_{t+\tau}$$

であり，かつ $K'_t = K_t$．つまり，これは初期値を K_t とした問題の割引現在価値 V_t にほかならない．これより，最適な投資率の流列を前提とした場合，t 期の割引現在価値 V_t と $t+1$ 期の割引現在価値 V_{t+1} とは定数倍 A だけ異なるのみであることがわかる．ゆえに，片方を最大にする投資率の流列は他方も最大にする．このため，t 期の問題にとって1期目の最適投資率 $\frac{I_t}{K_t}$ は，$t+1$ 期の問題にとって1期目の最適投資率 $\frac{I_{t+1}}{K_{t+1}}$ と同じになるのである．

(6) $\quad V_0 \equiv \sum_{\tau=0}^{\infty} \frac{400}{(1+R)^\tau}\left[\frac{30}{400} - \frac{I_\tau}{K_\tau}\right]K_\tau = \sum_{\tau=0}^{\infty} \frac{400}{(1+R)^\tau}\left[\frac{30}{400} - \varphi\right]\{(1+\alpha)^\tau K_0\}$

$$= 400\left[\frac{30}{400}-\varphi\right]K_0\sum_{\tau=0}^{\infty}\left(\frac{1+\alpha}{1+R}\right)^{\tau} = 400\left[\frac{30}{400}-\varphi\right]K_0\frac{1}{1-(1+\alpha)/(1+R)}$$

$$= 400\left[\frac{30}{400}-\varphi\right]K_0\frac{1+R}{R-\alpha} = 400(1+R)K_0\left\{\frac{(30/400)-\varphi}{R-\alpha}\right\}$$

(7) (2) によれば，技術的制約により α は φ の二次関数であり，**図解 5.5** のように原点と縦軸の 0.1 を通る曲線となる．これが投資効果関数である．(6) において最後の式を考える．φ と α を動かして，この式を最大化したい．R と K_0 は所与であるから，式中の $\{\cdot\}$ 内を最大化すれば良いことがわかる．$\{\cdot\}$ 内は，分母と分子の比である．これを図で表現するには，横軸に R，縦軸に $\frac{30}{400}=0.075$ をとる．これより，点 a が定まる．φ と α は (2) の投資効果関数の技術的制約の範囲でしか動けない．そこで，投資効果関数上の任意の点から点 a へ線を引こう．その線の傾きが $\{\cdot\}$ 内になることが容易にわかる．この傾きが最大となるような投資効果関数上の点は，E 点である．E 点においては，この直線は投資効果関数に接している．これより，最適投資率は φ^* であることがわかる．

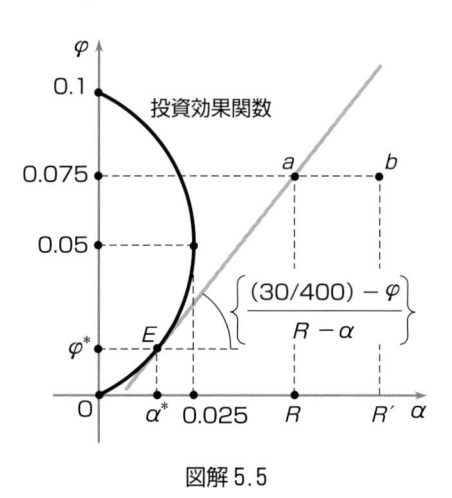

図解 5.5

(8) **図解 5.5** において，利子率を R から R' へ増加させよう．最適投資率は前と同じような方法で発見できるが，b 点は a 点より右側に位置するので，最適点は E 点より左下方に移動し，最適投資率が減少することがわかる．すなわち，投資率は利子率の減少関数なのである．

(9) (6) の議論から，任意の資本水準 K に対して，その φ^* だけの投資が毎期なされることがわかる．つまり，この牧場では正の投資が毎期行われ，資本水準は限りなく

増加し続ける。これはこの牧場の毎期の資本の限界価値生産性が常に30万円であって，資本水準に対応して逓減しないからである。

さて，資本の固定性がなく，資本（乗用馬）を企業が売買できるとしよう。最適な資本水準はいくらか。もし，資本財（乗用馬）の価格が資本の限界価値生産性（30万円）の割引現在価値（600万円）以下の場合には，資本を無限に増やした方が有利である。逆に，価格が割引現在価値以上の場合には，資本をすべて売り払って0にした方がよい。価格と割引現在価値が一致するときのみ，資本水準が有限に留まる。つまり，資本財の価格は600万円になる。しかし，このときでさえも，企業はどの資本の水準を選ぶかは無差別であり，この企業の最適資本水準を決定することはできない。実は，新古典派投資理論において，生産関数が一次同次のときには最適投資水準は決定できない。

5.6 (1) p である。現在生産されている財は資本財として使える。ゆえに，既存資本財を増やす（再生産する）には，現在生産されている財を使えばよい。この現在生産されている財の価格は p である。

(2) (1)にもかかわらず，たとえば $q>1$ のときのように，なぜ既存の資本財は p より高い価格（$q \cdot p$）で取引され得るのか。それはトービンが暗黙のうちに，現在生産された財を資本財として転用するにはその単なる再生産費用以外にも費用がかかること，を前提にしているからである。この費用とは投資効果関数の理論でも論じたように，かつてペンローズ（Penrose, E. T.）によって指摘された，企業成長にともなう際に必要となる有形・無形の企業資源であり，調整費用と呼ばれる。この費用の存在のために，既存資本財は再生産費用 p より高い価格で取引される。

(3) $q>1$ とは，既存の資本財が再生産費用以上の価格で売買されていることを示す。このとき，もし新たな財を価格 p で購入して資本財として使えば，$qp-p=p(q-1)>0$ だけの収益を得る。したがって，資本増加すなわち投資への強い誘因が存在する。しかしながら，(2)で述べたように，この資本財増加のためには再生産費用 p のほかに調整費用が必要となる。この調整費用は投資の増加関数と想定される。十分小さな投資に対しては，再生産費用と調整費用の和は既存資本財の価格 qp より小さい。この限りにおいて，投資はなされる。q が上昇するほど，再生産費用と調整費用の和は大きくなることを許されるから，投資は増える。

(4) 一定量の投資を行うに際し，時間が十分あるほど調整費用は小さくなる。ゆえに，長期では，調整費用は無視できる。このとき，既存資本財価格が再生産費用より高い限り資本は増加するので，均衡では両者は一致する。このとき，定義により $q=1$ である。

(5) 資本財1単位の増加は各期の収益を Π 単位だけ増加させる一方で，今期 p だけの再生産費用を呼び起こす。この条件下での資本1単位の限界効率 ρ は，

$$\frac{\Pi}{(1+\rho)}+\frac{\Pi}{(1+\rho)^2}+\cdots=\frac{\Pi}{\rho}=p$$

によって求まる。これに対して，この企業の資本1単位に対応する株式価格はその資本のもたらす収益の割引現在価値に等しい。これは，

$$V=\frac{\Pi}{(1+R)}+\frac{\Pi}{(1+R)^2}+\cdots=\frac{\Pi}{R}$$

である。トービンの q は $\frac{V}{P}$ にほかならないから，

$$q \equiv \frac{V}{P}=\frac{\Pi/R}{\Pi/\rho}=\frac{\rho}{R}$$

を得る。つまり，トービンの q は資本の限界効率を利子率で除したものに等しい。

(6) (5)で示したように，利子率はトービンの q に影響を与える（資本の存在量はすぐには変化しないので，資本の限界効率は短期的に一定と仮定する）。トービンの q の変化は投資の変化を引き起こすので，結局投資に影響を与える。しかし，従来の投資理論と異なる点は，この影響がトービンの q を通じての間接的なものである点である。株式市場における株価は観察可能であるから，政策担当者は利子率を考慮せずに直接に投資の決定要因である q を調べることが可能である。

6 貨幣供給

6.1 (1) 一般的支払手段，(2) 流動性，(3) 要求払預金，(4) 法定準備，(5) 中央銀行預け金，(6) 発券，銀行，政府，(7) 取付騒ぎ．

6.2 (1) ○，(2) ×，(3) ×，(4) ×，(5) ○，(6) ○，(7) ○

6.3 (1) Ａ氏は自分の取引銀行に当座預金口座を持っている．この口座に対する請求権としての小切手に額面額を書き込みＢ氏へ引き渡すことを，小切手を振り出すという．Ｂ氏はこの小切手を自分の取引銀行の当座預金口座へ預金する．銀行は預金された小切手を手形交換所に持ち込み，Ａ氏の取引銀行へ引き渡す．Ａ氏の取引銀行はこの小切手に対するＡ氏の当座預金残高を確認した上で，小切手を引き取る．Ａ氏の取引銀行に引き取られた小切手は，交換印を打たれた上で，Ａ氏へ返却される．もし，小切手額面額が当座預金残高を超過していれば，手形交換所で引き取りは拒否され，小切手は不渡り小切手となる．

(2) Ａ氏の小切手が不渡りでない点を確認された時点で，Ｂ氏の当座預金残高口座はその額面額だけ増加する．Ｂ氏は自らへ小切手を振り出して，この当座預金を現金化してもよいし，第三者へ今度はＢ氏が小切手を振り出してこの預金を使ってもよい．同様に，Ａ氏の小切手が手形交換所経由でＡ氏の取引銀行へ引きとられた時点で，Ａ氏の当座預金口座はその額面額だけ減少する．もし，小切手が不渡りとなった場合は，小切手はＢ氏へ返却され，双方の当座預金口座残高は変化しない．不渡りを振り出したＢ氏は銀行との取引が停止され，当座預金口座を維持できなくなる．Ｂ氏は小切手とは別にＡ氏へ支払を請求することになる．

　手形交換所における小切手の交換の結果，Ａ氏の取引銀行はＢ氏の取引銀行へ小切手額面額だけの債務を負う．これは双方の銀行の中央銀行預け金の間で預金が振り返られて決済される．

(3) このような当座預金制度の仕組み上，小切手には現金の授受にともなう労力や時間の節約や現金運搬にともなう危険回避などの機能がある．その一方で，その通用には振り出し元の信用力が問題となる．これらのメリット，デメリットを見定めた上で，現実の種々の取引は小切手と現金とのいずれかによって決済されている．

6.4 （左から高い順に）現金，当座預金，普通預金，定期性預金，公社債，株式，自動車，宝石，土地．

　自動車には整備された中古車市場があるので，ある程度の時間と労力によって換金できる．宝石にもある程度整備された市場があるが，その売買には鑑定のために，多大な費用を要する．土地は一つ一つ非常に特徴がことなるので，その評価と売買には

多額の費用がかかる。

6.5 (1) 貸借対照表においては，左欄に資産項目を，右欄に負債項目を書き込む。資本金は負債項目の一つとして取り扱われる。複式簿記の原則から，左欄の合計である資産と右欄の合計である負債は一致していなければならない。負債は，当座預金，定期性預金，コールマネー，資本金からなる。これらの合計は21兆円であるから，資産の総計も21兆円でなければならない。支払準備の総額は，$10\times0.2+8\times0.125=3$兆円であることがわかる。これが金庫内現金1と中央銀行預け金2の比率で保有されているから，それぞれが1兆円と2兆円であることがわかる。残余の18兆円が貸出と有価証券の形で保有されている。それらの比率は5対1であるから，それぞれが15兆円と3兆円であることがわかる（**表解6.5**参照）。

表解6.5 (単位：兆円)

資 産	21	負 債	21
支払準備	3	当座預金	10
（金庫内現金）	1	定期性預金	8
（中央銀行預け金）	2	コールマネー	2
貸出金（貸付・手形割引等）	15	資本金	1
有価証券（公社債・株式）	3		

(2) 資産中の支払準備は銀行の金庫内現金か，中央銀行預け金の形で保有される。金庫内現金は利子を産まないし，中央銀行預け金は当座預金なので利子が支払われない。いずれにしろ，支払準備は収入を銀行にもたらさない。このために，銀行は可能な範囲で支払準備を低くおさえるのが，通常である。貸出は，貸出利子率に対応する収益を産む。貸出利子率が平均5％ならば，収益は$15\times0.05=0.75$兆円となる。有価証券からは，$3\times0.04=0.12$兆円だけの利息配当金が産まれる。

(3) 当座預金に対しては利子は支払わないので，0円である。定期性預金には3％の預金利子率を支払うので，$8\times0.03=0.24$兆円である。銀行間の短期借入金であるコールマネーの金利をコールレートという。コールレートは6％であるから，$2\times0.06=0.12$兆円だけの利息を払わなければならない。

(4) 預金利子率と貸出利子率の差が利ざや（いわゆる預貸金利鞘）であり，銀行収益の基本である。資金の運用益である貸出利子率は，当座預金と定期性預金の間で等しい。しかし，預金利子率は当座預金と定期性預金の間で異なる。当座預金への預金利子率は0であるのに対して，定期性預金利子率は通常，正である。また，支払準備率は両者間で異なる。支払準備率が低いほどその預金の収益性は高くなる。当座預金へ

の預金利子率が0である現在の例では，両預金間の支払準備率の差を考慮した上でも，当座預金は必ず定期性預金より収益性が高い。しかし，当座預金は定期性預金と異なって，小切手交換業務などの営業費用を発生する。当座預金の収益性がその業務費用より高い限り，銀行間の競争により当座預金への付加的なサービスが供給される。十分にこのサービスが大きければ，均衡では当座預金と定期性預金の収益性は一致するはずである。

(5) 運用利子率が一番高いはずの貸出でなぜこの銀行は資産を運用しないのであろうか。これは銀行の本質に基づく。銀行とは要求払預金を資金調達手段とする金融仲介機関をいう。したがって，要求払預金への払戻請求が不定期に生じる。これに対する不断の準備が銀行には要求される。これを銀行経営の**流動性の原則**という。さらに，これらの資産運用はできるだけ返済が確実なようになされなければならない。これを**確実性の原則**という。これらの原則を満たした上で，銀行は収益を追求する。これを**収益性の原則**という。

流動性の原則のために，銀行は金庫内現金や中央銀行預け金を保有している。これらがさらに不足したときには，以下のような方法で現金を調達する。第1は，コールマネーや中央銀行貸出などのように，外部から流動性の高い資金を借りる方法である。第2は，もともと総資産中に比較的換金が簡単な（流動性が高い）資産を保有しておくことである。公社債・株式など市場性のある有価証券の保有は後者の目的を補完している。こうして，必ずしも収益がもっとも高い資産でなくても流動性の考慮から保有されるのである。

(6) 支払準備は法定準備に，銀行が独自の判断で追加する超過準備を加えたものをいう。超過準備が変化しなければ，法定準備率の増加は支払準備の増加をもたらす。これは一定の預金残高中で，貸出にまわせる資金の比率の減少を意味するから，銀行収益は悪化する。

(7) 金融不安が起きると，まったく健全な銀行へも取付騒ぎが生じる可能性が起きる。この銀行は生じ得る取付騒ぎに対する対策を講じる。つまり，保有資産中の流動性資産とくに現金・中央銀行預け金の部分を増加させる。これは支払準備が増加することであるから，銀行収益を圧迫する。

6.6 (1) ○, (2) ×, (3) ○, (4) ×, (5) ×, (6) ×, (7) ○, (8) ×

6.7 (1) 取付騒ぎとは，個別の銀行の預金者多数が競って預金払戻を請求する事態をいう。

(2) 前節に示されたように，銀行はすべての預金者の預金払戻請求に応じることは，原理上不可能である。自分以外のすべての預金者が自分より先に預金払戻請求を行っ

たとしよう。銀行はすべての払戻請求には応じられない。銀行は払戻不能となり，流動性の低い資産を強いて換金すれば損失をこうむる。つまり，銀行は倒産し得る。預金保険制度が存在しない場合，これは預金の喪失を意味する。ゆえに，個々の預金者は，他の預金者が預金払戻請求を行う限り，自らも預金払戻請求を行い，他者に先んじて預金を回収しようと努力する。これは合理的な行動である。取付騒ぎはしばしば銀行に対する根拠のない経営不安の噂により，発生する。しかし，発生理由がいかに非合理であろうとも，取付騒ぎは一度生じてしまえば，すべての預金者にとってはそれに参加することが合理的な行動となる。

(3) 金融恐慌とは，取付騒ぎが多数の銀行に対して同時多発することをいう。

(4) 金融恐慌においては，経済中の多くの預金者は銀行の預金払戻不能の事態を恐れて，預金を払い戻し，現金の形で保有する。つまり，公衆の望む現金-預金比率が上昇したと，金融恐慌の事態を理解し得る。

(5) 貨幣乗数 $\frac{\lambda+1}{\lambda+k}$ を現金-預金比率 λ に関して微分すると，

$$\frac{\partial}{\partial \lambda}\left(\frac{\lambda+1}{\lambda+k}\right) = \frac{\lambda+k-(\lambda+1)}{(\lambda+k)^2} = \frac{k-1}{(\lambda+k)^2} < 0$$

これから，現金-預金比率の増加にともなって，貨幣乗数が減少することがわかる。

(6) 金融恐慌が生じると，各銀行は取付騒ぎ発生の可能性が生じる。自行に取付が発生した場合に備えて，各銀行は現金を通常より多く保有して，支払準備を増やす。つまり，支払準備率が上昇する。

(7) 貨幣乗数 $\frac{\lambda+1}{\lambda+k}$ において，支払準備比率 k は分母に含まれているから，その増加は貨幣乗数を減少させることは明らかである。

(8) マネーストックの公式 $M = \frac{\lambda+1}{\lambda+k}H$ より，一定額のハイパワード・マネーから，貨幣乗数倍のマネーストックが生じる。ゆえに，ハイパワード・マネーが一定である限り，貨幣乗数の減少はマネーストックを減少させる。後に述べるように，急激なマネーストックの変化は実物面の変動を喚起する。このマネーストックの減少を打ち消すには，ハイパワード・マネーを増加すればよい。

6.8 (1) 貨幣乗数の公式 $M = \frac{\lambda+1}{\lambda+k}H$ に，$\lambda = 1.4$，$k = 0.2$，$H = 60$ 兆円を代入すればよい。貨幣乗数は 1.5 となるから，$M = 90$ 兆円を得る。

(2) $k=0.4$ を代入すると，貨幣乗数は $\frac{4}{3}$ となるから，$M=80$ 兆円を得る。すなわち，法定準備率が増加すると，マネーストックは減少する。

(3) (2)の場合で，$\lambda=1.6$ を代入すればよい。貨幣乗数は 1.3 であるから，$M=78$ 兆円となる。すなわち，(2)に比較して，M は 2 兆円減少している。貨幣乗数 1.3 より，この M の減少分を補うには，1.54 兆円の H の増加が必要である。

6.9 (1) 買いオペとは公開市場で中央銀行が有価証券を買い付けることをさす。この結果，市中は有価証券を中央銀行に引き渡す一方で，中央銀行預け金の増加の形で中央銀行から代金を受ける。これはハイパワード・マネーの増加にほかならない。

(2) 法定準備率を下げると，市中銀行は中央銀行預け金の一部を法定準備から解放される。中央銀行預け金には金利は支払われないが，貸出には支払われる。したがって，収益のために，中央銀行預け金を引き出し，現金化して貸出に回せる。これは本源的預金の増加をともなうので，乗数過程を通じて派生的預金を生じ，貨幣を増加させる。

7 貨幣需要

7.1 (1) 交換仲介, (2) 二重の偶然, (3) 名目利子率, (4) 可分性。

7.2 (1) ×, (2) ×, (3) ○, (4) ×

7.3 (1) たとえば30000円としよう。

(2) 普通は減らすであろう。なぜなら, 20000円に減らすと, 10000円を貯金でき, 金利をかせげる。金利が高い程減らす金額は大きいであろう。

(3) 年収が2倍になると, 消費も2倍近く増えるであろう。そのためには, 普段平均して2倍近くの現金を持ち運ぶであろう。

(4) (2) より, 金利 R が高くなると現金への需要は減る。(3) より, 所得 y が増えると, 現金への需要は増える。つまり, 貨幣需要関数の形と一致している。

7.4 (1) 貨幣数量説, (2) $Py=MV$, (3) $M=kPy$, (4) 取引動機, (5) 投機的動機, (6) 物的資本, (7) $M^d=\sqrt{\dfrac{TB}{2R}}$, (8) 標準偏差, (9) 危険回避者, (10) キャッシュ・イン・アドヴァンス, (11) 無限大, (12) 安全資産。

7.5 (1) ○, (2) ○, (3) ○, (4) ×, (5) ×, (6) ×, (7) ×, (8) ×, (9) ×

7.6 (1) 実質残高とは, 貨幣量を物価で除した $\dfrac{M}{P}$ をいう。数量方程式を書き直して, $\dfrac{M}{P}=\dfrac{y}{V}$ を得る。実質GDP y が一定である限り, 実質残高と流通速度は逆比例することがわかる。

(2) フィッシャーは実質GDP y も利子率とは独立な技術的な要因によって定まるとした。さて, 貨幣の流通速度自体は直接に観察可能ではない。しかし, 実質残高については観察可能である。ところが, 実質残高は実証的に利子率と有意な負の相関を有する。すると, (1) より, 流通速度 V がやはり利子率と正の相関を持つことになる。つまり, 流通速度は利子率の上昇にともなって, 増加するのである。したがって, フィッシャーの「貨幣の流通速度は技術的要因のみによって定まる」とした想定は妥当しないと結論される。現代では, 貨幣の流通速度は利子率を考慮に入れた経済主体の最適問題の解として定まると考えられている。

7.7 (1) 利子率とは1期満期債券の収益率と定義される。

さて, 現在の利子率の水準が永続する場合には, 1ポンドの利子支払を約束するコンソルの価格は利子率の逆数に等しい。つまり, $\dfrac{1}{0.1}=10$ ポンドである。

(2) この債券の割引現在価値を求めると, $\dfrac{11}{1+r}=\dfrac{11}{1.1}=10$ ポンドとなる。つまり,

利子率が 10% の場合，1 ポンドの利子支払を約束するコンソルは 11 ポンドの 1 期後の支払を約束する 1 期満期の債券と価値が等しくなる。

(3) (1) の場合，コンソルの価格は 20 ポンドとなる。(2) の場合には，10.48 ポンドとなる。いずれの場合も，$R=10\%$ のときより債券価格は高くなる。

(4) 将来のコンソル価格を 15 ポンドと予想しているのであるから，この主体は現在のコンソル価格がこれ以下のときにコンソル保有によってキャピタル・ゲインを受けると考える。したがって，貨幣と交換にコンソルを購入する。つまり，この主体の投機的動機に基づく貨幣需要は 0 となる。コンソル価格が 15 ポンドとなるのは，利子率が，$\frac{1}{15} \times 100 = 6.67\%$ のときである。

(5) 利子率が 6.67% を境界に，これ以上だと貨幣需要は 0，これ以下だと正の一定額となる。したがって，貨幣需要は利子率の減少関数となっている。

7.8 (1) 資産を貨幣で保有すると流動性を入手できる。貨幣経済においては，財貨の取引は，必ず貨幣の形でなさなければならない。ゆえに，資産が初めから貨幣の形にあることは，換金にともなう時間・労力の節約，安全性の向上などをもたらし，流動性に特有な便益を産む。

(2) 資産を債券で保有すると，利子収入を得る（逆に，貨幣保有は利子を産まない）。

(3) 利子率が上昇すると，一定量の債券からの利子収入が増加する。ところが，貨幣の便益には影響はない。つまり，貨幣保有のメリットと債券保有のメリットを比較すると，後者が相対的に大きくなる。この結果，経済主体は貨幣保有を減らし，債券保有を増加させる。逆に言えば，貨幣需要は減少する。

7.9 (1) 銀行預金を n 回払い戻し，1 回あたり B 円だけ費用がかかる。ゆえに，nB 円である。

(2) 期間の長さを 1 としよう。PT だけの金額を n 回の銀行預金払戻で引き下ろすから，1 回あたり $\frac{T}{n}$ 円だけおろす。逆に言うと，銀行預金は $T - \frac{T}{n}$, $T - \frac{2T}{n}$, $T - \frac{3T}{n}$, $\cdots$, $T - \frac{nT}{n}$ と，$\frac{1}{n}$ 期間おきに減っていく。この銀行預金残高の平均は，等差級数の公式を用いて，

$$\frac{1}{n}\left(T-\frac{T}{n}\right) + \frac{1}{n}\left(T-\frac{2T}{n}\right) + \cdots + \frac{1}{n}\left(T-\frac{nT}{n}\right)$$
$$= \frac{T}{n}\left\{\left(1-\frac{1}{n}\right) + \left(1-\frac{2}{n}\right) + \cdots + \left(1-\frac{n}{n}\right)\right\} = \frac{T}{n}\frac{n-1}{2}$$

となる。

(3) (2)の平均預金残高に利子率 R を乗じればよい。

(4) $R \cdot \dfrac{T}{n} \cdot \dfrac{n-1}{2} - nB$ 円である。

(5) $\dfrac{\partial}{\partial n}\left(R \cdot \dfrac{T}{n} \cdot \dfrac{n-1}{2} - nB\right) = \dfrac{RT}{2} \cdot \dfrac{1}{n_2} - B = 0$ から、$n = \sqrt{\dfrac{RT}{2B}}$ を得る。

(6) $\dfrac{1}{n}$ の期間の当初に $\dfrac{T}{n}$ だけの現金を持ち、末期に0になっているから、平均 $\left(\dfrac{T}{n}\right)\big/ 2 = \dfrac{T}{2n}$ だけの現金を保有している。この期間が n 回あるから、手元保有現金の平均は、

$$\dfrac{1}{n} \cdot \dfrac{T}{2n} + \dfrac{1}{n} \cdot \dfrac{T}{2n} + \cdots + \dfrac{1}{n} \cdot \dfrac{T}{2n} = \left(\dfrac{1}{n} \cdot \dfrac{T}{2n}\right) n = \dfrac{T}{2n}$$

となる。この n に (5) を代入して、貨幣需要として、

$$\dfrac{T}{2n} = \dfrac{T}{2\sqrt{RT/2B}} = \sqrt{\dfrac{TB}{2R}}$$

を得る。

(7) 在庫理論の公式 $M = \sqrt{\dfrac{TB}{2R}}$ を検討すればよい。取引量 T を物価水準 $P \times$ 実質取引量 τ にわけ、払戻費用 B を物価水準 $P \times$ 実質払戻費用 b と表示しよう。物価水準の上昇とは、これらの P が $2P$ となることによって示される。後のインフレーションの章（9章）の議論に示されるように、物価上昇が突然起きれば名目利子率 R は物価上昇の影響を受けない。

$$M = \sqrt{\dfrac{TB}{2R}} = \sqrt{\dfrac{(P\tau)(Pb)}{2R}} = P\sqrt{\dfrac{\tau b}{2R}}$$

であるから、P が $2P$ となれば、貨幣需要は2倍になる。つまり、貨幣需要は物価上昇と正比例すると考えられる。

(8) 実質GDP y は実質取引量 τ（最終財のみならず中間財・金融資産・実物資産等の取引も含む点が y と異なる）と大体比例している。実質GDPが2倍になると、取引量も2倍になると考えられる。すると、(7)の式中の τ を 2τ に代えて、貨幣需要 M は $\sqrt{2} = 1.414$ 倍になることがわかる。

(9) 実質GDP y と実質預金払戻費用 b の双方が2倍になったとしよう。(7) の式中の、τ を 2τ に代えて、b を $2b$ に代えよう。すると、貨幣需要 M は $\sqrt{2} \cdot \sqrt{2} = 2$ 倍になることがわかる。

(10) 実質預金払戻費用 b は、預金を1回払い戻すための固定費用をいう。実際には、

これは種々の払戻のための予定作成や事務・移動などの時間と労力からなるだろう。

(11) (4)の実質預金払戻費用の主な具体的な内容であるところの時間に実質賃金率を乗じると，預金払戻のための時間費用を計算できる。払戻の必要時間が時とともに変わらなければ，実質賃金率の変化分だけ実質預金払戻費用は変化する。ところが，新古典派経済成長理論によれば，定常状態では，実質賃金率の増加率は一人あたり所得の成長率に等しくなる。つまり，実質GDPが2倍になったとき，実質預金払戻費用も2倍になる可能性が高いのである。この意味で，長期的な貨幣需要をとりあつかうときに，実質GDPの変動のみを考慮して，実質預金払戻費用の変動を無視すると，貨幣需要の伸びを低めに評価することになる。

7.10 (1) コンソルに限らず市場性のある満期前の債券は，利子支払額を受け取った後，市場で売却できる。つまり，1期あたり保有の収益は，利子支払額とキャピタル・ゲイン（債券の期初価格と期末価格の差益）との和である。債券購入時点では，その期の利子支払は1ポンドであり，確定している。しかし，債券の期末価格は不確定であり，キャピタル・ゲインは不明である。すなわち，債券保有は今期中に確定収益（利子支払額）と不確定な収益（キャピタル・ゲイン）をもたらし，全体としては危険資産となる。

これに対して貨幣保有の収益は0であり，確定している。つまり貨幣は安全資産である。

(2) 今期期首のコンソル価格を P_1，期末のコンソル価格を P_2 とすると，コンソル保有の収益は，利子支払＋キャピタル・ゲイン＝1ポンド＋(P_2-P_1) となる。これだけの収益を上げるために，P_1ポンドだけをコンソル購入費用として支出している。このため，収益率 ρ_1 は，$\rho_1 = \dfrac{1}{P_1} + \dfrac{(P_2-P_1)}{P_1}$ となる。債券購入の時点で，P_1 は確定しているが P_2 は不確定であるから，収益率は確定した利子収益率と，不確定なキャピタル・ゲイン率の和になっていることがわかる。

(3) (2)よりコンソルの期待収益率は，$E[\rho_1] = \dfrac{1}{P_1} + \dfrac{(E[P_2]-P_1)}{P_1} = \dfrac{1}{P_1}$ である。P_1 はこの債券購入の時点で確定している。ρ_1 の標準偏差は，仮定より一定であり，σ とする。これらが危険資産の期待収益率と標準偏差である。安全資産は貨幣であり，期待収益率，標準偏差ともに0である。すると，投資機会曲線は原点を通り，傾き $\dfrac{E[\rho_1]}{\sigma}$ の直線となる。もし，コンソルの期待収益率が増加する（逆に言えば，P_1 が下がる）と，この投資機会曲線の傾きは増加する。原点を通ることは変わらないから，

投資機会曲線が原点を中心に反時計周りに回転することがわかる。

(4) 利子率が上昇した結果として，最適な安全資産保有比率が減少すればよい。総資産中の安全資産保有比率は，期待収益－標準偏差図上の投資機会曲線の無差別曲線の接点の位置によって定まる。正確には，**図解7.10** の $\frac{EA}{OA}$ が最適安全資産保有比率を示す。利子率上昇の結果，貨幣需要が減少するとは，この最適安全資産保有比率が減少することである。これは図中で，最適点 E が右方に移動して，たとえば E' に移ることを意味する。これはちょうど所得制約式のシフトにともなって，無差別曲線上において，代替効果と所得効果が打ち消し合うが，前者が後者を上回る場合にほかならない。これは一般的な無差別曲線の価格効果についての標準的な前提である。これが利子率上昇にともない，貨幣需要が減少するための条件である。

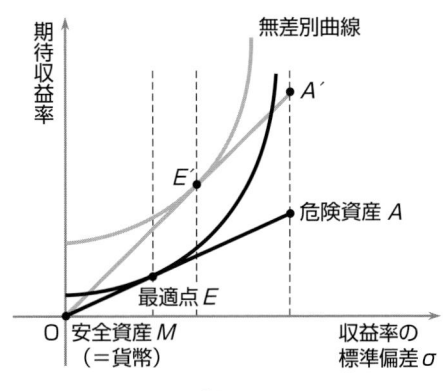

図解 7.10

8 マクロ経済の一般均衡

8.1 (1) トランスミッション・メカニズム，(2) 利子率，(3) 右下がり，(4) ヒックス=ハンセン図，(5) IS，(6) 左方，(7) 貨幣供給量を増やす，(8) 0，(9) 無限大．

8.2 (1) ×，(2) ○，(3) ×，(4) ×，(5) ○，(6) ○，(7) ×，(8) ×

8.3 (1) 最初の3式を整理して，$R=-0.2Y+240-0.8T+G$ を得る．この式が IS 曲線を示す．傾きは -0.2 である．

(2) 最後の式から，$R=0.2Y-0.05M$ を得る．この式が LM 曲線を示す．傾きは 0.2 である．

(3) (1)から，R が一定に留まるためには，G が1単位増加すると，Y は5単位増加しなければならない．つまり，IS 曲線は右方に5単位シフトする．

(4) IS 曲線の式と LM 曲線の式を Y と R に関して解いて，$Y=600-2T+2.5G+0.125M$ と $R=120-0.4T+0.5G-0.025M$ とを得る．これらの式において，Y と R は政策変数 T，G，M のみに依存している．これから政府支出 G の1単位の増加は，最終的にGDP Y の 2.5 単位の増加を引き起こすことがわかる．

(5) (4)の $R=120-0.4T+0.5G-0.025M$ より，政府支出 G の1単位の増加は，最終的に利子率 R の 0.5 単位の増加を引き起こすことがわかる．

(6) (1)から，R が一定に留まるためには，T が1単位増加すると，Y は4単位減少しなければならない．つまり，IS 曲線は左方に4単位シフトする．

(7) (4)の $Y=600-2T+2.5G+0.125M$ より，T の1単位の増加は最終的に Y の2単位の減少を引き起こすことがわかる．

(8) (4)の $R=120-0.4T+0.5G-0.025M$ より，T の1単位の増加は最終的に利子率 R の 0.4 単位の減少を引き起こすことがわかる．

(9) (2)から，R が一定に留まるためには，M が1単位増加すると，Y は 0.25 単位増加しなければならない．つまり，LM 曲線は右方に 0.25 単位シフトする．

(10) (4)の $Y=600-2T+2.5G+0.125M$ より，M の1単位の増加は最終的に Y の 0.125 単位の増加を引き起こすことがわかる．

(11) (4)の $R=120-0.4T+0.5G-0.025M$ より，M の1単位の増加は最終的に利子率 R の 0.025 単位の減少を引き起こすことがわかる．

(12) 財政政策は，政府支出 G の変化と租税 T の変化の両者をいう．このため，一方で G を増やし，他方で T を減らすことによって異なった影響を Y と R に与えて，それぞれを適当な水準に導くことができるかもしれない．ところが，G の増加は Y

と R の両者を5対1の割合で増加させる。同様に，T の増加は Y と R の両者を5対1の割合で減少させる。したがって，G と T は異なった影響を Y と R に与えることはできない。このために，これらを使い分けて R を一定にしたまま，Y を増加させることはできない。つまり，財政政策のみで GDP と利子率の目標を同時に追求するのは不可能である。

(13) 金融政策の場合，政策変数は貨幣量 M しかない。R を一定となるようにこの M の値を定めると，Y を目的の水準に誘導するために M を操作することはできない。つまり，金融政策のみで2つの目標を追求するのは不可能である。

8.4 (1) 例題8.1の IS 曲線を導出する図8.4において，投資の代わりに投資＋政府支出を，貯蓄の代わりに貯蓄＋租税をとる。政府部門がある場合の財市場の均衡式は，「投資＋政府支出＝貯蓄＋租税」だからである。図解8.4 (1) において，政府支出増は左上の第2象限の「投資＋政府支出」曲線を左方に平行移動する。すると，利子率1に対応する投資＋政府支出が増え，左下の第3象限の45°線で折り返されて，右下の第4象限で投資＋政府支出＝貯蓄＋租税となる所得は，所得1から所得2へと増加する。この結果，IS 曲線が IS′ 曲線へと右方にシフトすることがわかる。

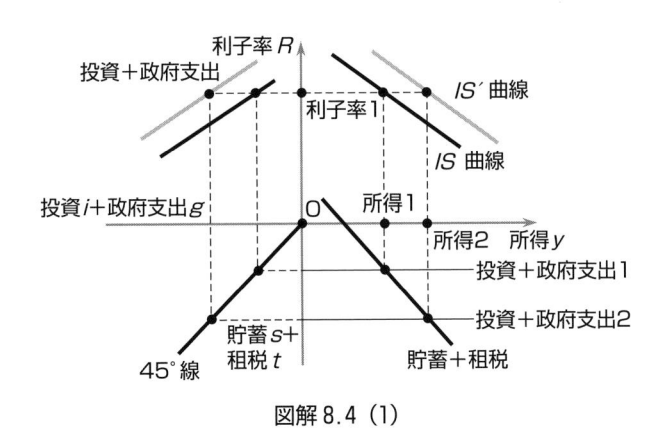

図解 8.4 (1)

(2) 減税は右下の第4象限で「貯蓄＋租税」曲線を上方に平行移動する。一定の所得に対応する貯蓄が変わらない一方で，租税が減少するからである。すると同一の利子率1に対応する所得は，所得1から所得2へと増加する。この結果，IS 曲線が IS′ 曲線へと右方にシフトすることがわかる（**図解**8.4 (2) 参照）。

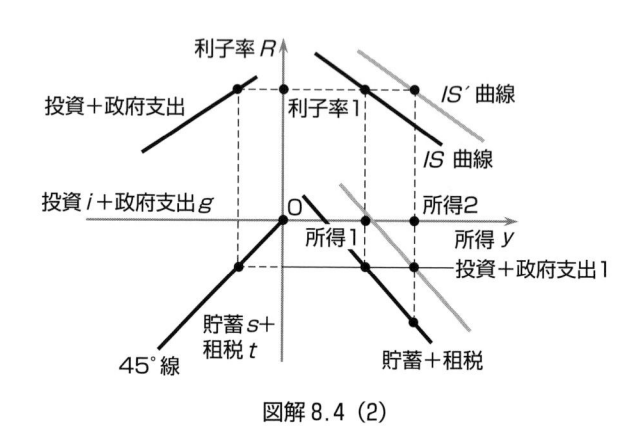

図解8.4 (2)

(3) 投資の利子弾力性が0の場合，投資曲線は垂直になる。この場合，**図解**8.4 (3) のように，どのような利子率に対しても，同じ所得が対応する。このため，IS 曲線はその所得において垂直となる。

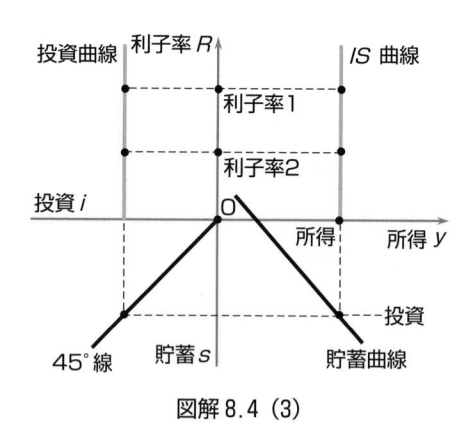

図解8.4 (3)

(4) **例題**8.1の LM 曲線を導出する**図**8.5において，貨幣供給量を示す左下の第3象限の45°線を増加した貨幣供給量の分だけ，左に平行移動すればよい．すると**図解8.4**(4)のように，同一の利子率1に対応する所得は，所得1から所得2へと増加する．この結果，LM 曲線が LM' 曲線へと右方にシフトすることがわかる．

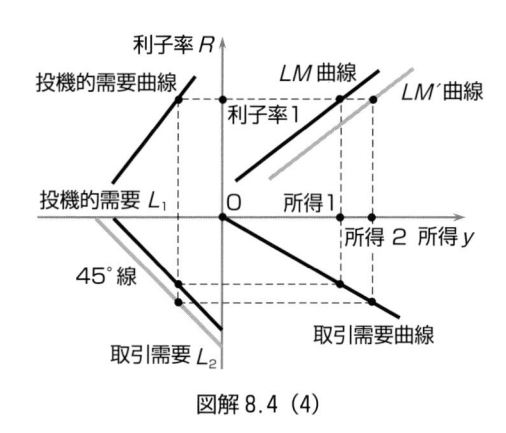

図解 8.4 (4)

(5) 流動性のわなが生じている場合，貨幣の投機的需要の利子弾力性は無限大である．このとき投機的需要曲線は一定の利子率で水平になる．すると，**図解**8.4 (5)のように，この利子率には，任意の所得が対応する．このため，LM 曲線はこの利子率において水平となる．

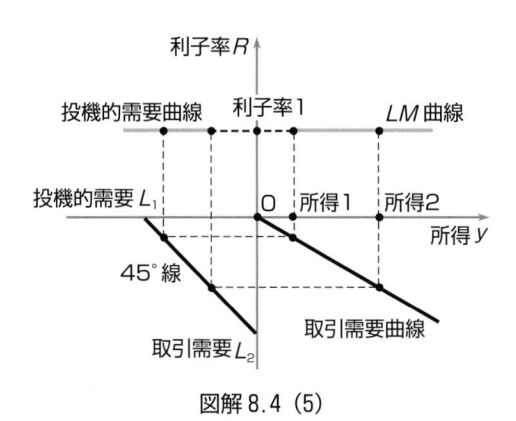

図解 8.4 (5)

8.5 (1) 命題は必ずしも正しくない。減税は IS 曲線を右にシフトさせる。貨幣供給増は LM 曲線を右にシフトさせる。この結果，図解 8.5 (1) の E 点から E′ 点への変化が起きる。均衡 GDP が増加するのは確かであるが，利子率は前に比べて上昇するかもしれないし，減少するかもしれない。したがって，当命題は必ずしも正しくない。

(2) 命題は誤っている。租税と政府支出が均衡しているとは，双方が同額だけ増額することを意味する。財市場において，増税は有効需要減，政府支出増は有効需要増をもたらす。予算均衡の場合，双方の効果は打ち消し合うが，政府支出増の方が効果は強く，有効需要は全体として増加する。いわゆる，均衡予算の定理である。この結果，図解 8.5 (2) の IS′ 曲線のように IS 曲線は右にシフトする。図解 8.5 (2) より，これは利子率の上昇を必ずもたらす。投資は利子率の減少関数であるから，この場合，投資は小さくなる。

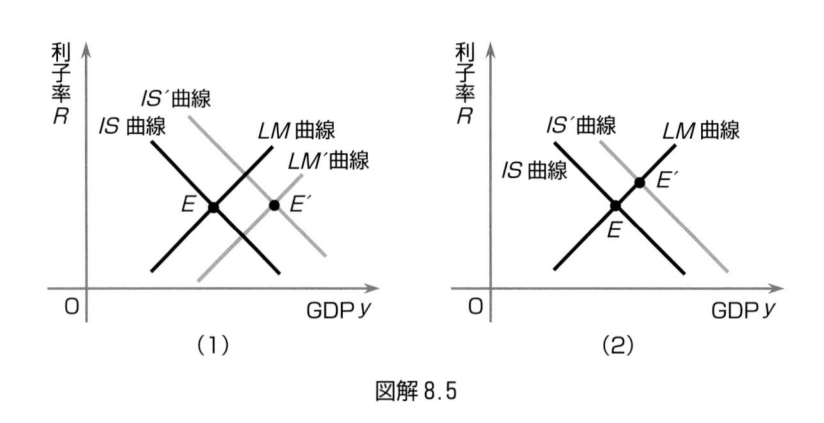

図解 8.5

(3) 命題は誤っている。流動性のわなが生じている領域では，LM 曲線は水平になる。LM 曲線のこのような領域と，IS 曲線は交わっているとしよう。減税は IS 曲線を右にシフトさせる。LM 曲線が水平である限り，このシフトは利子率を変化させない。投資は利子率の関数であるから，したがって投資が変化することはない（図解 8.5 (3) 参照）。

(4) 命題は誤っている。投資の利子弾力性が0のとき，IS 曲線は垂直である。貨幣供給増は LM 曲線を右にシフトさせるが，このとき GDP に変化は生じない。消費は可処分所得の関数であるから，消費に変化は生じないことになる（**図解 8.5** (4) 参照）。

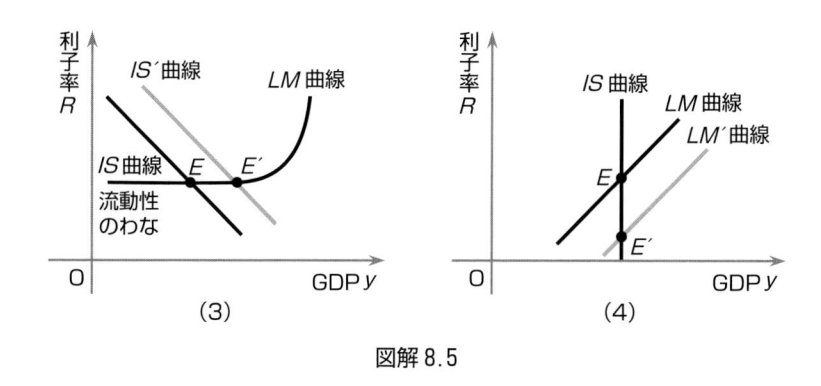

図解 8.5

(5) 命題は正しい。貨幣需要の利子弾力性が0のとき，LM 曲線は垂直になる。政府支出は IS 曲線を右にシフトさせるが，このとき利子率は上がる一方で GDP は変化しない。GDP に変化がないので，消費は変化しない。財市場の需給均衡式 $y = c + i + g$ において，y と c が一定で g が増加している。これから，g の増えた分だけ i が減少することがわかる（**図解 8.5** (5) 参照）。

(6) 命題は誤っている。投資の利子弾力性が無限大のとき，IS 曲線は水平になる。減税は IS 曲線を右方にシフトさせるだけなので，LM 曲線との交点は変化しない。このため，利子率は変化せず投資は一定のままである（**図解 8.5** (6) 参照）。

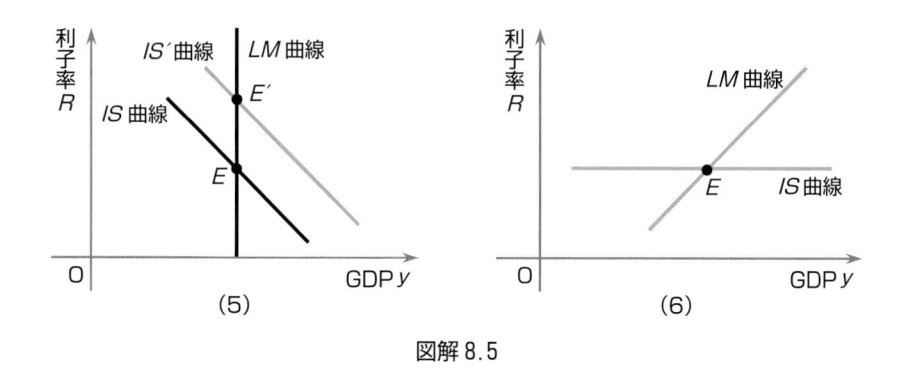

図解 8.5

8.6 (1) 実質賃金率, (2) 第一公準, (3) 需要曲線, (4) 第二公準, (5) 総供給曲線, (6) 総需要曲線, (7) 総需要曲線。

8.7 (1) ×, (2) ×, (3) ×, (4) ×, (5) ○, (6) ×, (7) ○

8.8 (1) ケンブリッジ方程式によれば，$M=kPy$ である。M と k が所与とすると，P と y は反比例の関係にある。つまり，総需要曲線は双曲線になる（**図解8.8(1)** 参照）。フィッシャーの数量方程式 $MV=Py$ でも同様の結論を得る。

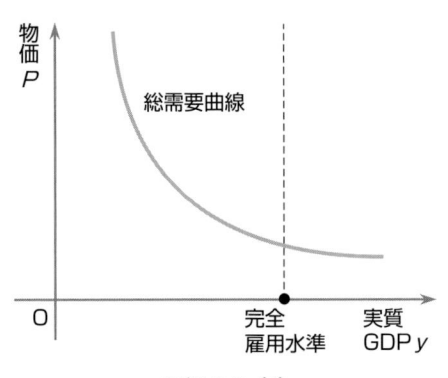

図解 8.8 (1)

(2) 流動性のわなとは LM 曲線における水平な領域をいう。流動性のわなが存在する領域で，LM 曲線と IS 曲線が交わっているとする。ここで，物価 P が上昇したとする。すると，実質残高 $\frac{M}{P}$ が減少する。これは LM 曲線の左方へのシフトを**図解8.8(2)** ①のように呼び起こす。しかし，LM 曲線は流動性のわなの領域にあるので，この左方へのシフトは利子率の変化も GDP の変化も起こさない。このとき総需要曲線は垂直となる。

物価がさらに上昇すれば，実質残高が十分小さくなり，流動性のわなの状態を脱する。すると，均衡 GDP は減少する。つまり，総需要曲線は右下がりとなっている。以上をまとめると，**図解8.8(2)** ②のような総需要曲線を得る。

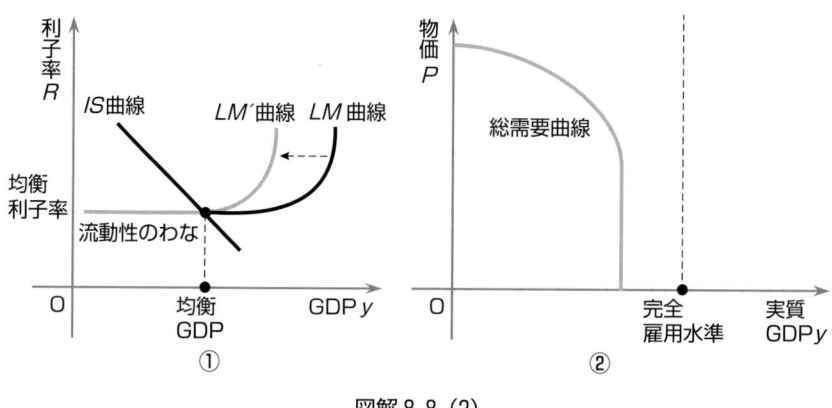

図解 8.8 (2)

(3) 物価水準の上昇による実質残高の減少は，LM 曲線の左方へのシフトを図解 8.8 (3) のように引き起こす。しかし，投資の利子弾力性が 0 のとき，IS 曲線は垂直となるので，この LM 曲線のシフトは均衡 GDP の変化を引き起こさない。つまり，物価が上昇しても GDP は一定である。これより，総需要曲線が垂直であることがわかる。

(4) 物価がある水準に与えられているとしよう。貨幣賃金率が伸縮的なので，労働市場に不完全雇用があると，貨幣賃金率は低下し，完全雇用が達成される。企業はすべての労働力を需要し，この労働投入量に対応して完全雇用水準に応ずる産出が生じる。つまり，任意の物価水準に対して，労働市場では完全雇用が成立し，完全雇用 GDP が供給される。こうして，総供給曲線は完全雇用水準で垂直であることがわかる。

(5) 下方に硬直的な貨幣賃金率を $\overline{W}$ としよう。(一定の) 限界生産物を a としよう。物価 P が十分低くなると，$\dfrac{\overline{W}}{P} > a$ となる。実質賃金率が限界生産物より高いので，このときこの企業は労働を需要しない。さて，P が高くなると，ある水準で，$\dfrac{\overline{W}}{P} = a$ となる。このとき，どのような雇用量においても，実質賃金率は限界生産物に等しい。企業は任意の労働投入量を需要する。この実質賃金率に対応して，家計の労働供給量が定まる。この完全雇用水準以下の任意の水準が産出となる。これ以上の水準に物価が上昇したとしよう。すると，$\dfrac{\overline{W}}{P} < a$ となる。実質賃金率より限界生産性が高くなる。企業は無限に労働を需要する。家計の労働供給は有限であるから，労働市場において超過需要が生じる。その結果，貨幣賃金率が上昇する。この上昇は，$\dfrac{W'}{P}$ となっ

て，超過需要がなくなるまで続く。こうして，高い物価水準に対しては，完全雇用が成立することが示された。以上をまとめると，図解 8.8 (5) のような総供給曲線が成立する。

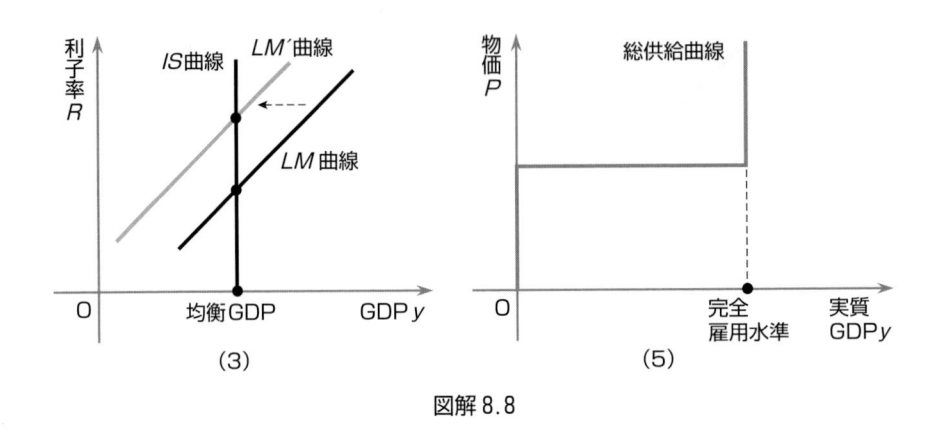

図解 8.8

8.9 (1) 超過需要，(2) マーシャル，(3) 貨幣数量説，(4) 完全雇用，(5) 実物資産，(6) 貨幣，(7) ピグー，(8) 下方硬直性。

8.10 (1) ◯，(2) ◯，(3) ×，(4) ◯，(5) ×，(6) ×，(7) ×，(8) ×

8.11 (1) （金融部門を除く）民間部門発行の金融資産中で，民間部門によって保有されているものを考えよう。これは民間部門全体から見れば，一面で負債であり一面で資産である。ゆえに相殺するので，民間部門の純資産を構成しない。同様の観点から考えると，（金融部門を除く）民間部門によって保有されている貨幣（現金と当座預金）は，金融部門（中央銀行と商業銀行）発行の金融資産であるから，民間部門の純資産を構成すると考えられる。しかし，金融部門は負債として貨幣を発行する一方で，それに対応する資産を保有している。これらの資産はその一部は金・公債・外国証券などの民間部門以外による発行金融資産であるが，残りは民間部門発行の金融資産である。後者は民間部門から見れば負債である。したがって，貨幣の中でも後者に対応する部分は民間部門資産である一方，等しい負債が金融部門に対して存在することになる。つまり，民間部門純資産ではない。この，貨幣の中でも民間部門発行金融資産を裏づけとして金融部門によって発行された部分を内部貨幣という。

(2) 民間部門が保有する貨幣中で，金融部門が金・公債・外国証券などの民間部門以外発行の金融資産を裏づけとして発行している部分を，外部貨幣という。この貨幣は民間部門に保有されているから，民間部門の資産である。また，それに対応する民間

部門の負債が金融部門によって保有されているわけではない。したがって，外部貨幣は民間部門の純資産となる。

(3) (1)に述べたように，内部貨幣は民間部門純資産ではない。ゆえに，内部貨幣の増加は純資産の増加を意味しない。

8.12 (1) 貨幣供給は実質残高を増やす。貨幣需要関数を通じて LM 曲線を右方にシフトさせる。その一方で，ピグー効果のため，実質残高増は消費を増加させる。これは財市場で，その他の条件一定として，有効需要が増加することを意味する。この結果，一定の利子率に対して均衡 GDP が増加する。すなわち，IS 曲線が右方にシフトする。

(2) (1)のとき，LM 曲線と IS 曲線の双方が右方にシフトする。流動性のわなが存在すると LM 曲線は水平であるが，IS 曲線が右方にシフトするので，GDP は増加する。投資の利子弾力性が0であると，IS 曲線は垂直であるが右方にシフトするので，GDP は増加する。この結果，GDP は必ず増加するが，利子率の行方は定かではない。

(3) 民間部門の純資産は実物資産・実質残高・実質公債残高である。簡単化のために，実物資産を0としよう。すると純資産は実質残高と実質公債残高の和となる。民間部門は利子率と所得に基づいて，自らの純資産のいかほどを貨幣の形で保有するか，いかほどを公債の形で保有するかを決める。実質残高保有は取引上の便益をもたらす。公債保有は利子をもたらす。そのため，利子率が上がると，公債保有の魅力が相対的に増し，貨幣への需要が減少する。さて，中央銀行が公開市場操作を行ったとする。この結果，民間部門の保有する公債が減り，保有する貨幣が同額だけ増加する。この結果，民間部門の純資産額に変化はないので，貨幣需要額に変化はない。しかし，貨幣供給は増える。利子率が前と同じ水準ならば，実質残高の超過供給が生じる。貨幣市場が均衡するためには，利子率が下落して，実質残高への需要が増えなければならない。

(4) 政府が移転支出によって貨幣供給を増やしたとする。この場合，民間部門では貨幣が増えるのみならず，純資産が同額だけ増加する。通常の場合，この純資産の増加分の一部は実質残高への需要増へ，残りは公債への需要増へ振り向けられるであろう。すると，貨幣供給の増加に対して，貨幣需要はそれ以下しか増加しないことがわかる。この結果，貨幣市場で超過供給が生じる。貨幣市場が均衡するためには，利子率が下落して，実質残高への需要が増えなければならない。(3)の場合は，貨幣供給増のみの結果，利子率の下落が起きたのに対し，(4)では，貨幣供給増の一部は貨幣需要増によって打ち消されている。つまり，利子率の下落の程度は(3)より小さくなる。

9 インフレーション

9.1 (1) クリーピング，(2) ハイパー，または，超，(3) インフレ・ギャップ，(4) フリードマン，または，マネタリスト，(5) 上げる，(6) 債権者，(7) デマンドプル，(8) コストプッシュ，(9) 貨幣増発．

9.2 (1) ×，(2) ○，(3) ×，(4) ○，(5) ×，(6) ×，(7) ○，(8) ×

9.3 (1) 賃金が下方硬直的な場合の総需要・総供給曲線を調べればよい．**図解 9.3** のように，労働組合の賃上げは総供給曲線の上方シフトを産む．総需要曲線がシフトしない限り，このような総供給曲線の上方シフトは a 点から b 点へ，b 点から c 点へのような均衡産出量の減少を招く．この際，均衡物価水準に上限があることは明らかである．つまり，貨幣供給増による総需要曲線の上方シフトがない限り，物価が無限に上がり続けるのは不可能である．

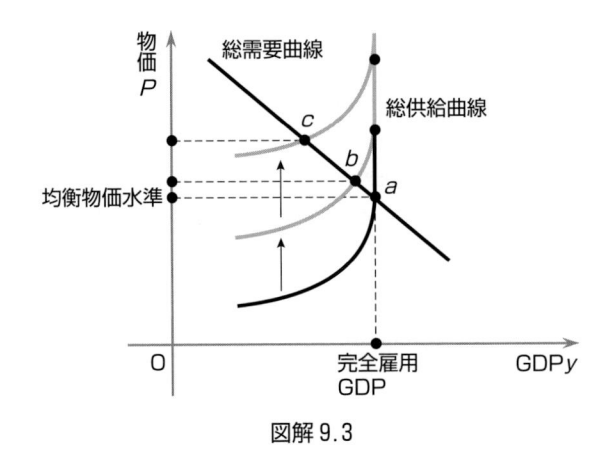

図解 9.3

(2) 賃金-物価スパイラルとは，賃上げ要求により名目賃金率が上昇すると，**図解 9.3** のようにこれが物価上昇を招き，この物価上昇による実質賃金率の目減りを理由として再び賃上げ要求が起き，賃金率があがるという，名目賃金率と物価の連鎖的な上昇をさしていう．

(3) (1) において明らかなように，労働組合の賃上げ要求に基づく名目賃金率の上昇は，一定限度の物価上昇を引き起こす．この副産物として産出量が減少し，失業が増加する．このとき，政府が完全雇用を政策目標としていると，財政・金融政策によって失業の減少をはかる．とりわけ，このとき貨幣増発が行われたとしよう．その結果，総需要曲線の上方シフトが起き，完全雇用が回復される．しかし，この過程で物価が

さらに上昇する。賃金-物価スパイラルが存在する場合，この物価上昇は再び労働組合の側に賃上げを要求させる。賃上げの後に，政府が金融政策を発動すると，物価は留まることなく永久に上昇を続けてしまうのである。

9.4 (1) 例題 9.1 の (1) によって，IS–LM 曲線図における変化は**図解** 9.4 (1) のようであることがわかっている。

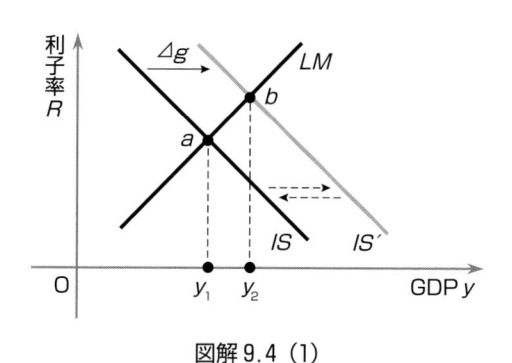

図解 9.4 (1)

財政政策にともなって，GDP は y_1 から y_2 へ増加する。しかし，1 年後には政府支出増も増税もなくなるので，IS 曲線は元に戻り GDP は y_1 に戻る。この意味で，増税による政府支出増の効果はそれが実施されている期間しか続かない。

(2) 例題 9.1 の (3) によって，IS–LM 曲線図における変化は**図解** 9.4 (2) のようであることがわかっている。

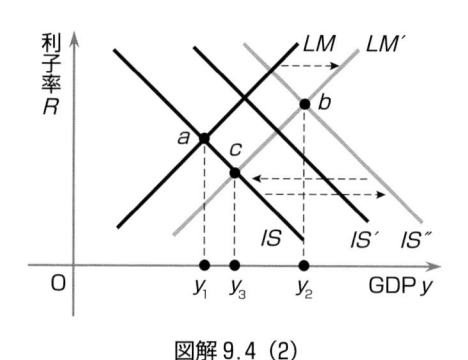

図解 9.4 (2)

こちらでは財政政策に金融政策が付随している。政策の発動にともなって，GDP は y_1 から y_2 へ増加する。しかし，1 年後には政府支出増がなくなる。このため，IS 曲線は元に戻る。しかし，1 年間に増発された貨幣は民間部門に留まる。このために，

LM 曲線は貨幣増発停止後も右方にシフトしたままとなる。ゆえに，1年たって政策の停止以降も，GDP は y_3 に留まり，以前の y_1 には戻らない。この意味で，貨幣増発による政府支出増の効果はそれが実施されている期間以後もその一部は継続する。

(3) 例題 9.1 の (2) によって，IS–LM 曲線図における変化は**図解 9.4 (3)** のようであることがわかっている。

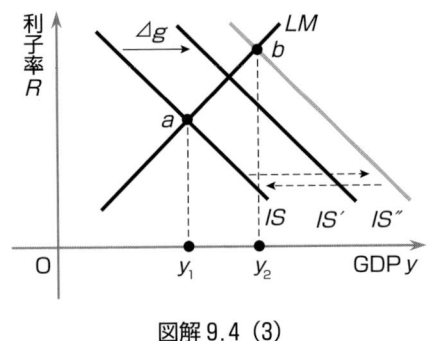

図解 9.4 (3)

政策にともない，GDP は y_1 から y_2 へ増加する。政策の停止にともない IS 曲線が元に戻るので，GDP は y_2 から y_1 へ戻る。

(4) (3) において，政策期間中に発行された公債は政策停止後も個人によって所有されている。この意味では，(2) において発行された貨幣と異なる点はない。しかし，仮定により，公債残高は消費・貨幣需要に影響を与えないので，この増加した公債は IS 曲線にも LM 曲線にも影響を与えない。このために，(3) の結論は (2) の結論と異なる。では，このような，公債残高は消費行動・貨幣需要行動に影響を与えないとの仮定はどの程度妥当だろうか。トービンは公債と貨幣のこのような非対象的な理論的前提の妥当性に疑問を呈している。しかしながら，フリードマンによれば，公債の増発はそれに対応する個人保有の私債の減少をもたらす。したがって，民間資産全体の変化は小さく，それが民間部門の行動へ与える影響は無視できるのである。

9.5 (1) 失業率，(2) スタグネーション，(3) 家計，(4) 自然失業，(5) 自然失業率仮説，(6) 長期的，(7) アクセレーショニスト。

9.6 (1) ×，(2) ×，(3) ×，(4) ○，(5) ○，(6) ×，(7) ○，(8) ×，(9) ○

9.7 (1) 労働力とは雇用者と失業者の合計をいう。

(2) 非労働力とは，人口中の労働力でない部分をいう。失業者とは，労働力中のもので，求職活動をしているが就職してはいないものをいう。失業者と非労働力との差異は，就職の意思があるかないかによる。

(3) 企業は労働者へ対して，その限界生産物に等しいだけの賃金を支払う。企業は多種であり，労働者の属性も多様である。ある労働者はどの企業が自分へいくらの賃金を支払うかは事前には知らない。企業訪問によって賃金率をきく。その際の賃金率が十分高ければ，その職につく。高くなければ，次の企業訪問を行う。後者の場合は，求職状態が長引く。このような求職のための活動をジョブ=サーチ活動という。

(4) (3)のジョブ=サーチ活動において，求職者が，企業の提案する賃金率がこの額より高ければその職に就くし，低ければ就かずに求職活動を続行する，というような賃金率の水準がある。この水準の賃金を留保賃金という。留保賃金は，この求職者の最適化より決まる。つまり，現在の企業の申し出る賃金率を引き受ければ将来もっと高い賃金率を提供する企業に出会うチャンスを失う。しかし，企業の申し出る賃金率を拒絶して，求職活動を続行すれば，就職するまでの期間の労働収入を失う。この二つの要素を勘案して，最適な留保賃金率を求職者は計算する。

(5) 失業者数を Z，雇用者数を N としよう。失業者の就職率が v であるから，新規の就職者数は vZ である。雇用者の離職率が u であるから，離職者数は uN となる。雇用者数の増加分を ΔN とすると，これは新規の就職者数から離職者数を差し引いたものであるから，$\Delta N = vZ - uN$ となる。労働市場が均衡にあれば，雇用者数は時間とともに変化しないはずであるから，$\Delta N = 0$ でなければならない。$vZ - uN = 0$ の左辺を労働力 $(Z+N)$ で除して変形すると，

$$\frac{vZ}{Z+N} - \frac{uN}{Z+N} = v\frac{Z}{Z+N} - u\left(1 - \frac{Z}{Z+N}\right) = (u+v)\frac{Z}{Z+N} - u$$

これが 0 に等しいから，

$$\frac{Z}{Z+N} = \frac{u}{u+v}$$

を得る。左辺は失業率をあらわしている。つまり，労働市場が均衡にあるならば，失業率はこの水準に定まるはずである。ゆえに自然失業率 U_N が $\frac{u}{u+v}$ に等しいことがわかる。

(6) 失業保険が存在すると，求職活動中の一定の保険収入が保証される。求職活動を続行するにあたって失う逸失賃金の一部がこれによって補填される。したがって，求職者は十分高い賃金を求めて企業訪問を続行するための機会費用が低くなる（これは留保賃金が高くなることを意味する）。こうして，求職者は失業保険がない場合より長く求職活動を続ける。これは失業者数が増えることを意味する。全体の労働力を一定とすれば，失業率は増加する。

(7) 最低賃金法があると，賃金率の下限が法によって規制される。企業は各労働者にその限界生産性に等しいだけの賃金を支払うとしよう。すると，限界生産性の低い労働者への賃金支払が最低賃金法による賃金の下限に触れる。この結果，限界生産性が一般に低い若年労働者への雇用が阻害される。つまり，自然失業率が高まると考えられる。

(8) 労働組合は労働供給の独占的支配力を通じて，実質賃金率の引上を要求する。したがって，その限りでは，企業の労働需要を引き下げ自然失業率を上昇するように考えられる。しかし，これは労働組合が存在しない労働職種における実質賃金率を引き下げ，そこでの労働需要を高めるはずである。以上の結果，労働市場が非効率となり，労働力自体が縮小し得る。そして，雇用は縮小するかもしれないが，失業も縮小するので，失業率の変化の方向は必ずしも自明ではない。

9.8 (1) 期待物価上昇率 π^e が 0 ％，失業率 U が 5 ％のとき，式より物価上昇率は 2 ％でなければならない。

(2) (1)より，失業率をさらに 1 ％減少すると，失業率は 4 ％になる。期待物価上昇率を 0 ％とすると，式より物価上昇率は 5 ％でなければならない。つまり，あと 3 ％物価上昇率が高くなくてはならない。

(3) 政策当局の選好自体はどのようなものでもありうる。したがって，あなたは(2)のトレード・オフを受け入れるかもしれないし，受け入れないかもしれない。受け入れればあなたは物価上昇より失業を比較的重視しているわけだし，受け入れなければ失業より物価上昇を重視していることになる。世界的にはドイツの中央銀行が物価上昇を重視するので著名であるし，アメリカでは民主党が失業を重視するのに対して，共和党が物価上昇に対して厳しい態度を取るので知られている。

(4) 自然失業率仮説によれば，物価上昇率が期待物価上昇率に等しいとき，失業率は自然失業率に等しいはずである。つまり，$\pi=\pi^e$ のときの失業率 U が自然失業率である。式よりこのとき，失業率 $U=6$ ％であることがわかる。つまり，自然失業率は 6 ％である。

(5) 式を変形すると，$\pi-\pi^e=-10+\dfrac{60}{U}$ である。失業率を 5 ％に保つためには，この差は 2 ％でなければならないことがわかる。

(6) (4)より，当初の期待物価上昇率が 0 ％のとき，失業率を 5 ％にするためには物価上昇率は 2 ％でなければならない。期待物価上昇率は 1 年たつと，この 2 ％の物価上昇率に追いつく。このとき，ふたたび 5 ％の失業率を保つには，(4)より，4 ％の物価上昇率が必要なことがわかる。こうして 1 年後には物価上昇率は 4 ％に

なる。さらに1年たつと，期待物価上昇率がこれに追いつくから，物価上昇率はさらに2％増加しなければならない。こうして，失業率を常に5％に保つには，物価上昇率は2％，4％，6％，…と，毎年2％ずつ増え続けなければならない。

(7) 式に代入して，$U=12\%$ を得る。つまり，この関数形に関する限り非常に大きな失業が生じる。

9.9 (1) ミクロ経済学の応用として導かれる。消費財 c と余暇 ℓ とから生まれる家計の効用関数を，$u(c, \ell)$ としよう。P を c の価格，W を労働の名目賃金率としよう。この家計が持つ時間を24時間とすると，労働時間は24から余暇 ℓ を差し引いたものになる。予算制約式は $Pc = W(24-\ell)$ で与えられる。この問題を図を用いて解くと，最適点は**図解9.9** (1) の E 点で与えられる。最適労働時間は n^* となる。最適点は，**図解9.9** (1) のように傾き W/P の予算制約線と無差別曲線とが接する点であるから，最適労働時間（＝労働供給量）は（W のみによるのではなく），W/P によって決まることがわかる。

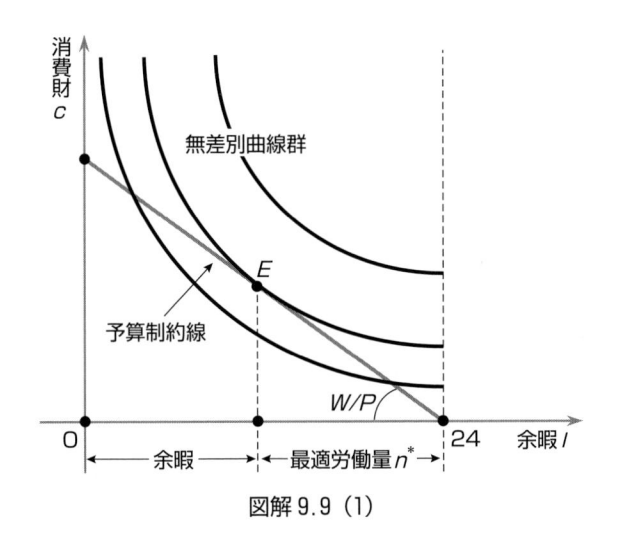

図解9.9 (1)

なお，労働供給が W/P の増加関数であるかいなかは所得効果と代替効果の大小による。増加関数と仮定すると，労働供給曲線は実質賃金率に対して右上がりとなる。

(2) 労働 n を生産要素として投入する企業の生産関数を $f(n)$ であらわそう。この企業の利潤 π は，$\pi = Pf(n) - Wn$ で示される。これを最大化する投入量 n は，**図解9.9** (2) のように，生産関数の接線の傾きが W/P に等しい点 E で与えられる。最適労働投入量（＝労働需要量）は n^* で与えられる。W/P が変化すれば，接点の位置

が変化し，最適労働投入量が変わる。ゆえに，労働需要は実質賃金率 W/P の関数であることがわかる。

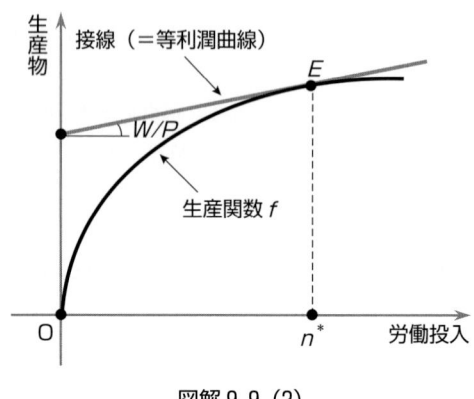

図解 9.9 (2)

(3) (1)における P は「消費財」c の価格である。実際には，家計は多種の財・サービスを購入していている。すると，ここでの「消費財」とは，これらの多種多様な財の集まりにほかならない。これらの多種の財の集まり全体の価格とは，それらの財価格の加重平均であり，消費者物価指数と呼ばれるものである。つまり，家計の「消費財」c の価格 P とは，多数の財価格の平均である物価である。これに対して，(2)の P はある企業の生産物の価格である。通常企業の産出物は1種類であるから，こちらの価格 P は1種類の財価格である。

(4) (3)から，家計が労働供給量を決定するには，すべての財価格の加重平均である物価 P についての情報が必要とされることがわかる。これに対して，企業が労働需要量を決定するには，生産する（1種類の）財価格 P さえわかればよい。つまり，どちらも実質賃金率 W/P に基づいて意思決定を行うが，家計の方の P の認識には，企業の P よりはるかに多くの情報量が必要となる。すべての財価格が同じだけ変化したとき，企業はそのうちの1つである生産財の価格を直ちに認識できる。ところが，家計はすべての財価格に接した後でなければ，それらがすべて変化したことを認識できない。このために，家計は企業に比べて物価の変化の認識に時間を要するのである。

9.10 (1) 本問の場合，普通の無差別曲線とは逆に，物価上昇率も失業率も負の効用をもたらす。つまり，両者が小さいほど効用は高い。ゆえに，原点に近い無差別曲線ほど高い効用をもたらす。

両者とも負の効用をもたらすから，無差別曲線は右下がりになる。物価上昇率が高

いときほど，政策当局は1単位の失業率の減少に対する，引き換えの物価上昇率の増加を許容しにくくなる。つまり，無差別曲線は原点に対して凹な形となる。

正の物価上昇率はインフレーションとして種々の資源配分上の非効率をもたらす。負の物価上昇率もデフレーションとして逆の資源配分上の非効率をもたらす。ゆえに，失業率が不変ならば，効用がもっとも高いのは物価上昇率0の点である。これは各無差別曲線が横軸の上で垂直となることで表現される。

(2) 期待物価上昇率を $a\%$ とすれば，**図解9.10** (2) のような短期フィリップス曲線になる。

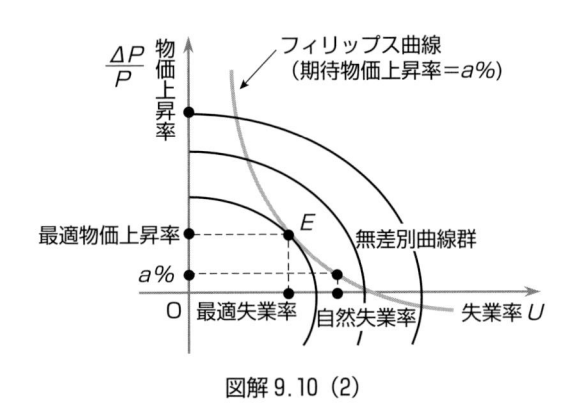

図解9.10 (2)

(3) 短期フィリップス曲線上では，物価上昇率と失業率の間にトレード・オフが存在する。政策当局は物価上昇率を操作することによって，短期的には曲線上の任意の点に到達できる。無差別曲線は原点に近いほど高い効用を与えるから，短期フィリップス曲線上の点で無差別曲線が原点にもっとも近いものが良い。以上から，政策当局にとっての最適点はフィリップス曲線と無差別曲線が接する**図解9.10** (2) の E 点で与えられる。この点に対応して，最適物価上昇率と最適失業率が定まる。

(4) 最適物価上昇率が，当初の期待物価上昇率と一致する理由はない。最適物価上昇率の方が期待物価上昇率より高いとしよう。これは**図解9.10** (2) の場合である。効用最大化をはかる政策当局は，E 点を選び，物価上昇率を最適物価上昇率に等しくすることによって，失業率を自然失業率以下に下げる。しかし，このような政策は長く続けることはできない。物価上昇率が期待物価上昇率より高いので，期待物価上昇率が上昇し始めるからである。すると，フィリップス曲線は上方へシフトを始める。

(5) (4)により上方にシフトしたフィリップス曲線に対して，政策当局はまた同じような効用最大化を試みる。この結果，またフィリップス曲線は上方へシフトする。こ

れを繰り返すと，最適物価上昇率は期待物価上昇率に一致して，最終的にフィリップス曲線がシフトしなくなる。つまり，この長期均衡点では，（ⅰ）無差別曲線と短期フィリップス曲線が接している一方で，（ⅱ）最適物価上昇率と期待物価上昇率とが一致していなくてはならない。（ⅱ）を満たす点では，失業率は自然失業率のはずである。これから，このような点を図で求めると，**図解 9.10** (5) の E 点を得る。つまり，自然失業率上で長期均衡点は生じるのである。

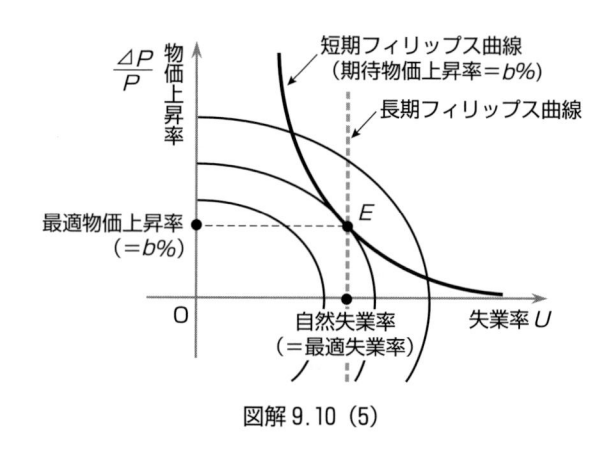

図解 9.10 (5)

(6) (5) で得られた長期均衡点の位置は無差別曲線の形状によって異なってくる。無差別曲線群が (1) の場合より傾きがきついとは，政策当局が物価上昇率のもたらす不効用より失業率のそれを重視している場合にほかならない。同じだけの失業率の減少に対して，より大きな物価上昇率の増加を受け入れることを意味するからである。このような無差別曲線に対する長期均衡点 E' を求めると，**図解 9.10** (6) のように示される。

E' 点の特徴は，E 点に比べて，失業率はともに自然失業率であり共通である一方で，物価上昇率が $a\%$ から $b\%$ へ上昇していることである。つまり，政策当局が物価上昇率より失業率を重視するほど，長期的には失業率が改善することなく，物価上昇率だけが増加してしまうのである。

(7) 自然失業率仮説によれば，長期的には失業率は自然失業率に留まる。その一方で物価上昇率はいかようでもありうる。以上は垂直な長期フィリップス曲線として表現される。つまり，これが政策当局に対する長期的な制約線である。この制約線上で最適化を行えば，**図解 9.10** (7) の E'' 点を最適点として得る。このように長期的な最適失業率は自然失業率であり，最適物価上昇率は 0 である。(5), (6) のような政策当

局の効用最大化の結果生じる長期均衡点では物価上昇率は必ず正であるから，長期最適点ではないことがわかる。

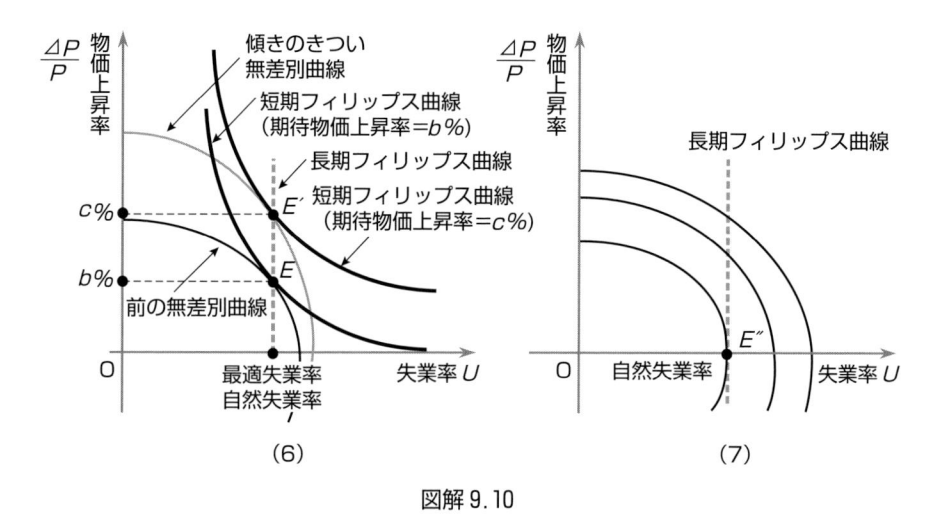

図解 9.10

(8) (6) の事実は政策当局の目標が短期的効用最大化である事実より生じる。政策当局にとって，政権交代の可能性のある長期より，現在政権にある短期の効用が問題とされるからである。政策当局の裁量に任せておく限り，経済は長期均衡点に留まり，長期最適点には到達しない。もし，（たとえば憲法のように）政策当局をも拘束するような規則をつくり，物価上昇率を0とするような貨幣増貨率を定めれば，政策当局は短期的な効用最大化の余地がなくなり，経済は常に長期的最適点である E'' 点に到達できる。これは，経済政策として「裁量」より「規則」がすぐれている1つの例である。

9.11 (1) 物価上昇率，(2) 3，(3) 名目利子率，実質利子率，(4) 3，(5) 産出，(6) 適応的期待形成理論，(7) $E[\pi]$，(8) x，(9) 情報集合。

9.12 (1) ×，(2) ○，(3) ×，(4) ○，(5) ○，(6) ×，(7) ×，(8) ×，(9) ×

9.13 (1) フィッシャー方程式によれば，実質利子率 r は名目利子率 R から物価上昇率 π を差し引いたものに等しい。法律上の規制によって，要求払預金の名目利子率 R は 0 と定められているので，要求払預金の実質利子率は $-\pi$ となる。つまり，要求払預金の場合，物価上昇率が高くなるにつれ実質利子率は小さくなる一方なのである。これに対して，債券や貯蓄性預金では名目利子率は自由に変動できる。高い物価上昇率が続いても，名目利子率がそれだけ上昇して，実質利子率を一定に保つ。こ

うして，実質利子率の観点から見ると，物価上昇率が高くなるにつれ，2つの種類の資産の間に大きな差が生じる．資産保有者は実質利子率が高い債券等へ資産保有を移動する．この結果，要求払預金が激減したのである．

(2) (1)の説明から，要求払預金を1単位保有すると，$-\pi$単位だけの実物単位の損失をこうむることがわかる．これに対して，貯蓄性預金を保有すると，実質利子率rだけの実物単位の利益を得る．つまり，要求払預金をやめて貯蓄性預金にすると，$-\pi$の損失をまぬがれた上で，rだけの利益を得るから，全体で$r+\pi$だけの利得を得る．フィッシャー方程式から，これは名目利子率Rに等しい．以上を逆に見れば，要求払預金を保有するとは，Rだけの逸失利益をこうむることである．つまり，要求払預金保有の機会費用は名目利子率なのである．

要求払預金は貨幣の一部であるが，もう一つの貨幣である現金も，利子率は0である．ゆえに，まったく同様に，現金保有の機会費用は名目利子率であるといえる．このために，貨幣への需要は実質利子率ではなく名目利子率に依存することになるのである．

9.14 (1) **図9.18**では，物価上昇率はLM曲線とIS曲線の垂直方向の距離で表現される．$(A-B)$点では，物価上昇率はAB間の距離である．E点ではLM曲線とIS曲線とは交わっているので，両者間の距離は0である．つまり，$(A-B)$点の物価上昇率の方が必ずE点の物価上昇率($=0$)より大きい．

(2) 名目利子率は各点のLM曲線上での高さで表現される．$(A-B)$点での名目利子率RはA点の高さで与えられる．E点での名目利子率RはE点の高さで与えられる．図より，$(A-B)$点の方が高いことがわかる．

(3) 貨幣需要関数は，$\dfrac{M_t}{P_t}=L(y_t, R_t)$としよう．実質経済成長率は0であるから，$y_t$は毎期一定の$y$である．また，(2)の結論より，$(A-B)$点の方が，$E$点より名目利子率が高いことがわかる．以上から，$(A-B)$点の方が$E$点より実質残高$\dfrac{M_t}{P_t}$への需要が小さいことがわかる．

(4) E点，あるいは$(A-B)$点には永遠に留まるから，それぞれの場合の利子率Rも時間に関して一定である．すると，貨幣需要関数$\dfrac{M_t}{P_t}=L(y_t, R_t)$において，右辺の$L(y_t, R_t)$は時間とともに一定となるから，実質残高$\dfrac{M_t}{P_t}$も一定でなくてはならない．しかし，$(A-B)$点では物価上昇があるから，$P_t$は毎期増加する．そのとき，$M_t$も毎

期増加しなくては $\frac{M_t}{P_t}$ は時間に関して一定にならない。つまり，$(A-B)$ 点では M_t では物価上昇率に等しい割合で増える。これに対して E 点では物価上昇率は 0 であるから，貨幣増加率も 0 である。ゆえに，$(A-B)$ 点での方が貨幣増加率は高い。

(5) 投資は名目利子率ではなく，実質利子率に基づいて行われる。実質利子率は図 **9.18** では IS 曲線の高さで表現される。E 点と B 点との高さを比較すると，E 点の方が高い。すなわち，E 点での方が投資は小さくなる。

(6) (4) で示されたように E 点ではまったく貨幣発行がない。それに対して，$(A-B)$ 点では貨幣発行があるので，後者の方が造幣益は大きい。

9.15 (1) 物価上昇率の定義式は，

$$\pi_t = \frac{P_{t+1} - P_t}{P_t} = \frac{P_{t+1}}{P_t} - 1$$

であるから，

$$1 + \pi_t = \frac{P_{t+1}}{P_t}$$

を得る。両辺の対数をとると，

$$\ln(1+\pi_t) = \ln\frac{P_{t+1}}{P_t} = \ln P_{t+1} - \ln P_t$$

x が十分 0 に近い場合には，$\ln(1+x) = x$ が近似的に成立するから，$\ln(1+\pi_t) = \pi_t$ である。これより，問題の式を得る。

(2) 漸化式を展開すると，

$$M_t = (1+\theta)M_{t-1} = (1+\theta)^2 M_{t-2} = \cdots = (1+\theta)^t M_0$$

x が十分 0 に近い場合には，$\ln(1+x) = x$ が近似的に成立する。この関係に注意しながら，両辺の対数をとると，

$$\ln M_t = \ln\{(1+\theta)^t M_0)\} = t\ln(1+\theta) + \ln M_0 = t\theta + \ln M_0$$

ところが，(v) より $M_0 = 1$。すると，$\ln M_0 = \ln 1 = 0$ であるから問題の式を得る。

(3) 貨幣需要関数の名目利子率 R の部分へ，$r^e = 0$ としたフィッシャー方程式 $R = r^e + \pi_t^e = \pi_t^e$ を代入し，$y = 1$ とすると，

$$\frac{M_t}{P_t} = e^{-aR} y = e^{-a\pi_t^e}$$

(4) (3) の式の両辺の対数をとると，

$$\ln\left(\frac{M_t}{P_t}\right) = \ln(e^{-a\pi_t^e}) = -a\pi_t^e$$

左辺は，$\ln M_t - \ln P_t$ に等しい。これから，

$$\pi_t^e = \frac{\ln P_t - \ln M_t}{\alpha}$$

を得る。

(5) $\pi_t^e = \beta(\pi_{t-1} - \pi_{t-1}^e) + \pi_{t-1}^e$ の各項に (1) と (4) を代入すると，

$$\frac{\ln P_t - \ln M_t}{\alpha} = \beta\left[(\ln P_t - \ln P_{t-1}) - \frac{\ln P_{t-1} - \ln M_{t-1}}{\alpha}\right] + \frac{\ln P_{t-1} - \ln M_{t-1}}{\alpha}$$

を得る。これを整理すると，

$$\{1 - \alpha\beta\}\ln P_t = \{1 - \alpha\beta - \beta\}\ln P_{t-1} + \ln M_t + \{\beta - 1\}\ln M_{t-1}$$

この式に (2) の式を代入して整理すると，問題の式を得る。

(6) (5) の式を $\ln P_{t+1}$ に適用すると，

$$\ln P_{t+1} = \left[1 - \frac{\beta}{1 - \alpha\beta}\right]\ln P_t + \frac{\beta}{1 - \alpha\beta}\theta(t+1) - \frac{\beta - 1}{1 - \alpha\beta}\theta$$

(5) の式と上式の辺々を引き，$\pi_t = \ln P_{t+1} - \ln P_t$ に注意すると，問題の式を得る。

(7) $\pi_t = \frac{\beta}{1-\alpha\beta}\theta + \left\{1 - \frac{\beta}{1-\alpha\beta}\right\}\pi_{t-1}$

$= \frac{\beta}{1-\alpha\beta}\theta + \left\{1 - \frac{\beta}{1-\alpha\beta}\right\}\left[\frac{\beta}{1-\alpha\beta}\theta + \left\{1 - \frac{\beta}{1-\alpha\beta}\right\}\pi_{t-2}\right] = \cdots$

$= \frac{\beta}{1-\alpha\beta}\theta\left[1 + \left\{1 - \frac{\beta}{1-\alpha\beta}\right\} + \left\{1 - \frac{\beta}{1-\alpha\beta}\right\}^2 + \cdots + \left\{1 - \frac{\beta}{1-\alpha\beta}\right\}^{t-1}\right]$

$\quad + \left\{1 - \frac{\beta}{1-\alpha\beta}\right\}^{t-1}\pi_0$

$= \frac{\beta}{1-\alpha\beta}\theta\left[1 + \left\{1 - \frac{\beta}{1-\alpha\beta}\right\} + \left\{1 - \frac{\beta}{1-\alpha\beta}\right\}^2 + \cdots + \left\{1 - \frac{\beta}{1-\alpha\beta}\right\}^{t-1}\right]$

$= \frac{\beta}{1-\alpha\beta}\theta \frac{1 - \{1 - \beta/(1-\alpha\beta)\}^t}{1 - \{1 - \beta/(1-\alpha\beta)\}} = \left[1 - \left\{1 - \frac{\beta}{1-\alpha\beta}\right\}^t\right]\theta$

(8) $\alpha\beta < 1$ のときは，$1 - \alpha\beta > 0$ である。すると，$1 - \frac{\beta}{1-\alpha\beta} < 1$ である。また (ii) の仮定より，$-1 < 1 - \frac{\beta}{1-\alpha\beta}$ は保証されている。このとき，$\left(1 - \frac{\beta}{1-\alpha\beta}\right)^t$ は t が大きくなるほど，0 に近づく。すると，

$$\pi_t = \left[1 - \left\{1 - \frac{\beta}{1-\alpha\beta}\right\}^t\right]\theta \to \theta$$

つまり，時間がたつと，物価上昇率は貨幣増加率に近づく。

(9) (8) で $\alpha\beta > 1$ のときは，$1 - \alpha\beta < 0$ である。すると，$1 - \frac{\beta}{1-\alpha\beta} > 1$ であるから，

$\left\{1-\dfrac{\beta}{1-\alpha\beta}\right\}^t$ は t が大きくなるほど，無限に大きくなる。すると，

$$\pi_t = \left[1-\left\{1-\dfrac{\beta}{1-\alpha\beta}\right\}^t\right]\theta \to -\infty$$

つまり，時間がたつと，物価上昇率は無限に小さくなる。

⑽ (8)の結論によれば，時間が十分大きくなれば物価上昇率は貨幣増加率と一致する。これは（vi）で考察した，当初の直観的予想と一致するものであり，常識的な物価上昇率の行動と考えられる。

⑾ (9)の結論によれば，時間が十分大きくなると物価上昇率は無限に小さくなり，貨幣増加率からますます離れていく。これは当初の直観的予想と大きく異なるものであり，異常な物価上昇率の行動と考えられる。

(8)と(9)との前提の違いは，積 $\alpha\beta$ の大小であった。α は貨幣需要関数の定数であるから，ここでは所与としよう。すると，適応的期待形成仮説の調整係数 β の大小が(8)となるか(9)となるかを分けることがわかる。β が小さい場合には(8)の場合となり，物価上昇率は常識的に動く。β が大きい場合には，(9)の場合となり，物価上昇率は異常な動きを示す。しかしながら，β とは，前期期待物価上昇率の誤りの修正をどれだけ今期の期待物価上昇率に反映させるかを示す係数であり，これが大きいほど経済主体は期待物価上昇率を正しく動かすべく努力していると考えられる。その β が大きい場合に，物価上昇率が異常な動きを示すとは，皮肉な結果である。この事実は適応的期待形成という期待形成法が，一見納得的であるが実は必ずしも妥当な期待形成法ではないという強い疑いを生じさせるものである。

9.16 (1) B式の各変数を対数として表示すればよい。たとえば，本当の産出を y_t' とすれば，その対数である $\ln y_t'$ を式中の y_t はあらわしている。この関係を利用すると，B式は，

$$\ln y_t' = \alpha(\ln P_t' - \ln P_t^{e'}) = \alpha \ln \dfrac{P_t'}{P_t^{e'}} = \ln \left(\dfrac{P_t'}{P_t^{e'}}\right)^\alpha$$

これから，

$$y_t' = \left(\dfrac{P_t^{e'}}{P_t'}\right)^\alpha$$

が元の形であることがわかる。実際には，完全雇用産出量 y_F' がこれにかかって，

$$y_t' = y_F' \left(\dfrac{P_t^{e'}}{P_t'}\right)^\alpha$$

という形をしていると考えられるが，計算の便宜上 $y_F' = 1$ と仮定した。この後者の

式は，期待物価上昇率と物価上昇率とが一致しているときには，完全雇用産出量が産出となり，一致しないときには，その割合だけ産出が増加することを意味する。このように産出の関数を積の形で書き，その対数をとって和の形で演算するのは，合理的期待形成理論において通常採用される簡単化のための仮定である。

(2) 労働供給1単位は財1単位を産む。すると，市場 z の主体にとって，労働供給1単位は $P_t(z)$ だけの収入をもたらす。これが労働供給に対する報酬であり，名目賃金率に対応するものである。労働収入をもって，主体は経済中の財を購入する。経済中の財価格の平均が物価 P_t である。ゆえに，実質賃金率は，$P_t(z)$ を P_t で除したものになる。ここでは，両変数は対数なので，$P_t(z)$ から P_t を差し引いたものが実質賃金率になる。すなわち，(ⅲ)は，労働供給量が実質賃金率に依存することを仮定するものである。

(3) (2)の議論より $[P_t(z)-P_t]$ は実質賃金率にほかならない。さて，$\beta[P_t(z)-P_t]$ の対数表示を直して，水準で書き換えると，$\left(\dfrac{P_t(z)'}{P_t'}\right)^{\beta}$ となる。これから，β は労働供給量の実質賃金率 $\dfrac{P_t^{e'}}{P_t'}$ に関する弾力性 ε であることが，以下の計算でわかる。

$$\varepsilon=\frac{(P_t(z)'/P_t')}{(P_t(z)'/P_t')^{\beta}}\cdot\frac{d\,(P_t(z)'/P_t')^{\beta}}{d\,(P_t(z)'/P_t')}=\frac{(P_t(z)'/P_t')}{(P_t(z)'/P_t')^{\beta}}\beta\left(\frac{P_t(z)'}{P_t'}\right)^{\beta-1}=\beta$$

こうして，β は労働供給の賃金（あるいは相対価格）弾力性である。

(4) P_t は観察できなくても $P_t(z)$ は観察できる。この状態で，$P_t(z)$ が高い値を示したとする。$P_t(z)=P_t+u_{zt}$ であるから，これには2つの原因が考えられる。(ⅰ) u_{zt} が大きかった。(ⅱ) P_t が大きかった。$P_t(z)$ しか観察できないので，どちらなのかを断言することは不可能であるが，$P_t(z)$ が大きな値を示せば，その一部は (ⅱ) の理由による可能性が高い。このため，$P_t(z)$ が大きいほど，P_t は大きいと推測することになる。こうして，$P_t(z)$ の動き方は一般物価水準 P_t の大きさへの情報を含む。

(5) (3)で説明されたように，$\beta[P_t(z)-P_t]$ は労働供給量が実質賃金率に依存すること，この実質賃金率が $[P_t(z)-P_t]$ であらわされることを示す。ところが，(ⅴ) の仮定から，P_t は t 期中には観察できない。ゆえに，P_t の推定量を代わりに使う。(4)から，この推定量は $P_t(z)$ の関数となり，産業 z ごとに異なる。ゆえに，推定量を $P_t^e(z)$ と z に依存する形で書き，推定された実質賃金率を $[P_t(z)-P_t^e(z)]$ と書く。これに労働の賃金弾力性を乗ずると，労働供給量が示される。1単位の労働供給は1単位の財を産むので産業 z の産出 y_t は，$\beta[P_t(z)-P_t^e(z)]$ であることがわ

かる．

(6) $y_t = \dfrac{1}{N}\sum_{z=1}^{N} y_t(z) = \dfrac{1}{N}\sum_{z=1}^{N} \beta[P_t(z) - P_t^e(z)]$

$= \beta\left[\dfrac{1}{N}\sum_{z=1}^{N} P_t(z) - \dfrac{1}{N}\sum_{z=1}^{N} P_t^e(z)\right] = \beta\left[P_t - \dfrac{1}{N}\sum_{z=1}^{N} P_t^e(z)\right]$

(7) もし，各主体が P_t を直接観察できれば，労働供給の式 $\beta[P_t(z) - P_t]$ で，P_t の推定量ではなく P_t 自体を使える．そのときの y_t を (6) と同様に計算してみると，

$y_t = \dfrac{1}{N}\sum_{z=1}^{N} y_t(z) = \dfrac{1}{N}\sum_{z=1}^{N} \beta[P_t(z) - P_t] = \beta\left[\dfrac{1}{N}\sum_{z=1}^{N} P_t(z) - \dfrac{1}{N}\sum_{z=1}^{N} P_t\right]$

$= \beta[P_t - P_t] = 0$

を得る．つまり，物価水準 P_t にかかわりなく経済の産出は常に 0 となる．

(8) $P_t(z) = P_t + u_{zt}$ であるから，カルマン・フィルターの理論で，$x = P_t(z)$，$v = P_t$，$u = u_{zt}$ とおけばよい．すると，$\theta = \sigma_P^2/(\sigma_P^2 + \sigma_u^2)$ として $\theta P_t(z) + (1-\theta) P_t'$ を P_t の推定量として得る．市場 z の均衡価格である $P_t(z)$ によって推定するので，この推定量は産業ごとに異なる．ゆえに，P_t の推定量を $P_t^e(z)$ と z に依存する形で書くと，$P_t^e(z) = \theta P_t(z) + (1-\theta) P_t'$ と書ける．

(9) $P_t^e(z) = \theta P_t(z) + (1-\theta) P_t'$ を (6) の式に代入しよう．すると，

$y_t = \beta\left[P_t - \dfrac{1}{N}\sum_{z=1}^{N} P_t^e(z)\right] = \beta\left[P_t - \dfrac{1}{N}\sum_{z=1}^{N} \{\theta P_t(z) + (1-\theta) P_t'\}\right]$

$= \beta\left[P_t - \theta \dfrac{1}{N}\sum_{z=1}^{N} P_t(z) - (1-\theta)\dfrac{1}{N}\sum_{z=1}^{N} P_t'\right] = \beta[P_t - \theta P_t - (1-\theta) P_t']$

$= \beta(1-\theta)[P_t - P_t']$

ここで，$\beta(1-\theta)$ を α とし，P_t' を P_t^e と書き換えれば，**例題 9.3** の B 式を得る．

(10) (9) において示されたように，$\alpha = \beta(1-\theta)$ である．また，(8) より，$\theta = \sigma_P^2/(\sigma_P^2 + \sigma_u^2)$ である．ここで，σ_P^2 が大きくなると，

$\theta = \dfrac{\sigma_P^2}{\sigma_P^2 + \sigma_u^2} \to 1$

となる．θ が 1 のとき，(β の値にかかわらず) α は 0 となる．

(11) σ_P^2 は物価 P_t の分散である．これが大きいとは，個別財価格の変動に対して物価の変動がきわめて大きい事実を意味する．実際，南米の多くの国々では政府の金融政策が不安定なため，物価水準は大幅に変動してその予測はきわめて困難である．(10) の結論では，σ_P^2 が大きいと B 式の α が 0 に近くなる．これは $y_t = \alpha(P_t - P_t^e) = 0$ を

意味して，産出の水準が物価上昇率からまったく影響を受けなくなる事実を示す（なお，y_t は対数であるから，$y_t=0$ であっても水準としての産出 y_t' は 0 ではない）。ルーカスは南米諸国のデータを用いて，実際に物価上昇率の変動が大きい国ほど物価上昇率が産出に与える影響が小さいことを示した。

9.17 (1) χ が 1 であると，$\pi=\pi^e$ のときに，A 式より直ちに $y=y_F$ が導かれる。これは物価上昇率と期待物価上昇率が一致するときには，産出は自然失業率（完全雇用）水準に決まることを意味する。ゆえに，$\chi=1$ とは自然失業率仮説が成立することを示す。

(2) π が観察可能であると，$\pi^e=\pi$ となる。これを A 式に代入して整理すると，

$$y=y_F+\frac{1-\chi}{\alpha}\pi$$

を得る。つまり，産出水準は B 式にかかわらず決定される。自然失業率仮説が成立する $\chi=1$ のとき，産出は完全雇用水準に等しい。

(3) A, B 式から以下の式を得る。

$$\pi=\frac{\alpha\beta}{1+\alpha\beta}\mu+\frac{\chi}{1+\alpha\beta}\pi^e$$

(4) $$E[\pi]=E\left[\frac{\alpha\beta}{1+\alpha\beta}\mu\right]+E\left[\frac{\chi}{1+\alpha\beta}\pi^e\right]=\frac{\alpha\beta}{1+\alpha\beta}E[\mu]+\frac{\chi}{1+\alpha\beta}\pi^e$$

(5) $\pi^e=E[\pi]$ を (4) に代入して整理すると，

$$\pi^e=\frac{\alpha\beta}{(\alpha\beta+1-\chi)}E[\mu]$$

　これを，(3) の式に代入して，

$$\pi=\frac{\alpha\beta}{1+\alpha\beta}\mu+\frac{\chi}{1+\alpha\beta}\cdot\frac{\alpha\beta}{\alpha\beta+(1-\chi)}E[\mu]$$

(6) (5) 式を B 式に代入して，

$$y=y_F+\beta\{\mu-\pi\}=y_F+\beta\left\{\frac{1}{1+\alpha\beta}\mu-\frac{\chi}{1+\alpha\beta}\cdot\frac{\alpha\beta}{\alpha\beta+(1-\chi)}E[\mu]\right\}$$
$$=y_F+\frac{\beta}{1+\alpha\beta}\left\{\mu-E[\mu]+\frac{(1-\chi)(1+\alpha\beta)}{\alpha\beta+(1-\chi)}E[\mu]\right\}$$

(7) (6) の式において，$\chi=1$ とおくと，

$$y=y_F+\frac{\beta}{1+\alpha\beta}\{\mu-E[\mu]\}$$

これは，産出が予期せざる貨幣のみによって影響を受けることを意味する。つまり，

貨幣数量説やルーカス型労働供給関数を用いないほかのマクロモデルでも，合理的期待形成ほかの前提のもとでは「予期せざる貨幣」の命題は成立するのである。

　逆に，χ が 1 でない場合，産出は予期せざる貨幣以外の貨幣によって影響を受ける。たとえば，$\mu = E[\mu]$ と仮定してみよう。

$$y = y_F + \frac{\alpha}{1+\alpha\beta}\left\{\mu - E[\mu] + \frac{(1-\chi)(1+\alpha\beta)}{\alpha\beta + (1-\chi)}E[\mu]\right\}$$

$$= y_F + \beta\frac{(1-\chi)}{\alpha\beta + (1-\chi)}E[\mu]$$

となるから，$(\mu = E[\mu])$ なので完全に予期された貨幣（の成長率）でも産出に影響を与える。つまり，自然失業率仮説が成立しないならば，「予期せざる貨幣のみが産出に影響を与える」という命題は成立しなくなる。この意味で，自然失業率仮説は合理的期待形成理論に不可欠な前提となる。

(8) A 式に $\pi^e = \pi_{-1}$ を代入して，A, B 式を解けばよい。すると，

$$\pi = \frac{1}{1+\alpha\beta}\{\alpha\beta\mu + \chi\pi_{-1}\}$$

$$y = y_F + \frac{\beta}{1+\alpha\beta}\{\mu - \chi\pi_{-1}\}$$

(9) (8)において，自然失業率が成立するとしよう。このとき，$k = 1$ である。すると，

$$y = y_F + \frac{\beta}{1+\alpha\beta}\{\mu - \pi_{-1}\}$$

である。前期の物価上昇率 π_{-1} は所与であるから，この式は貨幣増加率を高めることによって産出を任意に高められることを意味する。この場合，貨幣増が観察可能であるか否かには依存しない。ゆえに，このように期待形成が合理的でないときには，「予期せざる貨幣」の命題は成立しない。

10 景気循環

10.1 (1) 1929, (2) クズネッツ, (3) 40カ月, (4) 消費の増分, (5) 限界投資性向 β, (6) 天井, (7) 最適である, (8) 大きい.

10.2 (1) ×, (2) ○, (3) ×, (4) ○, (5) ○, (6) ×, (7) ○, (8) ×

10.3 (1) $x^2 - \alpha(1+\beta)x + \alpha\beta = x^2 - 0.8(1+1.5)x + 0.8 \times 1.5 = x^2 - 2x + 1.2 = 0$

(2) $x_1 = 1 + 0.447i$, $x_2 = 1 - 0.447i$ であるから, 固有値は複素数になる.

$\sqrt{1^2 + 0.447^2} = 1.095$ であるから, x_1, x_2 の絶対値はともに 1.095 である. すなわち, 両方の絶対値とも 1 より大である.

(3) (2) の結果を**例題 10.1** の定理に参照して, GDP y_t は時間とともに振動すること, この GDP y_t は発散することがわかる. すなわち, GDP は発散的振動となり, 時間とともに振動しながら次第に振幅を増やすことがわかる. これは**図 10.1** の D 曲線の動き方である.

(4) GDP の二階の定差方程式において, $g = 100$ 兆円, $y_{t-2} = y_{t-1} = 600$ 兆円, とおいて y_t を求めればよい.

$y_t = \alpha(1+\beta)y_{t-1} - \alpha\beta y_{t-2} + g = 0.8(1+1.5)y_{t-1} - 5.8 \times 1.5 y_{t-2} + g$
$= 2y_{t-1} - 1.2 y_{t-2} + g = 2 \times 600 - 1.2 \times 600 + 100 = 580$

つまり, y_t は 580 兆円となる. これは $y_{t-2} = y_{t-1} = 600$ 兆円より低い. すなわち, GDP が天井に留まると, GDP は減少に転ずることがわかる.

11 経済政策

11.1 (1) ティンバーゲン, (2) フリードマン, (3) 積極的財政政策, (4) 行動, (5) 金利管理, (6) k％ルール, (7) 投資, (8) 垂直.

11.2 (1) ◯, (2) ◯, (3) ◯, (4) ×, (5) ×, (6) ×, (7) ◯, (8) ◯

11.3 (1) 財政剰余が減少したとしよう。これは総需要を増加させる。物価が動くことなく，総需要と総供給が均衡するためには，利子率が上昇して総需要を減少させなくてはならない。ゆえに，総需要と総供給とを均衡させる財政剰余と利子率との組合せである XX 線は右下がりとなる。

(2) XX 線上の点から，財政剰余を一定としたまま利子率を増やしてみよう。これは投資を減らすので総需要を減少させる。貨幣賃金率の下方硬直性から，総供給も減少し，失業が生じる。財政剰余を一定としたまま利子率を減らすと，完全雇用水準を越えて総需要が増加するので，インフレが生じる。

(3) 財政剰余が減少したとしよう。これは総需要を増加して輸入を増加させる。輸出は外国の総需要によるので，一定である。ゆえに，国際収支は赤字となる。このため，国際収支が均衡するためには，利子率が上昇して資本が外国から流入しなければならない。つまり，FF 曲線は右下がりとなる。

(4) 財政剰余を一定としたまま，利子率が上がったとしよう。すると，資本が外国から流入する。ゆえに，国際収支は黒字となる。財政剰余を一定としたまま，利子率が下がったとしよう。資本が外国に流出するので，国際収支は赤字となる。

(5) FF 曲線の傾きについて考えよう。財政剰余が減少したとしよう。これは総需要を増加するので輸入を増加させる。輸出は外国の総需要によるので，一定である。ゆえに，国際収支は赤字となる。このため，国際収支が均衡するためには，利子率が上昇しなければならない。この際，利子率の上昇は 2 つの効果を持つ。1 つは外国から資本を流入させて，国際収支を改善する。他方で，総需要を減らして，輸入を減少させる。もし，前者の効果がまったくなかったならば，後者の効果はちょうど財政剰余の減少を打ち消して総需要を前の水準に戻すだけなくてはならない。ところが，これは XX 曲線による国内均衡に必要な利子率の変化分とまったく同じである。ゆえに，前者の効果がないときには，利子率は XX 線と同じだけ十分上昇しなくてはならない。実際には前者の効果があるので，利子率がそこまで上昇する前に，国際収支の均衡は達成される。すなわち，FF 曲線の傾きは XX 曲線の傾きより大きい。

(6) A 点では失業と赤字が生じている。失業を解消するために利子率を使用すると，利子率を下落させることによって，**図解 11.3** のように XX 線上の B 点に達し，完全

雇用が生じる。

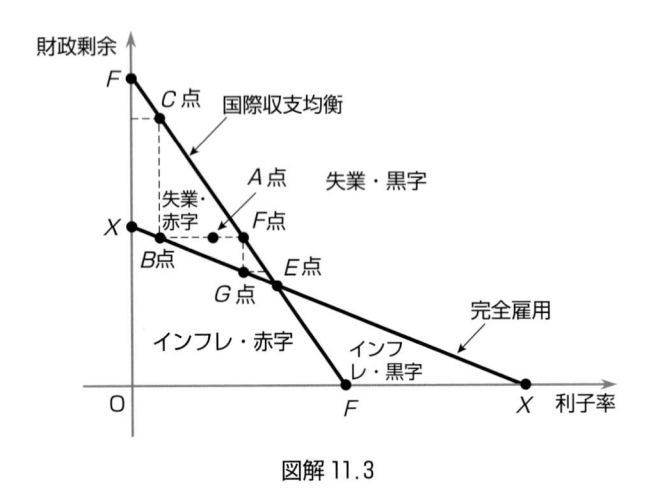

図解 11.3

(7) (6) の B 点から財政剰余を使って，国際収支の均衡をはかると，C 点に達する。

(8) 以上の過程を繰り返すと，経済は次第に両目標が達成される E 点から離れていくことが**図解 11.3** からわかる。

(9) 財政剰余を完全雇用の達成に割り当て，利子率を国際収支均衡の達成に割り当てよう。すると，A 点から F 点へ，F 点から G 点へ，というふうに次第に経済は E 点へ向かって近づいていく。

(10) FF 線は XX 線より傾きが急である。ゆえに，一定量の財政剰余の減少に対し，均衡を回復するのに必要な利子率の増加分は，XX 線より FF 線の方が小さい。つまり，利子率は相対的に国際収支の均衡を回復するのに適している。逆に財政剰余は相対的に完全雇用を達成するのに適している。

(11) (9) より，利子率は国際収支均衡の達成に向けるべきであることがわかっている。ところが，(10) より利子率は相対的に国際収支達成に有効な政策手段である。つまり，相対的に有効な政策手段をその目標達成のために割り当てるべきであるという結論が得られる。これはマンデルの定理にほかならない。

11.4 (1) $\sigma_z = 0$ とは，$Z(t)$ が変動しないことを示す。つまり，時間とともに産出は一定であり，景気変動がまったくなくなった事態を示す。

(2) $X(t)$ と $Y(t)$ との間の相関係数 ρ_{XY} が 0 であるとは，平均してみれば，$X(t)$ と $Y(t)$ との間に関係がないことを示す。つまり，$X(t)$ が小さく，景気が落ち込んでいるときでも，経済政策の効果 $Y(t)$ はそれを打ち消すことがない。この意味で経

済政策のタイミングが景気変動とまったく一致していない状態である。

(3) $\rho_{XY}=1$ のとき, $X(t)$ と $Y(t)$ との間には完全な正の相関関係がある。つまり, $X(t)$ が大きいときに必ず $Y(t)$ も大きくなる。この意味で, 経済政策は景気変動とタイミングを一致させているが, 経済政策の方向は景気変動を烈しくする方向に動かしている。景気安定策としては適当でない。

(4) $\rho_{XY}=-1$ のとき, $X(t)$ と $Y(t)$ との間には負の完全な相関関係がある。つまり, $X(t)$ が大きいときに必ず $Y(t)$ が小さくなることを示す。この意味で, 経済政策は景気変動とタイミングを一致させ, かつ経済政策の方向は景気変動を小さくする方向に動く。景気安定策としては最適である。

(5) $\sigma_Y=0$ とは, 経済政策による産出の変動が 0 であることを示す。つまり, 経済政策の効果はまったくない (このとき, $\rho_{XY}=0$ も証明できる)。したがって, 景気安定的に経済政策が変化することも不可能となる。

(6) σ_Y が大きいとは, 経済政策の変動が大きく, 産出の変動に大きく影響を与えている場合と考えられる。

(7) 標準偏差 σ_Y と相関係数 ρ_{XY} とを比較した場合, 政府は相関係数 ρ_{XY} の方は操作しにくいといわれる。σ_Y は (金融政策, 財政政策などの) 経済政策の変動の規模を変えれば, 操作できる。しかし, ρ_{XY} は産出 $X(t)$ と経済政策の効果 $Y(t)$ との相関係数であるから, 政府が経済状態を認識し, 政策を実行し, その効果が生じるまでの時間の遅れに依存する。つまり, 認知のラグ・行動のラグ・効果のラグに依存する。このようなラグを解消する方法は容易に存在しない。このため, ρ_{XY} を一定限度以下にすることは困難なのである。

(8) 景気安定政策の目標は $Z(t)$ の変動を小さくすることであり, これは $Z(t)$ の分散 σ_Z^2 をできるだけ小さくすることを意味する。(A式) は $\sigma_Z^2=\sigma_X^2+\sigma_Y^2+2\rho_{XY}\sigma_X\sigma_Y$ であるから, $\rho_{XY}=0$ のとき $\sigma_Z^2=\sigma_X^2+\sigma_Y^2$ である。σ_X^2 は所与である。ゆえに, σ_Z^2 を小さくするためには, σ_Y^2 をできるだけ小さくすること, すなわち $\sigma_Y^2=0$ とすることが最適となる。(5) から, これは政府が景気変動対策をまったく行わないことを意味する。

(9) (8) の場合, $\rho_{XY}=0$ であるから, 政府は産出 $X(t)$ にタイミングを同じくして経済政策を実行する能力をまったく欠いている。このときに無理に経済政策を実行すると, 本来の変動 σ_X^2 に加えて, 経済政策の変動 σ_Y^2 までもが経済の変動に反映されて, 変動は拡大してしまう。これを防ぐには, 経済政策自体の変動を 0 とするのが最適なのである。

(10) $\rho_{XY}=-1$ のとき, A式は $\sigma_Z^2=\sigma_X^2+\sigma_Y^2-2\sigma_X\sigma_Y=(\sigma_Y-\sigma_X)^2$ である。σ_X は所与である。ゆえに, σ_Z^2 を小さくするためには, $\sigma_Y=\sigma_X$ とすることが最適となる。このとき,

$\sigma_Z^2=0$ となる。

(11) (10) においては，$\rho_{XY}=-1$ である。(4) から，これは政府が完全に経済状態を認識して，遅滞なく景気対策をとれる能力を有することを意味する。この場合には，ちょうど σ_X に等しいだけの規模の変動を持つ経済政策 $Y(t)$ を $X(t)$ とは逆の方向に行って，完全に $Z(t)$ の変動を打ち消せる。

(12) $\sigma_Z^2=\sigma_X^2+\sigma_Y^2+2\rho_{XY}\sigma_X\sigma_Y=(\sigma_Y+\rho_{XY}\sigma_X)^2+(1-\rho_{XY}^2)\sigma_X^2$

と変形できるから，$-1\leq\rho_{XY}\leq 0$ の範囲では，$\sigma_Y=-\rho_{XY}\sigma_X$ のときに σ_Z^2 は最小となる。そのとき，$\sigma_Z^2=(1-\rho_{XY}^2)\sigma_X^2$ となる。

(13) (12) より，最適な σ_Y が採用されると，$\sigma_Z^2=(1-\rho_{XY}^2)\sigma_X^2=(1-0.36)\sigma_X^2=0.64\sigma_X^2$ である。これより，$\sigma_Z^2/\sigma_X^2=(\sigma_Z/\sigma_X)^2=0.64$。つまり $\sigma_Z/\sigma_X=0.8$ を得る。

(14) (13) は直観的には以下を意味する。政府は経済政策発動のタイミングについては，技術的制約のために一定の誤差を持つ。このため，ρ_{XY} は -1 にはならない。この ρ_{XY} を所与として，経済政策の変動の規模を最適に定める。すると，産出の分散 σ_Z^2 は最小となる。経済政策を行わない場合の産出の分散が σ_X^2 であるのに対して，行った場合の産出の分散は $0.64\sigma_X^2$ である。つまり，分散は政策を行わない場合のほぼ $\frac{2}{3}$ にまで小さくなる。標準偏差の比でみると 0.8 であるから，政策により産出の標準偏差を 2 割小さくできたことがわかる。

(15) 認知のラグ・行動のラグ・効果のラグが大きい場合，政策の発動のタイミングが経済の産出の状態と一致しない場合が増える。つまり，ρ_{XY} は大きめになる。しかし，ρ_{XY} が正である状態は，平均してみると政策の発動の方向は産出の状態と同じ方向であることを示す。これは産出の分散を増加させるので，この場合経済政策を行わないことが最適となる。一般には，もっとも発動のタイミングが遅い場合でも，$\rho_{XY}=0$ と考えられる。

(16) 政策発動のタイミングが完全（つまり，$\rho_{XY}=-1$）でない限り，産出の分散 σ_Z^2 を政策によって 0 にすることは不可能である。さらに，$\rho_{XY}>-1$ の場合，ρ_{XY} の値に応じて政策の変動の規模 σ_Y^2 を最適に調整しなければならない。最適な規模より大きくても小さくても産出の分散 σ_Z^2 は最小にならない。もし，規模 σ_Y^2 が大きすぎると，産出の分散 σ_Z^2 は増加して，σ_X^2 より大きくなる。つまり，規模の調節に失敗すれば，経済変動は政策のない場合より増加してしまうのである。さらに，$Y(t)$ は経済政策による産出の変化分である。$Y(t)$ に影響を与える経済政策は t 期のもののみならず，それ以前の $t-1$, $t-2$, …などの期の政策も含まれる。つまり，$Y(t)$ の分散 σ_Y^2 を政府が政策運営によって適度に調整するのは，きわめて難しいのである。このような観点からみると，積極的な財政金融政策により景気安定を試みるのは，σ_Y^2 を大きく

して，むしろ経済変動を悪化させる可能性が強い．このような場合，もっとも安全確実な財政金融政策とは，$\sigma_Y^2=0$ とする場合である．つまり，経済政策を毎期一定にして変動させないことが，現在の経済学の知識の範囲では最適と考えられる．

11.5 (1) 投資の利子弾力性が無限大の場合，IS 曲線は水平となる．政府支出の増加はその乗数倍だけ IS 曲線を右方にシフトさせる．**図解 11.5** のように，これは均衡点を変化させず，GDP y は一定のままである．GDP y が一定であるとは，その関数である消費 c も一定であることを意味する．$y(=c+i+g)$ が一定で，c が一定であるから，g の増加分が i の減少によってまかなわれたことがわかる．実際，均衡利子率 r は増加しているから，投資 i は減少していることがわかる．

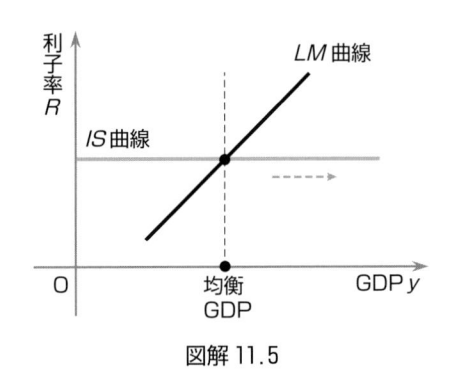

図解 11.5

(2) 投資の利子弾力性が 0 の場合，投資は利子率には無関係の定数となる．ゆえに，政府支出が増加した結果，どのように均衡利子率が変わろうが，投資は一定である．つまり，クラウディング・アウトはまったく生じない．

11.6 (1) 公債，(2) バロー，(3) 政府支出，(4) 遺産，(5) 実質利子率，(6) 恒常，(7) 公債．

11.7 (1) ×，(2) ○，(3) ○，(4) ○，(5) ○，(6) ×，(7) ×，(8) ○

11.8 (1) 一般に t 期の予算制約式は，

$$g_t + rb_t = \tau_t + b_{t+1} - b_t$$

と書かれる．この 2 期間経済の第 1 期では，当初の公債残高 b_1 は 0 と仮定されているので，

$$g_1 = \tau_1 + b_2 \tag{I}$$

となる．仮定より第 2 期の政府支出は 0 である．つまり，$g_2=0$．第 2 期は最終期のために公債の新規発行は行えない．ゆえに，$b_3=0$ である．これらから，

$$rb_2 = \tau_2 - b_2$$

となる。書き換えれば，
$$\tau_2 = (1+r)b_2 \tag{II}$$
である。

「(i) すべて第1期の租税で調達する」の場合，$g_1 = \tau_1$ である。(I) 式より $b_2 = 0$ である。これは，(II) 式より $\tau_2 = 0$ を意味する。すなわち，第2期に課税は生じない。「(ii) すべて公債発行で調達する」の場合，$g_1 = b_2$ である。(I) 式より $\tau_1 = 0$ である。(II) 式より，$\tau_2 = (1+r)g_1$ となるから，第2期の課税は g_1 の $(1+r)$ 倍だけ生じる。つまり，第2期に課税しなければならない。

(2) (1)における第1期の政府の予算制約式 (I) より，「(ii) すべて公債発行で調達する」を行うとは，$\tau_1 = 0$ を意味する。すなわち，第1期の租税は0となる。これに対し，「(i) すべて第1期の租税で調達する」は g_1 に等しいだけの租税が第1期にある。つまり，(i) から (ii) への方法変更は g_1 だけの額に等しい第1期の減税を意味するのである。

(3) 政府が (i) の方法をとったとき，第1期の時点からみた民間経済主体の生涯の租税の割引現在価値を計算すると以下のようになる。ただし，(1) の結果である $g_1 = \tau_1, \tau_2 = 0$ を用いた。
$$\tau_1 + \frac{\tau_2}{1+r} = g_1 + \frac{0}{1+r} = g_1$$
である。

(4) 政府が (ii) の方法をとったとき，第1期の時点からみた民間経済主体の生涯の租税の割引現在価値を計算すると以下のようになる。ただし，(1) の結果 $\tau_1 = 0$，$\tau_2 = (1+r)g_1$ を用いた。
$$\tau_1 + \frac{\tau_2}{1+r} = 0 + \frac{(1+r)g_1}{1+r} = g_1$$
である。(3)と比較すると，これはまったく同じになっている。

(5) (2)より，(i) の方法から (ii) の方法への収入調達法の変更は，減税を意味する。ところが (4) の結果によれば，政府が (i) の方法から (ii) の方法へ収入調達法を変更しても，割引現在価値で評価した主体の生涯に支払う租税は変わらない。つまり，第1期の減税は第1期における民間経済主体の実質純資産を増やすことはない。したがって，(第1期の) 消費量が変わることもない。これはリカードの等価定理が成立することを意味している。

(6) (i) の方法のとき1期目の租税は，g_1 である。2期目の租税は0である。第1期に生きる主体は第1期目の租税のみを負担する。すると，第1期の主体が負担する

租税の割引現在価値は g_1 である。

(7) (ii) の方法のとき1期目の租税は，0である。2期目の租税は $(1+r)g_1$ である。第1期に生きる主体は第1期目の租税のみを負担する。ゆえに，第1期の主体が負担する租税の割引現在価値は0である。つまり，(6) と一致しない。

(8) (7) の結論は，減税が第1期の主体に影響を与えることを示している。減税によって第1期の主体が支払う租税の割引現在価値は g_1 から0に減るからである。主体の実質純資産は増加するので，主体の第1期の消費は増える。つまり，リカードの等価定理は成立しない。

(9) (8) によれば，減税は消費を刺激するが，(5) によれば消費を刺激することはない。(8) と (5) の結論の相違は，(A) と (B) の仮定の相違から生じる。(A) と (B) の仮定の相違とは，民間経済主体の生涯の長さの相違である。さらに正確に言えば，(A) においては，民間経済主体は2期間生き，政府と同じ長さだけの生涯を持つ。ゆえに，政府が租税をどの期に集めようが，主体は必ず租税を負担しなければならない。ところが，(B) においては，主体の寿命は1期間しか生きず，政府の寿命より短い。この場合には，政府が（公債発行によって）主体の寿命以降に租税をまわすと，この主体は租税を回避できることになる。この正の資産効果が第1期の消費増をもたらす。ゆえに，リカードの等価定理が成立するか否かは，実は政府と主体との寿命の相対的な長さの問題なのである。この点はすでにピグーにおいて認識されており，ピグーは政府の寿命は個々の主体の寿命を必ず超越するから，減税に消費刺激効果を認めていたのである。

(10) この式によれば，親の効用 U_1 は2つの要素からなる。つまり，親自らの消費 c_1 によって生じる効用 $u(c_1)$ と，子供の効用 U_2 との和である。前者が親自らの満足感であるのに対し，後者は子供の満足感であるので，後者は前者に比べて少なく評価される。これが $\beta<1$ の意味である。この式の意味するところは，自らの満足感 $u(c_1)$ が増えなくても，子供の効用が高まれば親は幸せになる。これは親が子供に対して愛情を持つがゆえと考えられる。つまり，(C) の仮定における親子の愛情を表現していると考えられる。

(11) 問題では，子の効用は子の消費から得る満足感からのみなると仮定される（3期間以上ある経済では，子の効用は子の消費と孫の効用にさらに依存するであろう）。この U_2 を (10) の式に代入すると，

$$U_1 = u(c_1) + \beta U_2 = u(c_1) + \beta u(c_2)$$

を得る。これは2期間生きる主体が第1期の消費 c_1 から $u(c_1)$ だけの満足を受け，第1期の消費 c_2 から $u(c_2)$ だけの満足を受ける場合の効用関数とまったく同じであ

る。つまり，親から子への愛情があると，親の効用関数は，自分の寿命を越えて子孫の消費量を含んだものとなる。すると，親の効用最大化問題とは2期間生きる主体の決定問題と同値となるのである。ちなみに，このような親子の系統は**ダイナスティー（王朝）**と呼ばれる。

(12) (11)においては，親の効用最大化問題とはc_1とc_2についての予算制約式のもとに2期間の効用を最大化することになる。このとき，もし最適なc_1が親の所得より小さければ，親は残りの所得を子に消費させることによって効用が最大化されることになる。この親が子へ与える所得が遺産にほかならない。

(13) (C)の仮定がある場合，親の効用最大化問題とは結局2期間生きる主体の効用最大化問題と同じになる。ゆえに，(C)の仮定があると，実際には(A)の仮定があるのとまったく同じになるのである。たとえば，政府が1期目への課税をやめて2期目に課税すると，(A)の場合は，主体は2期間生きるのでその課税を負担する。(C)の場合は，親は自分が課税されなくなった代わりに，子に課税されることがわかる。ゆえに，自分が課税されない分だけ子への遺産を増やす。結局子への課税も親は間接的に負担することになる。したがって，親への減税は親の消費を増やすことはない。

(14) (A)と(B)の仮定下の結論の相違は，すでにピグーによって発見されていた。この場合，どちらの仮定がより現実に比較して正しいかといえば，(B)と言わざるを得ない。つまり，減税は消費を刺激する。しかし，バローは(C)の仮定を発見した。この仮定が成立する限り，問題は(A)の場合と同じになる。すると，減税の効果はなくなる。(B)と(C)とがどちらがより正しい前提かと言えば，間違いなく(C)である。つまり，もっとも現実的な仮定下においてはリカードの等価定理が成立するのである。

11.9 (1) $c_1 + \dfrac{c_2}{1+0.1} = (13000000 - 3000000) + \dfrac{22000000}{1+0.1}$

(2) (1)の予算制約式を変形して，$c_2 = -1.1c_1 + 33000000$を得る。これを$c_1 c_2$に代入して変形すると，

$c_1 c_2 = c_1(-1.1c_1 + 33000000) = -1.1c_1^2 + 33000000 c_1$
$= -1.1\{c_1 - 15000000\}^2 + 1.1(15000000)^2$

を得る。これを最大にするには，$c_1 = 15000000$であることがわかる。

(3) (2)より最適な1期目の消費は1500万円であり，1期目の税引後所得1000万円より大きいことがわかる。つまり，500万円だけ借金する必要が生じる。

(4) この場合，流動性とは，現金に近い性質を持つ資産の合計をいう。たとえば，現

金は流動性100%であるが，定期預金の流動性は低くなり，自動車はさらに低く，不動産ではたいへん低い。後者ほど現金に換えるために費用と労力がかかるからである。このとき，現金や現金に近い定期預金をあわせて流動性と呼ぶ。

　この主体の税引後の生涯所得の割引現在価値は3000万円であるから，それだけの「人的資本」を持っているとみなせる。しかし，1期目に現金として入手するのは1000万円だけである。残りは来期に入手する。ゆえに1期目の流動性は1000万円にすぎない。生涯所得からみれば，1期目にこれ以上消費することは十分可能である。しかし，借金によって2期目の所得を1期目に処分することができないのならば，この主体が1期目に処分できる額は流動性の1000万円までである。つまり，借金ができないとは，1期目の消費額は流動性を上限として制約されることになる。このゆえに，流動性の制約と呼ばれる。

(5)　流動性の制約がある場合，1期目の消費は1期目の税引後所得である1000万円を上限とする。最適な消費量は1500万円であるから，それに一番近い消費可能な額は1000万円である。

(6)　1期目の税引後所得は1000万円から，1300万円となる。2期目の税引後所得は2200万円から，1870万円となる。計画変更後のこの主体の税引後所得の割引現在価値を計算すると，

$$13000000 + \frac{18700000}{1.1} = 30000000$$

であって，3000万円となる。これは(1)の場合と変わらない。

(7)　主体の生涯所得の割引現在価値は3000万円のまま変化していない。ゆえに，主体の1期目の最適な消費量は1500万円となる。(6)の結果，主体の1期目の税引後所得は1000万円から1300万円まで増加した。このため，借金ができないことに変わりはなくても主体は，1期目の消費を1000万円から1300万円まで増やせる。つまり，1期目の消費は300万円だけ余計に増える。

(8)　(6)の意味するところは，政府が1期目に減税を行うということである。(7)の結果によれば，このとき1期目の主体は1期目の消費を増やす。つまり，リカードの等価定理は成立していない。

(9)　流動性とは現金化しやすい資産をさす。この資産を越えて支出を企てるときに流動性の制約は生じやすい。現代では奴隷制度は廃止されているので，将来の人間の労働力による所得を現在の流動性に換えるのは困難をともなう。ゆえに，若年期の労働者に流動性の制約は生じやすい。また，他の資産を持たず労働力（人的資本）のみを資産とする低所得層に生じやすい。逆に言えば，十分に信用制度が発達し，個人への

与信能力がある経済においては流動性の制約は生じにくい。

11.10 (1) 第1期の所得と割り引いた第2期の所得の和が，この主体の生涯の所得となるから，

$$y_1 + \frac{y_2}{1+r}$$

(2) 恒常所得の定義から，

$$y_1 + \frac{y_2}{1+r} = \overline{y} + \frac{\overline{y}}{1+r}$$

を得る。これを変形して，

$$\overline{y} = \frac{1+r}{2+r}y_1 + \frac{1}{2+r}y_2$$

を得る。

(3) (2) によれば，恒常所得 $\overline{y}$ は y_1 と y_2 の加重和になっている。2つの加重を加えると，

$$\frac{1+r}{2+r} + \frac{1}{2+r} = 1$$

となるから，恒常所得は y_1 と y_2 の加重平均になる。

(4) 恒常所得の定義より，

$$y_1 + \frac{y_2}{1+r} = \overline{y} + \frac{\overline{y}}{1+r} = \left(1 + \frac{1}{1+r}\right)\overline{y}$$

(5) 予算制約式においては，消費 c_1 と c_2 の割引現在価値が所得 y_1 と y_2 の割引現在価値に等しくなくてはならない。つまり，

$$c_1 + \frac{c_2}{1+r} = y_1 + \frac{y_2}{1+r}$$

で与えられる。(4) の結果を用いて，これを書き直すと，

$$c_1 + \frac{c_2}{1+r} = \left(1 + \frac{1}{1+r}\right)\overline{y}$$

(6) (5) の予算制約式の左辺を書き直すと，

$$1 \cdot c_1 + \left(\frac{1}{1+r}\right)c_2$$

これは財 c_1 の価格が1であり，財 c_2 の価格が $\frac{1}{1+r}$ である場合とみなせる。つまり，$1+r$ の逆数は将来財 c_2 の価格と解釈できる。

(7) 予算制約線は c_1 軸上で $\left(1+\dfrac{1}{1+r}\right)\bar{y}$ の点を通り，傾き $1+r$ を持つ。これに無差別曲線を描き加えると，**図解 11.10** (7) の E 点が最適点になる。この点に対応して，第 1 期の最適消費量 c_1^* が決まる。

(8) 利子率 r の増加は予算制約線の傾きを増やす一方で，予算制約線と c_1 軸との交点を小さくする。これから，**図解 11.10** (8) を得る。最適点は E から E' へ移動し，最適消費 c_1^* は $c_1^{*\prime}$ へ減少する。

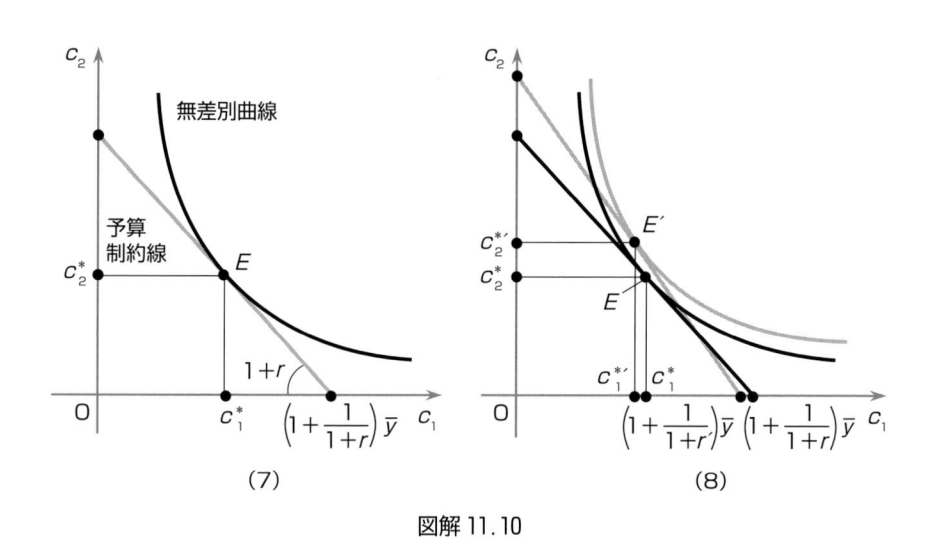

図解 11.10

(9) (6) によれば，利子率 r の上昇は第 2 期財の価格低下を意味する。これは第 1 期財の需要に対して代替効果と所得効果を持つ。代替効果は，第 1 期財から第 2 期財への消費の代替をうながし，第 1 期財への消費を減らす。所得効果は，通常は第 1 期財と第 2 期財の双方の消費を増やす。一般的には代替効果は所得効果を圧倒すると考えられる。この結果，第 1 期財消費 c_1 は減少する方向に動く。y_2 が正の場合，利子率 r の上昇は生涯所得の割引価値の減少も意味する。このために，予算制約線と c_1 軸との交点は左に移動する。c_1 が上級財である限り，これは c_1 を減少させる。以上の効果の和として，一般に消費 c_1 は減少する。

(10) 利子率 r が一定のまま，恒常所得 $\bar{y}$ が減少すると，予算制約線と c_1 軸との交点は左に動く。この結果，均衡点は**図解 11.10** (10) のように変化し，c_1 が上級財である限り，最適な c_1 は減少する。

(11) (8) より c_1 は右下がりの曲線になることがわかっている。よって**図解 11.10** (11) を得る。(10) より，恒常所得が減少すると，c_1 は減少する。つまり，恒常所得が減少すると，c_1 曲線は左にシフトする。

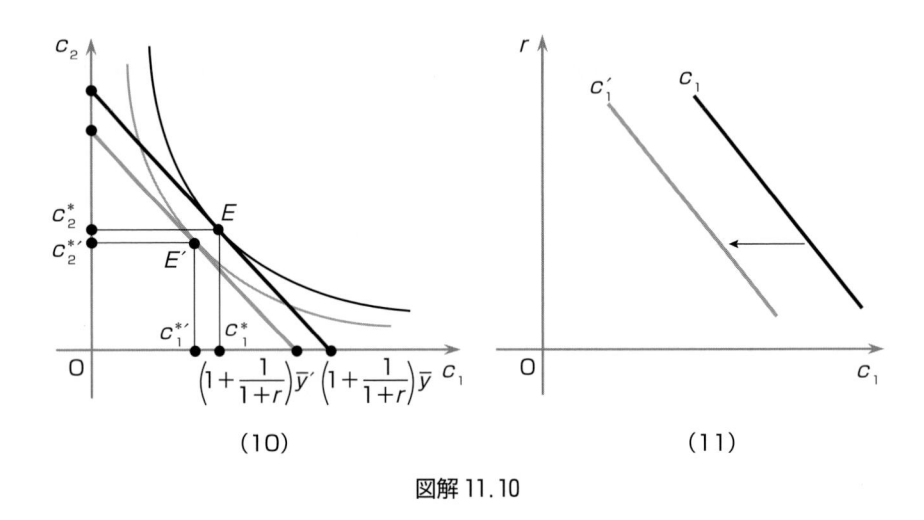

図解 11.10

(12) y_1 が変化しても，恒常所得 $\bar{y}$ が一定である限り，**図解 11.10** (7) における予算制約線はシフトしない。ゆえに，最適点も変化しないから，c_1 は一定のままなのである。

(13) $g_1 + \dfrac{1}{1+r} g_2$

(14) $\bar{g}$ の定義より，

$$g_1 + \frac{1}{1+r} g_2 = \bar{g} + \frac{1}{1+r} \bar{g}$$

である。これを変形して，

$$\bar{g} = \frac{1+r}{2+r} g_1 + \frac{1}{2+r} g_2$$

を得る。

(15) (14) によれば，恒常政府支出は g_1 と g_2 の加重和になっている。2 つの加重を加えると，

$$\frac{1+r}{2+r} + \frac{1}{2+r} = 1$$

となるから，恒常政府支出 $\bar{g}$ は g_1 と g_2 の（加重）平均になる。

(16) 政府支出の割引現在価値は租税の割引現在価値に等しい。これから，税引後所得の割引現在価値とは，所得の割引現在価値から政府支出の割引現在価値を差し引いたものになる。これから，主体の純資産 w を求めると，

$$w = y_1 + \frac{1}{1+r} y_2 - \left\{ g_1 + \frac{1}{1+r} g_2 \right\}$$
$$= \left(1 + \frac{1}{1+r}\right) \bar{y} - \left(1 + \frac{1}{1+r}\right) \bar{g} = \left(1 + \frac{1}{1+r}\right)(\bar{y} - \bar{g})$$

(17) 政府支出がある場合の最適消費の決定を (8) の場合に沿って考えると，**図解 11.10** (17) を得る。恒常所得 $\bar{y}$ の代わりに $\bar{y} - \bar{g}$ を使えばよい。

(18) **図解 11.10** (17) より，恒常政府支出 $\bar{g}$ の増加は純資産 w を減少させ，予算制約式を内側にシフトさせることがわかる。これから，最適な c_1 は通常減少する（**図解 11.10** (18) 参照）。

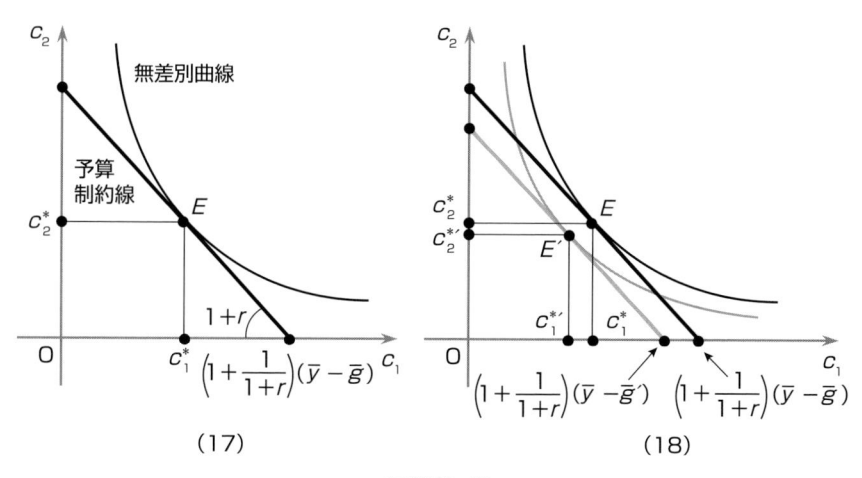

図解 11.10

(19) c_1 は利子率 r にともなって減少するが，g_1 は利子率と無関係に一定である。ゆえに，$c_1 + g_1$ の曲線は c_1 の線を右に g_1 だけ平行移動したものになる。また，y_1 は利子率に依存せず一定であるから，垂直な直線になる。第1期の財市場の均衡は，$y_1 = c_1 + g_1$ で与えられる。**図解 11.10** (19) のように，y_1 曲線と，$c_1 + g_1$ 曲線の交点から均衡利子率 r^* が決定される。

(20) (18) より恒常所得 $\bar{g}$ が変化しないとき，c_1 曲線はシフトしないことがわかる。と

ころが g_1 は増加するから，c_1+g_1 曲線は g_1 の増加分だけ右にシフトする。ゆえに，**図解 11.10** (20) のように均衡利子率は増加する。新しい均衡利子率の水準では消費は減少していることがわかる。

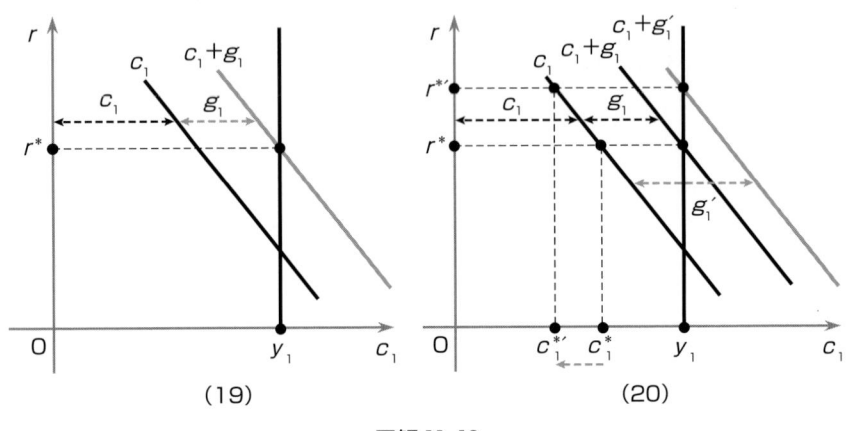

(19) (20)

図解 11.10

(21) 恒常政府支出が増加すると，c_1 曲線は左にシフトして c_1' 曲線になる。ところが g_1 は増加して g_1' になる。この結果，c_1+g_1 曲線は $c_1'+g_1'$ 曲線になるが，これは前と同じものである。ゆえに，y_1 曲線と交わる点は変わらず，均衡利子率は変化しない。しかし，c_1 曲線は c_1' 曲線になっているので，同じ利子率に対応はしていても，最適な消費は減少することがわかる（**図解 11.10** (21) 参照）。

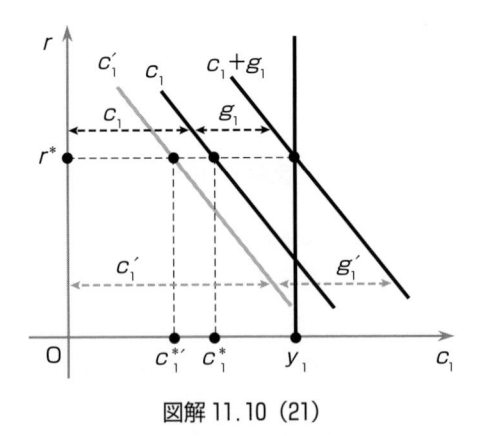

図解 11.10 (21)

⑿ 第1期に戦争が起きると,軍事支出が増えるので,g_1 が増える。簡単化のために,第2期ではその分政府支出が減り,恒常所得は変化しないとしよう。すると,これは恒常所得の変化をともなわずに g_1 だけが増える場合であるから,⑳ の場合に等しい。ゆえに,均衡利子率は増加し,消費量が減少することがわかる。

⒇ 一般に非軍事支出は,恒常的なものであることが知られている。すなわち,第1期にそれが増加すると,第2期にも同じだけ続く傾向がある。この場合,第1期の g_1 の増加は恒常政府支出の増加を意味する。ゆえに,㉑ の場合となるから,非軍事支出の増加は利子率を増加させないと予想される。バローは ⑿, ⒇ の理論的予想が実証的に成立することを示した。

12　経済成長

12.1　(1)　労働1単位あたり資本，(2)　一定である，(3)　土地，(4)　資本減耗分，(5)　限界資本係数，(6)　保証成長率，(7)　限界資本係数，(8)　技術進歩率，(9)　一定，(10)　$sf(k)-(n+\delta)k$，(11)　定常状態，(12)　労働成長率，(13)　利子率，(14)　ハロッド中立的，(15)　上昇する，(16)　資本-労働比率，(17)　資本，(18)　時間選好率，(19)　資本分配率，(20)　経済成長率，(21)　内生的成長論．

12.2　(1)　×，(2)　×，(3)　×，(4)　×，(5)　×，(6)　○，(7)　○，(8)　×，(9)　○，(10)　○，(11)　○，(12)　○，(13)　×，(14)　×，(15)　○，(16)　×，(17)　○，(18)　×，(19)　○．

12.3　(1)　限界資本係数は，$\Delta K_t/\Delta Y_t$ と定義される．これが5に等しいから，$\Delta Y_t = \frac{1}{5}\Delta K_t$ である．つまり，追加的な資本1単位は0.2単位の追加的な産出を産み出すことがわかる．

(2)　限界資本係数（この場合は資本係数に等しい）が5であるから，1000兆円の資本は，200兆円の所得を産み出す．限界貯蓄性向（この場合は平均貯蓄性向に等しい）は0.2であるから，貯蓄は40兆円になる．

(3)　保証成長率は s/v と定義されるから，0.2/5=0.04 である．

(4)　均斉成長を遂げるには，保証成長率と自然成長率が一致しなくてはならない．自然成長率は労働成長率と労働生産性の上昇率の和であるから，$n+0.03$ である．これが(3)で得た0.04と一致しなくてはならないから，$n=0.01$ を得る．

(5)　労働成長率が0.02であると，自然成長率は0.05になる．これは (3) の保証成長率より大きい．保証成長率とは資本の完全利用を保証する成長率であり，自然成長率とは労働の完全利用を保証する成長率である．現実の成長率は長期的には両者のより大きい方と一致することはできない．自然成長率の方が保証成長率より大きい場合，現実の成長率は自然成長率以下となる．この場合，労働の増加に比べて労働への需要増が不足し，失業が堆積する．

12.4　(1)　資本ストックを K としよう．資本係数の定義から，この資本ストックから K/v だけの産出が生じ，GDP Y となる．この GDP Y に対して，sY だけの貯蓄が生じる．経済の財市場が均衡するためには，これは投資 I に等しくなくてはならない．すなわち，$sY=I$ である．ところが，投資 I とは資本ストックの増分 ΔK にほかならない．以上をまとめて，$sK/v=\Delta K$ となる．これから，$\Delta K/K=s/v$．つまり，資本ストックの増加率は s/v に等しい．資本係数の定義から，資本ストックと産出

の比は所与である。このため，資本ストックが s/v の割合で増加するとき，産出もその率で増加しないと，資本が不足するか，過剰になる。ゆえに，保証成長率は s/v でなければならない。

(2) $g=\delta=0$ としよう。新古典派理論の定常状態では，$\dot{k}_t=0$ が成立する。資本蓄積式にこれを代入すると，$sf(k_t)/k_t=n$ を得る。ところが，

$$\frac{sf(k_t)}{k_t}=\frac{sy_t}{k_t}=\frac{s(Y_t/L_t)}{K_t/L_t}=\frac{s}{K_t/Y_t}=\frac{s}{v}$$

であるから，$s/v=n$ であることがわかる。

(3) ハロッド=ドーマーにおいては，s,v,n などの変数は外生であるから，$s/v=n$ が成立するのは偶然にすぎず，均斉成長の必要条件は必ずしも成り立たない。ところが，新古典派理論の場合は長期的には定常状態が成立し，(2)で示されたように，定常状態では均斉成長の条件が成立している。ハロッド=ドーマー理論と新古典派成長理論との唯一の前提の相違は生産関数であるから，このような結論の差が生産関数の想定の差に依存することは間違いない。ハロッド=ドーマーでは一定値 v と想定された Y/K は，新古典派では変化し得る。なぜなら，新古典派理論では，

$$v=\frac{Y}{K}=\frac{Y/L}{K/L}=\frac{y}{k}$$

である。ところが，この $v=y/k$ は**図解 12.4** の原点を通る線分の傾きとして表現される。このとき，v は資本-労働比率 k が増えるにつれ減少することが図から明らかである。ゆえに，新古典派理論では v が変化し得る。こうして，$s/v=n$ が成立するように v が変化する。

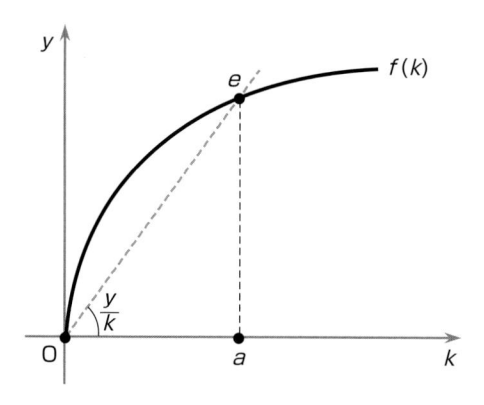

図解 12.4

12.5 (1) $F(K,L)=K^{0.2}L^{0.8}$ の両辺を L で除してやればよい。左辺は，$Y/L=y$。右辺は，

$$\frac{K^{0.2}L^{0.8}}{L}=\left(\frac{K}{L}\right)^{0.2}=k^{0.2}$$

これから，$y=k^{0.2}$ を得る。

(2) $s=1-0.7=0.3$, $n=0.02$ であるから，資本蓄積式より，$\dot{k}_t=sf(k_t)-nk_t=0.3k_t^{0.2}-0.02k_t$ を得る。

(3) 定常状態では，$\dot{k}_t=0$ である。(2) より，このとき $0.3k_t^{0.2}=0.02k_t$ である。これより，$k_t^{0.8}=15$，すなわち $\overline{k}=15^{1.25}\approx 30$。

(4) (3) より，定常状態の資本–労働比率は $15^{1.25}$ である。このとき，

$$\overline{y}=f(\overline{k})=\overline{k}^{0.2}=(15^{1.25})^{0.2}=15^{0.25}\approx 1.98$$

限界消費性向は 0.7 であるから，結局

$$\overline{c}=0.7\overline{y}=0.7\times 15^{0.25}\approx 1.39$$

(5) 利子率は $f'(k)=dk^{0.2}/dk=0.2k^{-0.8}$ で与えられる。定常状態の資本–労働比率 $\overline{k}$ は $15^{1.25}$ である。ゆえに，定常状態での利子率は，

$$\overline{r}=0.2\overline{k}^{-0.8}=0.2(15^{1.25})^{-0.8}=0.2\times 15^{-1}=\frac{0.2}{15}\approx 0.013$$

(6) 賃金率は

$$w=f(k)-kf'(k)=k^{0.2}-k\frac{dk^{0.2}}{dk}=k^{0.2}-0.2k^{0.2}=0.8k^{0.2}$$

で与えられる。定常状態の資本–労働比率は $15^{1.25}$ である。ゆえに，定常状態での賃金率は，

$$\overline{w}=0.8\overline{k}^{0.2}=0.8(15^{1.25})^{0.2}=0.8\times 15^{0.25}\approx 1.6$$

(7) 黄金律成長経路に対応する資本–労働比率 $\overline{k}$ は，$f'(\overline{k})=n$ によって定まる。$f'(k)=0.2k^{-0.8}$, $n=0.02$ より，$\overline{k}=0.1^{-1.25}\approx 17.8$ を得る。

(8) 定常状態では，$sf(k)=nk$ が成立しなくてはならない。$n=0.02$ であるから，資本–労働比率が $\overline{k}=0.1^{-1.25}\approx 17.8$ となるためには，貯蓄性向 s は $s\overline{k}^{0.2}=0.02\overline{k}$ を満たさなければならない。これより，

$$s=0.02\overline{k}^{0.8}=0.02(0.1^{-1.25})^{0.8}=0.02\times 0.1^{-1}=0.2$$

を得る。つまり，消費性向は 0.8 でなければならない。

(9) 一般のコブ=ダグラス型生産関数を $F(K,L)=AK^{\alpha}L^{1-\alpha}$ であらわそう。資本の限界生産性は，

$$\frac{\partial}{\partial K}F(K,L)=\alpha A K^{\alpha-1}L^{1-\alpha}$$

である。資本賃借料は資本の限界生産性に等しい。ゆえに、資本分配率 θ を計算すると、

$$\theta=\frac{rK}{Y}=K\frac{\partial}{\partial K}F(K,L)\bigg/F(K,L)=\frac{K(\alpha AK^{\alpha-1}L^{1-\alpha})}{AK^{\alpha}L^{1-\alpha}}=\alpha$$

を得る。つまり、資本-労働比率にかかわらず資本分配率 θ は生産関数における資本のべき乗 α に等しい。

(10) 資本と労働の代替の弾力性が1より大か否かによって、r/w の変化にともない資本分配率が増加するか否か定まる。しかし、(9) の結果から、コブ=ダグラス型生産関数の場合、資本分配率は常に一定であることがわかっている。ゆえに、コブ=ダグラス型生産関数の場合、資本と労働の代替の弾力性が1であることがこれだけの事実からすでに明らかである。ねんのために、代替の弾力性 σ を定義にしたがって直接計算してみよう。

$$\frac{r}{w}=\frac{\partial}{\partial K}F(K,L)\bigg/\frac{\partial}{\partial L}F(K,L)=\frac{\alpha AK^{\alpha-1}L^{1-\alpha}}{(1-\alpha)AK^{\alpha}L^{\alpha-1}}=\frac{\alpha}{1-\alpha}\cdot\frac{1}{K/L}=\frac{\alpha}{1-\alpha}\cdot\frac{1}{k}$$

であるから、

$$k=\frac{\alpha}{1-\alpha}\cdot\frac{1}{r/w}$$

を得る。これから、

$$\sigma=-\frac{r/w}{k}\cdot\frac{dk}{d(r/w)}=-\frac{r/w}{k}\cdot\frac{\alpha}{1-\alpha}\left\{-\frac{1}{(r/w)^2}\right\}=\frac{1}{k}\cdot\frac{\alpha}{1-\alpha}\cdot\frac{1}{r/w}$$
$$=\frac{1}{\frac{\alpha}{1-\alpha}\cdot\frac{1}{r/w}}\cdot\frac{\alpha}{1-\alpha}\cdot\frac{1}{r/w}=1$$

代替の弾力性が一定であるような生産関数を CES 生産関数といい、以下の形で表現されることが知られている。

$$Y=A[\alpha K^{-\beta}+(1+\alpha)L^{-\beta}]^{-\frac{1}{\beta}}$$

ここで、代替の弾力性は $1/(1+\beta)$ に等しくなる。コブ=ダグラス型生産関数は CES 生産関数において、β を0に近づけると、極限として得られる。

12.6 (1) 資本蓄積式において、$\dot{k}_t=0$ となる点を図 12.6 から見いだせばよい。これは $sf(k_t)=n(k_t)k_t$ となるような資本-労働比率を発見することを意味する。図 12.6 で、$\bar{k}_1, \bar{k}_2, \bar{k}_3$ の3点で貯蓄 $sf(k_t)$ が $n(k_t)k_t$ 曲線と交わるので、この条件を

満たす．つまり，定常状態は3つある（原点を加えれば4つあるが，原点は通常は定常状態とは呼ばない）．

(2) $\bar{k}_1$ より左の資本–労働比率では，$\dot{k}_t>0$ となることが資本蓄積式からわかる．つまり，$\bar{k}_1$ より左では資本–労働比率は時間とともに増加する．ところが，$\bar{k}_1$ と $\bar{k}_2$ にはさまれた範囲では，貯蓄 $sf(k_t)$ が $n(k_t)k_t$ 曲線より低いので，$\dot{k}_t<0$ となり，資本–労働比率は時間とともに減少する．$\bar{k}_2$ と $\bar{k}_3$ にはさまれた範囲では，貯蓄 $sf(k_t)$ が $n(k_t)k_t$ 曲線より高いので，$\dot{k}_t>0$ となり，資本–労働比率は時間とともに増加する．$\bar{k}_3$ より大きな資本–労働比率は $\dot{k}_t<0$ であるので，資本–労働比率は時間とともに減少する．

以上の事実をまとめると，$\bar{k}_1$ の定常状態については，資本–労働比率がその左右の近い範囲にあると資本–労働比率は $\bar{k}_1$ に向かって動く．このことを定常状態 $\bar{k}_1$ は安定であるという．同様に考えると，$\bar{k}_3$ も安定であることがわかる．ところが，$\bar{k}_2$ の場合は，当初の資本–労働比率がその左右にあると，資本–労働比率は $\bar{k}_2$ から離れる方向に向かって動く．このとき，$\bar{k}_2$ は不安定であるといわれる．

(3) (2) の説明より，$\bar{k}_2$ より資本–労働比率が小さい場合，資本–労働比率は $\bar{k}_1$ に近づくことが明らかである．

(4) (2) の説明より明らかである．

(5) (3) と (4) の事実は，出発する資本–労働比率の違いによって，ある経済は定常状態 $\bar{k}_1$ に達し，他の経済は定常状態 $\bar{k}_3$ に達することがあることを示す．しかしながら，労働1単位あたりの消費は $\bar{k}_3$ における方が，$\bar{k}_1$ におけるより高い．ゆえに，$\bar{k}_1$ よりは $\bar{k}_3$ に到達するのが好ましい．かつては，$\bar{k}_1$ の状態にあるものが開発途上国であり，$\bar{k}_3$ の状態にあるものが先進国であるといわれた．ある経済がどちらの状態になるかを決するのは，当初の資本–労働比率が $\bar{k}_2$ より大か否かである．もし $\bar{k}_1$ にある開発途上国に援助を行うならば，些少なものでは資本–労働比率を $\bar{k}_2$ を越えて引き上げることはできない．すると，長期的には $\bar{k}_1$ に戻ってしまう．開発途上国を発展させるためには，資本–労働比率が $\bar{k}_2$ を越えるほど十分大きな援助を与える必要がある．

12.7 (1) 経済成長率は，$\dot{Y}/Y$ と定義される．$Y=Ly$ であるから，両辺の対数を取って時間に関して微分すると，

$$\frac{\dot{Y}}{Y}=\frac{\dot{L}}{L}+\frac{\dot{y}}{y}$$

を得る．労働の成長率は n である．$y=f(k)$ の両辺の微分を取ると，$\dot{y}=f'(k)\dot{k}$ となる．$\dot{k}$ に資本蓄積式を代入する．以上を整理すると，

$$\frac{\dot{Y}}{Y}=\frac{\dot{L}}{L}+\frac{\dot{y}}{y}=n+\frac{f'(k)\dot{k}}{f(k)}=n+\frac{f'(k)}{f(k)}\{sf(k)-(n+\delta)k\}$$
$$=n+f'(k)\left(s-\frac{n+\delta}{f(k)/k}\right)$$

である。資本-労働比率 k の増加にともなって，$f'(k)$ は減少する。また，資本-労働比率 k の増加にともなって $f(k)/k$ は減少するので，

$$s-\frac{n+\delta}{f(k)/k}$$

も減少することがわかる。これから，経済成長率 $\dot{Y}/Y$ は資本-労働比率の増加にともなって減少することがいえた。特に，定常状態では $sf(k)=(n+\delta)$ が成立するが，このとき，経済成長率は n となることが読み取れる。

(2) ハロッド中立的技術進歩の場合，生産関数は $Y_t=F(K_t, e^{\alpha t}L_t)$ と表現される。$\overline{L_t}=e^{\alpha t}L_t$ と定義して，$\overline{L_t}$ を効率単位の労働と呼ぶ。すると，

$$Y_t=F(K_t, e^{\alpha t}L_t)=F(K_t, \overline{L_t})$$

と書き直される。

$$\frac{\dot{\overline{L_t}}}{\overline{L_t}}=\frac{\dot{e}^{\alpha t}}{e^{\alpha t}}+\frac{\dot{L_t}}{L_t}=\frac{\alpha e^{\alpha t}}{e^{\alpha}_t}+n=\alpha+n$$

であるから効率単位の労働の成長率は，$\alpha+n$ である。資本蓄積式は労働成長率 n の代わりに $\alpha+n$ を用いる点を除けば，技術進歩のない場合と変わらない。以上は，労働を効率単位の労働に直し，効率単位の労働の成長率が $\alpha+n$ であることを除けば，形式的には技術進歩のない場合とまったく同じである。ゆえに，定常状態上では，効率単位の労働1単位への賃金 w が定数であることがわかる。ところが，効率単位の労働1単位に対しては実際の労働は $1/e^{\alpha t}$ 単位しか存在しない。ゆえに実際の労働1単位の賃金は定常状態上でも $e^{\alpha t}w$ となる。これは，α の速度で増加する。

(3) $s^*<s$ なので，資本-労働比率は当初の定常状態の方が黄金律成長経路より高い。この場合を分析しよう。当初，s に対応した定常状態にあるので，資本-労働比率は変わらない。しかし，定常状態の中では，黄金律成長経路で労働1単位あたり消費が最大となる。したがって，当初の定常状態における労働1単位あたり消費 $\bar{c}$ は，黄金律成長経路における労働1単位あたり消費 c^* より低い。さて，時点 T で貯蓄性向が s^* へ減少すると，黄金律成長経路が定常状態となる。T の時点の資本-労働比率は直ちには変らない。つまり，黄金律成長経路より大きいので資本-労働比率は資本蓄積方程式にしたがって低下を始める。消費は $(1-s^*)f(k_t)$ で与えられるから，時点 T 以降次第に減少して，黄金律成長経路の c^* に近づくはずである。以上の性質を満

たすように，消費の時間変化を描くと**図解 12.7** (3) のようになる。時点 T で資本－労働比率（そして，所得）が変化しないにもかかわらず，消費水準が上方にジャンプするのは，貯蓄性向がこの時点で減少したからである。

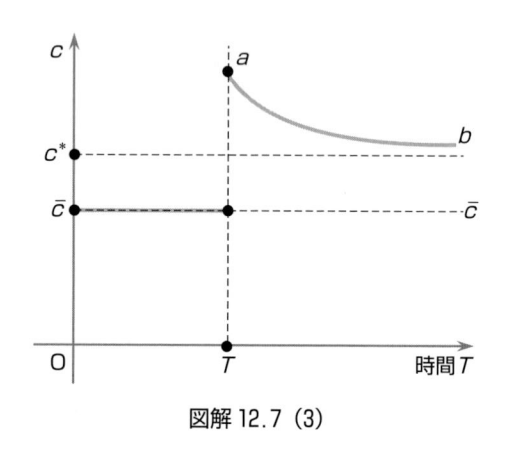

図解 12.7 (3)

(4) もし，経済が当初の定常状態に永遠に留まると，消費水準は毎期 $\bar{c}$ であるはずである。それに対して，T の時点で貯蓄性向を低下させると，T 以降の消費水準は a-b 曲線によって与えられる。つまり，T 以降のどの時点でも，消費水準は $\bar{c}$ の場合より高い。ゆえに，当初の定常状態に留まるのは非効率なのである。

(5) 今度は $s^* > s$ なので，資本－労働比率は当初の定常状態の方が黄金律成長経路より低い。この場合を分析しよう。当初，s に対応した定常状態にあるので，資本－労働比率は変わらない。しかし，定常状態の中では，黄金律成長経路で労働1単位あたり消費が最大となる。したがって，当初の定常状態における労働1単位あたり消費 $\bar{c}$ は，黄金律成長経路における労働1単位あたり消費 c^* より低い。さて，時点 T で s^* へ貯蓄性向が増加すると，黄金律成長経路が定常状態となる。T の時点の資本－労働比率は黄金律成長経路より小さいので，資本蓄積方程式にしたがって上昇を始める。消費は，$(1-s^*)f(k_t)$ で与えられるから，時点 T 以降次第に増加して，黄金律成長経路の c^* に近づくはずである。以上の性質を満たすように，消費の時間変化を描くと**図解 12.7** (5) のようになる。時点 T で資本－労働比率（そして，所得）が変化しないにもかかわらず，消費水準が下方にジャンプするのは，貯蓄性向がこの時点以降増加したからである。

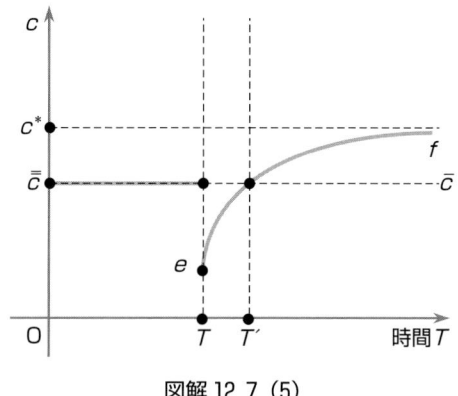

図解 12.7 (5)

(6) 図解 12.7 (5) から，時点 T で貯蓄性向を増加した場合，消費水準が低下することがわかる。消費水準はいずれ c^* に近づく。しかし，図の T と T' の間では消費水準は $\bar{\bar{c}}$ より低い。つまり，貯蓄性向を s^* へ増加した結果，T' の時点以降の消費水準は $\bar{\bar{c}}$ より高くなる代わりに，それ以前の消費水準は $\bar{\bar{c}}$ より低くなる。ゆえに，貯蓄性向を増加したことによる消費の変化が当初の常に $\bar{\bar{c}}$ を受け取る場合に比べて，よりよいかどうかは，不明である。この意味で，資本-労働比率が黄金律成長経路より低いような定常状態は効率的であると呼ばれる。

12.8 (1) 完全競争企業は，利子率 r，賃金率 w が与えられたときに，利潤 $\pi_t = Y_t - w_t L_t - r_t K_t = AK_t - w_t L_t - r_t K_t$ が最大になるように，L_t と K_t を需要する。これは，資本（労働）の限界生産性が利子率（賃金）に等しくなるまで，資本（労働）を需要する，ということである。資本の限界生産性をこの場合に考えてみると，A である。ゆえに，完全競争企業は $A = r_t$ となるまで資本を需要する。同様に，L_t の限界生産性は 0 である。ゆえに，$w_t = 0$ となるまで労働を需要する。つまり，この経済では資本量とは無関係に，利子率は一定値 A に等しく，賃金率は 0 なのである。ただし，この場合の賃金率とは人的資本のまったくない（つまり，読み書き算盤がまったくできず，健康でもない），いわゆる生の労働に適用されたものと考えるのが正しい。

(2) 資本蓄積方程式は，$K_{t+1} - K_t = sY_t$ であるから，これを利用すると，成長率は，

$$\frac{Y_{t+1} - Y_t}{Y_t} = \frac{AK_{t+1} - AK_t}{Y_t} = \frac{A(K_{t+1} - K_t)}{Y_t} = \frac{AsK_t}{Y_t} = As$$

であるから，この経済の成長率は常に一定で，As に等しい。また，一人あたりの成長率は，n が 0 に十分近いときには，

$$\frac{Y_{t+1}/L_{t+1} - Y_t/L_t}{Y_t/L_t} = \frac{(L_t/L_{t+1})AK_{t+1} - AK_t}{Y_t} = \frac{A(K_{t+1} - K_t - nK_t)}{(1+n)Y_t}$$
$$= \frac{1}{1+n} \cdot \left(A\frac{sY_t}{Y_t} - n\right) = \frac{1}{1+n}(As - n) \fallingdotseq As - n$$

つまり，A，s，n が一定である限り，この経済の成長率は常に一定なのである。言い換えれば，この経済は常に定常状態にある。定常状態への移行過程は存在しないのである。

(3) (2)で論じた通り，この経済は常に定常状態にある。その一人あたり成長率は，$As-n$ である。技術(A)が変わっても，選好(s)が変わっても定常状態成長率は変化してしまう。それに対して，新古典派では，移行過程での一人あたり成長率は，技術進歩率を a として，$\dfrac{f'(k)\{sf(k)-(n+a)\}}{f(k)}$ に a を加えたものに等しい。ここでは，技術変化($f(k)$)あるいは選好変化(s)が成長率に与える。ただし，資本労働比率が定常状態に一致すると，$sf(k)=n+a$ となり，一人あたり成長率は技術進歩率(a)に一致し，技術変化あるいは選好変化が成長率に与える影響はなくなってしまう。したがって，新古典派では経済の定常状態成長率を変化させたいと思っても，それを経済政策によって変化させるのは不可能という結論に達する。それに対し，AKモデル（あるいはもっと一般的に内生的成長論）では定常状態成長率($As-n$)を変化させるのは可能であり，どのパラメーター（たとえば s）がどの程度影響しているのか，理論的に検証できることになる。政府が何らかの経済政策（たとえば貯蓄への補助金）により s を変えられれば，定常状態成長率を変えられるのである。最後に，成長効果とは，さまざまな政策(n, s, $f(k)$)の変化が成長率の変化をもたらすことをいい，水準効果とは，さまざまな政策の変化が一人あたり消費量の水準に影響を持つことをいう。

13　開放マクロ

13.1 (1) 変動相場制, (2) 固定相場制, (3) 固定相場制, (4) 円高, (5) 邦貨建, (6) フロー, (7) 0, (8) 変化させない, (9) 基軸, (10) 不胎化.

13.2 (1) ○, (2) ×, (3) ×, (4) ×, (5) ○, (6) ×, (7) ×, (8) ×, (9) ×

13.3 (1) 経常収支＋資本収支＋外貨準備増減＝国際収支＝0という恒等式が成り立つ. したがって, 外貨準備増減が0で経常収支黒字の場合には資本収支赤字が成り立つ. 国際収支記帳の規則から, 資本収支赤字とは日本の保有する対外資産が増加する（または対外負債が減少する）ことを意味するから, 対外純資産の増加に結びつく. したがって, 一応は正しいが, 厳密にはその期間中に対外純資産の評価額が変動するので, こちらを考慮すれば誤りである.

(2) 誤り. 対外純資産は対外資産から対外負債を差し引いたものであるから, 対外資産増加の他に, 対外負債の減少でも対外純資産の増加に結びつく.

(3) 正しい.

(4) 正しい. 香港・スイス等は対外純資産の絶対額こそ日本より少ないものの, GDPとの相対額でいうと日本より大きい.

(5) 中国の対外純資産は大きく正であり, 2008年時点では日本に次ぐ大きさである.

(6) アメリカの対外純資産は近年一貫して大きく負である.

(7) イギリスの対外純資産は負である.

13.4 (1) 第二次世界大戦後, 日本はブレトン・ウッズ体制に参加し, 1ドル＝360円の固定相場制を採用した. しかし, 神武景気・岩戸景気など景気がよくなると, 輸入が増加して, 経常収支が悪化し, 外貨準備高が不足した. このため, 固定相場制を維持するために, 政府は金融引き締め政策によって景気調整政策を取り, 景気悪化を甘受せざるを得なかった. この現象をさして「国際収支の天井」という. 1960年代の後半までには, 日本は大幅な輸出増により外貨準備高が高まり, 「国際収支の天井」問題は解消した.

(2) 外為市場で不均衡が続き, もはや現行の為替レートでは矯正不能と判断される場合を, 基礎的不均衡という. 基礎的不均衡が生じたときに, ブレトン・ウッズ体制では為替レートの水準を一度限り変更して不均衡をなくし, 固定相場制を続けることが可能であった. この条件付きの固定相場制をアジャスタブル・ペッグ（調整可能な釘付け）という. この実際の例として, イギリス・フランスはブレトン・ウッズ体制下で1971年までに数度の平価調整を行っている.

(3) 1971年にブレトン・ウッズ体制が崩壊した後, 新しい平価が採用され, スミソ

ニアン体制という固定相場制が構築された。このとき，日本の平価は1ドル＝308円になった。しかし，1973年に至って再び固定為替制に対する不安が生じ，結局各国は変動相場制に移行した。日本もこの際に固定相場制を放棄して変動相場制に移行した。

13.5 1871年に「新貨条例」が定められ，金本位制を採用したが，1875年に事実上の銀本位制に変更された。しかし，1877年の「国立銀行条例」の改正により，ほぼすべての国内通貨は不換紙幣となり，銀に対して割引で取引されたため，その価値は変動した。つまり，日本の為替制度は事実上の変動相場制になっていたことがわかる。1881年以降の松方財政により，日本政府は銀に対する国内通貨の価値安定につとめ，1882年に日本銀行を設立し，銀兌換保証付き銀行券である日本銀行券を発行した。こうして，銀本位制が確立した。しかし，日本が日清戦争に勝利することにより，金を清国より入手できたので，1897年の「貨幣法」により，欧米と同じく金本位制に移行した。1円は金0.75gに等しく，これは0.5ドルに相当した。第一次世界大戦が始まると，欧州諸国は金本位制を次々に離脱し，日本も1917年に金輸出を禁止した。第一次大戦後，欧米諸国は次々に金本位制に復帰したので，1930年に日本も旧平価で復帰したが，折からの大恐慌のため，1931年には再び金本位制を離脱した。以後，円の減価の激しいことを鑑み，日本政府は1932年には「外国為替管理法」を制定して為替を管理し，ドルやポンドに対して比較的安定的な相場を維持した。

　1945年から，アメリカのブレトン・ウッズで合意された国際通貨基金（IMF）体制が始まったが，日本は1952年から参加した。ブレトン・ウッズ体制と呼ばれたこのシステムは固定相場制をとり，日本の平価は1ドル＝360円であった。この体制下では，アメリカのみが他の加盟国とは非対称な立場をとり，外為市場介入を行わないかわりに，金を一定の価格で売買した。その結果，アメリカ以外の国は米ドルと交換を保証される事により，間接的に金とリンクし，金為替本位制とも呼ばれた。この制度はまたアジャスタブル・ペッグと呼ばれ，基礎的不均衡があると，個々の国は平価を変更することができた。しかし，日本は一度も変更をしなかった。

　この体制はアメリカの金とドルとの一定比率の交換をその要件としていたので，アメリカの国際収支赤字にともない，金が次第に不足していくと，その基礎が揺らいだ。ついに1971年に，いわゆるニクソン・ショックによって，アメリカがドルと金との兌換を停止すると，ブレトン・ウッズ体制は崩壊した。この後，スミソニアン体制と呼ばれる体制で，新たに平価を変更して固定相場制が再構築され，日本は1ドル＝308円であった。しかし，1973年にスミソニアン体制も崩壊すると，世界の主要国は変動相場制に移行し，日本も追随した。以後，日本は変動相場制をとり続けていて，

近年では平価は 1 ドル = 100 円から 80 円程度である。

13.6 (1) e, (2) 小国, (3) フロー, (4) 金融, (5) 金融, (6) 購買力平価説。

13.7 (1) ×, (2) ×, (3) ○, (4) ×, (5) ×, (6) ×, (7) ○

13.8 本文 p.235 以下の (1) 式は IS 曲線を, (2) 式は LM 曲線を示す。変動相場制の場合に, 政府が金融政策によって, 貨幣 M を増やしたとしよう。これは, LM 曲線を右側にシフトさせる。この結果, 本文の (1)–(2) 式が満たされる点は**図解 13.8** の d 点になる。ところが, ここでは $i<i^*$ であるから, (3) 式は満たされていない。この状態が続くと, 海外に資本が流出しようとして, 外為市場で為替レートが減価する。(これは, 邦貨建為替レートでは為替レートが増える, つまり $e\uparrow$ を意味する。)為替レートの減価は (1) 式に影響を持ち, 経常収支が増加し, IS 曲線を右にシフトさせる。この結果, LM 曲線との交点が c 点にまでシフトすると, $i=i^*$ となって為替レートの減価は止まり, (1)–(3) 式の均衡が得られる。c 点では, Y が a 点より拡張しているので, 変動相場制の場合に, 金融政策が景気刺激策として有効であることがわかる。このとき, 最終的に e は当初に比べ減価している。

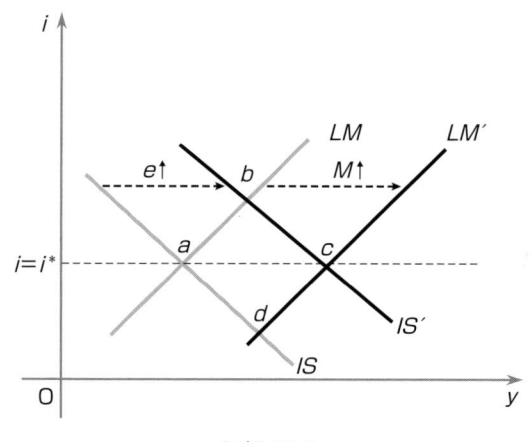

図解 13.8

これに対して, 変動相場制で財政政策を行ったとしよう。例えば, 政府支出 G を増やしたとしよう。これは IS 曲線を右にシフトさせ, (1)–(2) 式が満たされる点は b 点になる。ところが, ここでは $i>i^*$ であるから, (3) 式は満たされていない。この状態が続くと, 海外から資本が流入しようとして, 外為市場で為替レートが増価する。(これは, 邦貨建為替レートでは為替レートが減る, つまり $e\downarrow$ を意味する。) 為

替レートの増価は(1)式で経常収支を減らし，IS 曲線を左にシフトさせる．この結果，LM 曲線との交点が a 点にまでシフトすると，$i=i^*$ となって為替レートの増価は止まり，(1)–(3)式の均衡が得られる．当初の均衡は a 点であり，最終的な均衡も a 点であるから，変動相場制の場合に，財政政策が景気刺激策として役に立たなかったことがわかる．このとき，最終的に e は当初に比べ増価している．

13.9 この経済の均衡を求めてみよう．利子率 i は海外の利子率 i^* と同じであり，5% である．これより，投資 I が直ちに 2 とわかる．このとき，財市場は $Y=(1+0.8Y)+2+(5-0.2Y)$ であるから，$Y=20$ がわかる．そのとき，消費 $C=1+0.8Y=17$ であり，経常収支 $CA=5-0.2Y=1$ である．貨幣市場の均衡は国内通貨量 $M=100Y+2000$ であるから，$M=4000$ がわかる．政府支出 $G=4$ が加わると，財市場は $Y=(1+0.8Y)+2+4+(5-0.2Y)$ であるから，$Y=30$ がわかる．そのとき，消費 $C=1+0.8Y=25$ であり，経常収支 $CA=5-0.2Y=-1$ である．貨幣市場の均衡は国内通貨量 $M=100Y+2000$ であるから，$M=5000$ がわかる．

13.10 この経済の均衡を求めてみよう．利子率 i は海外の利子率 i^* と同じであり，5% である．これより，投資 I が直ちに 2 とわかり，貨幣市場均衡から $4000=100Y+2000$，すなわち $Y=20$ がわかる．そのとき，消費 $C=1+0.8Y=17$ である．このとき，財市場は $Y=(1+0.8Y)+2+(5e-0.2Y)$ であるから，為替レート $e=1$ がわかる．経常収支は $CA=5e-0.2Y=1$ である．国内通貨が 6000 に増えた場合は，貨幣市場均衡から $6000=100Y+2000$，すなわち $Y=40$ がわかる．そのとき，消費 $C=1+0.8Y=33$ である．このとき，財市場は $Y=(1+0.8Y)+2+(5e-0.2Y)$ であるから，為替レート $e=0.8$ がわかる．経常収支は $CA=5e-0.2Y=0$ である．

13.11 邦貨建為替レート e が大きくなるとき（すなわち為替レートが減価するとき）に経常収支 CA が増加する条件を求めればよい．$P=P^*=1$ と仮定すると，$CA=PX-eP^*M=X-eM$ であるから，

$$\frac{\partial CA}{\partial e}=\frac{\partial X}{\partial e}-\frac{\partial (eM)}{\partial e}=\frac{\partial X}{\partial e}-e\cdot\frac{\partial M}{\partial e}-M>0$$

となってほしい．CA が 0 に近いと仮定すると $X\fallingdotseq eM$ であるから，上式を $\frac{X}{e}=M$ で割って，

$$\frac{\partial CA/\partial e}{X/e}=\frac{\partial X/\partial e}{X/e}-\frac{(e/M)\partial M}{\partial e}-1=Xe+Me-1>0$$

つまり，$Xe+Me>1$ ならば，$\frac{\partial CA}{\partial e}>0$ であることがわかる．

13.12 (1) 貿易財であり，費用なしで国境を越えて取引可能であるから，もし $P_1<$

eP_1^* であれば，その財を自国で買い他国で売れば自国通貨で評価して $eP_1^* - P_1 > 0$ だけの利益を得る。その逆のときは，逆をすればよい。このような取引を裁定取引という。均衡ではこうした裁定がしつくされて，$P_1 = eP_1^*$ となる。第2財についても同様。

(2) $P = w_1 P_1 + w_2 P_2 = w_1 (eP_1^*) + w_2 (eP_2^*) = e\{w_1 P_1^* + w_2 P_2^*\} = e\{w_1^* P_1^* + w_2^* P_2^*\} = eP^*$

(3) 裁定取引により，$P_1 = eP_1^*$，$P_1' = e'P_1^{*'}$。ところが，物価上昇率はそれぞれ π，π^* であるから，$P_1' = (1+\pi)P_1 = (1+\pi)eP_1^* = \dfrac{1+\pi}{1+\pi^*} \cdot \dfrac{e}{e'} \{e'(1+\pi^*)\} P_1^* = \dfrac{1+\pi}{1+\pi^*} \cdot \dfrac{e}{e'} \cdot e'P_1^{*'}$ から，$\dfrac{1+\pi}{1+\pi^*} \cdot \dfrac{e}{e'} = 1$ を得る。両辺の対数をとって，$\log(1+x) = x$ の近似を使うと題意となる。第2財の価格 P_2 でやっても同じ結果を得る。

(4) 非貿易財の場合，(1) で述べたような裁定取引を行うことができない。

(5) 貿易財と非貿易財の相対価格が今年度と次年度で変わらないとしよう。すなわち，自国では $P_2 = \eta P_1$，$P_2' = \eta P_1'$ であり，他国でも $P_2^* = \eta^* P_1^*$，$P_2^{*'} = \eta^* P_1^{*'}$。貿易財については裁定取引から，$P_1 = eP_1^*$，$P_1' = e'P_1^{*'}$ が成り立つ。すると，そのとき $P_2 = \eta P_1 = \eta eP_1^* = \dfrac{\eta}{\eta^*} eP_2^*$。同様に，$P_2' = \dfrac{\eta}{\eta^*} e' P_2^{*'}$。したがって，$1+\pi = \dfrac{P_2'}{P_2} = \dfrac{(e'/e) P_2^{*'}}{P_2^*} = \dfrac{e'}{e}(1+\pi^*)$。これから，貿易財と非貿易財の両方について，$\Delta e = \pi - \pi^*$ が成立する。

(6) 相対的購買力平価説より，$\Delta e = \pi - \pi^*$，すなわち $\Delta e = 3\% - 1\% = 2\%$ がわかる。すなわち，自国の物価上昇率が他国のそれより大きい場合，為替レートがその差に等しいだけ減価する。

(7) 相対的購買力平価説によれば，$\Delta e = \pi - \pi^*$。固定相場制であるから，$\Delta e = 0$。ゆえに，$\pi = \pi^*$ を意味する。すなわち，自国の物価上昇率は他国のそれと等しくなければならない。

索　　引

【ア　行】

アーチボルド　131
赤字予算　36
アクセレーショニスト仮説　148, 151
アダム・スミス　247
「新しい古典派」財政政策論　196

一時消費　51
一時所得　51
一括定額税　43
一般均衡　109
一般的支払手段　77
移転支出　35
インフレ・ギャップ　21, 28, 135, 136
インフレーション　28, 135
　　ギャロッピング・――　135
　　クリーピング・――　135
　　コストプッシュ・――　136
　　デマンドプル・――　136
　　トロット・――　135
　　ハイパー・――　135
　　抑圧された――　135

宇沢弘文　66
売りオペ　85

永久債（コンソル）　99
営業余剰・混合所得　10

黄金律成長経路　207
王朝（ダイナスティー）　312

【カ　行】

オークン　157
　　――の法則　157

買いオペ　85
外貨準備増減　227
外貨建　227
外国為替市場　228
外国為替制度　227
外国貿易乗数　44
開放経済　44
開放マクロ　227
確実性の原則　268
確率変数　159
駆け足インフレ（ギャロッピング・イン
　　フレーション）　135
家計　20
貸付政策　85
貸付利子　78
可処分所得　36
寡占企業　137
加速度原理　65
　　――の投資関数　65
価値安定性　93
価値尺度機能　91, 93
価値保蔵機能　91
価値保蔵手段　93
可認性　93
可搬性　93
可分性　93
貨幣　77, 78

336　索引

　　——供給量（マネーストック）　77,
　　　85
　　——乗数　84
　　——数量説　95
　　——の所得流通速度　95
　　——の流通速度　95
　　予期せざる——　162
貨幣需要　92, 98
　　——関数　92, 95
　　——の理論　92
貨幣賃金率　120
　　——の下方硬直性　28, 120
カルドア　205, 210
カルマン・フィルター　169
為替介入　228
為替レート　227
間接金融　78, 79
完全雇用 GDP　19, 22
完全予見　158
管理通貨制度　78

企業価値　66
企業の投資行動　67
技術進歩　208
　　——関数　210
　　——率　206, 208
規則　188
帰属家賃　8, 9
期待物価上昇率　145
キチン循環　173
キッドランド　175
キャス　210
キャッシュ・イン・アドヴァンス理論
　　92, 99
キャピタル・ゲイン　8, 10, 99
ギャロッピング・インフレーション
　　135
恐慌　173
金銀貨　77
均衡 GDP　21, 29, 110, 121
　　——決定の公式　21

銀行　78, 79
　　——取付騒ぎ　80
　　市中——　78
　　銀行の——　78
　　政府の——　78
　　発券——　78
均衡予算　36
　　——の定理　38
均斉成長　206
金属貨幣　77
金本位制　78
金融　79
　　——恐慌　80
　　——資産　27, 129
　　——政策　35, 110, 188
　　——仲介機関　78, 79
　　——負債　27
金利　188
　　——平価式　235

クープマンス　210
クズネッツ循環　173
クラウディング・アウト　188
クリーピング・インフレーション　135
黒字予算　36
クロス・セクション・データ　49
群島モデル　169

ケイガン　158
景気循環　173
景気循環論　173
　　実物的——　175
　　ヒックスの——　175
経済政策　187
経済成長　205
経済成長率　3, 206
　　実質——　3
　　名目——　3
経済発展論　205
経常収支　44, 227
ケインズ　19, 49, 92, 136, 187

──経済学　187
限界資本係数　206
限界消費性向　20, 29
限界貯蓄性向　27, 29, 205
限界投資性向　44
限界輸入性向　44
現金　77
減衰的振動　174
建築循環（クズネッツ循環）　173
現物給与　8, 9
ケンブリッジ方程式　92, 95, 96

コイン　77
公開市場操作　85
効果のラグ　188
交換仲介機能　91, 93
好況　173
公債　35, 91
──残高の変化　36
恒常消費　51
恒常所得　51
──仮説　49, 51
硬直的　176
行動のラグ　188
効率単位の労働　208
合理的期待形成理論　158
コールマネー　83
コールレート　83
国債　91
国際間の取引　227
国際収支　227
──統計　227
国内純生産（NDP）　2
国内総生産（GDP）　1
国富　2
国民経済計算　1
国民総所得（GNI）　2
固定資本　7
──減耗　2, 8
固定相場制　228
古典派　128

──の第一公準　120
──の第二公準　120
コブ＝ダグラス型　223
コモディティ・フロー法　5
固有値　176
雇用と物価の安定　35
コンソル　99
コンドラチェフ循環　173

【サ　行】

債券　91
──市場　92
在庫　7
──循環（キチン循環）　173
──問題　97
在庫理論的接近　92, 97
財市場　19, 20
──の均衡　20
最終消費支出　9
財政政策　35-37, 110, 187
最適成長理論　210
最適投資水準　66
裁量　188
サミュエルソン　144, 187
三面等価の原則　1

ジェボンズ　93
シカゴ学派　187
自家消費　8, 9
　農家による──　8, 9
自家生産　8, 9
時間選好率　210
時系列データ　49
資産　128
　金融──　27, 129
　実物──　129
資産選択理論　92, 97, 98
支出側　1
市場　2
自然失業率　146

索　引

――仮説　109, 146
自然成長率　206
失業　121
実質GDP　2, 19
　　――水準　21
　　固定基準年式の――　2
　　一人あたり――　3
　　連鎖方式の――　3
自動安定化（ビルト・イン・スタビライザー）　43
シドラウスキー　210
シニョーレッジ（造幣益）　85
忍び足インフレ（クリーピング・インフレーション）　135
自発的失業　125
支払準備　78
資本係数　64
資本形成（投資）　63
資本減耗率　63, 206
資本サービス　63
　　――価格　68
資本財　63
　　――価格　68
資本収支　227
資本ストック　2
資本節約的　208
資本蓄積式　207
資本の限界効率　64
資本の再生産費用　66
資本の賃貸料　68
資本分配率　209
資本-労働比率　207
社債　92
収益性の原則　268
ジュグラー循環　173
主循環（ジュグラー循環）　173
主婦の家事労働　8, 9
純租税　36
純投資　63
シュンペーター　173
小循環　173

消費　20, 49
　　――のライフ・サイクル理論　51
消費関数　20, 49
　　――論争　49
消費量　20
情報集合　159
所得　128
　　――創出効果　63
所得税　43
　　――のビルト・イン・スタビライザー機能　43
　　――率　43
　　比例的――　43
ジョルゲンソン　65
　　――の投資理論　65
新貨幣数量説　92, 96
新ケインズ派成長論　210
新古典派成長理論　207
信用創造　84

数量方程式　92, 95
スタグフレーション　144
ストック　1

静学的期待形成　158
政策無効性　163
生産側　1
生産物　19
　　――の総量（GDP）　19
生産要素　2
セイ　34
　　――の法則　34
政府　35
　　――サービス　10
　　――資本支出　35
　　――の財・サービス購入　35
　　――の債務証書　35
　　――の予算制約式　195
　　――発行の金融資産　129
　　――無償援助　227
政府最終消費　10

索　引　　**339**

────支出　35
政府支出　35
　　────乗数　37
絶対所得仮説　49
絶対的購買力平価説　241

総供給　20
　　────曲線　121
総需要　20
　　────曲線　121
相対所得仮説　49
相対的購買力平価説　242
造幣益　85
租税乗数　37
ソロー　144
　　────中立的　208

【タ　行】

耐久消費財　8, 9
耐久性　93
ダイナスティー　312
兌換紙幣　78
単調収束　174

小さな政府　187
地方債　91
中央銀行　78
　　────預け金　78
　　────券　77
超インフレ（ハイパー・インフレーション）　135
超過需要　28
超過準備　78
調整係数　158
直接金融　78, 79
貯蓄　27
　　────関数　27, 29
　　────曲線　29
貯蓄・投資の均等式　27, 37
賃金率　208

実質────　120
名目────　120

定型化された事実　205
定常状態　207, 210
　　────の安定性　207
ティンバーゲン　187
　　────の定理　187
適応的期待形成仮説　158
デフレ・ギャップ　21, 28
デフレーション　28, 135
デモンストレーション効果　49
デューゼンベリー　49
天井　175

投機的動機　96
　　────に基づく貨幣需要　96
投資　20, 63
　　────機会曲線　98
　　────曲線　29
　　────効果関数　66, 73
　　────乗数　21
　　────の加速度原理　174
　　────の限界効率　65
　　────の産出能力効果　63
　　────の乗数効果　21
　　────の二重効果　63
　　公共────　63
　　私的────　63
投資・貯蓄均等図　29
同質性　93
トービン　49, 92, 97, 187, 209
　　────の q　66, 67
ドーマー　206
特性方程式　176
独立支出　22
独立消費　20
独立投資　43
トランスミッション・メカニズム　109
取引動機　96
トロット・インフレーション　135

【ナ 行】

内生的成長理論　209

認知のラグ　188

ネット・キャッシュ・フロー　66, 73

【ハ 行】

ハーベルモ　65
ハイパー・インフレーション　135
ハイパワード・マネー　84
発散　174
　――的振動　174
はや足インフレ（トロット・インフレーション）　135
林文夫　67
パラドックス　45
　節約の――　45
バロー　195
　――の中立命題　195
ハロッド　206
　――中立的　208
ハロッド＝ドーマー理論　207
ハンセン　187

ピグー　129
ピグー効果　129, 130
　長期的――　131
微係数　205
非自発的失業　125
微調整　187
ヒックス　175
　――中立的　208
ヒックス＝ハンセン図　110
非貿易財　242
ビルト・イン・スタビライザー　43

フィスカル・ポリシー（財政政策）　37
フィッシャー　92, 95
　――方程式　157
フィリップス　144
　――曲線　144
　　短期――　146
　　長期――　146
付加価値　1
　――法　5
不換紙幣　78
不完全競争　175
不完全雇用　121
不況　173
不胎化　228
物価指数　3
　企業――　3
　消費者――　3
　パーシェ型――　3
　ラスパイレス型――　3
物価上昇率　3
物価水準　121
物品貨幣　77
物々交換　8, 9
負の租税　36
フリードマン　49, 92, 96, 145, 187
プレスコット　175
フロー　1
プロッサー　175
分配側　1

閉鎖経済　44
変動相場制　228
ペンローズ　264
　――効果　66

貿易財　241
法貨　78
邦貨建　227
法定準備　78
法定準備率　78
　――の変更　85
ポートフォリオ・セレクションの理論　98

ボーモル　92, 97
保証成長率　206
補助貨幣　77
ポリシー・ミックス　187

【マ　行】

マーシャル　92, 95, 128
　　――の k　96
マクロ経済学　19
摩擦的失業　125
マネーストック　77, 84, 85, 188
マネタリーベース　84
マネタリズム　187
マルサス　247
マンデル　187
　　――の定理　187
マンデル゠フレミング・モデル　235

ミュース　158
民間主体発行の金融資産　129
民間部門純資産　129

名目GDP　2
メニューコスト　176

モジリアーニ　49

【ヤ　行】

有価証券　35
有効需要の原理　19, 20
誘発投資　43, 44
有用性　93
床　175
輸出　44
輸入　44

預金　84
　定期性――　79
　派生的――　84

本源的――　84
要求払――　77-79
預金保険制度　81
予備的動機　96

【ラ　行】

ラーナー　65
ライフ・サイクル理論　49, 50
ラチェット効果　50

リカード　109, 247
　　――の等価定理　109, 195
利子率　92, 208
　実質――　157
　名目――　92, 157
リプシー　131
流動性　77
　　――の原則　268
　　――のわな　99, 101, 187
流動性選好　96
流動性選好説　92, 96
　　――に基づく貨幣需要関数　96
流動的資産仮説　49

ルーカス　92, 169, 209

レンタル・プライス　68

労働　2
　　――組合　137
　　――サービス雇用量　10
　　――成長率　208
　　――節約的　208
　　――増加率　206
　　――と資本の代替の弾力性　209
　　――分配率　209
労働市場　120, 145
　　――における失業　125
ローマー　209
ロビンソン　210

ロング 175

【ワ 行】

割引現在価値 54
ワルラス 128
　──の法則 128

【欧字・数字】

45°線 29
　──図 28

AK モデル 225

GDP 1
　──決定論 27
　──水準 19
　──デフレーター 3
GNI 1
IS-LM 曲線図 109, 110
IS-LM 分析 109
IS 曲線 109
k％ルール 188
LM 曲線 109
$M1$ 77
$M2$ 77
$M3$ 77
NDP 2

著者紹介

金谷　貞男（かなや　さだお）

1953 年　東京都に生まれる
1975 年　東京大学経済学部卒業
1987 年　アメリカ・ロチェスター大学 Ph.D.
　　　　　東京都立大学経済学部教授を経て
現　在　日本大学経済学部教授

主要著書
『金融論』（新経済学ライブラリ 5）（共著，新世社，1989）
『貨幣経済学』（新経済学ライブラリ 19）（新世社，1992）
『グラフィックミクロ経済学　第 2 版』（共著，新世社，2008）

演習新経済学ライブラリ＝2

演習マクロ経済学　第 2 版

1996 年 1 月 10 日 ©	初 版 発 行
2007 年 12 月 25 日	初 版 第 7 刷 発 行
2010 年 5 月 25 日 ©	第 2 版 発 行
2023 年 1 月 10 日	第 2 版 第 5 刷 発 行

著　者　金　谷　貞　男　　発行者　森　平　敏　孝
　　　　　　　　　　　　　　印刷者　加　藤　文　男
　　　　　　　　　　　　　　製本者　小　西　惠　介

【発行】　　　　　　　株式会社　新世社
〒151-0051　東京都渋谷区千駄ヶ谷 1 丁目 3 番 25 号
☎（03）5474-8818（代）　　　　　サイエンスビル

【発売】　　　　　　　株式会社　サイエンス社
〒151-0051　東京都渋谷区千駄ヶ谷 1 丁目 3 番 25 号
営業☎（03）5474-8500（代）　　振替 00170-7-2387
FAX☎（03）5474-8900

印刷　加藤文明社　　　　　製本　ブックアート
《検印省略》

本書の内容を無断で複写複製することは，著作者および出版者の権利を侵害することがありますので，その場合にはあらかじめ小社あて許諾をお求めください。

ISBN 978-4-88384-150-9
PRINTED IN JAPAN

サイエンス社・新世社のホームページのご案内
http://www.saiensu.co.jp
ご意見・ご要望は
shin@saiensu.co.jp まで．

新経済学ライブラリ 4

新版 ミクロ経済学

武隈愼一 著
A5判／416頁／本体2,980円（税抜き）

初級から中級へ的確に導くことで定評あるミクロ経済学テキストの新版。金融に関する議論を追加して新たに「証券市場」の章を設け，さらに随所に記述の補充を行い，説明の仕方や構成に工夫を施して，より分かりやすく充実した内容としている。本文・図版の組版も一新し，一層の読みやすさを図った。ミクロ経済学への理解を深めることができ，大学院入学試験や公務員試験の対策に必須の書。2色刷。

【主要目次】
基礎概念と分析手法／消費者行動／企業行動／競争経済の均衡／経済厚生／不完全競争／公共経済／不確実性と情報／証券市場／国際貿易／ゲームの理論／投入産出分析

発行 新世社　　　発売 サイエンス社

演習新経済学ライブラリ 1

演習ミクロ経済学
第2版

武隈愼一 著
A5判／360頁／本体2,500円（税抜き）

公務員試験・大学院入試合格の必携書として確固たる地位を築いてきた『演習ミクロ』をさらにパワーアップ！　構成を『新版 ミクロ経済学』に対応させつつ，例題・練習問題の改訂/追加を行い，大幅に内容を刷新・拡充。見やすい要点解説，見開き構成の例題，2色刷として一層の理解を図った。

【主要目次】
ミクロ経済学とは何か／消費者行動／企業行動／競争経済の均衡／経済厚生／不完全競争／公共経済／不確実性／証券市場／国際貿易／ゲームの理論／投入産出分析

発行 新世社　　発売 サイエンス社

新経済学ライブラリ 3

マクロ経済学
第2版

浅子和美・加納 悟・倉澤資成 著
A5判／480頁／本体3,300円（税抜き）

マクロ経済学の基本書として高い定評を得ている書を最新の研究進展を含めて大幅にバージョンアップ。第2版では，とくにマクロ経済学のミクロ的基礎，ニューケインジアンの理論，経済成長の理論について入門者にも分かりやすい丁寧な解説で拡充している。今日のマクロ経済の諸問題に対して，読者が自らの頭で考え，独自の処方箋を書けるようになるための知見を提供する。読みやすい2色刷。

【主要目次】
経済活動水準の決定（概説）／経済主体の行動／貨幣と経済活動／マクロ諸変数の同時決定／インフレーションと景気循環／政府の経済活動とマクロ安定化政策／経済成長，国際マクロ経済学

発行　新世社　　　発売　サイエンス社